Jean-Claude Fredouille

Lexikon der römischen Welt

HERDER spektrum

Band 5175

Das Buch

Was hat es mit der Legende von Romulus und Remus auf sich? Von wem wurde Rom wirklich gegründet? Und wie kam es zum Untergang des Römischen Reiches? Welche Rolle haben Männer wie Cicero, Cäsar, Augustus oder Nero gespielt?
Aus tausend Jahren römischer Geschichte bietet dieses Lexikon alles Wesentliche über Kunst und Kultur, Politik, Religion und Gesellschaft, berühmte Männer und Frauen und ihre Taten, die den Lauf der Geschichte bestimmten. In zirka 500 Stichwörtern von A wie Amphitheater bis Z wie Zirkus nimmt uns Jean-Claude Fredouille mit auf eine faszinierende Reise in eine vergangene Welt, auf die wir auch heute noch immer wieder stoßen – in Film, Kunst, Literatur und Philosophie, aber auch ganz konkret, wenn nämlich in Köln, Trier oder an anderen früheren römischen Stätten ein Parkhaus oder eine S-Bahn gebaut wird.
Anschaulich wird für uns die römische Welt auch durch viele Artikel zur Alltagsgeschichte, in denen uns Fredouille über das tägliche Leben der Römer informiert: über Brot und Spiele, Essen und Trinken – so erfahren wir z. B., dass die Römer eine Schwäche für Käsekuchen hatten –, über Bartmode, Haartracht und Schuhwerk, über Hochzeitsfeierlichkeiten, Geburts- und Begräbnisriten und vieles andere.
Das umfassende Nachschlagewerk, präzise und zuverlässig – mit ausführlicher Zeittafel, zahlreichen Karten und weiterführender Literatur.

Der Autor

Professor Jean-Claude Fredouille ist Direktor des Forschungsinstituts für Religionswissenschaften an der Sorbonne in Paris. Seit 1971 hat er zahlreiche Bücher und Aufsätze über die Antike geschrieben und sich vor allem als Fachmann für Tertullian einen Namen gemacht.

Jean-Claude Fredouille

Lexikon der römischen Welt

Übersetzt und herausgegeben von Robert Hilgers

HERDER

FREIBURG · BASEL · WIEN

Titel der französischen Originalausgabe:
„Dictionnaire de la civilisation romaine“

Gedruckt auf umweltfreundlichem,
chlorfrei gebleichtem Papier

Verlag Herder Freiburg im Breisgau 2002
www.herder.de
Herstellung: fgb freiburger graphische betriebe 2002
www.fgb.de
Umschlagmotiv: Grabrelief eines Reiters.
Relieffragment aus böotischem Kalkstein, Sammlung des Vatikan
Umschlaggestaltung und Konzeption:
R M E München / Roland Eschlbeck, Liana Tuchel
ISBN 3-451-05175-3

Vorwort zur deutschen Ausgabe

Dieses Werk soll den Zugang zur Antike erleichtern. Es soll helfen, die Lebenswirklichkeit in Politik, Kultur und Gesellschaft durch Schlagworte zu erschließen. Außerdem finden sich die bedeutendsten Träger der Kultur, Literatur und Politik ebenso wie Künstler und Wissenschaftler, die zum Glanz dieser Kultur beigetragen haben. Selbstverständlich legt der Umfang dieses kleinen Werkes gewisse Beschränkungen auf, dennoch sollte die Weite und Tiefe punktuell deutlich werden und zu weiterer Beschäftigung Anregung bieten.

Dem Werk ist eine Zeittafel vorangestellt, die eine Synchronopse wichtiger historischer und politischer Ereignisse sowie Daten aus Wirtschaft, Gesellschaft, Kunst und Wissenschaft bietet.

Die mythische Welt, die für die Antike von enormer Bedeutung war, mußte unberücksichtigt bleiben. Hier sei auf die einschlägigen Nachschlagewerke, die sich im bibliographischen Anhang finden, verwiesen. Bei der Bibliographie wurde Wert auf leicht zugängliche, deutschsprachige Werke gelegt.

Diese Übersetzung eines französischsprachigen Lexikons wurde vom Übersetzer maßvoll überarbeitet und dem deutschen Leserkreis angepaßt. Lateinische oder griechische Ausdrücke, Werktitel, Namen und Orte wurden transkribiert. An manchen Stellen konnten neuere Forschungsergebnisse eingearbeitet sowie sachliche Richtigstellungen vorgenommen werden.

Verweise auf andere Artikel erhielten einen Asterisk (*) oder einen Pfeil (▶). Auf weiterführende Literatur bei den einzelnen Artikeln wurde konsequent verzichtet.

Das Werk richtet sich an einen größeren Leserkreis, der sich für die Antike überhaupt interessiert, an einen Personenkreis, der sich auf diese Weise auf eine intellektuelle Reise in eine längst vergangene, aber doch noch bis auf uns Heutige wirkende Kultur begeben möchte.

Tübingen, im Februar 1999 — Robert Hilgers

Zeittafel

Datum	Militärische Ereignisse	Politik und Gesellschaft	Kultur und Religion
753		Legendäre Gründung Roms durch Romulus	
509		Vertreibung der Könige	Tempel des Jupiter, der Juno und der Minerva auf dem Kapitol
497			Tempel des Saturn
494		Auszug der Plebs	Tempel für Ceres, Liber und Libera
493		Schaffung des Amtes des Volkstribunen	
488	Krieg gegen die Volsker		
458	Krieg gegen Äquer		
450		Zwölftafelgesetz	
445		Legalisierung von Heiraten zwischen Plebejern und Patriziern (*lex Canuleia*)	
406–396	Belagerung und Einnahme von Veji		
390	Galliereinfall		
366		Zum ersten Mal wird ein Plebejer Konsul	
356		Ein Plebejer als Diktator	
351		Ein Plebejer als Zensor	
350		Gründung der Kolonie Ostia	
348			Erste Säkularspiele
343–291	Samniterkriege		
340–338	Latinerkriege	Antium römische Kolonie	

Datum	Militärische Ereignisse	Politik und Gesellschaft	Kultur und Religion
321	Niederlage an den Kaudinischen Pässen		
312–308		Zensorat des Appius Claudius Caecus. – Bau der *via Appia* von Rom nach Capua	
306		Vertragsschluß zwischen Rom und Karthago	
300		Zugang des Plebs zum Pontifikat	
281–272	Tarentinischer Krieg; Pyrrhos; Einnahme von Tarent (272)		Spürbarer Einfluß des Hellenismus
265	Unterwerfung Etruriens	Rom Herrin Italiens – mit Ausnahme der *Gallia Cisalpina*	
264–241	1. Punischer Krieg	Sizilien erste römische Provinz (241); Bau der *via Aurelia* von Rom nach Pisa (241)	Einführung von Gladiatorenwettkämpfen (264)
254			Geburt des Plautus
240			Erstaufführung der *Odyssee* des Livius Andronicus
239			Geburt des Ennius
234			Geburts des Scipio Africanus und Catos
231		Sardinien und Korsika römische Provinzen	
225–218	Unterwerfung der *Gallia Cisalpina*		
220		*Via Flaminia* von Rom in die *Cisalpina*; Bau des Circus Flaminius	
218–201	2. Punischer Krieg		
215		Erste Zünfte	
204			Einführung des Kybele-Kultes in Rom

Datum	Militärische Ereignisse	Politik und Gesellschaft	Kultur und Religion
200–188	Intervention Roms in Griechenland und im Osten		
196		Flaminius ruft die Freiheit Griechenlands aus	
190			Geburt des Terenz
186			Bacchanalenskandal
185–184		Cato Zensor	Basilika Portia
181			Tempel der Venus Erycina
180		Gesetz über den *cursus honorum*	
179			Basilika Aemilia
173			Vertreibung der epikureischen Philosophen
168	Sieg bei Pydna		
161			Vertreibung der Philosophen und Rhetoren
155			Philosophengesandtschaft (Karneades, Diogenes, Kritolaos)
154			Der Senat verbietet die Errichtung eines permanenten Theaters
150–129			'Scipionenkreis'
148–146	3. Punischer Krieg		
148			Mucius Scaevola veranlaßt als *pontifex maximus* die Veröffentlichung der *Annales Maximi*
146	Zerstörung Karthagos	Makedonien römische Provinz; Afrika prokonsularische Provinz	
133	Zerstörung Numantias	Asia Provinz	
133–121		Die Gracchen	
125–118		Gallia Narbonensis Provinz	

Datum	Militärische Ereignisse	Politik und Gesellschaft	Kultur und Religion
113–101	Kimbern- und Teutoneneinfall	Tribunat des Marius	
112–105	Jugurthinischer Krieg		
107–101		Marius Konsul	
106			Geburt Ciceros und Pompeius'
100			Geburt Caesars
98			Geburt des Lukrez
91–88	Bundesgenossenkrieg		
88–85	Mithridatischer Krieg		
87			Geburt Sullas
83–82	Bürgerkrieg		
82–79		Sulla Diktator	
80–72	Krieg gegen die Marianer und Sertorius		
74		Bithynien Provinz	
73–71	Krieg gegen Spartakus		
70		Konsulat des Pompeius	Geburt Vergils
76–63	Feldzüge des Pompeius im Osten		
65			Geburt des Horaz
64			Geburt des Livius
63		Syrien Provinz; Konsulat Ciceros; Verschwörung Catilinas	Geburt Octavians
60		1. Triumvirat	
58–50	Gallischer Krieg		
55			Erstes Steintheater in Rom
54			Basilika Julia
52		Unruhen in Rom; Pompeius alleiniger Konsul	Ciceros Rede *Für Milo*
51		Gallien bis zum Rhein Provinz	

Datum	Militärische Ereignisse	Politik und Gesellschaft	Kultur und Religion
49–44	Bürgerkrieg		Caesar-Forum
48	Pharsalos		
46			Julianischer Kalender
45–44		Caesar Diktator	
44–30	Bürgerkrieg		
44–43			*Philippische Reden* Ciceros
43		2. Triumvirat	
42	Philippi		
31	Actium		
30		Ägypten Provinz	
29			Vergils *Georgica*
27		Beginn des Prinzipats	
27–14 n. Chr.		Herrschaft des Augustus	
21			Horaz' *Episteln*
19			Tod Vergils; Veröffentlichung der *Aeneis*
17			Säkularfeiern
13			Bau der Ara Pacis
11			Marcellus-Theater
5–4			Geburt Christi
2 n. Chr.			Augustus-Forum; Geburt Senecas
14–37		Herrschaft des Tiberius	
17		Germanien kaiserliche Provinz	
29			Tod Christi
37–41		Herrschaft Caligulas	
39			Geburt Lukans
40		Mauretanien Provinz	
41–54		Herrschaft des Claudius	

Datum	Militärische Ereignisse	Politik und Gesellschaft	Kultur und Religion
43	Eroberung Britanniens		Hafen von Ostia
45			Philosophische Schriften Senecas
51–63	Partherkriege		
54–68		Herrschaft Neros	
54			Geburt des Tacitus
64		Brand Roms; erste Christenverfolgungen	
65			Senecas *Briefe an Lucilius*
69		Vierkaiserjahr (Galba, Otho, Vitellius, Vespasian)	
69–79	Einnahme und Zerstörung Jerusalems durch Titus		
70–80			Bau des Colosseums
79		Vesuvausbruch; Zerstörung von Pompeji und Herculaneum	
79–81		Herrschaft des Titus	
81–96		Herrschaft Domitians	
82			Titusbogen
96–98		Herrschaft Nervas	
98–117		Herrschaft Trajans	
100		Konsulat Plinius' des Jüngeren	
101–103	Erste Kämpfe gegen die Daker		
103			Trajanshafen in Ostia
105–106	Erneute Kämpfe gegen die Daker	Arabia kaiserliche Provinz	
107		Dakien kaiserliche Provinz	
111–114			Trajans-Forum
113–114			Trajanssäule
114	Partherkrieg	Trajan zum *optimus* proklamiert	

Datum	Militärische Ereignisse	Politik und Gesellschaft	Kultur und Religion
116			*Annalen* des Tacitus
117		Größte Ausdehung des Römischen Reiches	
117–138		Herrschaft Hadrians	Wiederaufbau des 27 v. Chr. durch Agrippa errichteten Pantheon
121–126		Reisen Hadrians	
124			Geburt des Apuleius
125			Bau der Villa Hadriana (Tivoli)
128–134		Reisen Hadrians	
138–161		Herrschaft des Antoninus Pius	
161–180		Herrschaft Marc Aurels	
166–180	Germanenkriege	Ende der Pax Romana	
180–192		Herrschaft des Commodus	
193–211		Herrschaft des Septimius Severus	Gewaltige städtebauliche Aktivitäten
197			Tertullians Apologeticum
203			Triumphbogen des Septimius Severus
211–217		Herrschaft Caracallas	
212		Stadtrecht gilt auch für alle Provinzen	
216			Caracalla-Thermen
218–235		Herrschaft des Elagabal, dann des Alexander Severus	
231–232	Perserkriege		
235–284	Allseits Bedrohung der Reichsgrenzen	Militärherrschaft; wechselnde Kaiser; Pest	
250			Christenverfolgungen; Geburt des Laktanz
271	Aurelianische Mauer		
284–305		Herrschaft Diokletians	

Datum	Militärische Ereignisse	Politik und Gesellschaft	Kultur und Religion
293		Tetrarchie	
300		Verwaltungsverein-heitlichung	
301		Maximalpreis-verordnungen	
302–304			Christenverfolgungen
306–337		Herrschaft Konstantins	Konstantins-Basilika; Maxentius (306–311)
313		Edikt von Mailand (Religionsfreiheit)	
315			Konstantinsbogen
325			Konzil von Nicaea
330		Konstantinopel Reichshauptstadt	Bau von St. Peter
337		Reichsteilung in West- und Ostreich	
340			Geburt des hl. Hieronymus
354			Geburt des hl. Augustinus
355–357	Krieg in Gallien		
358–363	Krieg gegen die Perser		
361–363		Alleinherrschaft Julians	
364–395		Herrschaft Valentinians und Theodosius'	
381			Christentum Staatsreligion
395		Erneute Reichsteilung	
400			*Bekenntnisse* Augustins
406	Goteneinfälle		
410	Einnahme Roms durch Alarich		
427			Augustins *Gottesstaat*
455	Plünderung Roms durch Geiserichs Vandalen		
476		Absetzung des Romulus Augustulus; Okoakar König von Italien	

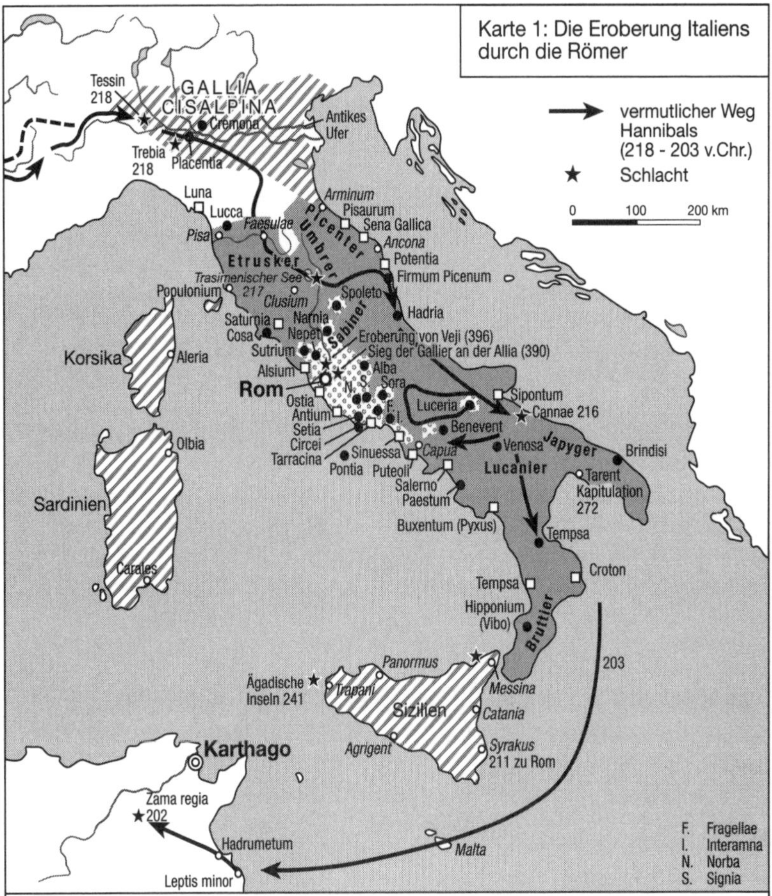

Karte 1: Die Eroberung Italiens durch die Römer

- Rom um 509 v. Chr.
- Römisches Gebiet um 298 v. Chr.
- von Rom unterworfene Gebiete zu Beginn des 1. Punischen Krieges (264 v. Chr.)
- Ausdehnung des römischen Machtbereichs nach dem 2. Punischen Krieg (201 v. Chr.)

bedeutende Kolonien (201 v. Chr.)

- Kolonien römischen Rechts (Vollbürger)
- Kolonien latinischen Rechts

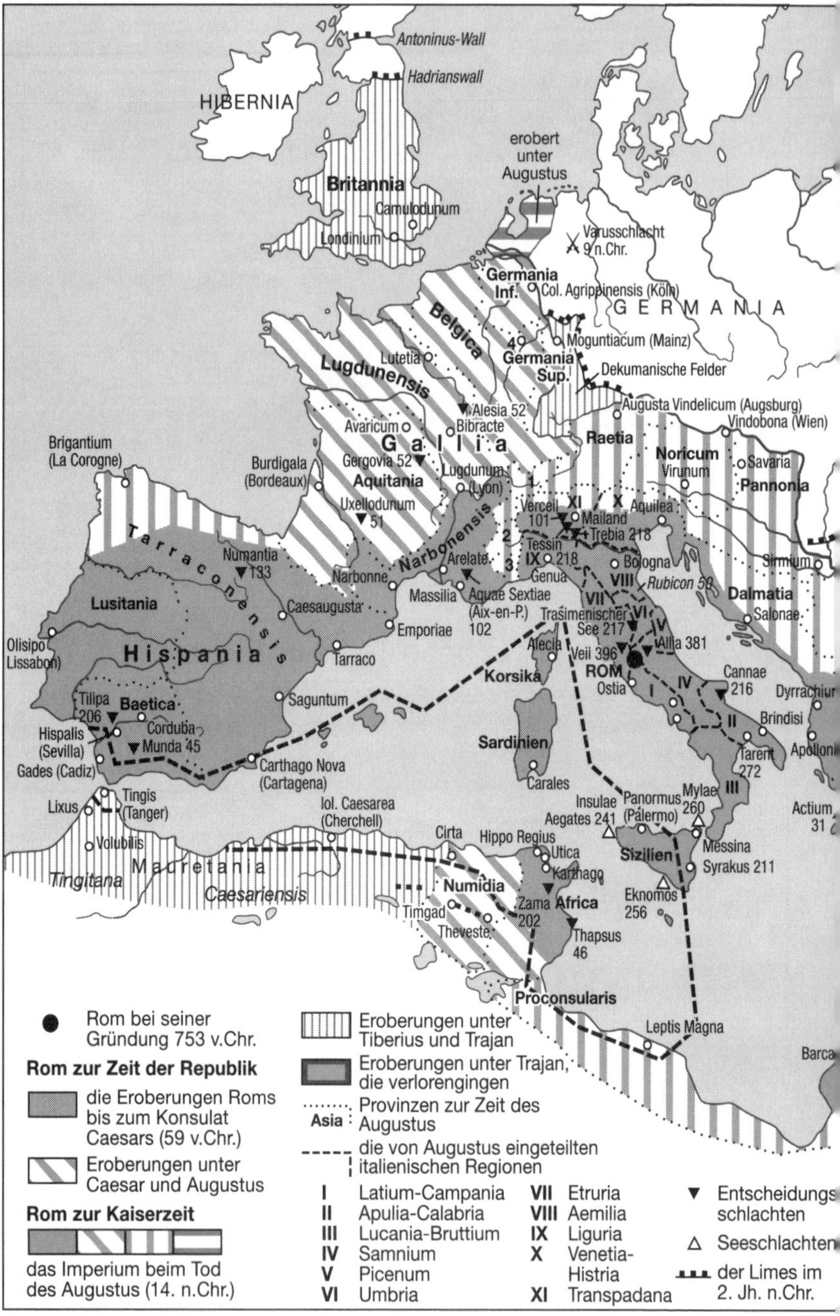
Antoninus-Wall
Hadrianswall
HIBERNIA
Britannia
Camulodunum
Londinium
erobert unter Augustus
Varusschlacht 9 n.Chr.
Germania Inf.
Col. Agrippinensis (Köln)
G E R M A N I A
Belgica
Moguntiacum (Mainz)
Germania Sup.
Dekumanische Felder
Lugdunensis
Lutetia
Alesia 52
Bibracte
Avaricum
Augusta Vindelicum (Augsburg)
Vindobona (Wien)
G a l l i a
Raetia
Noricum
Virunum
Savaria
Pannonia
Brigantium (La Corogne)
Burdigala (Bordeaux)
Gergovia 52
Aquitania
Lugdunum (Lyon)
Uxellodunum 51
Narbonensis
Vercell 101
Mailand
Trebia 218
Aquileia
Tessin 218
Tarraconensis
Numantia 133
Narbonne
Arelate
Genua
Bologna
Rubicon 50
Sirmium
Lusitania
Caesaugusta
Massilia
Aquae Sextiae (Aix-en-P.) 102
Trasimenischer See 217
Dalmatia
Salonae
Olisipo (Lissabon)
Hispania
Emporiae
Tarraco
Alecia
Veii 396
Allia 381
ROM
Ostia
Korsika
Cannae 216
Dyrrachium
Tilipa 206
Baetica
Saguntum
Brindisi
Hispalis (Sevilla)
Corduba
Munda 45
Sardinien
Apollonia
Gades (Cadiz)
Carthago Nova (Cartagena)
Carales
Tarent 272
Tingis (Tanger)
Lixus
Insulae Aegates 241
Panormus (Palermo)
Mylae 260
Actium 31
Iol. Caesarea (Cherchell)
Volubilis
Cirta
Hippo Regius
Utica
Messina
Sizilien
Syrakus 211
Mauretania
Tingitana
Caesariensis
Numidia
Karthago
Zama 202
Africa
Eknomos 256
Timgad
Theveste
Thapsus 46
Proconsularis
Leptis Magna
Barca
I
II
III
IV
V
VI
VII
VIII
IX
X
XI
1
2
3
4
Rom bei seiner Gründung 753 v.Chr.
Rom zur Zeit der Republik
die Eroberungen Roms bis zum Konsulat Caesars (59 v.Chr.)
Eroberungen unter Caesar und Augustus
Rom zur Kaiserzeit
das Imperium beim Tod des Augustus (14. n.Chr.)
Eroberungen unter Tiberius und Trajan
Eroberungen unter Trajan, die verlorengingen
Asia
Provinzen zur Zeit des Augustus
die von Augustus eingeteilten italienischen Regionen
I Latium-Campania
II Apulia-Calabria
III Lucania-Bruttium
IV Samnium
V Picenum
VI Umbria
VII Etruria
VIII Aemilia
IX Liguria
X Venetia-Histria
XI Transpadana
Entscheidungsschlachten
Seeschlachten
der Limes im 2. Jh. n.Chr.

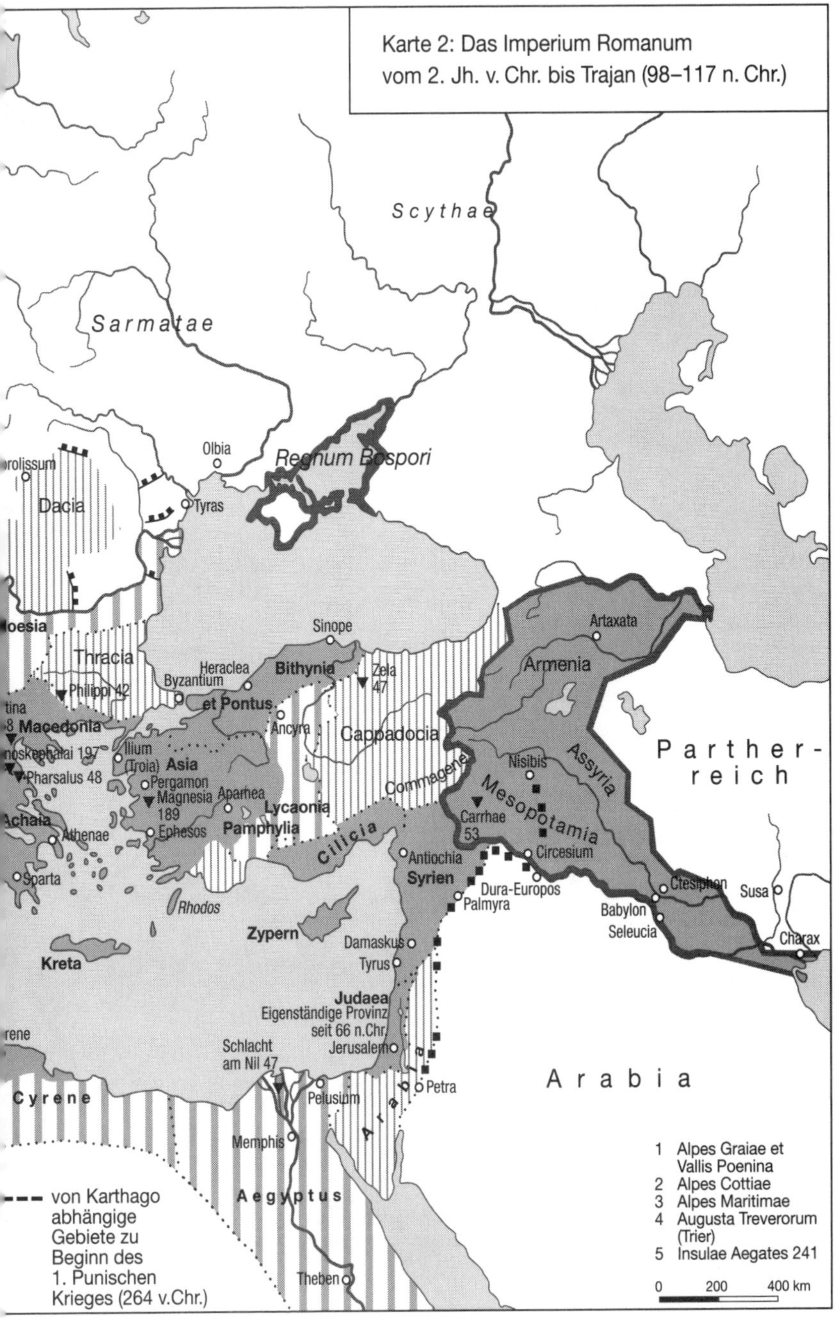

Karte 2: Das Imperium Romanum
vom 2. Jh. v. Chr. bis Trajan (98–117 n. Chr.)

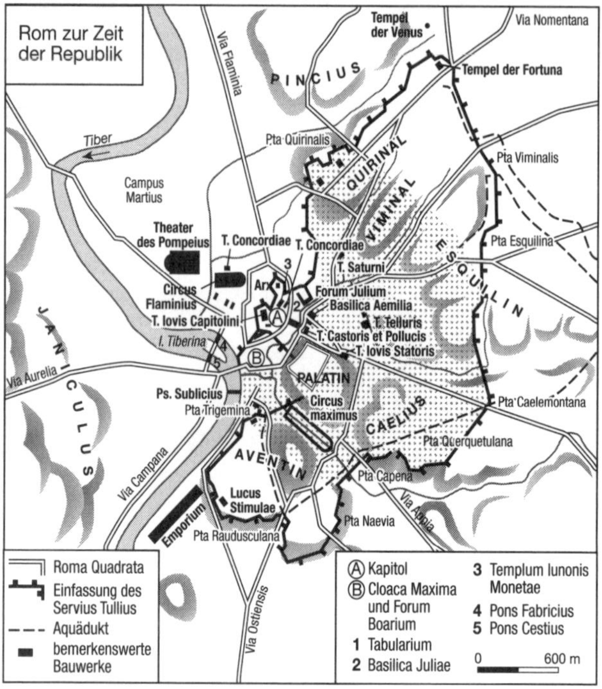

Stadtbezirke Roms

I	Porta Capena	VI	Alta Semita	XI	Circus Maximus
II	Caelimontium	VII	Via Lata	XII	Piscina Publica
III	Isis et Serapis	VIII	Forum Romanum	XIII	Aventinus
IV	Templum Pacis	IX	Circus Flaminius	XIV	Trans Tiberim
V	Esquiliae	X	Palatium		

—o—o— Stadtbezirksgrenze

▭ vermutlich bewohnt

A.	Arcus	1	Jupitertempel	9	Forum Boarium
B.	Basilica	2	Tabularium	10	Forum Holitorium
C.	Colonna	3	Gefängnis	11	Thermen des Titus
D.	Domus	4	Basilica Juliae	12	Pantheon
F.	Forum	5	Haus der Vestalinnen	13	Thermen des Agrippa
M.	Mausoleum	6	Tempel der Kybele	14	Porticus Philippi
P.	Porticus	7	Haus der Livia	15	Thermen des Balbus
PS.	Pons	8	Tempel der Fortuna Virilis		
Pta	Porta				
T.	Templum				
TH.	Theatrum				
TM.	Thermae				

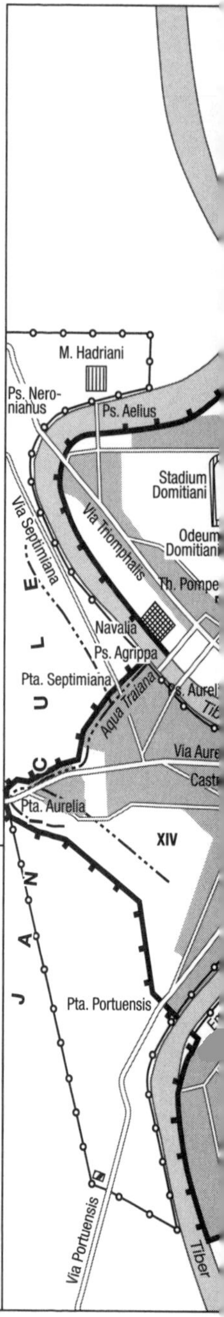

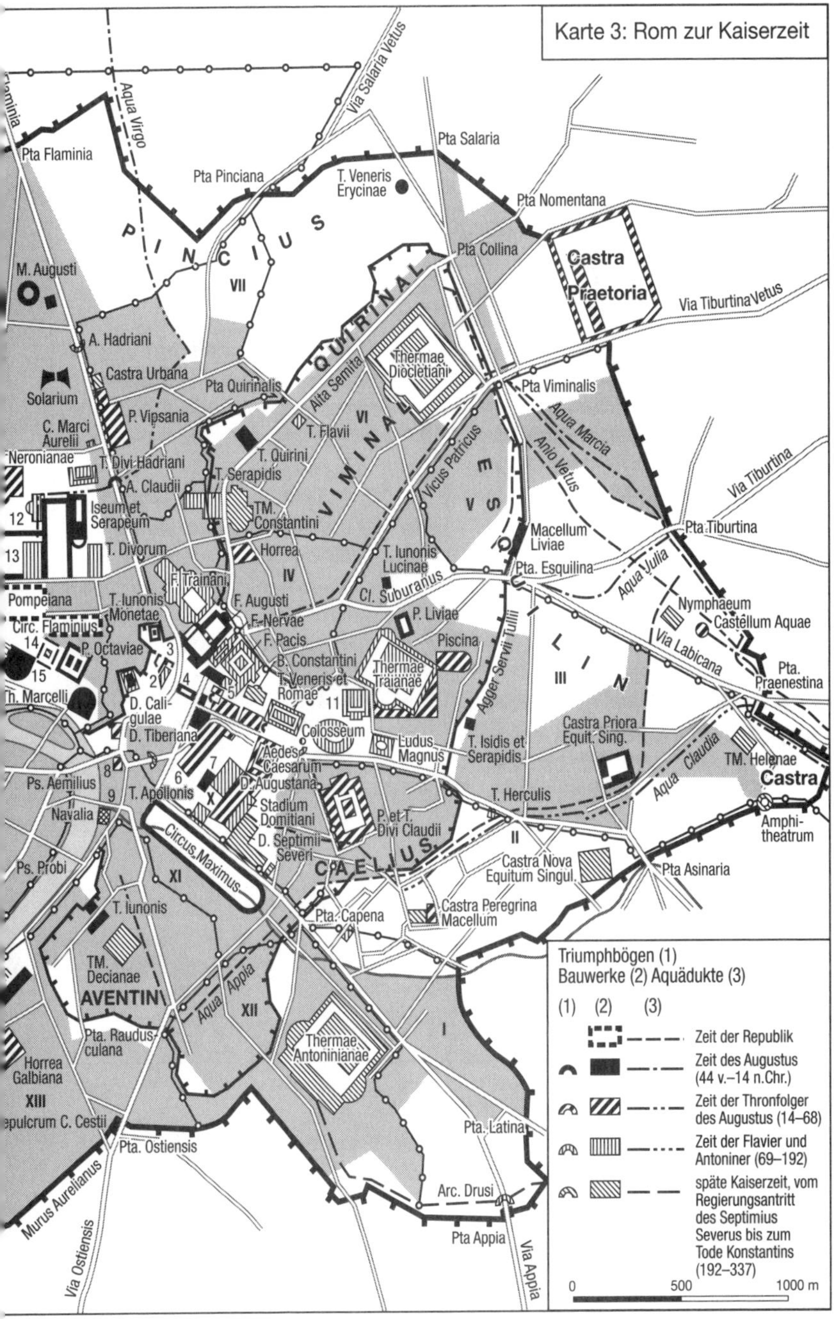

Karte 3: Rom zur Kaiserzeit

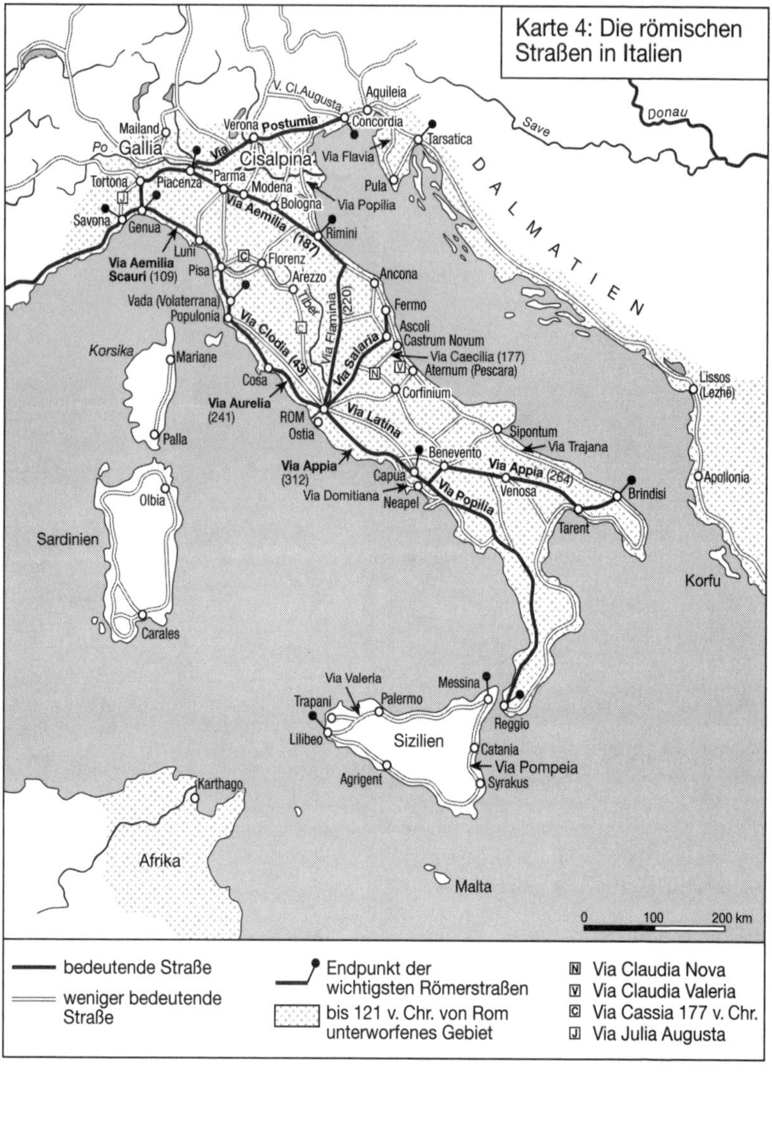

Karte 4: Die römischen Straßen in Italien

Aberglaube ▸ **Religion**

Abstimmung

Erst gegen Ende des 2. Jhs. v. Chr. wurde die schriftliche oder geheime Abstimmung (*suffragium*) eingeführt, bis dahin stimmte man mündlich ab. Bei den die Gesetze beschließenden Komitien* schrieb man auf Tafeln* entweder *Uti rogas* (Ja) oder *Antiquo* (Nein), bei den Wahlkomitien den Namen des ausgesuchten Kandidaten, bei den Gerichtskomitien den Buchstaben A (*absolvo*) für Freispruch oder C (*condemno*) für Verurteilung, nichts, wenn man vertagen (*ampliatio*) wollte. Im Senat stimmte man mittels *discessio* ab, d.h. man stellte sich hinter den Redner*, dem man zustimmte.

Bei den Komitien stimmten nicht alle Bürger* ab, denn sie hatten aus mehreren Gründen nur ein theoretisches Abstimmungsrecht. Der erste Grund war die räumliche Entfernung, denn es war für viele recht aufwendig, aus einer Provinz* oder einer entfernt von Italien* gelegenen Kolonie* nach Rom zu kommen. Andererseits waren die Bürgerlisten nicht immer auf dem neuesten Stand, denn sie wurden lediglich alle fünf Jahre revidiert. Und darüber hinaus konnten noch zahllose weitere Gründe dazu beitragen, daß es für Bürger unmöglich war, ihr *ius suffragii* auszuüben, etwa weil sie nicht in den Listen der Zenturien* oder der Tribus* vermerkt waren. So kam es dazu, daß der Abstimmungsmodus in den Zenturiar*- und Tributarkomitien* nicht mit der numerischen Zahl der Angehörigen übereinstimmte. Bei den Zenturiarkomitien stimmte man reihum ab und begann mit den Ritterzenturien, auf die die erste, dann die zweite Klasse usw. folgte. Die Abstimmung erfolgte dabei in einem zweifachen Verfahren, denn die Mehrheit innerhalb einer Zenturie bestimmte deren Abstimmungsverhalten, und jede Zenturie hatte eine Stimme. Der Vorsitzende unterbrach die Abstimmung, sobald die Mehrheit von 97 Stimmen erreicht war.

Doch selbst nach den Reformen der Zenturien im 3. Jh. stellten allein die Ritterzenturien und die der ersten Klasse 88 von 193 Stimmen, es fehlten also nur noch neun Zenturien bis zur Mehrheit. Selbst wenn also nicht alle der reichsten Zenturien gleich abstimmten, war der Spielraum immer noch so groß, daß die ärmsten Klassen kaum bei einer Entscheidung zum Zuge kamen.

Bei den Tributarkomitien und der Volksversammlung* stimmte man nicht nacheinander, sondern gleichzeitig ab, so daß jede Stimme gleichen Wert besaß. Doch auch hier verfügte jede Tribus nur über eine Stimme. Im Jahre 241 v. Chr. gab es eine Gesamtzahl von 35 Tribus, die auch nie erhöht wurde; vier davon waren städtisch, daher die volkreichsten und die mit den meisten Armen, die anderen 31 waren ländlich und bestanden aus den reichen und vermögenden Schichten.

Die Zensoren* teilten nach ihrem Belieben die Bürger in die Tribus ein, wobei die Freigelassenen* und Armen in die städtischen, weniger angesehenen, eingeschrieben wurden. Als Strafmaßnahme konnten sie sogar Bürger einer ländlichen Tribus in eine städtische umschreiben. Dadurch waren die Tributarkomitien schon bald keine demokratischen Versammlungen* mehr.

actiones legis

Zivilrechtliches Verfahren, das nur bis zum 2. Jh. v. Chr. in Gebrauch war; es wurde danach durch ein formloses Verfahren ersetzt und unter Augustus* schließlich abgeschafft. Beim Verfahren *actio legis* wählt der Kläger die ihm angemessen erscheinende Formel, um seinen Antrag vorzubringen. Die Formulierungen dieser *actiones* waren genau festgelegt, und man konnte nur diese verwenden. Man unterscheidet bei ihnen fünf Kategorien, von denen drei den Prozeß einleiten, zwei dem Vollzug des Urteils dienen. Die Nachteile dieses Verfahrens waren einerseits sein strenger Formalismus, denn der kleinste Fehler zog den Verlust des Verfahrens nach sich, andererseits sein unveränderlicher Charakter.

actiones per formulas

Eine Zivilrechtsform, die ein Mittel an die Hand gab, das Recht* den praktischen Notwendigkeiten anzupassen, und die den *actiones legis** nachfolgte.

Die Teilung des Prozesses in zwei Phasen, von denen eine vor dem Magistrat*, die andere vor Gericht* stattfand, wurde beibehalten, ihre Rollen jedoch stärker ausgebaut. In gewissem Sinne schuf der Prätor* das Gesetz, indem er bei seinem Amtsantritt eine Magistratsverordnung* erließ, welche die Prinzipien enthielt, nach denen er sich bei Klagen richtete. Andererseits war der Richter gehalten, die Schadenshöhe festzusetzen und die Aufrichtigkeit beider Parteien zu gewährleisten. Das System der *actiones per formulas* war verbesserungsfähig. Es umfaßte das gesamte prätorianische Recht, d.h. die durch die Magistratsverordnungen publizierte praktische Rechtsprechung.

Actium

Vorgebirge Akarnaniens, im Norden Ätoliens, wo Octavian* und Agrippa* die Flotte des Antonius* am 2. September 31 v.Chr. zerschlugen. Diese Schlacht, in deren Verlauf sich Antonius als ein schlechter Taktiker erwies, zog gewaltige Konsequenzen nach sich, da Octavian durch den Sieg alleiniger Herrscher Roms wurde.

Adel ▸ Schichten

Adoption

Die Adoption ist ein juristischer Akt, durch den ein Familienvater ein Mitglied einer anderen Familie in seinen Machtbereich (*patria potestas**) als Sohn oder Tochter aufnimmt. Diesen Akt vollzieht man vor einem Prätor*, in den Provinzen vor dem Statthalter*; er besteht aus einem fingierten dreifachen Verkauf, durch den die *potestas* des leiblichen Vaters vernichtet wird. Dann erhebt der Adoptionswillige dem gegenüber, den er adoptieren will, die Ansprüche eines Vaters. Die Verwaltung erklärt daraufhin die Adoption für vollzogen. Die letzten Formalitäten sind dieselben wie bei einer Eigentumsübertragung.

Der Adoptierte, der übrigens nicht nach seiner Zustimmung gefragt wird, findet in seiner neuen Familie genau die Situation vor, als sei er in ihr geboren: Er nimmt den Namen* seines neuen Vaters an, wird sein Erbe, verehrt die Penaten* etc. Er ist mit seiner Familie nur noch durch Blutsbande verbunden (*cognatio*). Die *potestas* des Adoptierenden bezieht sich allerdings nicht auf die Nachkommen des Adoptierten.

Man adoptierte meistens, wenn es keine Nachkommen gab, um den Fortbestand des Namens und den häuslichen Ahnenkult zu gewährleisten. Zur Kaiserzeit spielte die Adoption eine große Rolle bei der Errichtung der Dynastien (Julier, Claudier, Antoniner).

Die Römer unterschieden von der Adoption die *adrogatio**, eine ähnliche Einrichtung.

adrogatio

Die *adrogatio* ist eine Form der Adoption*, die dann angewandt wird, wenn es sich bei dem Adoptierten um eine Person handelt, die der *patria potestas** entzogen ist.

Die Folgen und Formalitäten der *adrogatio* sind viel weitreichender als die der Adoption, denn die *adrogatio* ist quasi die Adoption eines *pater familias* durch einen anderen. Folglich zieht sie den Fortfall einer *familia** und ihres Ahnenkults nach sich; das Erbe des Adrogierten fällt in die Hände des Adrogierenden; die Nachkommen des Adrogierten unterliegen nunmehr der Gewalt des neuen *pater familias*.

Das Verfahren besteht aus einer Befragung des Priesterkollegiums zu den Bedingungen der *adrogatio* und zu einer Entscheidung durch die Kuriarkomitien*. Darüber hinaus muß der Adrogierte zustimmen, was im Fall der Adoption nicht notwendig ist.

Ädil

Das Ädilenamt ist ein Magistratsamt, das von den Plebejern 494 v. Chr. zusammen mit dem Amt des Tribunen* geschaffen worden war und bis 366 plebejisch blieb. Die plebejischen Ädilen (*aediles plebeii*), zwei an der Zahl, wurden von der Versammlung der Plebejer gewählt; ihre Aufgabe bestand ursprünglich darin, die Volkstribunen zu unterstützen; ebenso wie diese waren sie unantastbar. Doch mit der Zeit verdoppelte sich das plebejische Ädilenamt um das kurulische Ädilenamt, das sowohl für Plebejer als auch für Patrizier zugänglich war. Die kurulischen Ädilen (*aediles curules*), ebenfalls zwei, wurden von den Tributarkomitien* gewählt, waren nicht unantastbar, hatten aber ein Anrecht auf den kurulischen Stuhl und überwachten die Auspizien*. Recht bald näherten sich die Aufgaben der plebejischen und kurulischen Ädilen einander an, so daß es zu einem Gemeinschaftskollegium kam. Die Ädilen, die zwar die *potestas*, nicht aber das *imperium** besaßen, hatten folgende Aufgaben: Marktordnung, Überwachung der Lebensmittelversorgung, Pflege und Sicherheit der Stadt, Organisation und Kontrolle der öffentlichen Spiele*. Darüber hinaus oblag den Ädilen noch die Rechtsprechung in ihrem Aufgabenbereich. Aus ihren Edikten entwickelte sich ein Handelsrecht. In der Kaiserzeit wurden ihre Stellung und ihre Aufgaben rasch beschränkt.

Ägadische Inseln

Inseln vor Trapani, im Westen Siziliens. Unter dem Befehl des Konsuls* C. Lutatius errang hier die römische Flotte einen herausragenden Sieg gegen die Karthagos* unter dem Kommando Hannos. Lutatius versenkte 50 Schiffe*, erbeutete 70 und machte 10000 Gefangene (Frühjahr 241 v. Chr.).

Aemilius Paullus

C. Aemilius Paullus (228–160 v. Chr.) war in den Jahren 182 und 168 Konsul* und besiegte Perseus, den Sohn

Philipps V. und letzten König von Makedonien, bei Pydna* (168). Im Anschluß daran begann er mit der politischen Neuordnung Griechenlands. Zu seinem Begräbnis* verfaßte Terenz* *Die Adelphen* (Brüder) und die *Hekyra* (Schwiegermutter). Aemilius Paullus galt als Symbolfigur der Vereinigung römischer und griechischer Tradition, die sein Sohn Scipio Aemilianus* fortführte.

Aeneas

Ein trojanischer Held, der Sohn des Anchises und der Aphrodite (Venus), der sich durch seine Taten während des Trojanischen Krieges hervortat und ein von den Göttern beschützter Held zu sein schien. Doch erst nach dem Fall Trojas wurde er wirklich bedeutsam. Einigen Überlieferungen zufolge soll er sich mit seinem Vater, seinem Sohn und den Göttern Trojas zum Berg Ida nach Kreta zurückgezogen und dort eine Stadt gegründet haben. Die am weitesten verbreitete Legende aber ist die seiner Reisen, die auch Vergil* benutzte und derzufolge Aeneas und seine Gefährten Troja verließen und durch Thrakien, Makedonien, Kreta, in den Epirus und nach Sizilien kamen. Ein Sturm verschlug sie an die Küste Karthagos*, wo Aeneas sich in Dido verliebte. Doch Karthago sollte zum Rivalen Roms* aufsteigen. Aeneas verließ Dido und ging bei Cumae an der Küste Campaniens an Land. Der sechste Gesang der *Aeneis* Vergils erzählt von dem Besuch, den Aeneas den Sibyllen abstattete, sowie von seinem Abstieg in die Unterwelt. Dann setzte Aeneas seinen Weg an der Küste bis zur Tibermündung fort. Hier traf er auf die von Turnus angeführten Rutuler. Er ließ seine Gefährten zurück und zog den Tiber aufwärts bis zur Stadt Pallanteum, wo viel später auch Rom erbaut werden sollte, und bat den greisen König Euander um Hilfe. Auf dessen Rat hin begab sich Aeneas zu den Etruskern*, die sich gegen ihren König Maecenas erhoben hatten. Zur gleichen Zeit griff Turnus die Trojaner an, doch wendete die Rückkehr des Aeneas mit seinen Verbündeten die Situation. Turnus wurde von Aeneas in einem Kampf Mann gegen Mann erschlagen, mit dem die *Aeneis* endet. Andere Überlieferungen berichten von weiteren Ereignissen oder unterscheiden sich an bestimmten Punkten.

Die Legende von Aeneas gab Rom seinen adligen Stammbaum, da es seine Herkunft von den Göttern herleiten konnte, schließlich war Romulus ein Nachfahre des Aeneas, und die *gens* Julia* war stolz darauf, von Iulus, dem Sohn des trojanischen Helden, abzustammen. Die Geschichten um Aeneas haben oftmals die römischen Künstler bei Fresken* und Mosaiken* inspiriert.

Aerarium

Der im Tempel* des Saturnus am Fuße des Kapitols* niedergelegte Staatsschatz, den man daher auch als *aerarium Saturni* bezeichnete. Zur Zeit der Republik* verwalteten ihn zwei Quästoren*, in der Kaiserzeit oblag diese Aufgabe zwei Präfekten*. Doch zu dieser Zeit begann er an Bedeutung zu verlieren, da es darüber hinaus den Schatz des Kaisers* (*fiscus*) gab, und im 3. Jh. n.Chr. war das *aerarium Saturni* nurmehr eine Stadtkasse.

Das *aerarium sanctius* bezeichnet eine spezielle aus Goldbarren bestehende Staatsreserve. Das *aerarium milita-*

re ist die von Augustus* begründete Kriegskasse, die als Versorgungskasse der Soldaten* dienen sollte.

ager publicus

Mit *ager publicus* wurden alle Liegenschaften bezeichnet, die der Staat durch Eroberungen erwarb (Rom nahm ein Drittel bis die Hälfte des Landes von den besiegten Völkern), mittels Erbschaft erhielt (Attalos III. hinterließ Rom 134 v.Chr. das Königreich von Pergamon) oder von Verurteilten konfiszierte.

Je nach ihrer jeweiligen Beschaffenheit hatten die Güter unterschiedliche Verwendungen: Die einen wurden durch Rom ausgebeutet (Bergbau* und vor allem Holzabbau), die anderen (landwirtschaftliche Nutzflächen) wurden an Siedler oder Privatleute verteilt, natürlich gegen Pacht, andere schließlich (unbewirtbare Flächen) dienten, ebenfalls gegen Gebühr, als öffentliche Weideplätze. Im Prinzip aber war *ager publicus* nur eine andere Bezeichnung für 'Besitz' im Gegensatz zu 'Eigentum' und somit widerrufbar. Und so hatten einige Großgrundbesitzer am Ende der Republik* den *ager publicus* in Italien* unter sich aufgeteilt und betrachteten ihn als ihr persönliches Eigentum.

Agricola

C. Julius Agricola (40–93 n.Chr.) war ein römischer Feldherr aus Forum Julii, dem heutigen Fréjus in Frankreich. Seine Familie* gehörte der örtlichen Aristokratie an. Er wurde in Marseille ausgebildet und begann den *cursus honorum** als Quästor* 64 n.Chr. in Asien, wurde 78 Konsul* und dann Statthalter* in Britannien. Er befriedete diese Region und errang stolze Siege. Unter Domitian fiel er in Ungnade. Sein Schwiegersohn, der bedeutende Geschichtsschreiber Tacitus*, widmete ihm eine Biographie.

Agrippa

M. Vipsanius Agrippa (63–12 v.Chr.) heiratete 21 v.Chr. Julia*, die Tochter des Augustus* und Witwe des Marcellus. Als Kriegsmann verstand er es gut, den Kampf gegen die Pompeianer bei Pharsalos* zu organisieren, und wurde mit der Kriegsführung in Illyrien betraut. 18 v.Chr. berief ihn Augustus an seine Seite und formte so das doppelte Prinzipat*. Doch den Ruhm Agrippas begründen vor allem die großen städtischen Bauten, um die er sich in Rom bemühte: Thermen*, Gärten*, das Pantheon und die Erneuerung der Kanalisation*. Er war stets darauf bedacht, Augustus und dem entstehenden Kaiserreich zu dienen.

Agrippina

Gleich zwei bedeutende Römerinnen trugen diesen Namen:

Agrippina die Ältere (Vipsania Agrippina) war die Gattin des Germanicus*, von dem sie neun Kinder hatte, darunter auch den späteren Kaiser* Caligula und Agrippina die Jüngere, die Mutter Neros*. Ihre Beziehungen zu Tiberius* waren sehr schlecht. Sie wurde auf die Insel Pantateria verbannt, wo sie 33 n.Chr. verstarb.

Agrippina die Jüngere (Julia Agrippina) war die Tochter der Vorhergenden und Gattin den Cn. Domitius Ahenobarbus, von dem sie einen Sohn hatte: Nero. Sie lebte am Hofe ihres Bruders, des Kaisers Caligula. Nachdem sie sich aber auf eine Verschwörung eingelassen hatte, wurde sie 39 n. Chr. auf die Insel Pontia verbannt. Nach dem Tode Messalinas heiratete sie 49 Claudius, den sie zur Adoption* Neros überredete. Als Claudius dann, höchstwahrscheinlich an Gift, verstarb, bestieg 54 n. Chr. Nero den Kaiserthron. Dieser entzog sich schon bald dem Einfluß seiner Mutter und ließ sie schließlich (59) ermorden.

Alba ▶ Horatier, Roms Gründung

Album

Alles Weiße oder Geweißte, wie etwa Mauern oder Tafeln*, insbesondere aber alles, was für Mitteilungen verwandt wurde.

In das *album centuriae* wurden die Namen* der Bürger* einer jeden Zenturie* eingetragen; im *album judicum* die Namen der Bürger, die für eine Nominierung auf ein Richteramt in Frage kamen; in das *album pontificum*, das beim *pontifex* maximus* auslag, wurden die *annales maximi* eingetragen; das *album praetoris* enthielt das jährliche Edikt des Prätors* und das *album senatorum* war eine Liste der Senatoren*.

Allia

Ein Fluß, der aus dem Sabinerland kommt und etwa 16 km vor Rom in den Tiber mündet. An diesem Flußlauf mußten die Römer 390 v. Chr. eine Niederlage von den Galliern hinnehmen, deren wilder Anblick und ungewohnten Kriegsmethoden sie flüchten ließen.

Alphabet

Das lateinische Alphabet stammt über etruskische Vermittlung vom griechischen ab. In klassischer Zeit besteht es aus 21 Buchstaben: A B C D E F G H I K L M N O P Q R S T V X. Im 1. Jh. v. Chr. vervollständigt man es durch die Zeichen Y und Z, die man zur Umschrift griechischer Begriffe benötigt. Der Buchstabe G begegnet uns erst erst ab dem 3. Jh. v. Chr., woraus sich erklärt, daß sich in manchen Abkürzungen wie etwa C. für Gaius, das C gehalten hat; bis dahin gab es keine Unterscheidung zwischen stimmlosen und stimmhaften Gutturalen. Auffällig ist, daß die heutigen Buchstaben I und J durch I, U und V durch V wiedergegeben wurden. Doch spiegelt sich dieser Brauch in den heutigen lateinischen Textausgaben nicht mehr wider.

Altar

Zu Beginn war ein Altar nichts weiter als ein einfacher Hügel aus Erde und Grasnarben oder ein Steinhaufen – ein Brauch, der niemals völlig endete. Später, als man begann, Steinaltäre zu errichten, wurden diese oftmals unabhängig von den Tempelanlagen erbaut (etwa die *Ara Maxima Herculis* oder die *Ara Pacis*). Sie waren rund oder rechtwinklig und hatten im höchstgelegenen Teil eine Aushöhlung, in der Opfer* und Duftstoffe verbrannt wurden. Auch gab es Altäre im Tempelinnern, doch vollzog man die Opfer auf den außerhalb im Vorhof oder an den Zugangswegen gelegenen Altären. Außerdem erbaute man auch Altäre innerhalb der Häuser* (Kult der Penaten*), an Wegkreuzungen, an Straßen* usw. Die Grabaltäre enthielten die Urnen* und wurden für den Totenkult gebraucht (▶ Grabmäler).

Amphitheater

Das Amphitheater (*amphitheatrum*) erwächst keineswegs dem Theater*, sondern ist mit ziemlicher Sicherheit eine Erfindung aus Campanien. Das älteste Amphitheater Roms stammt aus dem Ende des 1. Jhs. v. Chr. Ein Amphitheater ist durch drei Wesensmerkmale gekennzeichnet: die Stufen, auf denen die Zuschauer Platz nehmen, die Arena (*arena*, Sand), in der die Kämpfe stattfinden, sowie die unter der Arena oder unter den Rängen verborgenen Kulissen, in denen sich die Käfige für die Wildtiere und die Räume für die Kämpfer befinden. Manche Amphitheater konnten für Schiffskämpfe (Naumachien*) in Wasserbecken verwandelt werden. In den Amphitheatern fanden auch die Kämpfe der Gladiatoren* und Jagden* statt.

Das berühmteste und größte Amphitheater ist das der Flavier, bekannter unter dem Namen 'Colosseum', den es wohl einer gigantischen Statue verdankt, die den Kaiser* Nero* als Sonnengott darstellte und sich ganz in der Nähe befand. Von außen betrachtet bildet das Colosseum auf einer Fläche von 188 × 156 m eine gewaltige Ellipse von etwa 48,5 m Höhe; es bot Platz für 50000 Zuschauer. Begonnen wurde es unter Vespasian, vollendet unter Domitian.

Amulett

Ein Objekt, dem man magische Kräfte zuschreibt, das den 'bösen Blick' abwehrt, Übles verbannt, vor Unfällen schützt und dergleichen mehr. Materialien (Stein oder Edelmetalle), Formen (▶ Schmuck) sowie Ausführung (Tier- oder Pflanzendarstellungen) sind sehr variantenreich. An den Amuletten (*amuleta*) konnten auch magische Formeln angebracht werden.

Ancus Marcius ▶ Roms Gründung

Antoninus Pius

Der spätere Imperator* Caesar Aelius Hadrianus Antoninus Aurelius Pius (86–161 n. Chr.) entstammte einer reichen Grundbesitzerfamilie aus Lavinium, schlug die Senatorenlaufbahn ein und wurde 120 Konsul*, 133 bis 136 Prokonsul* von Asien. Im Jahre 138 v. Chr. wurde er von Hadrian*, der seine Weisheit schätzte, adoptiert. Er wurde ein friedfertiger, menschlicher und wirtschaftlich denkender Kaiser.

Seinen Beinamen Pius erhielt er wegen der Ehrfurcht, die er seinem Adoptivvater Hadrian gegenüber zeigte. Diesen ließ er mit großen Bemühungen vergöttlichen. Zum Gedenken an seine Gattin Faustina ließ er den Tempel des Antoninus und der Faustina errichten. Unter seiner Herrschaft erreichte die Kaiserzeit ihren Höhepunkt.

Antonius

Marcus Antonius (82–30 v. Chr.) begann seine politische Laufbahn im Schatten Caesars*, dem er 54 bis 50 nach Gallien* folgte und dank dem er 50 v. Chr. Volkstribun* wurde. Dennoch konnte er sich im Senat* bei der Abstimmung* über einen Beschluß, Caesar seine Machtbefugnisse zu nehmen, nicht durchsetzen und schloß sich diesem dann im Kampf gegen die Staatsmacht an. Er nahm an Feldzügen in Italien und Griechenland teil. 48 v. Chr. war er in Pharsalos* mit von der Partie. Vier Jahre später wurde er Konsul* neben Caesar. Doch nach den Iden* des März 44 geriet er in Konflikt mit Octavian*, dem Adoptivsohn Caesars, der ebenfalls die führende Stellung im Staat beanspruchte. Cicero* ergriff Partei für Octavian und hielt von September 44 bis April 43 seine vierzehn *Philippischen Reden** gegen Antonius, die man wegen ihrer Entsprechung mit den berühmten Reden des Demosthenes so nennt. Im April 43 wurde Antonius von Octavian bei Modena geschlagen. Doch obwohl Antonius vom Senat zum Staatsfeind erklärt wurde, blieb er weiterhin eine Bedrohung. In der Provinz* Narbonensis erhielt er durch Lepidus Unterstützung, den ehemaligen Anführer der Reiterei* unter Caesar, indem dieser ihm seine Truppen überließ. Zwischenzeitlich hatte Octavian Rom besetzt und verständigte sich nach einem politischen Kurswechsel mit Antonius und Lepidus darauf, daß man im Oktober 43 das Zweite Triumvirat* bildete. Auf diese Übereinkunft folgten Proskriptionen*, deren prominentestes Opfer Cicero war, den Octavian der Rache des Antonius überließ.

Bei Philippi* in Makedonien schlug er 42 v. Chr. die Truppen des Brutus* und Cassius, Anhänger der Partei des Pompeius*, die Caesar ermordet hatten und die Republik* wieder herstellen wollten. Nachdem er zum Herrn der oströmischen Welt geworden war, traf Antonius auf Kleopatra und folgte ihr nach Ägypten. Dennoch heiratete er Octavia*, die Schwester Octavians, und erneuerte 37 das Triumvirat für weitere fünf Jahre.

36 v. Chr. erlitt er gegen die Parther eine Niederlage, und während Octavian seine Macht im Osten immer weiter ausbaute, lebte Antonius wie ein orientalischer Herrscher und lieferte auf diese Weise selbst die Argumente für Octavians Propaganda gegen ihn. Im Januar 32 lief das Triumvirat aus, und Octavian ließ Kleopatra durch den Senat den Krieg erklären. Die Flotte der Königin wurde am 2. September 31 bei Actium* geschlagen, eine Niederlage, die kurz vor der Ankunft Octavians in Alexandria den Selbstmord des Antonius und der Kleopatra (30 v. Chr.) nach sich zog.

Apotheker

Erst gegen Ende der Kaiserzeit sah man in der Pharmazie im heutigen Sinne eine Hilfswissenschaft der Medizin*, bei der der Apotheker (*pharmacopola*) das vom Arzt* verschriebene Medikament zubereitet. Bis zu diesem Zeitpunkt gab es keine Apotheker im eigentlichen Sinne, sondern Händler von Gewürzen, Parfüms, Salben, Essenzen, Kräutern, die auch alle Arten von Arzneien und Mittelchen feilboten und für die es keines Rezeptes bedurfte. Erst zu Beginn des 1. Jhs. v. Chr. regelte ein Gesetz* den Verkauf von Medikamenten, und wenn ein Arzt ein Heilmittel verschrieb, oblag es ihm selbst, es auch in seiner Praxis herzustellen.

Appius Claudius Caecus

Der berühmte Zensor* des Jahres 312 v. Chr. und die erste bedeutende Persönlichkeit der römischen Geschichte. Er war von patrizischer Abstammung und hatte eine außerordentlich erfolgreiche Karriere: zweimal Konsul*, Diktator*, Zensor. Er verfolgte eine Politik, welche die Freigelassenen* und die Plebejer* förderte, die er zum Senat* berechtigen ließ, und teilte die Zenturien* und Tribus* derart auf, daß das Abstimmungsrecht weniger theoretisch war. Doch zogen diese Maßnahmen keine bedeutenden Konsequenzen nach sich. Während seines Zensurates ließ er die Prozeßformeln* bekanntmachen und gestattete die Anwendung des Zwölftafelgesetzes*. Man verdankt ihm den Bau der *via Appia*, der Straße von Rom nach Capua, sowie der *aqua Appia*, der 16,5 km langen Wasserleitung zu den Hügeln im Osten Roms. Im Jahre 280 v. Chr. überzeugte er den Senat, dem von Pyrrhus, dem Sieger über die Römer bei Herakleia, südwestlich Tarents, vorgeschlagenen Friedensbruchs nicht zuzustimmen. Beeinflußt vom Hellenismus und Pythagoreismus hinterließ er eine Sentenzensammlung in saturnischem Versmaß (*Carmina de moribus*) sowie eine Rechtsabhandlung.

Apuleius

Ein Romanschriftsteller und Philosoph*, der im numidischen Madauros um 125 n. Chr. geboren und in Karthago* sowie in Athen ausgebildet wurde. Er war Platoniker, eingeweiht in die Mysterien von Eleusis, von Mithras und von Isis. Mit seinen *Metamorphosen* oder *Der Goldene Esel* hinterließ er ein Meisterwerk des Abenteuerromans, das köstliche realistische Szenen enthält, aber ebenso auch Passagen von größter Anmut und tiefgründiger Mystik.

Aquädukt ▶ Wasserleitungen

Architektur

Zwei Wesensmerkmale charakterisieren die römische Architektur und begründen ihre Eigenständigkeit: Sie ist im wesentlichen urban und funktional. Während die Griechen sich vor allem darum gekümmert haben, ihre Götter* zu ehren, indem sie ihnen Tempel* errichteten, haben die Römer nie die Bequemlichkeit der Bürger* und das öffentliche Interesse vernachlässigt. Indem sie die Technik vorantrieben und Konstruktionsmethoden verwendeten, die den Griechen unbekannt waren (Füllmauer, Gewölbe, Kuppel), konnten die römischen Architekten und Ingenieure (*architecti, machinatores*) gewagte und dauerhafte Werke errichten und auch die Landschaft beherrschen.

Daher rührt es, daß sie monumentale Bauwerke errichteten, von denen sich noch heute ein Gutteil erhalten hat: Thermen*, Amphitheater*, Aquädukte*, Marktplätze*, Theater*. In dieser Hinsicht illustriert der berühmte Pont du Gard sehr gut den Gefallen an grandioser Schönheit gepaart mit dem Bemühen um die Nützlichkeit. In den Villen* vereint sich der Sinn für Städtebau* mit dem Gefühl für architektonischen Schmuck.

Von den römischen Autoren, die sich mit der Architektur beschäftigen, sind zu nennen: Varro*, dem es auf den Platz ankam, der der Ausbildung der Architektur zukommen sollte; Vitruvs *Über die Architektur* (Zeitalter des Augustus); Frontinus, zweimaliger Konsul* und Verwalter* der Wasseranlagen (*Über die Aquädukte der Stadt*, gestorben 103 n. Chr.). Ebenso kennen wir manche Architekten: Severus und Celer, die Neros* *domus aurea* erbauten, eine Villa mitten in der Stadt; Rabirius, den Erbauer des Domitianpalastes auf dem Palatin (*domus Flavia*), der kaiserliche Residenz blieb; Apollodoros von Damaskus, den Architekten Trajans* (Forum*, Märkte*). Diese alle jedoch, obschon hoch geachtet, gaben ihren Namen* nicht den Bauwerken, die sie errichteten, denn in Rom war der wirkliche Urheber eines Bauwerkes der Magistrat* oder der Kaiser*, der dazu den Anstoß gab: Der Architekt war nichts weiter als sein Ratgeber.

▶ Säulenordnungen

Archiv

Die Archive (*tabularium*) der Familie* waren in einem eigens dafür vorgesehenen Raum untergebracht. Die amtlichen Archive mit den Textsammlungen der Gesetze*, der Senatsbeschlüsse*, der Zählungslisten und Berichte der Amtsträger befanden sich in republikanischer Zeit im Tempel* des Saturn, zur Kaiserzeit im *tabularium*, das zur Zeit Sullas* an der Südflanke des Kapitols* erbaut worden war.

argei

Man bewahrte in Rom in bestimmten Kapellen anthropomorphe Figuren aus Binsen und Weide auf, die man *argei* nannte; die genaue Bedeutung des Wortes ist unbekannt. Am 15. Mai warf man etwa 30 von ihnen vom *Pons Sublicius* in den Tiber. Bürger*, Vestalinnen* und die Pontifices* wohnten diesem Ersatzopfer bei, das, mit der Erlaubnis des Herkules, Menschenopfer ersetzen sollte.

Arvalbruderschaft

Die zwölf Arvalbrüder (*fratres Arvales*) sind eine Bruderschaft, die von den zwölf Söhnen der Acca Larentia, der Amme des Romulus, gegründet worden sein soll. Sie widmeten sich dem Kult einer Feldgottheit, Dea Dia, die etwa 7,5 km von Rom an der *via Campana* einen Heiligen Hain (*lucus*) besaß. Zu ihren Ehren begingen sie in jedem Jahr im Mai ein Zeremonienfest, das aus ländlichen Riten, Opfern*, Wagenrennen* und Gesängen bestand; das *carmen Arvale* ist zwar überliefert, doch uns nahezu unverständlich. Die sich durch Kooptation bildende Bruderschaft wurde von einem Meister (*magister*) geleitet, der in der Kaiserzeit häufig der Kaiser* selbst war.

Arzt

Erst gegen Ende des 3. oder zu Beginn des 2. Jhs. v. Chr. tauchen in Rom aus Griechenland kommende Ärzte (*medici*) auf, die diesen Namen verdienen. Bis dahin hatten Quacksalber und Scharlatane, die in der Kräuterkunst (*scientia herbarum*) bewandert sein wollten, mehr schlecht als recht ihren Platz eingenommen.

Der erste, von dessen Niederlassung in Rom man Kenntnis hat, war Archagathos, der 219 v. Chr. aus Sparta gekommen war. Die Medizin* aber litt unter dem Vorurteil, das traditionelle Römer wie etwa Cato Censorius* gegen alles Griechische hegten. Zu Beginn des 1. Jhs. v. Chr. gründete Asklepiades aus Prusa, ein Arzt und Philosoph*, in Rom eine private Medizinschule; eine staatliche Medizinschule (*scola medicorum*) gab es aber erst am Ende der Herrschaft des Augustus* 14 n. Chr. Unterrichtet wurde dort wie überhaupt in jeder Spezialschule – mit Ausnahme der des Rechtes* – in Griechisch bis etwa zur Mitte des 4. Jhs. Die Römer der christlichen Zeit interessierten sich zwar schon für Medizin, doch ließen die Schriften eines Varro*, Plinius des Älteren oder Celsus eher eine praktische Gelehrsamkeit als eine medizinische Wissenschaft* hervortreten. Gegen Ende des 2. Jhs. n.Chr. ließ sich mit Galen, der aus Pergamon stammte, der nach Hippokrates bedeutendste Mediziner der Antike in Rom nieder. Als Leibarzt des späteren Kaisers* Commodus hinterließ er ein bemerkenswertes Werk in griechischer Sprache, in dem er eine Synthese der von den verschiedenen Medizinschulen propagierten Lehren zu schaffen suchte.

Nur wenige römische Bürger* ergriffen den Beruf des Arztes, obschon er recht lukrativ war. Erst zu Beginn der Kaiserzeit zählte man die Medizin zu den 'freien Künsten'. In den Häusern der Reichen gab es einen Leibarzt, oft ein Sklave*; die anderen griffen auf die medizinische Hilfe von Ärzten zurück, die Praxen (*medicina*) eröffnet hatten oder Hausbesuche machten (*circulator*).

Im Militär* gab es zur Kaiserzeit Ärzte (*medici castrenses*), und um das 2. Jh. schuf man ein Für- und Vorsorgesystem, durch das die Mediziner vom Staat bezahlt wurden und die Armen kostenlos behandeln konnten. In Rom etwa gab es 14 solcher Ärzte, die man *archiatri populares* nannte, jeweils einen pro Stadtteil; darüber hinaus gab es noch die *archiatri Palatini*, ein Medizinerkollegium, das dem Kaiserpalast zugeteilt war. Die *archiatri* genossen manche Vorteile und konnten blendende politische Laufbahnen einschlagen. Sie waren die einzigen, die ihr Wissen und ihre Kompetenz vor einem Expertengremium unter Beweis stellen mußten. Doch war auch für die übrigen Mediziner die Möglichkeit, sich 'ungeprüft' niederzulassen, durch schwere Strafen* beschränkt, die das Gesetz* für den Fall vorsah, daß einem Patienten aus Fahrlässigkeit Schaden zugefügt wurde.

Schon seit dem 2. Jh. v. Chr. hatte sich die Medizin in Spezialbereiche aufgeteilt: Neben den Allgemeinmedizinern gab es Chirurgen*, Augenärzte*, Zahnärzte* und, auf verwandtem Gebiet, Tierärzte*.

Atrium

Ein eigenständiger und wesentlicher Bestandteil eines römischen Hauses*, in dessen Decke sich eine Öffnung (*compluvium*) und unterhalb derselben ein Becken (*impluvium*) zum Auffangen des Regenwassers befand. Rund um das *atrium*, wo zuweilen das Lararium* angelegt war, befanden sich mehrere Räume (*alae*), die als Schlaf- und kleinere Eßräume dienten. Während der Mittelpunkt privaten Lebens das Peristyl* war, wurde das *atrium* als eine Art Empfangsraum genutzt.

Atticus

T. Pomponius Atticus (109–32 v.Chr.) war ein enger Freund und Briefpartner Ciceros*. Sein Name* Atticus stammt von einem Aufenthalt in Athen, den er gewählt hatte, um den Proskriptionen* Sullas* zu entgehen. 65 v.Chr. nach Rom zurückgekehrt, nahm er nicht mehr am politischen Leben teil. Als Epikureer* im erhabensten Sinn des Wortes war er ein großer Kunstliebhaber und Gelehrter. Er war auch der erste römische Verleger, denn er ließ durch seine Sklaven* griechische und römische Werke kopieren.

Augenarzt

Es scheint zahlreiche Augenärzte (*ocularii, medici ab oculis*) gegeben zu haben, und diese scheinen recht fähig gewesen zu sein, führten sie doch Eingriffe wie etwa Staroperationen oder Exophthalmien durch. Als Medikamente setzten sie Augentropfen und -salben ein, die aus pflanzlichen (Myrrhe, Safran) oder mineralischen Stoffen gewonnen wurden. Die Augenärzte besaßen Stempel (*signa ocularìorum*), durch die sie, ähnlich wie durch heutige Etiketten, ihre Produkte kennzeichneten und ihre Anwendungsweise niederlegten: 'Salbe von C. Tittius, unnachahmlich bei Eiterungen' (*collyrium C. Tittii amimetum ad suppurationes*). Die Anwendung von Gläsern zur Sehkorrektur beherrschten die Römer nicht, scheinen aber einige Versuche in diese Richtung gemacht zu haben, wenn man denn die Angewohnheit Neros*, der kurzsichtig war und sich eines grünen Hohlspiegels bediente, um den Kämpfen im Amphitheater* zu folgen, in diesem Sinne interpretiert.

Auguren

Die Auguren bildeten ein von Numa eingerichtetes Gremium mit anfänglich drei Mitgliedern, das aber zur Zeit Caesars* auf sechzehn angewachsen war. Sie deuteten den Willen der Götter* und assistierten den Magistraten*, welche die Auspizien* vornahmen. Ihre Rolle war recht bedeutsam, zumal sie bei allen wichtigen Anlässen des öffentlichen Lebens zugegen waren; sie konnten eine Versammlung*, eine wichtige Entscheidung oder gar eine Schlacht hinausschieben. Man mühte sich aber, ihren Einfluß zu beschränken. Bis zum Ende des 2. Jhs. v. Chr. wählten sie ihre Mitglieder selbst hinzu, danach aber wurden sie frei gewählt. Ihr Zeichen war der *lituus*, der Krummstab, mit dem sie das *templum** markierten, in dem sie die göttlichen Zeichen beobachteten, wozu meteorologische Erscheinungen, der Vogelflug, Tierbewegungen und plötzliche Ereignisse während des *auspicium* gehörten. In der Kaiserzeit gab es zwar weiterhin ein Augurenkollegium, doch war es ohne politische Bedeutung. Dennoch behielt es seine im eigentlichen Sinne religiöse Bedeutung, denn es oblag ihnen, Tempel*, Orte und Priester* zu inaugurieren*, d. h. zu versichern, daß die Götter ihnen freundlich gesonnen seien. Sie hatten wie die Pontifices* ihre geheimen Archive*, doch wurden diese um das 1. Jh. v. Chr. allgemein zugänglich.

Augustalen

Ein von den Senatoren* gewähltes Kollegium von Priestern*, das die kultische Verehrung des Kaisers* sicherstellen sollte. Die *sodales Augustales* wurden nach dem Tode des Augustus* ins Leben gerufen und widmeten sich später dem Kult der julisch-claudischen Familie*. Zum gleichen Zweck wurden später für den Kult der Flavier die *Augustales Flaviales*, für den Hadrians* die *Augustales Hadriani* gegründet; des weiteren gab es noch die *Augustales Antoniniani* für den Kult des Antoninus* sowie für alle weiteren vergöttlichten Kaiser.

Augustinus

Aurelius Augustinus (354–430 n. Chr.) wurde in Thagaste in Numidien als Sohn eines heidnischen Vaters und einer Christin, der späteren Heiligen Monika, geboren. Augustinus wurde in seiner Heimatstadt, in Madauros und Karthago* ausgebildet. Die Lektüre von Ciceros* *Hortensius*, einer Verteidigung der Philosophie*, war von entscheidender Bedeutung beim Erwachen seiner intellektuellen Interessen. Zur selben Zeit (373) gehörte er dem Manichäismus an, der ihm eine Antwort auf seine seelischen Unruhen zu bieten schien. Von 373 bis 384 lehrte er in Karthago, Rom und Mailand. Er löste sich vom Manichäismus und wandte sich dem Neuplatonismus zu, der ihn dem Christentum annäherte. In Mailand hörte er die Predigten des hl. Ambrosius, studierte die Bibel und führte Gespräche mit dem Priester Simplicius. Als er im Jahre 386 zum Christentum übertrat, verzichtete er auf Unterricht* in diesem und zog sich in die Umgebung von Mailand zur Meditation und Arbeit zurück. Er wurde 392 zum Priester geweiht, 396 zum Bischof von Hippo ernannt. In der Meditation vergaß er seine eigenen Bedürfnisse und widmete sich gänzlich der Gemeinschaft in Christus.

Sein Werk ist beachtenswert wegen seines Umfangs und seiner Breite: philosophische, polemische, dogmatische, exegetische Schriften und Predigten. Seine beiden Hauptwerke sind die *Bekenntnisse* und *Der Gottesstaat*. Seine in den letzten Jahren des 4. Jhs. verfaßten *Bekenntnisse* erzählen das Leben des Autors bis zu seiner Konvertierung; es ist Geständnis wie gleichermaßen Lob Gottes, wobei die Erkenntnis des 'Ich' zur Erkenntnis Gottes führt. Sein *Gottesstaat* in 22 Büchern, zwischen 413 und 426 geschrieben, ist eine Antwort auf die Heiden, die das Christentum anklagen, verantwortlich für die Übel zu sein, die Rom untergehen ließen, d.h. an der Einnahme und Plünderung der Stadt durch Alarich im Jahre 410. Das Werk geht weit über seine apologetischen Absichten hinaus und stellt eine umfangreiche Synthese von christlicher Lehrmeinung und Geschichtsphilosophie dar.

Augustus (Name)

C. Octavius Thurinus wurde 63 v.Chr. in Rom geboren. Sein Vater war Statthalter* in Makedonien, seine Mutter, Atia, die Nichte Caesars*. Dieser adoptierte im Jahre 45 seinen Großneffen, der seitdem C. Julius Caesar Octavianus hieß. Unter seinen Lehrern gab es einen, der einen besonderen Einfluß auf ihn ausübte, den Stoiker* Athenodoros von Tarsos, der auch sein Berater blieb. Octavian hielt sich in Apollonia (Illyrien) auf, wo er seine Ausbildung abschloß, als er vom Mord an seinem Adoptivvater (15. März 44) erfuhr. Er kehrte nach Rom zurück und traf dort bald auf Antonius*. Der Streit artete aus und endete mit dem Sieg Octavians bei Modena im Jahre 43. Er forderte das Amt des Konsuls*, doch bevor ihn der Senat* zurückwies, marschierte er nach Rom und ließ sich wählen. Er verständigte sich mit Antonius und Lepidus, dem ehemaligen Befehlshaber der Reiterei* unter Caesar, um eine Vereinbarung zu treffen, die offiziell den Römern eine Verfassung geben sollte; es handelte sich um das Zweite Triumvirat* (Oktober 43). Im Januar 42 ließ Octavian Caesar zu den Göttern erheben. Im Oktober desselben Jahres schlugen Octavian und Antonius die republikanischen Armeen des Brutus* und Cassius bei Philippi*. Zwei Monate später opferte Octavian seinen Amtskollegen Cicero*, Autor der *Philippischen Reden**, der von den Häschern des Antonius ermordet wurde. Parallel zu den Proskriptionen* fand eine Landverteilung an Veteranen* statt, was zu einem Aufstand

Unzufriedener führte, die von Lucius Antonius, dem Bruder des Antonius, unterstützt wurden, die jedoch bei Perusia von Octavian überwältigt wurden. Im Oktober 40 erneuerten die Triumvirn ihre Übereinkunft für weitere fünf Jahre. Dies wurde besiegelt durch die Heirat des Antonius mit Octavia*, der Schwester Octavians. Die Triumvirn teilten dann das Reich unter sich auf: Lepidus erhielt Afrika, Antonius ließ sich im Orient nieder, und Octavian blieb in Rom. Dennoch blieb Sextus Pompeius*, der Sohn des großen Pompeius*, stets Herr der Meere und wurde erst 36 durch Agrippa* bei Naulochoi (Sizilien) besiegt. Im selben Jahr legte Lepidus sein Amt nieder. In Rom widmete sich Octavian Großaufgaben des Städtebaus* und weitete seine Popularität aus. Im Jahre 32 liefen die Vereinbarungen der Triumvirn aus, die nurmehr nur zu zweit waren. Octavian erklärte Kleopatra, der Geliebten des Antonius, den Krieg. Dieser Streit endete bald durch den Sieg Octavians bei Actium* (September 31), auf den der Selbstmord des Antonius und der Kleopatra folgte.

Octavian war nun Alleinherrscher. Ab dem Jahre 31 war er kontinuierlich Konsul*; 30 erhielt er auch die tribunizische Gewalt; im August 29 feierte er einen dreifachen Triumph* wegen Dalmatien, Actium und Alexandria; im Jahre 28 war er Zensor* und schrieb sich an erster Stelle in die Senatsliste ein (*princeps senatus*) und erhielt für zehn Jahre die Statthalterschaft über die nicht befriedeten Provinzen*. Im Januar 27 erkannte ihm der Senat die Titel *Augustus** und *princeps* zu. Obschon es keinerlei sichtbare Veränderung der politischen Einrichtungen gab, wurde die Republik* faktisch zu einer Monarchie. Im Jahre 23 legte Augustus, krank und niedergeschlagen wegen der Aufdeckung eines Komplotts gegen ihn, das Konsulat nieder, und es schien, als wollte er sich von der Macht in Rom zurückziehen und nur noch das *imperium** über die Provinzen behalten. Doch in Wahrheit ging seine Macht aus dieser Krise gestärkt hervor, und im Jahre 18 erneuerte ihm der Senat seine außerordentlichen Befugnisse. Er stellte Agrippa* an seine Seite, doch dessen Tod im Jahre 12 ließ auch die Idee des Doppelprinzipats sterben. Im Jahre 2 v. Chr. erkannte man Augustus den Titel *pater patriae** zu. Die letzten Jahre seines Prinzipats* waren überschattet von familiären Trauerfällen, dem lasterhaften Lebenswandel seiner Tochter und seiner Enkelin, der Verschwörung des Cornelius Cinna*, dem Aufstand in Illyrien, der Katastrophe des Varus in Germanien (9 v. Chr.) und der Hungersnot in Rom. Augustus starb am 19. August 14 n. Chr. im campanischen Nola.

Als Gründer eines Kaiserreiches hinterließ Augustus ein dauerhaftes Werk. Er hatte den Senat reformiert, die sozialen Schichten* definiert, Moralgesetze eingeführt, die Finanzen wie auch die Zentral- und Provinzialverwaltung geordnet, die Gerichtsbarkeit reformiert, eine religiöse Restauration herbeigeführt und Germanien dem Römischen Reich zugeführt. Das Prinzipat aber war nicht nur bloß eine Herrschaftsform, sondern auch ein Personenkult, zu dem große Dichter wie Vergil*, Horaz* und Properz* beitrugen. Diese hatten auch großen Anteil an der

Ausbildung der augusteischen Ideologie.

Augustus (Titel)

Ehrentitel, den der Senat* im Januar 27 v.Chr. dem Octavian* zuerkannte. Der Name, der aus derselben Wortfamilie wie *augur* und *auctoritas* stammt, hatte eine große religiöse Bedeutung, denn von seinem Träger ging eine göttliche Autorität aus. In der Folgezeit nahmen alle Kaiser* diesen Titel an.

Der Titel *Augusta* wurde nach dem Tode des Augustus* der Livia* zuerkannt. Vielen Kaiserinnen wurde er vom Senat verliehen.

Aurelianus

L. Domitius Aurelianus (215–275 n.Chr.) wurde 270 durch seine Soldaten* in Sirmium (Pannonien) zum Kaiser* ausgerufen und bemühte sich, die stark von Invasoren wie den Vandalen, Alamannen oder Parthern bedrohte Einheit des Reiches zu wahren. Seine Herrschaft, die kaum sechs Jahre währte, war gekennzeichnet durch zunehmend monarchische Züge. Aurelianus ließ sich schon zu Lebzeiten zum Gott ernennen und erhob den Sonnengott zum Reichsgott. Im Jahre 271 ordnete er den Bau einer Befestigungsanlage rund um Rom, die Aurelianische Mauer, an, um die Stadt vor jeglichem Ansturm schützen zu können.

Auspizien

Im eigentlichen Wortsinn ist ein *auspicium* ein aus dem Vogelflug abgeleitetes Vorzeichen*, doch schon sehr bald wurde die Bedeutung des Wortes auch auf andere Vorzeichen ausgedehnt, so auf Blitz, Donner, unerwartete Ereignisse oder auf den Appetit der heiligen Hühner. Man nahm vor jeder bedeutenden Handlung Auspizien vor, um in Erfahrung zu bringen, ob die Götter*, insbesondere aber Jupiter, dieser wohlgesonnen waren. So gab es denn neben den privaten Auspizien – jeder hatte das Recht, auf eigene Kosten die Götter zu befragen – auch öffentliche Auspizien (*auspicia populi Romani*), und bei einer ganzen Reihe von Ereignissen des öffentlichen Lebens war die vorherige Einholung des *auspicium* selbstverständlich, so etwa bei der Einberufung der Komitien*, dem Amtsantritt des Magistrats* oder dem Ausrücken des Militärs*. Das *auspicium* selbst war, unter Zuhilfenahme der Auguren*, Aufgabe der Magistrate. Ihrer Würde entsprechend gab es größere (Konsul*, Prätor*, Zensor*) oder kleinere Auspizien (Ädil*, Quästor*, Tribun*); diese Unterscheidung sollte Konflikte der Magistrate untereinander vermeiden, doch nur erstere hatten das Recht zu einem *auspicium* außerhalb des *pomerium**, wozu insbesondere die *auspicia bellica* bei einer Schlacht gehörten.

Bankiers

In ihren Stuben entlang des Forums* prüften und wechselten die Bankiers (*argentarii*) das Geld*, verliehen es auch gegen Zins, nahmen Einlagen an und stellten Zahlungsanweisungen und Wechsel (*perscriptiones*) aus. Doch im Gegensatz zu den *publicani** waren sie nie in Gesellschaften zusammengeschlossen. Ihr Beruf wurde strengstens überwacht und erfreute sich großen Ansehens.

Bart

In den verschiedenen Epochen haben die Römer entweder Bart getragen oder sich rasiert. So legten sie etwa am Beginn des 2. Jhs. v. Chr. die Sitte des Barttragens ab, zu Zeiten Ciceros* rasierten sich die Römer täglich und die jungen Leute weihten ihren ersten Bart einer Gottheit. Barttragen galt als Zeichen der Trauer oder Nachlässigkeit. Dennoch war ab einem Alter von etwa 40 Jahren das Tragen eines kleinen Bartes (*barbula*) gestattet. Hadrian*, der, so sagt man, einige kleinere Mängel zu verdecken hatte, nahm die Mode eines langen Bartes wieder auf. Diese hielt bis Konstantin*, der sich ebenso rasierte wie seine Nachfolger – außer Julian. Die Bartmode hat im Verlauf der Zeiten gewechselt. Traditionellerweise trugen die Philosophen*, insbesondere die Kyniker, Bart.

Basilika

Öffentliches Bauwerk vieldiskutierten Ursprungs. Sie besteht aus einer großen rechteckigen Halle, die im Inneren durch Säulen in mehrere Schiffe, in der Regel in ein Haupt- und mehrere Nebenschiffe, unterteilt ist. Je nach der Position der Eingangspforte unterscheidet man zwei Typen: Beim griechischen Typ liegt der Eingang an einer der Schmalseiten, und an der gegenüberliegenden Schmalseite befindet sich meist eine Apsis; beim orientalischen Typ liegt der Eingang an der Längsseite, dann kann es auf beiden Seiten eine Apsis geben. Doch ist diese Unterscheidung eher theoretisch, da eine Reihe Zwischenformen existieren.

Cato Censorius* ließ in Rom die erste Basilika (*basilica Porcia*) im 2. Jh. v. Chr. zu Füßen des Kapitols* errichten, doch gibt es von ihr keinerlei Spuren mehr. Die Reste zweier Basiliken auf dem Forum* kann man hingegen noch sehen: Zum einen die *basilica Aemilia*, die einige Jahre nach der *basilica Porcia* an der *Sacra Via infima* im Nordteil des Forums erbaut wurde, zum anderen die *basilica Julia*, zur Zeit Caesars* an der Südseite gegenüber der vorigen, doch leicht nach Westen geneigt, errichtet und mit 109 × 40 m von gewaltigen Ausmaßen. Die Basilika des Maxentius oder des Konstantin, deren gewaltige Gewölbe an der Ostseite des Forums die *Sacra Via* überragen, hat nur wenige architektonische Gemeinsamkeiten mit der *basilica Aemilia* oder der *basilica Julia*, da sie den großen Thermalbauten wie etwa den Thermen* des Caracalla viel näher steht und bereits die großen mittelalterlichen Gewölbekathedralen vorwegnimmt.

Man nimmt an, daß Cato die erste Basilika errichten ließ, um einen Ersatz für das Forum bei Wetterumschwüngen zu haben, denn dort wollten die Römer ihre Geschäfte abschließen, Versammlungen* abhalten und den Sitzungen der Gerichte* beiwohnen. In der Kaiserzeit verstärkte sich die juristische Bedeutung der

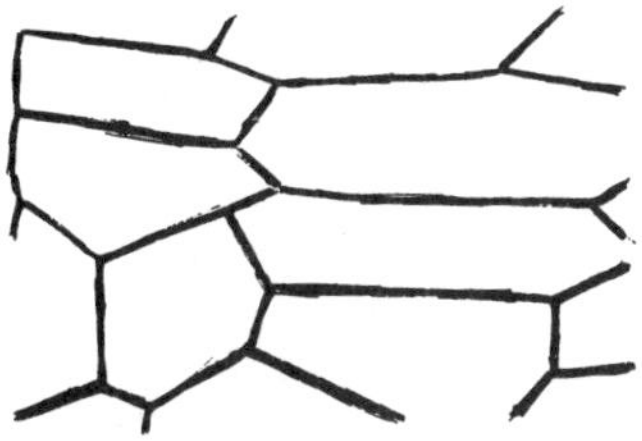

OPUS SILICEUM
(große unregelmäßige Blöcke)

OPUS INCERTUM
(kleine Steinblöcke ohne Ordnung)

OPUS QUADRATUM
(flache parallele Blöcke)

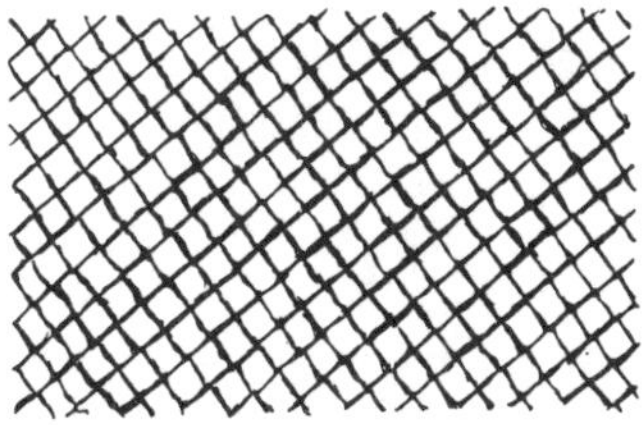

OPUS RETICULATUM
(kleine Blöcke in maschenartiger Anordnung)

OPUS TESTACEUM O. LATERICIUM
(Ziegel)

OPUS MIXTUM
(Maschenwerk und Ziegel)

Basiliken noch, und so war etwa die *basilica Julia* den *centumviri** vorbehalten; zur selben Zeit gab es auch Basiliken mit eher kultureller Bedeutung. – In den Provinzstädten nahm die Basilika in der Regel eine Seite des Forums ein.

Die Beziehungen der heidnischen zur christlichen Basilika sind recht unklar, doch ist ziemlich sicher, daß diese Erbin der ersteren war.

Bauweise (s. Abbildung)
Anfänglich benutzten die Römer, ähnlich den Etruskern*, eine trockene, zementlose Bauweise mit behauenen Steinen. Je nach Anordnung und Form der Steine wurde deren Muster unregelmäßig oder regelmäßig, und man nannte es im ersten Fall *opus siliceum*, im anderen *opus quadratum*. Eine eigenständige Bauweise läßt sich erst im 2. Jh.

v.Chr. feststellten, als die Architekten das *opus caementicum* anwandten, eine Füllmauer aus kleinen Steinen und Mörtel, die außen mit Platten verkleidet wurde. Diese Technik bot zwei Vorteile: Sie erlaubte die Konstruktion von Bögen und Gewölben mit großen Ausmaßen und war auf der anderen Seite schnell und wirtschaftlich anzuwenden. Darüber hinaus wurde dieses *opus caementicum* sowohl wegen der Festigkeit als auch wegen der Ästhetik mit verschiedenen Verblendungen versehen: kleine Steinblöcke ohne Ordnung (*opus incertum*), kleine Blöcke in maschenartiger Anordnung (*opus reticulatum*), Maschenwerk und Ziegel (*opus mixtum*), reines Ziegelwerk (*opus testaceum, latericium*), eine Technik, die sich im ganzen Kaiserreich wegen der Handlichkeit der Ziegel und ihrer Möglichkeit, sie zu bemalen und zu glasieren, verbreitete. Die aus Ton und gehäckseltem Stroh gebrannten Ziegel gab es in quadratischen, rechteckigen, dreieckigen und runden Formen in unterschiedlichen Größen. Sie trugen einen Stempel mit dem Namen* des Herstellers, manchmal auch des Bestellers oder der Legion*, insofern es sich um ein militärisches Gebäude handelte. Manche Oberflächen konnten gar mit einer Verblendung aus Stuck und Marmor überzogen werden.

Beamte ▶ kaiserliche Beamte

Begräbnisse

Die Begräbnisse gingen nach genauen Riten vor sich. Sie nicht zu beachten, bedeutete, die Seelen der Verstorbenen wie die der Lebenden zu quälen. Die *libitinarii* (Begräbnisunternehmer) übernahmen alle Einzelheiten der Zeremonie.

Sobald der Tod festgestellt wurde, rief man den Toten bei seinem Namen* (*conclamatio*). Nach seiner letzten Waschung bahrte man ihn, angezogen mit seinen Festgewändern, im *atrium** auf (die Bewohner der *insulae** richteten die Aufbahrung des Leichnams auf dem Friedhof* aus). Dies konnte mehrere Tage dauern. Das Begräbnisbett wurde mit Blumen* geschmückt, Flötenspieler sorgten für Trauermusik. Dann kam das eigentliche Begräbnis: Ein Gefolge begleitete den Leichnam von der Villa* zu dem Platz, an dem er bestattet werden sollte, zuerst nachts, später scheinbar auch am Tage. Das Gefolge umfaßte Leute aus der Klientel* oder Schauspieler*, die Masken* der Vorfahren trugen, so daß alle Ahnen des Verstorbenen, derart zurückgekehrt, an seinem Begräbnis teilnehmen; dann kamen Flötenspieler und Klageweiber, die Totenklagen* (Lobgesänge) zu seinen Ehren sangen; vor diesen wurde die Bahre getragen, auf der, das Gesicht unverhüllt, der Leichnam ruhte; schließlich folgten Verwandte und Freunde in Trauerkleidung (farbig die Männer, zurückhaltend die Frauen). Das Gefolge wurde selbst tagsüber von Kerzenlicht begleitet. Man vernahm Scherze, die als Abwehrzauber dienten. War der Verstorbene eine bedeutende Persönlichkeit gewesen, überquerte der Trauerzug das Forum*, auf dem der nächste Verwandte eine Grabrede hielt, wobei die Menge zuvor durch einen Herold* benachrichtigt wurde.

Schließlich gelangte man zum Begräbnisplatz. Bei den Römern gab es zwei Gebräuche: Einäscherung und Bestattung. Die Einäscherung war gebräuchlicher in republikanischer Zeit und zu Beginn der Kaiserzeit. Nahm man diese vor, so legte man den Leichnam auf einen Holzstapel (*rogus*), sammelte die Asche in einer Urne* (*loculus*) und stellte sie dann in ein *columbarium** oder ein Grab.

Bei der Beerdigung wurde der Leichnam in einen Sarg gelegt und dann in ein Erdloch versenkt. Nach dem Begräbnis der Asche oder des Leichnams rief man ein letztes Mal nach dem Toten. Mit einer Mahlzeit*, die man am Ort des Begräbnisses zu sich nahm, rundete man die Begräbnisfeierlichkeiten ab. Die Speisen waren stets dieselben: Eier, Gemüse, Geflügel, Brot und Salz.

An den Jahrestagen brachte man Blumen, Essen und Getränke* ans Grab. Des weiteren war die Woche vom 13. bis 21. Februar (*dies parentales*) den verstorbenen Verwandten geweiht.

Begrüßung

Die Römer sprachen sich mit den Worten *Salve* oder *Ave* an, worauf man mit *Salve et tu* antwortete. Man verabschiedete sich mit *Vale, Vale et tu.* In den Provinzen* waren verschiedene Bräuche üblich. In alter Zeit gab man sich in Rom die Hand.

In den Briefen sind die entsprechenden Formulierungen recht einfach gehalten, Cicero* etwa begann seine Schreiben an den Freund Atticus mit *Cicero Attico s(alutem dat)*, „Cicero an Atticus mit Gruß" und endet schlicht mit *Vale*, „Gehab Dich wohl". Dem Kaiser* standen größere Respekterweisungen zu, und schon Domitian ließ sich *Dominus* (Herr) nennen; um das 3. Jh. ist das Zeremoniell, das den Kaiser umgibt, präzise festgelegt. Für die Magistrate* und kaiserlichen Beamten* kristallisierte sich eine Hierarchie von Lobepitheta heraus, die je nach Rang und Stellung zur Anwendung kamen, so etwa *clarissimus*, *perfectissimus* oder *eminentissimus*.

Der Morgengruß (*salutatio matutina*) fand beim Besuch der Klientel* bei ihrem *patronus** statt, dem sie Respekt (*obsequium*) schuldete.

Bekleidung

Die Garderobe einer Römerin bestand vorrangig aus Tuniken*, Stolen* und Mänteln*; die eines Römers aus Tuniken, Togen* und Mänteln. Diese Kleidungsstücke wurden in großen Truhen (*arcae*) oder Schränken (*armaria*) aufbewahrt.

Beleuchtung

Die Römer kannten vier Beleuchtungsverfahren:

Fackeln (*faces*) für Zeremonien wie Hochzeiten* und Begräbnisse*, für Spiele*, für Nachtwachen; sie wurden aus harzhaltigem Holz oder aus harzgetränktem Werg hergestellt, manchmal wurde statt Harz auch eine fetthaltige Substanz oder Wachs verwendet.

Kerzen (*candelae*), die aus einem Docht aus Werg oder Papyrus bestanden, der mit Talg oder Pech bestrichen war. Man konnte sie in der Hand tragen oder auf Kandelaber (*candelabra*) oder Kerzenhalter stellen, die den unseren ähneln. Erst sehr spät haben die Römer Wachskerzen (*cerei*) benutzt.

Öllampen (*lucernae*) waren flache und runde, manchmal auch längliche Behältnisse aus Stein, Bronze oder gebranntem Ton, deren Mitte durchstochen war und die einen Schnabel, aus dem der Docht ragte, sowie auf der gegenüberliegenden Seite einen Henkel hatten. Man trug sie in der Hand, konnte sie aber auch in einem Lampenhalter (*lychnuchus*) aufhängen oder an einer Wand befestigen.

Laternen (*laternae*), recht ähnlich unseren heutigen, aus Erde oder Metall, mit durchscheinenden Wänden aus Horn, Schweinsblase, später aus Glas. Innen befand sich das Lämpchen und ein Löschhütchen. Um nachts das Haus zu verlassen, bediente man sich der Laternen, die von Sklaven*, den *laternarii*, getragen wurden. Mit bestimmten Ausnahmen, etwa bei Festen* oder Spielen, waren die Straßen* unbeleuchtet, und nächtliche Schauspiele wurden im Schein von Fackeln oder überdimensionalen Leuchtern gegeben.

Bergbau

Zur Zeit der Republik* ist das Bewirtschaftungssystem das der Pacht: Nach dem *lustrum* teilten die Zensoren* die Bergwerke dem Meistbietenden zu, im allgemeinen den Generalpächtern. Dennoch trat der Staat gelegentlich die Eigentumsrechte (außer an Goldminen) an einzelne Privatleute ab. Während des Kaiserreiches hatte sich der Staat das Monopol vorbehalten und sie unter die Aufsicht von Prokuratoren* (*procuratores metallorum*) gestellt. Die bedeutendsten Bergwerksregionen waren: Gallien* (Gold, Blei, Zinn, Eisen), Spanien (die in der Antike reichste Gegend an Gold, Blei, Kupfer, Zinn und Eisen), die Länder Mitteleuropas (Pannonien, Dakien, Moesien), Kleinasien (Gold, Blei, Eisen), Italien* (Toskana, Kalabrien), Sardinien sowie Sizilien. Die Erschließung der Bergwerke betrieb man sowohl im Tage- als auch im Untertagebau. Die Arbeiter waren Sklaven* und Verurteilte (zahlreiche Christen* wurden hierher geschickt).

Bett

Im römischen Haus* gab es mehrere Bettypen: die Lagerstatt (*lectus cubicularis*), das Speisesofa (*lectus triclinaris, triclinium**), die Studier- oder Arbeitsliege (*lectus lucubratorius*). Die Unterschiede sind nicht leicht festzustellen, denn in der Regel weisen alle vier Füße auf, die ein Gestell aus Spanngurten tragen, auf denen die Matratzen (*torus*), Kissen (*cervicalia*) und Überdecken (*stramenta*) aufliegen. Das Ruhebett war so hoch, daß man es über eine kleine Leiter (*scabellum*) bestieg, das *triclinium* hingegen war niedrig und bot gewöhnlich drei Leuten Platz; drei *triclinia* wurden um einen Tisch* gestellt, die Plätze nach den Regeln der Höflichkeit vergeben. Später ersetzte man diese drei *triclinia* durch ein einziges den ganzen Tisch umgebendes Bett, das man im Anklang an die Form des griechischen Buchstabens *sigma* nannte.

Bewaffnung

Die Römer haben es verstanden, von den Völkern, gegen die sie kämpften, die Waffen, die sie für wirkungsvoll hielten, zu übernehmen und an ihre Bedingungen anzupassen. So haben sie etwa von den Galliern das Kettenhemd, nicht aber ihr spitzenloses Langschwert, von der makedonischen Reiterei* deren Harnisch, nicht aber ihren Rundschild übernommen. Ebenso ersetzten sie das Kurzschwert des Legionärs durch das spanische Schwert, und Caesar* verringerte die Ausstattung des Legionärs, die zu schwer war, um sich in waldigem Gebiet zu bewegen, als er gegen Gallier und Germanen kämpfte. Die wichtigsten römischen Waffen waren zur Verteidigung Lanze*, Speer*, Schwert* und Dolch*, zum Angriff Schild*, Helm* und Harnisch.

Bibliothek
Die Privatbibliotheken waren zahlreich und oftmals bedeutend; die Moralisten machten sich zuweilen über jene lustig, die Bücher sammelten, sie aber nicht lasen. Die erste öffentliche Bibliothek wurde von Asinius Pollio* im *atrium libertatis,* dem Sitz der Zensoren*, auf dem Palatin gegründet. Augustus*, Tiberius*, Vespasian und Trajan* errichteten ebenfalls einige, von denen die *bibliotheca Ulpia* auf dem Trajansforum besonders reich war. Gegen Ende des Kaiserreiches besaß Rom etwa 30 Bibliotheken, die häufig im Nebengebäude eines Tempels* oder einer Therme* untergebracht waren.

Bienenzucht
Die Bienenzucht nimmt in der griechisch-römischen Antike einen breiten Raum ein. Zu diesem Thema gibt es zahlreiche Abhandlungen, und Vergil* hat ihr einen Gesang seiner *Georgica* gewidmet. Man benutzte Bienenkörbe aus Kork sowie aus geflochtenen Weidenruten. Der Honig wurde durch Einräuchern der Bienen gesammelt. Im Jahr gab es zwei bis drei Ernten.

Man unterschied mehrere Honigqualitäten entsprechend dem Nektar der Blüten, den Regionen und der Jahreszeit. Die Römer schätzten insbesondere den Honig aus dem sizilianischen Hybla. Man verzehrte ihn pur, in Waben, als Dessert oder auch als Süßstoff in Backwaren.

Was den Wachs betrifft, war das gesuchteste das punische Wachs, das weiß war und mit Meerwasser und Soda aufbereitet wurde. Je nach Verwendungszweck färbte man es farbig. Man nutzte Wachs auch als Firnis, als Anstrich, etwa beim Schiffsholz oder bei Tafeln*, und erst sehr spät zur Herstellung von Kerzen. Es diente aber auch zur Gestaltung von Statuetten, Puppen und Büsten; zu guter Letzt fand es bei der Medikamentenherstellung Verwendung.

Bier
Bier war selbst in Italien* weit verbreitet. In den Provinzen* waren verschiedene Sorten in Umlauf, die man aus Gerste, Weizen, Hirse, Hafer u.a. gewann. In Pannonien etwa trank man die *sabaia,* ein Gersten- oder Weizenbier, in Gallien* die *cervesia,* doch weiß man bis heute nicht genau, woraus es gebraut wurde. Bier war ein sehr billiges Getränk*.

Bildhauerei
Wie das Mosaik* oder die Malerei*, die man stets in das Umfeld, für das sie geschaffen wurden, einordnen muß, so war auch die römische Bildhauerei der Architektur* untergeordnet. Insbesondere trifft dies auf das Relief zu, das die Römer besonders schätzten. Zur Zeit des Kaiserreiches fand man Basreliefs an allen Bauwerken: an Tempeln*, Altären*, Triumphbögen*, Säulen, Sarkophagen* etc. Auf ihnen findet man die Kombination mehrerer Elemente: pflanzliche Motive, allegorische oder

mythologische Figuren, historische Personen und Szenen.

Die Bildhauerei stand in enger Verbindung mit den religiösen Gebräuchen (auch weil die Darstellung der Gottheiten relativ spät begann und unter etruskischem Einfluß stand) und dem Privatleben. Thermen*, Villen*, Gärten*, Wegkreuzungen wurden mit Statuen geschmückt, deren Themen von der Mythologie über Freunde und historische Ereignisse bis zur Karikatur reichten. Aber es war das Porträt, an dem die Römer besonders Gefallen fanden, schätzten sie doch das Individuum, dem sie öfter unterstellten, die Tyrannis anzustreben. Die römischen Porträtdarstellungen (als Skulptur oder als Relief) enthüllen im übrigen eine Geschmacksentwicklung, der die Tendenz zum Realismus nicht gerecht wurde.

Das älteste Porträt, das wir besitzen, stammt aus dem 4. Jh. v.Chr.: Es ist der Brutus* vom Kapitol*, der eine große psychologische Wirkung besitzt. Der berühmte Staatsbedienstete und Gründer der Republik* präsentiert sich mit einem Gesichtsausdruck von wunderbarer, idealisierter Würde. Doch wir kennen die Geschichte des Porträts erst seit dem Beginn des 1. Jhs. v.Chr. genauer: Der größte Teil der Porträtdarstellungen dieser Zeit ist auf Büsten beschränkt. Dies scheint einen Einfluß von seiten der Totenmasken aufzuzeigen. Dennoch besitzen wir aus der gleichen Zeit römische Ganzkörperstatuen im griechischen Stil (nackte oder halbnackte Personen, bekleidet mit einem Mantel). Die Betonung des Realen, die diese Epoche kennzeichnet, ist bei den römischen Werken viel stärker als bei denen griechischen Stils. Im Gegensatz dazu sind die Porträts der Zeit von Augustus* bis Claudian charakterisiert durch einen Rückgriff auf den griechischen Klassizismus und somit oft idealisierend. Unter Nero* wurde das Porträt romantisch bis pathetisch. Gegen Ende des 1. Jhs. n.Chr. fand man zu einem Klassizismus zurück, der auf den flüchtigen Ausdruck verzichtet, um einen markanten Charakterzug herauszuarbeiten (Tatkraft, Entschlußfreude, Würde etc.). Dennoch unterstreicht eine technische Neuerung den allgemein verbreiteten Geschmack an realistischen Darstellungen: Der Augapfel wurde mit einer Linie konturiert, die Pupille ausgehöhlt. Um die Mitte des 2. Jhs. n.Chr. wurden die Porträts wieder leidenschaftlich und bewegt, da man den Stil wieder aufgriff, der die neronische Zeit geprägt hatte. Im Gegensatz dazu ist die zweite Hälfte des 3. Jhs. klassizierend; mit Beginn des 4. Jhs. orientiert sich die Porträtkunst an Stilisierung und majestätischer Größe, allerdings mit einer gewissen Kühle. Diese Tendenz, die zu Kaiserporträts passen mag, ist für private Darstellungen weniger geeignet, die sich nicht von einer Wahrheit entfernen müssen; daher werden diese zusehends seltener.

Blumen

Die Römer haben nie versucht, exotische Pflanzenarten zu akklimatisieren, und sich stets mit einheimischen Gewächsen begnügt wie Rosen, Lilien, Veilchen oder Vergißmeinnicht. Blumen (*flores*) waren dekorativer Bestandteil der Gärten* und wurden zur Anfertigung von Girlanden und Kronen* benutzt. Auch bei der Herstellung von Parfüms sowie in der Pharmazie*, weniger in der Gastronomie*, waren sie von Bedeutung.

Brauchtum

Als Ausdruck allgemeiner Übereinstimmung spielt das Brauchtum (*mos maiorum*, Sitte der Vorväter) eine bedeutende Rolle bei der Entwicklung des römischen Rechts*. Hierdurch wurde in Rom die Struktur der *gens** und der Familien bestimmt, hierdurch wurden bis zum Zwölftafelgesetz*, durch das das geschriebene Recht (*ius scriptum*) begründet wurde, die Rechtsbeziehungen einzelner untereinander geregelt. Viele der im schriftlichen Recht niedergelegten Anordnungen stellen darüber hinaus noch einen Rechtsstatus dar, der älter ist als das *mos maiorum*. Und neben dem verfaßten Recht spielten gerade die Bräuche (*mores*), bevor sie den in der späten Kaiserzeit ausdrücklich in die Liste der Rechtsquellen aufgenommen wurden, stets eine wichtige Rolle für die Juristen*, denn die *mores* waren ihrem Charakter nach viel weitreichender als das Recht und erlaubten es, das Gesetz* bestimmten Fällen anzupassen, um die Würde und Gleichheit eines jeden zu wahren.

In einem allgemeineren Sinn bezeichnet das *mos maiorum* die Lebensgewohnheiten der Vorväter, ihre Disziplin, ihre *virtus**, ihre *pietas**, kurzum all die Qualitäten, die die Größe Roms ausmachten. Von diesem Bereich aus erstreckt sich das *mos maiorum* auf alle menschlichen Betätigungsfelder, seien sie in der Religion*, der Wissenschaft* oder der Politik, und stellen stets ein Ideal dar; dennoch ist es nicht starr, sondern erlaubt die Anpassung an neue Umstände und deren Integration in die Tradition.

Britannicus

Tib. Claudius Caesar (41–55 n.Chr.), der Sohn des Claudius und der Messalina*, starb, nachdem er auf Anweisung Neros* vergiftet worden war, der in ihm ein gefährliches Werkzeug in Händen Agrippinas* sah.

Brot

Die Verwendung von Brot ist in Rom recht jung (3. Jh. v.Chr.); lange Zeit aß man Fladen und Brei. Man unterschied verschiedene Brotsorten nach Art der Herstellung (in der *artopta*, einer bestimmten Form, in einem Ofen oder auf Asche gebacken) und nach seiner Qualität (feinstes oder grobes Mehl, Schwarzbrot, Vollkornbrot). Das Brot wurde gewürzt mit Mohnkörnern, mit Anis oder mit Sellerie; im allgemeinen wurde es als runder Laib, vierfach gekerbt, angeboten.

Bis ins 2. Jh. v.Chr. wurde das Brot in der Küche gebacken, danach kamen die ersten Bäckereien (*pistores*) auf. Diese waren in Zünften* zusammengeschlossen und während der Kaiserzeit dem Proviantmeister* unterstellt. Konstantin* regelte durch Verordnungen den Beruf, der von da an erblich wurde und selbst ins Strafrecht Eingang fand.

Brunnen

Im antiken Rom waren die Brunnen (*fontes*) ein Bestandteil der städtischen Verschönerung. Die einfachsten bestanden aus rechteckigen Bottichen, in die das Wasser* aus einem Rohr hineinfloß. Bei den prachtvolleren verzierte man den Bottich mit Mosaiken*, umgab ihn mit einem Garten*, ließ das Wasser aus dem Maul einer Tierskulptur oder aus dem Hals einer von einem Knaben getragenen Amphora strömen. Manche Brunnen erreichten die Dimensionen großer Becken, und man nannte sie dann auch 'See' (*lacus*); sie konnten auch Springbrunnen (*salientes*) sein; die verschwenderischsten waren die Nympheen, großartige, reich geschmückte Wasserschlösser. Im 1. Jh. n.Chr. zählte man in Rom annähernd 600 Brunnen. Doch dienten diese öffentlichen Brunnenanlagen nicht nur der Zierde, denn die Masse der Bevölkerung bezog hierher ihr Wasser für den täglichen Bedarf. Manche Begüterte besaßen in ihrem *atrium** fließendes Wasser; in manchen *insulae** gab es im Erdgeschoß eine Wasserzuleitung.

Brutus

L. Junius Brutus, der Befreier Roms, ermordete Tarquinius Superbus, den letzten römischen König, und wurde 509 v.Chr. erster Konsul* der römischen Republik*.

D. Junius Brutus Albinus, Offizier unter Caesar* in Gallien*, wurde 49 v.Chr. Befehlshaber der Flotte Caesars in Marseille und 46 Statthalter* der Provinz* Gallia Transalpina. Er war an der Verschwörung gegen Caesar beteiligt, die diesen an den Iden* des März 44 v.Chr. tötete. Später wurde er Statthalter der Provinz Gallia Cisalpina, die er dem Antonius* auszuliefern verweigerte. Er wurde 43 v.Chr. getötet, als er versuchte, sich den Pompeianern in Makedonien anzuschließen.

Buchhändler

Die Buchhändler waren gleichermaßen Verleger, denn sie kopierten oder diktierten einem oder mehreren Sklaven* (*librarii*) die Texte, die sie dann in den Regalen ihrer Läden anbieten wollten. In Rom hieß der Bezirk der Buchhändler Argiletum. Die Buchhandlungen konnten gelegentlich auch Orte gesellschaftlicher Ereignisse sein, wenn etwa die Autoren dorthin kamen, um vor einem Publikum aus Schaulustigen und Liebhabern aus ihren Werken zu lesen. Zur Zeit des Augustus* waren die Brüder Sosii die Verleger des Horaz*.

Bücher

Die Römer haben zwei Typen von Büchern gekannt und benutzt, die man nach ihrem Material sowie ihrer Aufmachung unterscheidet: Das aus Papyrus, das im 3. Jh. v.Chr. aufkam, und das aus Pergament, welches um das 1. Jh. n.Chr. in Gebrauch kam. Das erste (das Wort Papier stammt von Papyrus) war um einen Stock herumgerollt, weswegen es auch *volumen* (Rolle) hieß. Die nur auf einer Seite beschriebenen Papyrusblätter waren Seite an Seite geklebt, stets eines rechts neben dem anderen, wobei die Rollen üblicherweise 20 Blatt umfaßten. Die letzten Textstücke wurden zuerst aufgerollt, so daß man zum Lesen das *volumen* in der rechten Hand hielt und zur linken hin abrollte. Doch Papyrusrollen hatten auch ihre Nachteile: ihre Gestalt an sich sowie ihre Empfindlichkeit. Man bewahrte sie in zylindrischen Behältern (*capsae*) auf, wobei ein Schild an der Oberkante der Rolle den Inhalt anzeigte.

Das Pergamentbuch war sehr viel bequemer und widerstandsfähiger; es glich von der Form her unseren heutigen Büchern. Schon seit dem 2. Jh. v.Chr. hatte man in Pergamon einen Weg gefunden, Ziegen- und Schafhäute derart zu behandeln, daß man auch sie beidseitig (*recto verso*) nutzen, falten und binden konnte. Folglich ersetzte man die Pergamentrollen durch Pergamentbücher (*pergamena*). Das Pergamentbuch wurde *codex* genannt, ein Begriff, den man benutzte, um miteinander verbundene Täfelchen zu bezeichnen. Doch waren diese Bücher sehr teuer und ersetzten die Papyrusrollen nicht vor dem Ende des 3. Jhs. n.Chr.; in Rom wurde es um diese Zeit äußerst selten.

Das Wort *liber* (Buch, etymologisch: der innere Teil der Rinde) bezeichnete sowohl das Papyrus- als auch das Pergamentbuch. Schon sehr früh wurden Bücher illuminiert.

Allerdings schrieb man auch auf andere Materialien wie etwa Bleitäfelchen, Leintuch, Tafeln* aus Wachs, doch ihr Gebrauch trat hinter dem des Papyrus' und vor allem des Pergaments weit zurück.

Pontifikalbücher. Die von den *pontifices** angefertigten Bücher enthielten die Liste der *pontifices* (*album pontificum*), die *commentarii*, d.h. an den Magistrat* oder an Privatleute gerichtete Dokumente, welche die Rechtsauslegung betreffen, die *fastes*, die *acta pontificum*, eine Art Rechenschaftsberichte, sowie die *annales* (*annales maximi*), eine Chronik der bedeutendsten Ereignisse des Jahres.

Die *annales* endeten mit dem Jahr 130 v.Chr., in dem Mucius Scaevola* (Konsul* des Jahres 133) seine Ansicht äußerte, daß sie angesichts der Arbeiten der Historiker überflüssig seien. Sie umfaßten 80 Bände, aus denen die römischen Historiker schöpften. Dennoch setzten die Geschichtsschreiber die annalistische Tradition fort und berichteten die Ereignisse in chronologischer Folge. Schließlich enthielten die Pontifikalbücher auch formelhafte Gebete* und die konsularischen Fasten*, eine chronologische Liste der Konsuln seit der Gründung der Republik*.

Sibyllinische Bücher. Der Überlieferung zufolge hat Tarquinius Superbus von der Sibylle von Cumae in Campanien Bücher erworben, die ihre eigenen Orakelsprüche enthielten. Ein Kollegium von zwei Priestern* (*duumviri sacris faciundis*), das später auf 15 (*quindecemviri sacris faciundis**) erweitert wurde, hatte daraus Mittel und Wege zu ergründen, um Rom in bestimmten, besonders schwierigen Situationen zu schützen.

In Wahrheit sind diese Bücher, die sehr wohl in der von der Überlieferung angedeuteten Zeit in Rom bekannt waren, höchstwahrscheinlich etruskischen Ursprungs, wie manche rituelle Vorschrift belegt, so etwa die Menschenopfer. Später, etwa um das 3. Jh., haben die Annalisten, wohl vor allem um den etruskischen Ursprung der Bücher zu tilgen und um ihnen das Ansehen zu verleihen, das die sibyllinischen Orakel besaßen, diese Legende erfunden, die wohl aber im Kern die Tatsache enthält, daß sich durch die sibyllinischen Bücher die Orakel der Sibylle erschlossen. Zu republikanischer Zeit wurden die Bücher in einem unterirdischen Teil des Tempels* des Jupiter Capitolinus aufbewahrt, zur Kaiserzeit wurden sie in den Apollontempel gebracht.

Bürger ▶ Bürgerrecht

Bürgerkriege

Die Römer trafen eine feine Unterscheidung zwischen auswärtigen Kriegen (*bella externa*), die gegen Fremde geführt wurden, und den Kriegen (*bella interna, civilia*), die die Bürger* gegeneinander führten. Diese haben sie stets verurteilt, da deren Ursachen, jedenfalls in ihren Augen, in moralischen Kategorien (Ehrgeiz, Gier, Luxussucht) lagen, und haben sie als 'gottlos' bezeichnet. Darüber hinaus haben sie – zumindest theoretisch – den Siegern nie die offiziellen Auszeichnungen wie Triumphe* oder Ovationen* zugestanden. Überhaupt verdienten derartige Kriege, die die Traditionen und moralischen Werte durcheinanderbrachten, nichts als das Vergessen.

Doch muß man zwischen den Bürgerkriegen der Republik* und denen der Kaiserzeit unterscheiden. In republikanischer Zeit waren sie Taten bedeutender Männer, deren Ehrgeiz und Geisteshaltung dazu führten, daß einer sich gegen den anderen erhob (Marius* und Sulla*, Pompeius* und Caesar*, Octavian* und Antonius*) und mit ihnen ihre Armeen und ihre Klienteln*, d.h. es waren bewaffnete Streitfälle, die dazu dienten, eine Meinung durchzusetzen, selbst wenn dies nicht der alleinige Grund war. Zur Kaiserzeit aber verhielt sich dies anders: Es gab keine bewaffneten, miteinander im Streit liegenden Bürger mehr, sondern Berufssoldaten ohne politische Ideale. Alles vollzog sich, ohne daß die Bevölkerung, die zumeist auch noch neutral oder unentschieden war, daran irgendeinen Anteil gehabt hätte. Die Bürgerkriege des Vierkaiserjahres (Galba, Otho, Vitellius, Vespasian) 69 n.Chr. sind dafür das beste Beispiel: ein Schock für die römische Friedensseele. Zu Beginn des 3. Jhs. hingegen wurden sie zahlreicher. Doch hatten diese Auseinandersetzungen unter Thronanwärtern nicht dieselbe politische, patriotische oder moralische Resonanz wie die Bürgerkriege der Republik und beeindruckten die Zeitgenossen nicht sehr. Andererseits hatte Rom sich auf die Dimension eines Weltreiches vergrößert, bei dem Frieden* in den Provinzen* nicht notwendig Frieden in der Hauptstadt bedeutete.

Bürgerrecht

Das römische Bürgerrecht (*civitas*) besteht aus einer Reihe voneinander trennbarer Einzelvorrechte, von denen man entweder alle oder auch nur Teile besitzen kann. Doch nur der, der sie in Gesamtheit besitzt, hat die vollständigen Bürgerrechte (*civis optimo iure*). Das vollständige Bürgerrecht besteht einerseits aus bürgerlichen Rechten wie dem *ius connubii*, dem Recht sich rechtsgültig zu verheiraten, oder dem *ius commercii*, dem Recht, Rechtshandlungen vorzunehmen, sowie aus politischen Rechten wie dem *ius suffragii*, dem Stimm- und Wahlrecht, oder dem *ius honorum*, dem Recht, in ein Magistratsamt gewählt zu werden.

Wer nicht alle Rechte besitzt, hat das unvollständige Bürgerrecht (*civis minutio iure*). Dies ist der Fall bei Freigelassenen*, die das *ius honorum* nicht besitzen, den Einwohnern der italischen *municipia**, die kein *ius suffragii* haben, den Einwohnern der *municipia* in den Provinzen*, deren Rechtsstatus unterschiedlich ist.

Man erhält das Bürgerrecht entweder durch Geburt* oder durch spätere Verleihung. Man verliert es durch freiwilligen Verzicht (*reiectio civitatis*), indem man Bürger einer unabhängigen Stadt wird, einer latinischen Kolonie* oder einer verbündeten Stadt, oder durch den Verlust der Rechte* (*deminutio capitis*). An die Bürgerrechte sind auch Verpflichtungen wie Militärdienst oder Steuern* geknüpft.

Bundesgenossenkrieg

In der Zeit von 91 bis 88 v.Chr. erhoben sich die Verbündeten in Italien*, d.h. die *socii*, die Truppen der römischen Verbündeten, und die latinischen Kolonien*, um das römische Bürgerrecht* zu bekommen, das Rom ihnen verweigerte. Die aufständischen Marser, Pikener, Osker und Samniter errangen manchen Sieg über die Legionen* und machten Corfinium, das sie Italia nannten, zu ihrer Hauptstadt. Um die noch treuen, aber zögernden Etrusker* und Umbrier abzuhalten, ergriff Rom 90 und 89 eine Reihe von Maßnahmen, um das latinische Recht* in der Transpadana, der Provinz Gallia* Cisalpina jenseits des Po, und das römische Vollbürgerrecht den anderen Städten Italiens zuzugestehen. Dieser Krieg kostete um die 300000 Menschen das Leben. In einigen Regionen dauerten die Widerstände noch bis um das Jahr 80 an. Im Jahre 49 erhielt auch die Transpadana das Vollbürgerrecht. Seit dieser Zeit war das Territorium Italiens geeint, denn 42 wurde die Cisalpina an Italien angebunden.

Caesar (Titel)
Ursprünglich der Name* der *gens* Julia*, zu der unter anderen Caesar*, Augustus*, Tiberius* und Caligula gehören. Claudius, der erste Kaiser*, der nicht dieser *gens* entstammte, nahm den Titel an, ebenso alle späteren Kaiser. Seit Hadrian* wurde dieses *cognomen* gleichermaßen den Persönlichkeiten verliehen, die offiziell dazu ausersehen waren, dem Kaiser zu folgen.

Caesar (Name)
C. Julius Caesar (102–44 v. Chr.) entstammte einer alteingesessenen Patrizierfamilie, die ihre Herkunft auf Julius, den Sohn des Aeneas, und über diesen auf Anchises und Venus zurückführte. Zu Beginn seiner Karriere lag er im Streit mit Sulla* und verließ 83 Rom, um den Proskriptionen* zu entgehen, um erst nach dem Tode des Diktators* (78) dorthin zurückzukehren. Im Jahre 73 wurde er in das Kollegium der Pontifices* gewählt und nahm bald darauf an Maßnahmen teil, die die sullanischen Reformen rückgängig machen wollten. Im Jahre 68 war er Quästor* in Spanien, 65 kurulischer Ädil* und veranstaltete berühmte Spiele*, für die er mit empfindlichen Bußen belegt wurde. 63 v. Chr. wurde er *pontifex maximus* und 62 Prätor*. Insgeheim unterstützte er Catilina* und versuchte, den Tod der Verschwörer zu verhindern. Im Jahre 61 war er mit drei Legionen* Proprätor* Spaniens. Im Jahre 60 v. Chr. bildete er zusammen mit Crassus* und Pompeius* das Erste Triumvirat*. Im Jahre 59 erhielt er das Konsulat. Er ließ sich die Statthalterschaft* über drei Provinzen* (Gallia Cisalpina, Illyria, Gallia Narbonensis) übertragen, ließ über zwei Landgesetze abstimmen und begründete die offiziellen Nachrichten* Roms. Bevor er die Statthalterschaft seiner Provinzen antrat, förderte er die Wahl des Clodius* zum Volkstribunen* und beauftragte ihn, die Reformen der *populares* umzusetzen. Im Jahre 58 begann er mit der Unterwerfung Galliens*, für das ihm ein Vorwand genügte. Der Gallische Krieg* endete 50 v. Chr. Zwischenzeitlich hatte sich das Triumvirat entzweit und Caesar lehnte es ab, seine Armee zu entlassen. Im Januar 49 überschritt er den Rubikon, die Grenze der Provinz Cisalpina, verfolgte Pompeius bis nach Brindisi und zog am 1. April in Rom ein. In Spanien schließlich schlug er die Pompeianer und ließ sich zum Diktator* ernennen. Im Jahre 48 war er zum zweiten Mal Konsul*. Im August desselben Jahres brachte er Pompeius, nahezu kampflos, bei Pharsalos* eine Niederlage bei. In Asien rang er den Sohn des Mithridates nieder, der den Pontus besetzt hatte, und kehrte im Oktober 47 nach Rom zurück, wo er sich für fünf Jahre zum Konsul wählen ließ. Im April 46 schlug er die Pompeianer in Afrika bei Thapsus und im März 45 im spanischen Munda. Während seiner kurzen Aufenthalte in Rom verkündete er Reformen, die den Senat* schwächen und dem Volk schmeicheln sollten, und träumte davon, die Monarchie wiederherzustellen. Beim Luperkalienfest im Februar 44 bot ihm Antonius* die Krone* an, die er aber zurückwies. Am 15. März des folgenden Jahres wurde er von Brutus* und Cassius ermordet. Rom verfiel der Anarchie, und die Frage der Nachfolge Caesars ließ bald Octavian* und Antonius aneinander geraten.

Caesar hatte versucht, eine auf dem Militär* fußende Monarchie zu errichten, Augustus aber wählte eine dem Anschein nach republikanische Form: das Prinzipat*.

Caesars Leistungen erstreckten sich auch auf den Städtebau*, dessen gewaltige Projekte, so etwa die Änderung der städtischen Anlage Roms durch Umleitung des Tibers, nicht zur Ausführung gelangten. Trotzdem fand er die Zeit, ein Forum*, das seinen Name trägt, die Kurie* und die Basilika* Julia, die Augustus vollendete, zu erbauen. Er betätigte sich auch als Schriftsteller, schrieb eine Tragödie, Gedichte, eine grammatische Abhandlung und insbesondere seine Erinnerungen (*Der Gallische Krieg, Der Bürgerkrieg*), in denen er die Ereignisse mal genau, mal tendenziös, wie es gerade zu seinen Plänen paßte, schildert.

Camillus

Der Diktator* M. Furius Camillus bemächtigte sich im Jahre 396 v. Chr., im Zuge der Kriege gegen die Etrusker*, der Stadt Veji. Später wurde er verbannt, doch nach dem durch die Gallier verursachten Brand Roms im Jahre 390 v. Chr. gelang es ihm, diese zu besiegen und den Tribut zurückzuerhalten, den die Römern den Eindringlingen hatten abstatten müssen (387). Diese Erfolge verhalfen Camillus dazu, als Retter und zweiter Gründer Roms angesehen zu werden.

Cannae

Eine apulische Stadt an der Adria gelegen, bei der 216 v. Chr. die Konsuln* Varro und Aemilius Paullus* eine schwere Niederlage gegen Hannibal* hinnehmen mußten, der hier seine taktischen Fähigkeiten deutlich zur Schau gestellt hatte.

cardo

Zum einen ein Zapfen aus Stein oder Metall, der am Türpfosten oder auf dem Erdboden befestigt ist und um den herum sich die Tür dreht, also eine Art Türangel.

Zum anderen ist im Gelände der *cardo maximus* die vorrangige Nord-Süd-Achse, die von einem Punkt des *decumanus maximus*, der vorrangigen Ost-West-Achse, abgeht. Der Punkt, an dem sich beide Achsen rechtwinklig kreuzen, ist der Mittelpunkt der zukünftigen Bebauung oder des zu errichtenden Feldlagers. An dieser 'Ausrichtung' genannten Aktion nahmen der Magistrat*, der Augur* und der Landvermesser teil. Auf der Linie der beiden Hauptachsen wurden die beiden wichtigsten Straßen* angelegt, und um diese herum wurden die Nebenstraßen (*cardines, decumani*) parallel angelegt, so daß daraus ein Schachbrettmuster entstand.

Catilina

L. Sergius Catilina (108–63 v. Chr.) war Offizier unter Sulla* und wurde berühmt wegen seiner zwei Jahre währenden (65–63 v. Chr.) Verschwörung, bei der er die enttäuschten Bürger*, die bankrotten Eigentümer und die Anarchisten um sich scharte. Diese Verschwörung war hinter den Kulissen von Caesar* und Crassus* angezettelt worden. Cicero* brachte sie dadurch zum Scheitern, daß er bei dieser Gelegenheit seine berühmten vier *Catilinarischen Reden* hielt. Catilina und die Seinen wurden in der Schlacht bei Pistoia (Etrurien) getötet. Von Sallust* gibt es das Werk *Die Verschwörung des Catilina*.

Cato Censorius

M. Porcius Cato (234–149 v.Chr.) wurde in Tusculum geboren und entstammte einer Familie* von kleinen Grundbesitzern. Er kämpfte in den Punischen Kriegen* unter dem Befehl des Fabius Cunctator*, des Claudius Marcellus und 205 als Quästor* unter Scipio Africanus*, mit dem er sich nie verstand. Im Jahre 199 v.Chr. war er Ädil*, im folgenden Jahr Prätor* und wurde zum Statthalter* Sardiniens gewählt. Im Jahre 195 v.Chr. war er Konsul* und verteidigte die *lex Oppia* gegen das luxuriöse Treiben der Frauen. Er befriedete Spanien und erhielt für seinen Erfolg die Ehrung durch einen Triumph* im Jahre 193. Das Amt des Zensors* bekleidete er 185, bezog offen Stellung gegen den wachsenden Einfluß des Hellenismus und insbesondere gegen die griechischen Sitten, die für ihn gleichbedeutend mit Weichheit und Unmoral waren. Die Politik dieses *homo novus** folgte zwei Leitlinien: Argwohn gegenüber den allzu herausgestellten Persönlichkeiten wie etwa Scipio Africanus und Widerstand gegen die senatorische Oligarchie, denn in der einen wie der anderen Sache sah er eine ernsthafte Gefährdung des Gleichgewichts der römischen Politik.

Seine literarischen Werke spiegeln sein altrömisches Ideal wider, das ihn in seiner Politik stets leitete. Er schrieb sieben Bücher *Origines*, eine Geschichte Roms von den Anfängen bis zu seiner Zeit, sowie mehrere, seinem Sohn gewidmete Werke über Medizin*, Militärtaktik und Recht*. Von diesen Werken, die in Rom eine enzyklopädistische Tradition begründeten, hat sich lediglich das *Über den Landbau* erhalten, in dem sich Ansichten über die Modernisierung der römischen Landwirtschaft* mit Informationen aller Art mischen. Im Verlauf seiner politischen Laufbahn hatte er Gelegenheit, zahlreiche Reden zu halten, die ihn als wortgewaltigen und kämpferischen Redner zeigten. Ihm verdankt man auch die Definition des römischen Redners*: „Ein guter Mann, der zu reden versteht." Cicero* vertiefte später diese Auffassung.

Cato Uticensis

M. Porcius Cato (95–46 v.Chr.), der Urenkel des Cato Censorius*, verkörperte für die Nachwelt den weisen Stoiker* schlechthin, besorgt um das öffentliche Wohlergehen und unnachgiebig. Er widersetzte sich zuerst Pompeius*, dann Caesar*, doch nach Pharsalos* schloß er sich den von Metellus Scipio kommandierten Pompeianern an. Nach dem Siege Caesars bei Thapsus im Jahre 46 v.Chr. tötete sich Cato Uticensis, etwa 30 km nördlich von Karthago*, selbst.

Catull

Der um 87 v.Chr. geborene C. Valerius Catullus entstammte zwar einer bedeutenden Familie* aus Verona, doch verbrachte er den größten Teil seines Lebens in Rom, wo er sich in Clodia, der Schwester des Clodius*, des Feindes Ciceros*, verliebte. Er ist der einfallsreichste der Neoteriker, eines Dichterkreises, der sich von den griechischen Klassikern abwandte und ihnen die Alexandriner vorzog. Catull hinterließ eine Sammlung von 116 Gedichten unterschiedlicher Themen und Rhythmen, darunter Kleinepen, Epyllien, nach alexandrinischem Muster, so etwa *Die Hochzeit der Thetis und des Peleus, Die*

Locke der Berenike oder *Attis*, die Gedichte an Lesbia, an seine Freunde sowie Invektiven. Er begründete in Rom die subjektive Dichtung.

cena

Hauptmahlzeit, die man um die neunte oder zehnte Stunde, also zwischen 14 und 15 Uhr am Ende des Arbeitstages einnahm.

Die *cena* besteht aus drei Gängen: Die Vorspeise (*gustatio*), deren Hauptbestandteil Eier waren und zu der man mit Honig gesüßten Wein (*mulsum*) trank; der eigentlichen *cena*, die wiederum aus mehreren Gängen bestehen konnte, zu denen man ein wenig Wein trank; schließlich folgte, nach einem Gebet* und einer Gabe an die Laren* das Dessert (*secunda mensa*), das aus Früchten und Kuchen bestand.

Bei Gelagen wurden die *secundae mensae* zu einer *commissatio* (Fest), bei dem sich die Gäste mit Blumen* bekränzten, sich parfümierten und einen Festkönig (*magister bibendi*) wählten, der die Zahl der Becher festlegte, die jeder trinken mußte, sowie das Verhältnis bestimmte, in dem man den Wein mischte. Man spielte mit Würfeln, lauschte den Flötenspielerinnen, sah den Jongleuren und Clowns zu oder ließ sich vorlesen. Üblicherweise zogen sich die Frauen zu Beginn der *commissatio*, die bis spät in die Nacht dauern konnte, zurück. Bei größeren Banketten kleideten sich die Eingeladenen in eine Abendrobe (*vestis cenatoria, synthesis*), über deren Beschaffenheit man allerdings schlecht unterrichtet ist.

Oft urteilt man streng über die Ausschweifungen und die Dauer römischer Gelage und Bankette, die man sich gerne orgiastisch vorstellt. Doch die Realität war anders: Insgesamt gesehen waren die Römer eher enthaltsam, denn sie nahmen in der Regel nur eine Mahlzeit am Tage zu sich, und die Beispiele, die man immer gerne anführt, so z.B. Nero*, Vitellius oder den Trimalchio des Petronius*, waren eher Ausnahmen. Andererseits gab es abends in Rom keinerlei Schauspiele und sonstige Vergnügungen, so daß die Römer Künstler wie Tänzer, Akrobaten oder Musiker zu sich nach Hause kommen ließen.

census

Bezeichnet gleichermaßen die zahlenmäßige Erfassung der Bürger* wie auch ihres Vermögens. Eine Zählung fand alle fünf Jahre statt und wurde durch die Zensoren* veranlaßt. Bei dieser Gelegenheit wurden die Bürger auf die drei *tribus**, die verschiedenen Schichten* und Zenturien* aufgeteilt. Um etwa zum Ritterstand* zu gehören, mußte man einen *census* von 400000 Sesterzen aufweisen, für den Senatorenstand war zur Kaiserzeit ein *census* von 1 Mio. Sesterzen vonnöten.

centumviri ▶ **Zivilgerichtsbarkeit**

centuria praerogativa

Die Zenturie*, die durch Losentscheid als die erstabstimmende Zenturie bestimmt wurde. Ihre Abstimmung* konnte von Einfluß für die anderen sein, denn die Römer schrieben ihr die Bedeutung eines Vorzeichens* zu. Ursprünglich wurde die *centuria praerogativa* per Los aus den 18 Ritterzenturien gewählt, doch entfiel im 3. Jh. v.Chr. dieses Privileg und der Losentscheid wurde auf die gesamte erste Klasse* ausgedehnt.

Chirurg

Die Bezeichnung *chirurgus* ist aus den griechischen Worten *cheír* (Hand) und *érgon* (Arbeit) zusammengesetzt. Der Chirurg war auch als Wundarzt (*medicus vulnerum*) tätig. Die Chirurgen besaßen großen Mut und auch große Fähigkeiten, wie etwa die Operationen belegen, die sie durchführten: Luftröhrenschnitte, Trepanationen und Amputationen ohne Keimfreiheit und ohne Anästhesie waren an der Tagesordnung. Die archäologischen Grabungen und figürlichen Darstellungen belegen, daß es durchaus schon eine Art chirurgisches Besteck gab: Skalpell, Sonde, Zange, metallene Klammern, Pinzetten, Sauger und Nadeln sind zu entdecken. Zu den bedeutendsten Praktikern zählen Philoxenos und Ammonius im 1. Jh., Rufus, Soranus von Ephesos und Antyllus im 2. Jh. v. Chr.

Christen

Seit der Mitte des 1. Jhs. gab es Christen auch in Rom, die von den Heiden meist mit den Juden verwechselt wurden. Der hl. Paulus predigte zwischen 61 und 64 in Rom, und auch der hl. Petrus war zu dieser Zeit dort. Die erste Christenverfolgung gab es unter Nero*, der sie für den Brand Roms im Jahre 64 verantwortlich machte. Die gegen sie erhobenen Vorwürfe des Ritualmordes und des Inzestes ebenso wie der ihnen zugeschriebene Haß der Menschheit führten dazu, daß der wütende Pöbel gegen sie vorging. Eine zweite Verfolgungswelle brach unter Domitian los. Bis zur Mitte des 3. Jhs. wechselten sich Perioden der Verfolgung mit solchen der Toleranz oder der Gleichgültigkeit ab. In der Tat gab es kein Gesetz*, das sich gegen die Christen richtete. Dennoch blieb ihr Schicksal bedenklich und war stets von der Volksmeinung bedroht. Erst Mitte des 3. Jhs. änderte sich die Lage: Durch Dekret wurde eine offizielle Verfolgung ermöglicht, da es von allen Bürgern* verlangte, an einer allgemeinen Opferhandlung teilzunehmen, wodurch man die Christen zwang, sich zu erkennen zu geben oder abzuschwören (249). Diese Verfolgungen endeten erst mit dem Tode Valerians (259). Dann erfreute sich die Kirche bis etwa 303 einer relativ friedlichen Zeit, doch 303/304 löste Diokletian* unvermittelt die blutigste Verfolgung aus. Erst 313 verkündete Konstantin* durch das Mailänder Edikt die Religionsfreiheit; dem war zwei Jahre zuvor Galerius vorangegangen, der das Christentum im Orient offiziell anerkannt hatte. Rasch setzten sich die christlichen Bräuche auch im gesellschaftlichen Leben durch. Nach einer kurzfristigen heidnischen Umkehr unter Julian (361–363) erklärte 380 Theodosius das Christentum zur Staatsreligion.

Die ersten christlichen Kirchen. Aus Desinteresse an materiellen Gütern sowie zur Abgrenzung vom Heidentum errichteten die ersten Christen keine Kultgebäude, sondern begingen ihre Gottesdienste in Privathäusern, die oft nur mit dem Namen ihres Eigentümers, wie etwa *titulus Clementis* in Rom, bezeichnet wurden. In späterer Zeit errichtete man auf deren Trümmern dann eigentliche Kirchen, wie etwa S. Clemente oder S. Martino ai Monti. Die ersten derartigen Gebäude, die im übrigen keine besondere Architektur aufwiesen, kamen zweifellos zu Beginn des 3. Jhs. auf und man bezeichnete sie als *ecclesiae, domus Dei, tituli* oder *basilicae*. Erst nach dem Kirchenfrieden

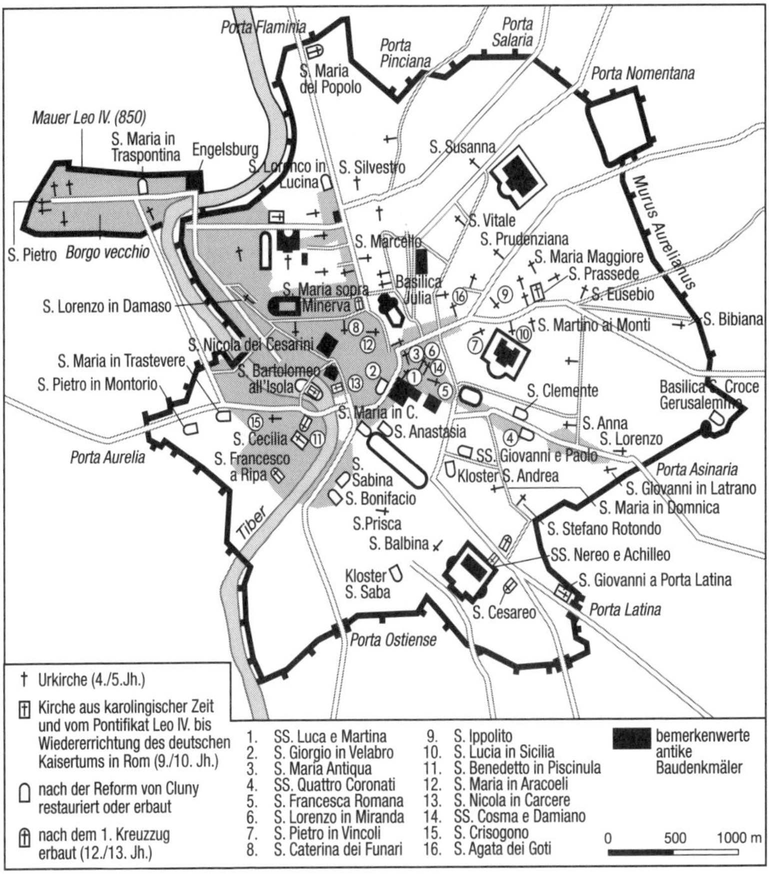

von 313 entwickelte sich eine eigenständige christliche Architektur. Im wesentlichen errichtete man drei von ihrem Grundriß und von ihrem Zweck her unterschiedliche Gebäudetypen: die Basiliken*, deren älteste wie etwa S. Giovanni Laterano oder S. Pietro aus der Zeit Konstantins* stammen; die *martyria*, Gebäude, die zum Gedenken an Märtyrer errichtet wurden, ihren Ursprung in den heidnischen Mausoleen* hatten und insbesondere im 5. und 6. Jh. stark vertreten waren; schließlich die Baptisterien. Die einzige nahezu vollkommen erhaltene konstantinische Basilika ist die Geburtskirche Christi in Bethlehem. Gegen Ende des 4. Jhs. wurden auch manche heidnischen Gebäude zu Gotteshäusern umgestaltet, doch zögerten die Christen lange, bevor sie die alten Tempelbauten nutzten, im allgemeinen bis etwa zum 9. Jh., wie das Beispiel des Tempels des Antoninus* und der Faustina zeigt.

Cicero

M. Tullius Cicero wurde 106 v.Chr. in Arpinum, etwa hundert Kilometer südwestlich von Rom, geboren und entstammte einer Familie* des Ritterstandes*. Er war Konsul* im Jahre 63 und war als *homo novus** der bedeutendste Redner* und Politiker Roms. Sein ganzes Leben lang ordnete er die wissenschaftliche Betätigung dem politischen Handeln unter, um der *res publica** zu dienen, wobei er sich an die Vorstellung hielt, die er sich vom Gemeininteresse machte. Seine großen politischen Erfolge gingen Hand in Hand mit seinen Erfolgen als Redner: Die Abstimmung* über die *lex Manilia* im Jahre 66, die Pompeius* alle Vollmachten im Kampf gegen Mithridates übertrug (*Für den Befehl des Cn. Pompeius*) sowie im Jahre 63 sein Kampf gegen Catilina und dessen Komplizen (*Catilinarische Reden*), der zu seinem eigentlichen Triumph in einer Zeit wurde, in der er glaubte, um sich die *optimates** geschart zu haben. Bald aber schon mußte er bittere Enttäuschungen hinnehmen: Die Mitglieder des Ersten Triumvirats* ließen ihn im Stich und im Jahre 58 wurde er durch Clodius* ins Exil geschickt, da er ohne gesetzliche Grundlage die Mitverschwörer Catilinas habe hinrichten lassen. Später, während des Machtkampfes zwischen Pompeius und Caesar*, zögerte er lang, sich einer der beiden Seiten anzuschließen, entschied sich aber im Juni 49 für Pompeius. Nach der Ermordung Caesars 44 glaubte er, wieder eine bedeutende Rolle übernehmen zu können, und unterstützte Octavian* dadurch, daß er von September 44 bis April 43 seine gegen Antonius* gerichteten vierzehn *Philippischen Reden** hielt. Doch Octavian und Antonius verständigten sich miteinander, und Cicero fiel dieser Übereinkunft zum Opfer. Am 7. Dezember 43 wurde er in der Nähe von Formiae ermordet, als er versuchte zu entkommen. Sein Kopf sowie seine rechte Hand wurden auf der Rostra* ausgestellt.

Das hinterlassene Werk Ciceros ist gewaltig: Reden (*Gegen Verres, Für Sextius, Für Milo**), rhetorische Werke (*Über den Redner, Brutus, Der Redner*), philosophische Schriften (*Über das Alter, Über die Freundschaft, Über die Pflichten*), politische Abhandlungen (*Über den Staat, Über die Gesetze*) sowie die umfangreichen Sammlungen seiner *Briefe*. Doch trotz der gewaltigen Ausmaße des Werkes bleibt in ihm ein roter Faden erkennbar, denn Cicero hat unablässig über die beste Regierungsform („die einerseits dem Einfluß der Besten unterliegen soll, wobei aber manche Dinge dem Urteil des Volks vorbehalten sein sollen") sowie den besten Staatsmann nachgedacht, der in sich die Fähigkeiten eines Redners, Militärbefehlshabers und Philosophen* vereinen soll: Sein Ideal war der *princeps* (der Erste). Diese Vorstellung, die um die Aufopferungsbereitschaft des Bürgers* kreist, blieb auch Leitgedanke im Humanismus und war kennzeichnend für das Römertum.

Cincinnatus

L. Quinctius Cincinnatus war in den Jahren 458 und 439 v.Chr. Diktator*. Die Legende berichtet, daß er in der Zeit zwischen diesen beiden Ämtern auf seine Felder jenseits des Tiber zurückgekehrt sei und sie selbst bearbeitet habe. Für die Römer war er die Verkörperung der Erdverbundenheit.

Cinna
Cn. Cornelius Cinna war der Enkel des Pompeius*. Er verschwor sich gegen Augustus* während dessen Abwesenheit in Gallien* zwischen 16 und 13 v.Chr. Auf Bitten der Livia* gewährte ihm der Kaiser* Gnade, und Cinna wurde im Jahre 5 n.Chr. Konsul*. Berühmt ist er insbesondere durch die Abhandlung Senecas* *Über die Milde*. Seine historische Bedeutung ist allerdings geringer als die seines Vaters L. Cornelius Cinna, der an den Bürgerkriegen* zwischen Pompeius und Caesar* teilnahm. Noch bedeutender war sein Großvater, L. Cornelius Cinna, der von 87 bis 84 v.Chr. Konsul und ein Anhänger des Marius* war, nach dessen Tod er zum Anführer der Partei* der *populares** wurde. Im Jahre 84 wurde er in Brindisi ermordet, als er sich anschickte, Sulla* im Orient niederzukämpfen.

Clodius
P. Clodius Pulcher, der Bruder des Appius Claudius Pulcher, der im Jahre 54 v.Chr. Konsul* wurde, verursachte einen gewaltigen Skandal, als er, als Frau verkleidet, das Haus des *pontifex* maximus* betrat, der zur damaligen Zeit Caesar* hieß, das Haus, in dem man die den Männern verbotenen Mysterien der *Bona Dea* beging. Dennoch wurde er mit der Unterstützung Caesars 58 Volkstribun*, obschon er zu den Patriziern gehörte. Die Änderung der Schreibweise seines Namens *Clodius* statt *Claudius* erklärt sich durch seinen Übertritt zum Volk (*transitio ad plebem*). Er ließ Cicero* unter dem Vorwand, er habe ohne gesetzliche Grundlage die Mitverschwörer Catilinas* verurteilen lassen, in die Verbannung* schicken. Nachdem Cicero 57 durch den Tribunen Milo* zurückgerufen worden war, bekämpfte sich Clodius offen mit diesem. Schließlich wurde er im Januar 52 von Leuten seines Gegners getötet.

Codex Justinianus
Sammlung kaiserlicher Verfügungen, die in chronologischer Folge aufgelistet sind. Die ältesten gehen auf Hadrian* zurück, die jüngsten stammen von Justinian selbst. Es gab zwei Ausgaben des *codex Justinianus*, die erste 529, die zweite 534 n.Chr.

Codex Theodosianus
Schriftliche Fassung der kaiserlichen Verfügungen von 312 bis 347 n.Chr., die im Auftrag des Ostkaisers Theodosius II. durchgeführt wurde.

columbarium
Eine aus der Wand einer Höhle herausgeschlagene Nische, in der man Grabürnen* niederlegte. Unterhalb der Nische trug eine Inschrift* Namen* und Titel des Verstorbenen. Das Wort bedeutet eigentlich 'Taubenschlag'.

comitium
Ein Platz vor der Kurie*, der für die Versammlungen* von Kuriar- und Tributarkomitien* reserviert war. An seinem südöstlichen Ende befand sich die Rostra*, von der aus sich die Redner* an das Volk wandten. Seit 145 v.Chr. tagten die Tributarkomitien auf dem Forum*; dies war eine wichtige Neuerung, da es hierdurch möglich war, größere und freigiebigere religiöse und politische Versammlungen abzuhalten, da das Forum, im Gegensatz zum *comitium*, kein *templum** war.

consecratio ▸ Weihe

contio
Öffentliche Versammlung* ohne gesetzgeberische Kraft, die unter dem Vorsitz eines Magistraten* abgehalten wird. Der Volksmenge wurden hier Ratschläge und Informationen allgemeiner, politischer, militärischer und sonstiger Art übermittelt. Jedem Bürger* stand das Rederecht zu. Diese Versammlungen fanden an den Fasten* in der Nähe der Rostra* statt. Personen ohne Bürgerrecht* wurden nicht geduldet.

Coriolan
Der Held einer zweifellos legendenhaften Erzählung aus dem Volskerkrieg (488–486 v. Chr.). Als Patrizier wurde Coriolan 491 von den Tribunen* in die Verbannung* geschickt, schloß sich den Volskern an und kehrte an der Spitze einer Armee zur Belagerung Roms zurück. Schließlich gab er dem Flehen seiner Mutter und seiner Frau nach, wurde aber von den Volskern getötet.

Cornelia
Die Tochter Scipio Africanus*, Gattin des Tib. Sempronius Gracchus und Mutter der Gracchen*. Sie verkörpert den Typus der römischen *matrona** im erhabensten Sinn des Wortes. Als gebildete Frau widmete sie sich in ihrem Witwenstand (153 v. Chr.) der Erziehung* ihrer Kinder.

Crassus
M. Licinius Crassus (114–53 v. Chr.) war ein Anhänger Sullas* und wurde mit dem Kampf gegen Spartakus* beauftragt. Er erhielt im Jahre 70, dem gleichen Jahr wie Pompeius*, mit dem er verschwägert war, das Konsulat. Einen Augenblick lang Catilina* zugeneigt, verstand er es geschickt, auf Distanz zu gehen. Im Jahre 60 war er wie Pompeius und Caesar am Ersten Triumvirat* beteiligt. Er verstarb in Carrhae im Krieg gegen die Parther. Crassus, der den Spitznamen *Dives* (der Reiche) trug, galt als Beispiel für die gewaltige Macht des Geldes der ausgehenden Republik*.

curator ▸ Verwalter

cursus honorum
Der *cursus honorum* bezeichnet die Reihenfolge, nach der man die Magistratsämter erlangen konnte. Hierbei muß zwischen der Zeit der Republik* und der Kaiserzeit* unterschieden werden.

Republik. Ursprünglich gab es überhaupt keine Regelung, so daß man Prätor* werden konnte, nachdem man Konsul* gewesen war. Doch ein Gesetz* von 180 v. Chr. (*lex Villia annalis*) ordnete die Ämterreihenfolge und legte Mindestaltersgrenzen fest. Künftig mußte man sich in folgender Reihenfolge um die Ämter bemühen: Quästor*, kurulischer Ädil*, Prätor, Konsul. Nach der Quästur stellten die Ämter der Vigintiseviri* sowie das des Militärtribunen* eine Art Noviziat dar, waren aber nicht obligatorisch. Voraussetzung war jedoch die Ableistung von zehn Jahren Militärdienst. Dementsprechend konnte man sich erst um das 27. Lebensjahr für die Quästur bewerben. Andererseits wurde die Ämterfortschreibung dadurch verhindert, daß man zwischen der Bekleidung zweier Magistraturen zwei Jahre pausieren mußte, zwischen zwei Konsulaten betrug die Zwangspause gar zehn Jahre. Doch die Altersvoraussetzungen änderten sich von Zeit zu Zeit, und ab Sulla* konnte man erst ab dem 43. Lebensjahr Konsul werden.

In der Kaiserzeit muß zusätzlich noch zwischen der Senats- und der Ritterlaufbahn unterschieden werden.

Die Senatslaufbahn begann bei den Vigintiseviri oder dem Militärtribunat mit mindestens 17 Jahren; es folgten die Quästur (25 Jahre), das Tribunat oder die Ädilität (27 Jahre), die Prätur (30 Jahre) und das Konsulat (32 Jahre). Doch waren diese Magistraturen, die dem Senatorenstand vorbehalten waren, Ehrenämter und nur für die Funktionsstellen von Belang, die man durch sie erreichen konnte. Die wichtigsten derartigen Funktionsstellen waren als quästorische das Legat der Statthalter der senatorischen Provinzen*, als prätorische das Legat der Legionen* oder der kaiserlichen Provinzen* und als konsularische die Stadtpräfektur sowie die Präfekturen der konsularischen, senatorischen und kaiserlichen Provinzen. Darüber hinaus stand den Mitgliedern des Senatorenstandes der Zugang zu bestimmten Priesterämtern, etwa der Pontifices*, Auguren*, Fetialen* oder Flaminen*, zu. Diese drei Funktionsbereiche wurden normalerweise nach der entsprechenden Magistratur ausgeführt, doch konnte der Kaiser stets, wen er wollte, durch *adlectio* (Wahl) zum Quästor, Prätor oder Konsul ernennen. Die Mitglieder des senatorischen Adels trugen den Titel *clarissimus* (Erlauchter).

Die Ritterlaufbahn war eine große Neuerung und eine Erfindung des Augustus*. Man begann sie durch Militärämter wie etwa dem Tribunat oder der Präfektur einer Kohorte* der Hilfstruppen, der Präfektur eines Flügels der Reiterei*, dem Tribunat einer prätorianischen Legion oder Kohorte. Mit dem 27. Lebensjahr konnte man dann die eigentliche Laufbahn, die zwei Stufen hatte, beschreiten. Die erste Stufe waren die Prokuratorenämter, wie etwa das des Prokurators* der Finanzen, des Statthalters* einer Provinz, des Prokurators *a rationibus*, einer Art Finanzminister, oder das des Leiters der Kanzlei*. Die andere Stufe bestand aus den Präfektenämtern, etwa dem Proviantmeister*, dem Polizeimeister*, der Präfektur von Ägypten oder der über eine Flotteneinheit. Die höchste Stufe der Ritterlaufbahn war das Amt des Stadtpräfekten*. Auch die Mitglieder des Ritterstandes hatten Zugang zu einigen Priesterämtern, etwa den Luperkalen* oder den Haruspices*. Den unterschiedlichen Ämtern wurden seit Hadrian* auch verschiedene, hierarchisch abgestufte Ehrentitel verliehen: *egregius, perfectissimus, eminentissimus.*

Die Magistraturen waren stets unbezahlt, doch wurde die Ausübung einer senatorischen oder ritterlichen Funktionsstelle besoldet. Die Entlohnung für eine senatorische Funktionsstelle war von 300000 bis zu 1 Mio. Sesterzen gestaffelt; die Staffelung der Ritterstellen begann bei 60000 und endete bei 300000 Sesterzen.

damnatio memoriae
Eine Strafe*, die dem zuteil wird, der sich gegen die Würde des römischen Volkes vergangen hat (*crimen maiestatis*), und die darin besteht, daß man den Nachkommen des Verurteilten untersagt, seinen Namen* zu tragen, und seine Ahnenbilder* zerstört.

In der Kaiserzeit konnte der Senat* die *damnatio memoriae* postum über einen verstorbenen Kaiser* verhängen. Bei der Ausführung dieses Beschlusses wurden die Statuen des verurteilten Kaisers zerstört, seine Name an Bauwerken ausgemeißelt und seine Rechtshandlungen rückwirkend für nichtig erklärt. Caligula, Nero* und Domitian sind einige Opfer einer solchen *damnatio memoriae*. Andere wie Caracalla oder Commodus wurden später rehabilitiert. Das Gegenteil der *damnatio* war die Vergöttlichung* (*apotheosis*).

Dankfest
Als Dankfeste (*supplicationes*) bezeichnete man Gebete* und Danksagungen, die der Senat* zu Ehren eines oder mehrerer Götter* anordnete. Die Menge war aufgefordert, die Tempel* aufzusuchen und die auf ihrem *pulvinar** ruhenden Götter anzuschauen und sich dabei durch Anbetungen und Hinknien gläubig zu zeigen.

Der Senat konnte gleichermaßen *supplicationes* zu Ehren siegreicher Feldherren beschließen, die keiner höheren Ehre wie einem Triumphzug* oder einer Ovation* für würdig gehalten wurden.

decemviri
Die *decemviri* (Zehnmänner) waren ein Gremium aus zehn Mitgliedern mit unterschiedlichen Aufgaben. So erarbeiteten etwa die *decemviri legibus faciundis* das Zwölftafelgesetz*. Die *decemviri sacris faciundis*, aus denen später die *quindecemviri sacris faciundis** wurden, waren auf die Auslegung der Sibyllinischen Bücher* spezialisiert.

decumanus ▶ cardo

dedicatio ▶ Widmung

Dekret
Zur Zeit der Republik* waren die Dekrete (*decreta*) entweder Senatsbeschlüsse*, Anordnungen der Magistrate* oder Entscheidungen von Priesterkollegien, hierbei insbesondere der Pontifices*.

In der Kaiserzeit bezeichneten die *decreta* durch den Kaiser* erlassene kaiserliche Verfügungen.

decurio
Bezeichnung für ein Mitglied des kommunalen Senats*, der etwa 100 Mitglieder umfaßt und mit dem von Rom vergleichbare Aufgaben wahrnimmt. Das Amt des *decurio* wurde lange Zeit als eine Ehre angesehen, doch ab dem 2. Jh. n. Chr. wurde es zunehmend aufwendig.

deminutio capitis
Der Verlust der Rechte (*deminutio capitis*) entspricht einer Art bürgerlichem Tod und gliedert sich in drei Stufen: Die *deminutio minima* bezieht sich nur auf das Privatrecht; die *deminutio media* ist der Verlust des Bürgerrechts* unter Wahrung der Persönlichkeitsrechte; die *deminutio maxima* bedeutet den Verlust der Bürger- wie auch der Persönlichkeitsrechte und entspricht der Verset-

zung in den Rechtsstatus eines Sklaven*. Diese Zerstörung der juristischen Existenz einer Person ist teilweise oder auch ganz widerrufbar.

Denunziant

Da es in der Antike keinerlei Staatsanwaltschaft gab, wurde in Rom die Rolle des Anklägers durch einen Privatmann ausgefüllt, der bestimmte Bedingungen erfüllen mußte und vom Magistrat* zugelassen war. Zur Kaiserzeit wurde das Denunziantentum (*delator*) begünstigt und zu einer wahren Plage.

devotio ▶ **Weihe**

Digesten

Titel einer Sammlung von juristischer Literatur, die Tribonianus 533 n.Chr. im Auftrage Justinians veranstaltete. Dieses Werk ist weitaus wichtiger als der *codex Justinianus** und besteht aus 50 Büchern, in denen Rechtsgutachten und -entscheidungen römischer Juristen* mit Angabe des Autors sowie des Werkes verzeichnet sind. Die Digesten werden auch nach ihrem griechischen Namen 'Pandekten' genannt.

Diktator

Ein außerordentlicher Magistrat*, der außergewöhnliche Machtbefugnisse für eine begrenzte Zeit, sechs Monate maximal, erhielt, in entscheidenden Situationen vom Senat* ernannt und von einem Konsul* unter ehemaligen Magistraten ausgewählt wurde. Er konnte sich einen Kollegen hinzuwählen. Während der Amtszeit des *dictator* waren ihm die übrigen Magistrate untergeordnet. Er war allmächtig, niemandem verantwortlich und unabhängig. Er besaß das Recht auf 24 Rutenbündel*. Der Brauch wollte aber, daß ihm ein Reitereiführer (*magister equitum**) zur Seite stand. Zu den berühmtesten *dictatores* zählen: Cincinnatus*, Camillus*, Q. Fabius* Maximus Cunctator, Sulla*, Caesar*. Doch die letzten beiden traten das Amt illegal an, das 44 v.Chr. durch Antonius* abgeschafft wurde.

Diokletian

C. Aurelius Valerius Diocletianus (245–313 n.Chr.) war von 285 bis 305 Kaiser*. Er stammte aus Dalmatien, war der Sohn eines Freigelassenen* und schlug die Offizierslaufbahn ein. Er wurde von seinen Soldaten* nach dem Tode des Kaisers Carus an die Spitze des Reiches gestellt. Er mußte gegen Unruhen in den Provinzen* kämpfen und die Grenzen vor Invasoren schützen. Die Umstände brachten es mit sich, daß er ein Herrschaftssystem einrichtete, das man Tetrarchie* nennt und das eng mit seinem Namen verbunden blieb. Er reformierte und einte das Kaiserreich durch die Trennung ziviler und militärischer Ämter und die Aufteilung des Reiches in 12 Diözesen, deren jede durch einen Vikar (*vicarius*) geleitet wurde, der direkt dem Kaiser unterstand. Darüber hinaus erweiterte er den Geltungsbereich des römischen Rechts* auf das gesamte Reich, reformierte das Steuer- sowie das Geldsystem, trug allerdings auch zur Ausdehnung der Bürokratie bei. Er betonte die Heiligkeit des Kaisers und begleitete seine sonstige Religionspolitik mit der Verfolgung der Christen*.

Diplomatie

Die Römer besaßen wie die übrigen Völker der Antike kein besonderes diplomatisches Corps. Ebensowenig gab es bei ausländischen Staaten akkreditierte Botschaften. Zur Zeit der Republik* lag der diplomatische Dienst in Händen des Senates*, er empfing die ausländischen Gesandten oder sandte römische aus seinen eigenen Reihen aus (*legati*). Die Gesandtschaft bestand aus zwei bis zehn Männern und konnte mit unterschiedlichen Aufgaben betraut sein, so mit der Erneuerung eines Bündnisvertrages, der Beilegung von Konflikten, dem Ersuchen um Hilfeleistung, Klagen, Kriegserklärungen oder Friedensverhandlungen. Auf ihren Reisen wurden die *legati* von Fetialen* begleitet, denn jeder politische Akt mußte nach bestimmten Riten vollzogen werden, um den Frieden* der Götter* nicht zu beeinträchtigen. In der Kaiserzeit trat der Kaiser* selbst an die Stelle des Senates, empfing die ausländischen Delegationen und wählte diejenigen aus, die seine Interessen bei fremden Staaten vertreten sollten. Bei dieser Tätigkeit stand ihm das Büro *ab epistulis* der kaiserlichen Kanzlei* zur Seite.

divinatio ▶ **Weissagung**

Dolch

Der römische Soldat* scheint vor dem 2. Jh. v.Chr. nicht mit einem Dolch (*pugio*), einer Stoßwaffe, die sich vom Schwert* durch ihre relative Kürze unterscheidet, bewaffnet gewesen zu sein. Nach der Übernahme des iberischen Schwertes um das 3. Jh. aber brauchte der Soldat für den Kampf Mann gegen Mann eine kürzere Waffe. Anfangs mag der Dolch den Offizieren vorbehalten gewesen sein, wurde dann aber rasch üblich. Seine Klinge war etwa 20 cm lang und 5 cm breit; man trug den Dolch links.

Dominat

Ein Begriff der modernen Geschichtsschreibung, den man verwendet, um die Kaiserherrschaft ab Ende des 3. Jhs. zu bezeichnen, und den man dem meist im abschätzigen Sinne verwendeten Begriff 'späte Kaiserzeit' vorzieht. Zudem gibt der Gegensatz Prinzipat* und Dominat die politischen und ideologischen Unterschiede der beiden Epochen besser wieder. Von den Römern aber wurde dieser Begriff nicht benutzt. Die Moderne hat ihn eingeführt wegen des göttlichen wie monarchischen Charakters des Selbstverständnisses der Kaiser*, die sich mit *Dominus et Deus* (Herr und Gott) anreden ließen. Zwar hatten schon seit dem Prinzipat gelegentlich Kaiser wie Caligula oder Domitian den Titel *Dominus* erhalten und Plinius der Jüngere* Trajan in seinen Briefen an ihn ebenso genannt, doch erst mit den Severerkaisern (193–235) verbreitet sich die Sitte zunehmend. Aurelius nannte sich *Deus et Dominus natus* (Geboren als Gott und Herr).

Der Dominat wird durch drei Wesenszüge charakterisiert, die zwar nicht vollkommen neuartig sind, dennoch aber ganz offenkundig hervorstechen:

1. Der Absolutismus. Der Kaiser ist absoluter und gottgleicher Herrscher; das ihn umgebende Zeremoniell und seine mystische Aura sind Ausdruck seiner Machtvollkommenheit.
2. Die Gewaltenteilung. Die Idee dazu geht auf Augustus* zurück und wurde nie ganz abgeschafft. Diokletian* versuchte das Problem der Herrschaft und ihrer Nachfolge durch die

Institution der Tetrarchie* zu lösen, und Konstantin* kehrte vor der Wiederherstellung der Reichseinheit in seinem Testament zu einer Gemeinschaftsregierung zurück. Valentinian und Valens teilten 364 das Reich in ein West- und ein Ostreich. Seit diesem Datum bestand bis auf zwei kurze Episoden die Zweiteilung des Reiches fort. Doch diese Teilung, die sich in zwei Kaisern und zwei Hauptstädten (Trier, Mailand oder Ravenna auf der west-, Konstantinopel auf der oströmischen Seite) manifestierte, hat nie die theoretische und juristische Einheit der Romania zerstört, die durch zwei gemeinsame Konsuln für das Gesamtreich symbolisiert wurde. Doch die kulturellen und traditionellen Unterschiede zwischen den beiden Teilen traten immer stärker hervor.

3. Die Bürokratie. Die Verwaltung war zentral gesteuert und rationell durchorganisiert, aber äußerst schwerfällig. Die republikanischen Magistraturen waren Ehrenämter, die zahllosen Beamten* strikt hierarchisch gegliedert. Der Kaiser stand an der Spitze der gesamten Verwaltung.

duumviri

Eine Kommission, die aus zwei Männern besteht, so z. B. die *duumviri aedi locandae*, denen es oblag, einen Unternehmer mit dem Bau eines Tempels* zu beauftragen, oder die *duumviri viis extra urbem purgandis*, deren Aufgabe in der Unterhaltung der Straßen* außerhalb Roms lag.

Eid

Die lateinische Sprache besitzt zwei Worte, um die Begriffe 'Eid' und 'Schwur' wiederzugeben: *ius iurandum* und *sacramentum*. Beide haben religiöse Bedeutung, doch ersterer wird im Bereich des politischen und juristischen Lebens, letzterer im militärischen Bereich verwendet.

Die Magistrate* legten bei ihrem Amtsantritt, die Richter (*iudices*) und Ankläger vor dem Prozeß den Eid (*ius iurandum*) ab, daß sie die Gesetze* beachten würden(*iurare in leges*). Ebenso schworen bei einem Streit Kläger und Beklagter auf das in Anspruch genommene Recht.

Das *sacramentum* war ein Eid, den die Soldaten* im Moment ihrer Musterung leisteten; wer dabei fehlte, wurde für verwunschen (*sacer*) erklärt und zum Tode verurteilt. Das *sacramentum* schuf ein natürliches religiöses und persönliches Band zwischen dem Kommandanten und seinen Soldaten, die sich verpflichteten, gegen jeden von diesem als Feind bezeichneten Gegner vorzugehen, nicht zu desertieren und nichts Gesetzeswidriges zu unternehmen. Erst die Leistung des Eides gestattete das Tragen und den Gebrauch von Waffen*. Der Kommandant seinerseits erhielt durch den Eid das Recht über Leben und Tod seiner Soldaten.

Wahrscheinlich ging die militärische Eidesleistung mit den daraus resultierenden Konsequenzen nicht ohne Anbindung an die *actiones legis** vonstatten, einer archaischen, rituellen Prozedur, die man *sacramentum* nannte, bei der die Parteien ihr Recht an einer Sache bekräftigten und bei der die unterlegene Partei ein Reinigungsopfer bringen mußte, das später durch eine Geldleistung an die Staatskasse ersetzt wurde.

In der Kaiserzeit waren nicht nur die Soldaten, sondern auch die Magistrate und kaiserlichen Beamten* durch einen Eid (*sacramentum*) an den Kaiser gebunden.

Ennius

Der 239 v.Chr. in Rudiae in der Nähe Tarents geborene Ennius gehörte zur zweiten Generation römischer Dichter. Er diente als Zenturio* im römischen Militär* und unterrichtete später in Rom Griechisch. Neben Latein und Griechisch beherrschte er auch Oskisch, die Sprache seiner Heimat. Auf ihn wurden die bedeutendsten Persönlichkeiten seiner Zeit aufmerksam und förderten ihn. Dazu gehörten in erster Linie Cato*, Scipio Africanus* und M. Fulvius Nobilior. Er verfaßte von Euripides inspirierte Tragödien, Komödien und eine Übersetzung des Euhemeros, doch sein bedeutendstes Werk sind die *Annales*, in denen er in zwölf Büchern die römische Geschichte von den Anfängen bis in seine Zeit in Verse faßte. Er wandte sich ab vom saturnischen Versmaß und paßte den daktylischen Hexameter der Griechen dem Lateinischen an. An poetischen Eingebungen hat es ihm, trotz gelegentlicher Trivialitäten und Ungeschicklichkeiten, nicht gemangelt. Als Pythagoreer hielt er sich für die Wiedergeburt Homers. Lange Zeit wurde er als der Vater römischer Dichtung angesehen, von Catull* und den Neoterikern aber nicht beachtet. Horaz* allerdings schätzte ihn sehr, und Vergil* ahmte ihn nach. Dennoch ließen ihn die Dichtungen der augusteischen Klassik in den

Schatten treten. Im 1. Jh. n. Chr. rückt Quintilian* den 169 v. Chr. verstorbenen Dichter wieder ins Licht.

Epikureer

Lange Zeit waren den Römern die Epikureer verdächtig, denn sie verkündeten eine Naturlehre, in der kein Platz für die Anteilnahme der Götter* am menschlichen Geschick war, wiesen jede Kenntnis der Vorsehung von sich und vertraten eine Moral, die vulgäre und unselige Auslegungen erlaubte und die vor allem dazu zu verleiten schien, sich von der Politik fernzuhalten. Hierdurch riefen sie Gegenreaktionen aus senatorischen Kreisen hervor, die jeglichem Einfluß des Hellenismus feindlich gesinnt waren und im Jahre 173 (oder 154?) v. Chr. die beiden Epikureer Alkios und Philiskos verbannten. Diese Vertreibung sollte sie als Philosophen*, ebenso aber auch die gesamte Anhängerschaft des Epikureismus treffen. Trotzdem behielt diese Philosophie auch in Rom ihre Anhänger, und die Epikureer waren am Ende der Republik* sehr zahlreich, vor allem in der höheren Gesellschaft, setzten aber ungern die Maximen der Schule in die Tat um. Etwa in dieser Zeit schrieb Lukrez* sein Lehrgedicht *Über die Natur*, in dem moralische Absichten vorherrschen. Um diese Zeit trennten sich die Epikureer scheinbar von der Idee, ein weiser Mann könne nicht am politischen Leben Anteil haben. Und tatsächlich mischte zu Zeiten Caesars* mancher von ihnen in der Politik mit. Ein Philosoph und epikureischer Dichter, Philodem von Gadara, schrieb eine Abhandlung *Der nach Ansicht Homers gute König*, die man als politisches Manifest betrachten kann, da sie als Ideal eine Monarchie herausarbeitet, die Caesar verkörpert. Wenige Zeit später unterlagen auch Horaz* und Vergil*, der die Vorlesungen Sirons hörte, dem Einfluß des Epikureismus.

Eponymie

Wie in Athen der Archon, so gaben in Rom die beiden Konsuln* dem Jahr ihre Namen, in dem sie ihr Magistrat* versahen. Sogar die Jahre wurden nach diesen Namen datiert: „Der und der waren Konsuln, da ereignete sich ...". Die einfache Handhabbarkeit erwies dieses System sehr oft im alltäglichen Leben, denn für die Genauigkeit genügte es, sich auf die konsularischen Fasten* zu beziehen, die eine Liste der Konsuln seit der Gründung der Republik* enthielten.

In der Antike gab es aber auch eine göttliche Eponymie, da manche Götter* namensgebend für Städte waren, so etwa Apollon für Apollonia, dem Namen zahlreicher Städte in Thrakien, Makedonien und Illyrien; Herakles (Herkules) für Herakleia (Sizilien, Thessalien) oder Herculaneum; Venus für Venusia usw.

Epulones

Priester*, deren Aufgabe es ist, den Pontifices* bei der Organisation des heiligen Gelages zu Ehren des Jupiter Capitolinus sowie seinen Gästen, Senatoren* und hochgestellte Magistrate*, zu helfen. Das Fest findet einmal im Jahr, am 13. November, statt. Das Kollegium der *epulones* wurde zu Beginn des 2. Jhs. v. Chr. ins Leben gerufen und bestand erst aus drei, dann aus sieben und schließlich aus zehn Mitgliedern, die aber stets den Pontifices unterstanden.

Zur Kaiserzeit oblag es den *epulones,* die vom Kaiser finanzierten öffentlichen Speisungen durchzuführen. Lange Zeit übrigens scheint dieses Gremium nicht für Plebejer offen gewesen zu sein.

Erziehung

Ähnlich wie wir kannten auch schon die Römer ein dreigleisiges Unterrichtssystem.

Mit dem siebten Lebensjahr vertraute man das Kind einem Lehrer (*litterator, magister ludi*) an, der im allgemeinen seinen Unterricht in einem Laden in der Nähe des Forum* abhielt und Lesen, Schreiben und Rechnen lehrte. Lediglich die ärmeren Leute schickten ihre Kinder zu einem *litterator.* In Großfamilien wurde diese erste Erziehungsphase der Mutter oder einer Verwandten überantwortet, die dem Kind die moralischen Tugenden lehren sollte. Ein Privatlehrer, gewöhnlich ein Sklave* oder ein Freigelassener*, übernahm die erzieherischen Aufgaben.

Um das elfte Lebensjahr herum etwa wechselte der kleine Römer zum *grammaticus.* Dieser lehrte den korrekten Gebrauch der Sprache und erklärte die klassischen Autoren; zu augusteischer Zeit waren dies der Theaterschreiber Terenz*, der moralisierende Historiker Sallust*, der Sprachmeister Cicero* und Vergil*, der bedeutendste Dichter. Die Auslegung der Texte erfolgte durch geschichtliche, mythologische und geographische Exkurse, die die Texte verständlich machen und auch den Bildungshunger befriedigen sollten. Bildung bedeutete bei den Römern mehr literarische als naturwissenschaftliche Bildung. Doch im Verlauf dieser zweiten Phase lernte der Heranwachsende ebenso auch Griechisch und die Texte griechischer Autoren; die Kenntnis dieser Sprache sollte ihm sehr nützlich werden, wenn er sich spezialisieren wollte.

Die dritte Phase war der Unterricht bei einem *rhetor,* der jungen Männern um die 17 Jahre die Kunst des Wortes lehrte, die man brauchte, wollte man eine politische Laufbahn einschlagen. Hier wechselten sich bald rhetorische Übungen mit öffentlichen Verlautbarungen (*declamationes*) ab und man verhandelte erfundene Gespräche, die man nach den beiden Arten der Rede unterschied: Die *suasoria,* die beschließende Rede (etwa Hannibal*, der sich nach Cannaes* fragt, ob er nach Rom marschieren solle) oder die *controversia,* die Gerichtsrede (etwa der Streit um die unterschiedliche Auslegung von Gesetzestexten). Ein Rechtslehrer (*magister iuris*) vermochte die Ausbildung der zukünftigen Redner* abzurunden. Die rhetorischen Studien wurden meist von einer Reise nach Griechenland gekrönt, die zu einem renommierten Philosophen* oder Rhetoriker führte, der die Erziehung und kulturelle Bildung vervollkommnete.

Neben dieser Allgemeinbildung gab es – meist in Griechisch – Spezialunterricht für Architekten, Vermessungstechniker, Ärzte* etc. Doch ein Typus des höheren Unterrichts verdiente besondere Beachtung: die Lehre der Gesetze*. Der zukünftige Redner folgte nicht nur dem Unterricht der Rhetorik, sondern lernte auch, häufig in theoretischem Unterricht bei einem *magister iuris,* das Recht. Dieser Unterricht scheint schon seit dem Ende der Republik* existiert zu haben: Cicero* selbst schrieb in *De in-*

ventione rhetorica darüber, wie man die Rechtskunst wirkungsvoll darlegt. Im 2. Jh. n. Chr. gab es öffentliche Rechtsschulen, die wohl in der Nähe von Tempeln* lagen, weil sich bei diesen die Bibliotheken* befanden. Auch gab es Handbücher: *Institutiones, Responsa, Digesta*.

Älter aber als der theoretische Unterricht und Ergänzung desselben war der praktische Rechtsunterricht: Der junge Mann begab sich zu einem Juristen*, um diesem bei seinen Sprechstunden beizuwohnen. Tiberius Coruncarius, Konsul* 280 v. Chr., soll damit begonnen haben, öffentliche Sprechstunden abzuhalten.

Etrusker

Vom 7. bis zum 2. Jh. v. Chr. gab es in Etrurien eine hochstehende Kultur orientalischer Prägung, die die erste bedeutende Zivilisation auf italischem Boden darstellte. Ihre Ursprünge sind äußerst kompliziert, doch im großen und ganzen gibt es zwei Ansichten darüber. Eine geht von der orientalischen Herkunft der Etrusker (*Tusci*) aus, die andere von ihrer Autochthonie. Der Höhepunkt der etruskischen Machtentfaltung ist im 6. Jh. anzusiedeln, in einer Zeit, als ihnen das Bündnis mit Karthago* die Herrschaft über das westliche Mittelmeer sicherte. Von 616 bis 509 herrschten etruskische Könige über Rom. Ihnen verdankt man höchstwahrscheinlich die drei politischen Säulen des Königtums* (König, Kurie*, Senat*), den Einzug des Plebs* in die Stadt sowie die Teilung der Stadt in vier Tribus*. Der Niedergang des Etruskerreiches begann mit der Befreiung Roms und der Vertreibung der Tarquinier. Über die Gründe dieses Unterganges gibt es nur Vermutungen. Etrurien fällt zunehmend unter römische Herrschaft, doch seine Kultur geht nicht unter, sondern übt weiterhin Einfluß auf Rom aus. Zur Zeit des Augustus* noch wurde Etruskisch gesprochen.

Die Etrusker waren ein ackerbau- und gewerbetreibendes Volk, deren von einem König (*lucumo*) beherrschte Städte auch den Frauen eine Rolle in der Politik beimaßen. Diese Städte waren zu einem Bündnis zusammengeschlossen. Ihre Religion* ähnelt denen des Orients. Ein Priesterkollegium, die Haruspices*, das sich auf die Kunst der Weissagung*, verstand, leitete das religiöse Leben. Die etruskische Kunst brachte Objekte wie Schmuck*, Töpferwaren und Statuen sowie Gemälde von großer Schönheit hervor. Sie war von der griechischen Kunst zwar beeinflußt, hatte aber dennoch ihren eigenen Stil.

Der etruskische Einfluß auf Rom war außerordentlich: Auf sprachlichem Gebiet übernahmen die Römer von ihnen das Alphabet* und die Eigennamen; auf künstlerischem Gebiet ist der Tempel* des Jupiter Capitolinus mit seiner dreigliedrigen *cella* zu nennen; ebenso kann man die Funktion des *atrium** im römischen Haus* und den Realismus der Porträtmalerei anführen; dem Bereich der Religion und des öffentlichen Lebens sind die *divinatio**, der Totenkult, die Reinigungszeremonien, die Priesterkollegien, die Prozeßverfahren und die Triumphumzüge zu nennen – ganz zu schweigen vom Gebiet der Politik, da die Etrusker ja eine Zeit lang über Rom herrschten.

Diesen Einfluß haben die Römer nie abgestritten, und trotz ihres Erstaunens angesichts mancher Wunderlichkeiten der etruskischen Kultur und ihrer Vorurteile dem Fremden gegenüber zeigten sie dennoch ein gewisses Gefühl der Anerkennung.

Euhemerismus

Die Lehre des Euhemeros, eines Griechen des 4. Jhs. v. Chr., nach der die mythischen Götter* nichts anderes als menschliche Wesen sind, die von den Menschen aus Angst oder Bewunderung vergöttlicht wurden. Ennius* übersetzte sein Werk *Heilige Aufzeichnungen*. In späterer Zeit griffen die Kirchenväter diese Lehrmeinung wieder auf, um gegen die heidnische Religion* anzukämpfen.

Fabius Cunctator

Q. Fabius Maximus Cunctator (275–203 v. Chr.) war Konsul* in den Jahren 233 und 228 und wurde nach der von Hannibal* beigebrachten Niederlage am Trasimenischen See* 217 v. Chr. zum Diktator* ernannt. Bei seinem Kampf gegen Karthago* folgte er einer Verzögerungspolitik, die ihm seinen Beinamen *Cunctator* (Zögerer) einbrachte. Doch Minucius, der Befehlshaber seiner Reiterei*, wich, nachdem er einen kleineren Sieg errungen hatte, von diesem taktischen Weg ab, was schließlich zur zweiten Katastrophe im Jahre 216 v. Chr. bei Cannae* führte. In den Jahren 215, 214 sowie 209 erneut mit dem Konsulat betraut, eroberte Fabius Cunctator nach und nach die Provinzen* Süditaliens zurück.

Fahrzeuge

Die Römer besaßen eine große Vielfalt an Fahrzeugen, und in Rom waren die Straßen* bereits so verstopft, daß man sich tagsüber nur in der Sänfte* bzw. im Tragstuhl vorbewegen konnte. Bei den besagten Fahrzeugen muß man folgende unterscheiden: Die für die Reise benutzten Wagen waren zweirädrig, so etwa das *cisium* und das *carpetum*; elegant und bequem wie das *essedum*; vierrädrig wie die *raeda* und die *carruca*, letztere besonders komfortabel und schnell. Die zum Transport genutzten Fahrzeuge waren das *plaustrum*, ein stabiler Wagen, dessen Räder keine Speichen hatten, sondern Radscheiben, und der *carrus*, das Lastfahrzeug für das Militär*. Sport- und Paradefahrzeuge waren der zweirädrige *currus*, der Wagen für den Zirkus* oder den Triumphzug, und die *tensa*, die bei den Festumzügen die Götterbilder trug.

Diese Fahrzeuge wurden meistens von ein bis vier Pferden gezogen, insbesondere die Reise-, Sport- und Paradewagen.

Vor die für den Warentransport eingesetzten Fahrzeuge wurden Ochsen, Maultiere oder Esel gespannt. Die Last konnte kaum mehr als 500 kg ausmachen, denn das antike Geschirr erlaubte es nicht, die ganze Kraft der Tiere auszunutzen.

Sänften, Tragsessel und Reisewagen konnten sehr wohl luxuriös und komfortabel sein. Zur Kaiserzeit gab es sogar einige mit Fenstern. Sicher waren es Sklaven*, die die Zügel hielten, doch waren sich auch die Römer manchmal nicht zu schade, selbst zu lenken, ebenso auch nicht die Römerinnen. So berichtet Properz* von Cynthia, daß sie selbst sehr schnell mit ihren *essedum*, einem Luxuswagen zum Spazierenfahren, gefahren sei.

Familie ▶ gens, matrona, patria potestas

fas

Der Begriff *fas* ist ein komplexer religiöser und juristischer Terminus, dessen Sinn sich nur umschreiben läßt: 'Erlaubnis, Anordnung oder Billigung der Götter*', 'göttliches Recht' oder auch 'das, was gemäß den göttlichen oder natürlichen Gesetzen ist'.

Fas ist abzugrenzen von *ius*, denn letzteres bezeichnet menschliches Recht*, den Willen der Menschen, der sich in Gesetzen* ausdrückt. Das Gegenteil von *fas* ist *nefas*, d. h. das, was den göttlichen oder natürlichen Gesetzen zuwiderläuft und daher einem Sakrileg gleichkommt. Was aber dem *ius* nicht entspricht, ist eine *iniuria*, eine Rechtsverletzung, ein Unrecht.

Doch ist diese Unterscheidung von *fas* und *ius* nicht absolut zu betrachten und zweifellos recht jungen Datums. Zu Beginn gab es nur ein Recht (*ius*), das vom Charakter religiös war und als 'gottgegebenes Recht' (*ius divinum*) angesehen wurde, wenn es bei göttlichen Dingen als Pontifikal- oder Auguralrecht (*ius pontificale, augurale*) Anwendung fand. Zum 'menschlichen Recht' (*ius humanum*) wurde es bei der Anwendung auf menschenbezogene Fragen. Der Gegensatz von *ius* und *fas* zeigt sich auch noch auf anderer Ebene: Während mit *ius* die Erfüllung offizieller Rituale, die das Recht verkörpern, also das zulässige Verhalten bezeichnet wird, beschwört *fas* die Billigung, die die Götter den Handlungen gewähren, die der Weltordnung gemäß sind und somit ihren göttlichen Segen erhalten.

Fasten

Die alten römischen Kalender* enthielten die Daten der festgelegten religiösen Feste, zu denen man auch die zählte, deren Datum von den Pontifices* festgelegt wurde, und eine Einteilung der Tage in *fasti* und *nefasti*. *Fasti* sind die Werktage, doch auch wiederum nicht alle, denn bestimmte sind *dies comitiales*, Tage, an denen die Versammlung* der Komitien* erlaubt ist, andere sind *dies fissi* oder *dies intercisi*, halbe Werktage. Alle Feiertage waren *dies nefasti*, und an ihnen war jedwede Rechtshandlung untersagt. Angesichts dessen mag man auch die Bedeutung des Entschlusses von 304 v. Chr. ermessen, den bis dahin geheimen und nur in Händen der Pontifices befindlichen öffentlichen Kalender zu reformieren.

Zur Zeit der Republik* gab es 109 *dies nefasti* bei 235 *dies fasti*. Von diesen waren 192 *dies comitiales* und 11 *dies mixti*. In der Kaiserzeit erhöhte sich die Zahl der *dies nefasti* noch weiter, und zur Zeit Trajans war jeder zweite Tag ein Feiertag.

Das Wort *fasti* bezeichnet nun ebenso den Kalender als Ganzes als auch bestimmte Aufstellungen, so z. B. die Liste der Magistrate* oder der Triumphe*.

Faustina

Zwei Kaiserinnen trugen diesen Namen: **Faustina die Ältere** war die Gemahlin des Antoninus Pius* und erhielt den Titel *Augusta* im Jahre 138 n. Chr.; **Faustina die Jüngere** war ihre Tochter und Gemahlin Marc Aurels*, den sie auf seinen Feldzügen begleitete, was ihr den Titel *Mater castrorum* (Mutter der Feldlager) einbrachte.

Feind

Ursprünglich bedeutete das lateinische *hostis* gleichermaßen Feind wie Fremder. Doch die Verachtung allem Fremden gegenüber wurde durch die Gesetze* der Gastfreundschaft (*hospitium*) gemäßigt, denn der Gast war durch private (*hospitium privatum*) oder staatliche (*hospitium publicum*) Freundschaftsabkommen geschützt. Darüber hinaus gab es ab der Mitte des 3. Jhs. v. Chr. den Rechtsstatus des Fremden, durch den jeder freie Mann, der sich in Rom niedergelassen hatte oder auf der Durchreise war und weder das römische Bürgerrecht* besaß noch dem latinischen Recht* unterstand, geschützt wurde.

Von diesem Zeitpunkt an nahm *hostis* die speziellere Bedeutung 'Staatsfeind' im Gegensatz zu *inimicus* (persönlicher Feind) und zu *latro* (Räuber) an. Selbstverständlich wurde jeder aufrührerische Bürger zum Staatsfeind erklärt, so z. B. Catilina*.

Feldzeichen

Durch eine seiner zahlreichen Reformen des Militärwesens reduzierte Marius* auch die verschiedenen Insignien der Legion* auf ein einziges, den Adler (*aquila*). Hierbei handelte es sich um eine Lanze*, an deren Spitze sich ein Adler aus Bronze befand. Dessen Flügel waren ausgebreitet, seine Krallen hielten einen Blitz fest. Die Manipel hatten ebenfalls ihre Feldzeichen (*signa*): ein Heubündel an der Spitze einer Lanze. Später ersetzte man dieses Heubündel durch Laubwerk aus Metall oder eine Hand. Die nur zeitweise bestehenden oder entlassenen Truppenteile hatten als Zeichen das *vexillum*, eine Fahne, die an einer an der Lanzenspitze befestigten Querlatte hing. Die Feldzeichen waren selbstredend auch Gegenstände des Kultes*.

Feste ▶ Fasten, Kult, Spiele, Theaterstücke

Fetialen

Die Fetialen (*fetiales*) bilden ein Priesterkollegium mit zwanzig Mitgliedern, die durch Kooptation aus Patriziern und Plebejern* benannt werden. Die Gründung dieses Kollegiums schreibt man Numa zu. Die Fetialen sind die Priester* des internationalen Rechts*, denn weder eine Kriegserklärung noch ein Friedensschluß durfte ohne ihre Beteiligung getätigt werden. Ebenso gehören sie zur Begleitung diplomatischer Missionen ins Ausland. Derjenige von ihnen, der eine Abordnung von Fetialen leitet, trägt den Titel *pater patratus*. Seit dem Ende der Republik* und noch mehr in der Kaiserzeit schwindet ihre Funktion.

Feuer

Im Haus* nahmen die Römer das Feuer von der Feuerstelle* oder von einer Glut in der Küche, wo diese beständig in der Asche schwelte. Im Freien griffen Hirten, Soldaten* oder Bauern auf drei Techniken zurück: das Feuerzeug aus Stein oder Eisen, das sie am Feuerstein rieben, das Reiben zweier Holzstücke aneinander oder Schwefeldochte, die Vorläufer der heutigen Streichhölzer.

Feuerstelle

Anfänglich diente als Feuerstelle (*focus*) ein Altar* oder ein Herd. Sie befand sich im *atrium**, wurde aber durch die spätere Entwicklung des hinteren Wohnbereichs ins Innere verlegt. Die Feuerstelle symbolisiert den religiösen Mittelpunkt des Hauses* und personifiziert Vesta, die Göttin des Hausfeuers.

fides

Dieser Begriff ist einer der Eckpfeiler der römischen Moralvorstellung im weitesten Sinne des Wortes. Er bedeutet soviel wie 'Vertrauen, Redlichkeit, Ehrenwort' und meint ein respektvolles Verhalten. So ist es denn auch die *fides*, die ex- oder implizit das Vertrauen innerhalb der menschlichen Beziehungen gewährleistet und somit Ausdruck der *pietas** ist. Das Verhalten des Regulus* verdeutlicht diese Vorstellung recht gut.

Schon recht früh errichtete man auf dem Kapitol* einen Tempel* der vergöttlichten *Fides*.

Fischfang

Die Techniken des Fischfangs (*piscatus*) unterschieden sich von den heutigen nur wenig. Man benutzte Angelhaken, Netz, Reuse und Dreizack. Die ausgesprochen starke Vorliebe der Römer für Fischgerichte (Meeräschen, Steinbutt, Goldbrassen) und Schalentiere (Austern, Muscheln, Krebse) ließen den Fischfang mitsamt seinen Nebenzweigen, z.B. Fischfarmen und Austernzuchten, zu einem regen Gewerbe werden. Doch Fischfang war auch eine Sportart, der man vor allem in der Kaiserzeit nachging, in der ihn neben anderen auch Augustus* und Marc Aurel* betrieben.

Flaminen

In Rom gab es 15 Priester*, die man *flamines* nannte, ein Wort das zweifellos mit dem indischen 'Brahmane' verwandt ist, die aber kein Kollegium bildeten, da jeder von ihnen in Diensten eines besonderen Gottes stand. Die großen Flaminen (*flamines maiores*) dienten Jupiter (*flamen dialis*), Mars und Quirinus, die übrigen zwölf, die *flamines minores*, standen in Diensten folgender Götter*: Vulcan, Vulturnus, Portunus, Pales, Carmenta, Flora, Pomona, Furrina, Falacer und Ceres; die zwei verbleibenden Gottheiten sind unbekannt.

Die Flaminen mußten die Hochzeit* durch die *confarreatio* vollzogen haben und die drei größeren Flaminen entstammten stets den ältesten Patriziergeschlechtern. Sie wurden vom *pontifex maximus** ernannt; seit Augustus* allerdings durch den Kaiser*. Der oberste Flamine war der Flamine Jupiters, der in der Öffentlichkeit an seiner kegelförmigen Mütze (*apex*) und seiner besonderen Bekleidung* zu erkennen war, die seine Frau gewoben hatte (*laena*) und die er ständig trug, da er stets zu einer Opferhandlung bereit zu sein hatte. Zudem war er von vielen Tabus umgeben, so durfte er etwa keine Waffe erblicken, kein Pferd anrühren oder eine Weinrebe schneiden. Der Sinn dieser Vorschriften war auch den Römern schon nicht mehr einsichtig.

Zur Kaiserzeit benannte man auch Flaminen, die den Kaiserkult versehen sollten, deren höchster war der Flamine des Augustus.

Flamininus

T. Quinctius Flamininus (229–174 v.Chr.) war Konsul* 198, besiegte Philipp V. von Makedonien bei Kynoskephaloi 197 und befreite Griechenland vom makedonischen Joch, wollte es aber nicht annektieren und verkündete 196 dessen Freiheit.

Flaminus

C. Flaminus war Volkstribun* 232 v.Chr. und scheint im Rückblick der Gründer der Partei* der *populares** gewesen zu sein. Er ließ Landgesetze zugunsten der Plebejer* beschließen. Als Konsul* des Jahres 217 wurde er von Hannibal* am Trasimenischen See* geschlagen, wo er denn auch den Tod fand. Man verdankt ihm den Bau des Zirkus*, der im Süden des Marsfeldes seinen Namen trägt und in dem lange Zeit die Spiele* der Plebejer stattfanden (heute ist er nicht mehr zu sehen). Ebenso ließ er die *via Flaminia*, die Verbindung Roms mit der Adria, anlegen.

Forum

War das *forum* anfänglich nur ein einfacher Marktplatz, wurde es rasch zum Mittelpunkt des politischen wie geschäftlichen Lebens Roms.

Rund um diesen Platz erheben sich die bedeutendsten Bauwerke: Basiliken*, Tempel*, Kurien*, aber auch Geschäfte und Märkte*. Gewöhnlich liegt das *forum* an der Kreuzung von *cardo** und *decumanus,* kann aber, je nach den lokalen Gegebenheiten, auch außerhalb dieses geometrischen Mittelpunktes liegen. Für alle Städte Italiens* wie auch die Provinzen* war es Ehrensache, ein Forum zu haben, das dem *Forum Romanum* nachempfunden war.

Dieses muß schon im 7. Jh. v.Chr. bestanden haben und war zugleich Marktplatz wie politisches Zentrum. Der Vestatempel, dessen Kult* von den Vestalinnen versehen wird, war gleichermaßen das gemeinsame Herdfeuer für die Stadt. Soweit man dies beurteilen kann, scheint sich das *forum* anfangs durchaus an der Kreuzung von *decumanus* und *cardo* befunden zu haben. Zur Zeit der Republik* verlor dann das Forum zusehends seine Bedeutung als Handelszentrum, um sich vollends zu einem politischen, religiösen und juristischen Zentrum zu entwickeln, das aber seine Bedeutung als Flanierplatz nicht einbüßte.

Etwa zur Zeit Caesars* änderte sich sein Aussehen, denn durch den Bau von Tempeln, Basiliken und anderen Gebäuden wurde es zu einem Monumentalplatz. Um nun das Stadtzentrum insgesamt zu vergrößern und aufzulockern, ließen Caesar, Augustus*, Vespasian, Nerva und Trajan* im Norden des *Forum Romanum* weitere *fora* erbauen. Diese sogenannten Kaiserforen waren von ihrer architektonischen Anlage her anders, da sie wie die *agoraí* in hellenistischer Zeit geschlossen und tempelartig angelegt waren. Das aufwendigste ist das des Trajan, das der Architekt Apollodoros von Damaskus entwarf und das zwei voneinander unabhängige Plätze für die Ulpiansbasilika und die Trajanssäule umfaßte und an der westlichen Längsseite von zwei Bibliotheken* gesäumt war. Auf dem einen Platz stand die Reiterstatue Trajans, auf dem anderen, westlich, ließ Hadrian* den Tempel des zu den Göttern* erhobenen Trajan errichten.

Weiteren Foren kamen spezielle Zwecke zu, so war etwa das *forum boarium* (Rindermarkt) eine Art Messeplatz am südlichen Tiberufer am Fuße des Südhangs des Palatin wie auch das *forum holitorium* (Gemüsemarkt) zwischen Kapitol* und Tiber in der Nähe des vorigen.

Auch manche Städtenamen erinnern daran, daß diese einst Marktplätze waren, an denen die Einwohner der Siedlungen aus der Nachbarschaft zusammenkamen und aus denen sich dann Städte entwickelten, wie etwa Forum Julium (Fréjus), Forum Alieni (Alenile) im Süden Veronas oder Forum Gallorum, das heutige Castel Franco zwischen Modena und Bologna.

Freigeboren

Der Rechtsbegriff *ingenuus* (freigeboren) bedeutet, daß jemand von freien Eltern abstammt, die seine Gesetzmäßigkeit nicht in Abrede stellten.

Der *ingenuus* steht also im Gegensatz zum *libertinus,* dem Freigelassenen, dem Kind eines Sklaven* oder eines

Freigelassenen. Es scheint, daß sich die Gesellschafts schon zu Beginn der Kaiserzeit als Reaktion auf die Freilassungen* bemühte, die als wirkliche *ingenui* anzusehen, die bereits vor ihnen zwei Generationen lang 'frei' waren.

Freigelassene ▸ Freilassung

Freilassung
Mittels der *manumissio* gab man einem Sklaven* den rechtlichen Status eines Freigelassenen (*libertinus, libertus*). Diese Freilassung konnte auf dreierlei Weise geschehen: *per vindictam* (durch den Stab), ein Scheinprozeß, bei dem ein Bürger* in Gegenwart eines Magistraten*, des Herrn und des Sklaven diesen mit dem Stab am Kopf berührte und erklärte: „Mit diesem Worte erkläre ich dich für frei"; *censu* (durch den Census*), wobei der Herr seinen Sklaven in die Censusliste eintragen ließ; *per testamentum* (durch testamentarische Verfügung) konnte ein Sklave gleich nach dem Tode seines Herren oder durch einen Erben freigelassen werden.

Im Verlaufe einer zeremoniellen Handlung trug der Freigelassene gelegentlich die phrygische Mütze* als Zeichen seiner Freiheit. Er trug künftig Namen* und Vornamen seines ehemaligen Herrn, und sein Sklavenname wurde zum Beinamen: So wurde Tiro, der Freigelassene Ciceros*, Marcus Tullius Tiro genannt. Dennoch genoß der Freigelassene nicht alle Rechte eines Bürgers: Er durfte keine Freigeborene* ehelichen, war nicht wählbar, und auch wenn er in einer der vier städtischen Tribus* eingetragen war, konnte er praktisch an einer Abstimmung* nicht teilnehmen. Bis zur Zeit des Marius* durfte er nicht in der Legion* dienen und sein ehemaliger Herr blieb sein *patronus**. Die Kinder der Freigelassenen galten allerdings als Freigeborene. Um die Zahl der Freilassungen zu begrenzen, schränkten Gesetze* die Bedingungen ein, unter denen ein Herr seine Sklaven freilassen durfte.

Zur Kaiserzeit entwickelte man eine andere Art der Freilassung, indem man ein niederes Bürgerrecht* verlieh. Obschon sie von der noblen Gesellschaft auf Distanz gehalten wurden, hatten die Freigelassenen oftmals einen bedeutenden Anteil am städtischen Leben. Unter ihnen fanden sich Ärzte*, Architekten, Musiker und Grammatiker. Livius Andronicus*, Terenz* und Phaedrus* waren Freigelassene; Horaz* war der Sohn eines Freigelassenen. In der Kaiserzeit erfüllten sie häufig wichtige Funktionen in kaiserlichen Diensten, und manche Kaiser* hatten sogar Freigelassene als Ratgeber, wie das Beispiel von Pallas und Narcissus am Hofe des Claudius zeigt.

Fremder ▸ Feind, peregrinus

Fresken ▸ Malerei

Frieden ▸ pax deorum, pax romana

Friedhöfe
Sie lagen außerhalb der Orte, denn das römische Gesetz* erlaubte innerstädtische Gräber nur für die Vestalinnen* oder, ausnahmsweise, für Persönlichkeiten, deren Verdienste man besonders ehren wollte. Man legte die Gräber entlang der Straßen* vor den Stadttoren an.

Dieser Brauch findet sich im gesamten Kaiserreich.

Früchte

Schon recht früh gaben sich die Römer nicht mehr mit wild wachsenden Früchten zufrieden, sondern legten Obstplantagen mit Feigen, Äpfeln, Birnen, Pflaumen, Granatäpfeln und Weinreben an. Auch exotische Sorten wurden nach Italien* eingeführt, so etwa Pfirsich, Aprikose, Mispel oder Melone. Auch Trockenfrüchte wie Kastanien, Mandeln, Wal- oder Haselnüsse wurden verzehrt.

In gewissem Maße beherrschten die Römer auch eine Konservierungstechnik, denn Trockenfrüchte gewannen sie durch Lufttrocknung; Frische bewahrten sie durch Schutz vor Wind und Witterung, durch Konservierung in Honig oder durch Eingraben in Sand.

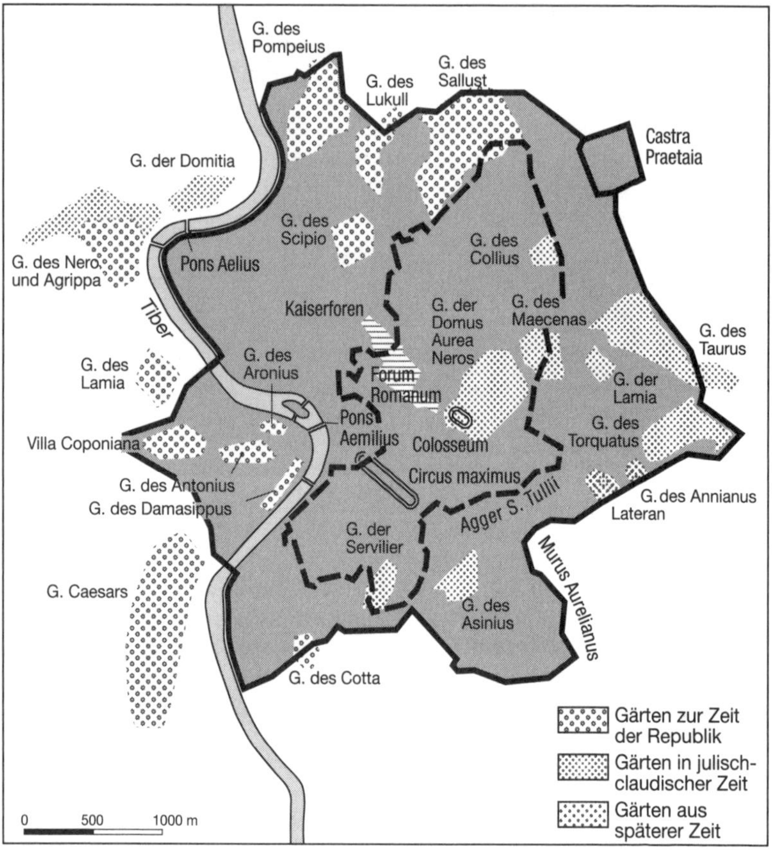

Gärten

Der Handel mit den Häfen des östlichen Mittelmeerraumes und die Feldzüge nach Griechenland und Kleinasien brachten die Römer in Kontakt mit der Schönheit großer Parkanlagen (*horti*), die einem Paradies glichen und in denen Tiere wie in freier Wildbahn lebten. Diese Erfahrung sprach sogleich die ihnen innewohnende Erdverbundenheit an. Bis zu diesem Zeitpunkt hatten die Römer die Erde als Viehzüchter oder Landwirte geliebt, deren Anhänglichkeit an die Scholle aus dem ständigen Kontakt mit ihr, aber auch aus der Arbeit und der Sorge, die sie mit sich bringt, hervorgeht. In ihren *domus* wurde zunehmend der altertümliche Gemüsegarten hinter dem *tablinum** durch einen schmuckvollen, aber weniger nützlichen Garten hinter dem Peristyl* ersetzt, das seinerseits mit Blumen* und Pflanzen bereichert wurde. Und wenn die Ausmaße des Gärtchens zu klein erschienen, scheute man sich nicht, entsprechende Bilder im zweiten pompejanischen Stil an die Wände malen zu lassen, denn der *trompe-l'œil*-Stil täuschte die Natur so gut vor, daß man glaubte, sich in einer unendlichen Landschaft zu befinden. Auch auf dem Lande änderte sich die Anlage der Villen*, denn aus den ursprünglichen Bauernhäusern wurden Sommersitze, bei denen die von Faunen, Silenen und Naiaden bevölkerten Flanierwege einen gewissen religiösen Aspekt boten.

Auch in Rom bediente sich der Städtebau* dieses neuartigen Naturgefühls. Lucullus, der 73 v.Chr. über Mithridates gesiegt hatte, legte als erster im Norden der Stadt Parkanlagen an. Ihm folgten Pompeius* und Sallust*. Gegen Ende des 1. Jhs. n.Chr. war die ganze Stadt von einem Grüngürtel und von Wäldern umgeben. Sogar bei den Jagdveranstaltungen in den Amphitheatern* erkannte man diese Freude an der Natur wieder, die einem fremd vorkam und zum Träumen veranlaßte, denn Jäger wie Zuschauer bestanden darauf, zumindest die Illusion einer realen Jagd zu erleben.

Gallien

Die Römer unterschieden in Gallia Transalpina und Gallia Cisalpina, dem jenseitigen und dem diesseitigen Gallien.

Die Gallia Transalpina war von unterschiedlichsten Völkern, vor allem aber von Kelten, besiedelt. Die Gallier hatten nach ihrem Einfall von 390 v.Chr. bei den Römern den Eindruck furchterregender Barbaren hinterlassen. Zur Zeit des Zweiten Punischen Krieges* hatten sie zudem Hannibal* auf seinem Weg nach Rom unterstützt. Ende des 2. Jhs. v.Chr. besetzten die Römer die Gallia Narbonensis, heute die Provence und das Languedoc, die sich bis zum Gebiet der Allobroger erstreckte und 120 v.Chr. eine römische Provinz* wurde.

Als Caesar* sich an die Unterwerfung des wilden Galliens, also der Gallia Transalpina mit Ausnahme der römischen Provinz, machte, war diese in drei Gebiete unterteilt: Aquitanien, Celtica oder Gallia sowie Belgien. Innerhalb dieser Regionen gab es zahlreiche miteinander rivalisierende Völkerschaften. Ein einheitliches Staatsgebilde gab es nicht. Einige Adelsfamilien herrschten, dazu gehörten auch die Druiden, die sowohl Lehrer als auch Richter und Priester* waren. Nach der Eroberung wurde das wilde Gallien 51 v.Chr. römische Provinz. Caesar gründete mehrere Städte wie etwa Orange und Vienne. Augustus* teilte dann die Transalpina in vier Provinzen auf: Narbonensis, Aquitania, das Gebiet des 43 v.Chr. gegründeten Lyon (Lugdunensis) und Belgica, wobei die erste zur senatorischen, die übrigen drei zur kaiserlichen Provinz erklärt wurden.

Recht bald entstand eine gallo-römische Kultur, die durch die römische Anpassungsfähigkeit und die Verleihung des Bürgerrechtes* sowie durch das Anpassungsvermögen der Gallier ermöglicht wurde.

Die Gallia Cisalpina lag zwischen den Alpen und dem Apennin, war mehrere Jahrhunderte lang von den Galliern besetzt und wurde seit dem 3. Jh. v.Chr. von den Römern unterworfen. Ihre Eingliederung in Italien* erfolgte im Zuge der Bürgerkriege* recht schnell. 81 v.Chr. zur Provinz ernannt, wurde sie 42 v.Chr. zum Bestandteil Italiens.

Gallischer Krieg

Im Jahre 59 erhielt Caesar den Oberbefehl über Gallia* Cisalpina und die Provence. Ein Vorwand diente ihm dazu, die Eroberung Restgalliens (Aquitaniens, des keltischen und belgischen Teils) in Angriff zu nehmen, denn die ständig mit den Germanen kriegenden Helvetier erbaten von ihm die Genehmigung, durch die römische Provence ziehen zu dürfen, um sich in der Saintonge zu verschanzen. Caesar aber verwehrte es ihnen, überschritt die Grenzen seiner Provinz und trat den Helvetiern entgegen, um seinerseits in ihr Gebiet zu ziehen. Ein Jahr später, 58, baten ihn die Gallier offiziell um Schutz vor den Germanen; Caesar nutzte die Gelegenheit, um sich in Gallien festzusetzen, wo er dann seine militärischen Streifzüge vervielfachte. Er eroberte die Gebiete am Atlantik (56), ging über den Rhein (55) und marschierte in die Bretagne ein (55–54). Obschon regionale Aufstände erbarmungslos niedergemacht wurden (53), kam es unter der Führung des Vercingetorix* 52 zu einer allgemeinen Erhebung. Caesar, der sich zu der Zeit in Ravenna aufhielt, gewann Gallien zurück, nahm Orléans (Genabum) und Bourges (Avaricum), scheiterte aber südlich von Clermont-Ferrand bei der Belagerung von Gergovia. Dennoch gelang es ihm, Vercingetorix, der nach Alesia (Alise-Sainte-Reine) geflohen war, dort einzukesseln. Nach zweimonatigem Widerstand lieferte sich Vercingetorix Caesar im September 52 aus. Nach dieser Übergabe war Gallien im Prinzip besiegt; die letzten vereinzelten Widerstände wurden um 51–50 niedergeschlagen.

Gasthaus

Bei den Römern gab es keine, oder zumindest nur äußerst selten, komfortable Hotels. In den ungepflegten, wenig besuchten Gasthäusern logierten nur einfache Leute, die auf der Durchreise oder durch die Umstände dazu genötigt waren. Bedeutendere Persönlichkeiten kamen auf ihren Reisen, etwa bei offiziellen Anlässen, Handelsbesuchen oder auch aus touristischen Motiven, bei Gastfreunden unter.

Gastronomie

Die Kriege des 2. Jhs. v.Chr. im östlichen Teil des Mittelmeeres haben viel dazu beigetragen, daß sich die römische Gastronomie entwickelte, denn in Griechenland und in Asien lernten Offiziere wie Magistrate* die feine Küche kennen. Deswegen umfaßt auch das gastronomische Vokabular meist Lehnübersetzungen aus dem Griechischen. Um diese Zeit herum begann man auch den als Koch (*archimagirus*) zu bezeichnen, der, zumindest in bedeutenderen Häusern, unter seiner Obhut eine Schar von Küchenjungen (*coqui*), den Brotbäcker (*pistor*) und den Konditor (*pistor dulciarius, pastillarius*) hatte. Man verfaßte auch Kochbücher, so z.B. C. Matius, der Freund Caesars*, insbesondere aber Apicius, der berühmte Zeitgenosse des Augustus* und Tiberius*, von dem eine stattliche Anzahl Rezepte stammen. Von den gängigsten Gerichten wären zu erwähnen: die *patina* oder *patella*, ein Teig von mit Eiern vermengtem Gemüse oder Fisch; das *minutal*, Gehacktes vom Fisch oder aus Fleisch, in das man zuweilen Früchte gab; die *ofellae*, kleine Häppchen gebratenen Fleischs oder auf Spießen.

Die Römer hatten eine Vorliebe für Fleisch, insbesondere für Schwein, mit Gemüse als Beilage, und auf Fisch und Krustentiere waren sie sehr erpicht. Kennzeichnend für ihre Küche ist die Dominanz gekochter vor gebratenen Speisen; auffällig sind auch komplizierten Saucen sowie ein fast übertriebener Gebrauch von Gewürzen* sowie die Zugabe von Zucker und Salz.

Waren die Römer anfangs aus Notwendigkeit mäßig, blieben sie es später durch ihre Freude am Einfachen und in Beachtung der Ratschläge der Epikureer*, der Stoa* oder der Ärzte*. Leute wie Lucullus, Vitellius oder Elagabal bilden eher die Ausnahme von der Regel.

Gebete

Gleich ob im öffentlichen oder privaten Rahmen, ob mit gesenkter oder lauter Stimme gesprochen, stets bestanden die Gebete (*preces*) des offiziellen Kultes* aus unveränderlichen formelhaften Wendungen. Man sprach sie vor einem Altar* und beendete sie mit einer Geste der Anbetung und hielt dabei die Hand vor dem Mund. Sie konnten auch einen Teil gemeinschaftlicher Handlungen darstellen, so etwa bei den Pilgerzügen zu den verschiedenen Heiligtümern oder bei Flehen an die Gottheit.

Die Gebete waren neben den Opfern* und den Reinigungen* eines der wichtigten kultischen Rituale.

Geburt

In Rom wurde das Neugeborene sofort gebadet und dem Vater zu Füßen gelegt, der konnte es dann als sein Kind anerkennen oder nicht. Im ersten Fall nahm er es in die Arme und hob es empor (*liberum suscipit*), wodurch das Kind legitimiert wurde. Man wickelte es in weiße Windeln und schmückte das Haus mit Blumen*.

Das Kind war Gegenstand zahlreicher Gesten und Handlungen, die ein übles Schicksal von ihm abwenden sollten. Am achten Tag nach der Geburt für die Mädchen, am neunten für die Knaben fand die Zeremonie der Reinigung* (*lustratio*) statt. An diesem Tag wurden insbesondere die Parzen angerufen und ihnen geopfert. Auch erhielt das Kind seinen Vornamen. Um den Hals legte man ihm ein Band aus Gold oder Leder (*bulla aurea, scortea*) als Zeichen freier Geburt und als Schutz vor schlechten Dingen. Diese *bulla*, eine Kapsel, enthielt magische Sprüche, die das Kind, sollte es ein Mädchen sein, bis zu seiner Verheiratung beschützen sollten, sollte es ein Knabe sein, bis zu dem Zeitpunkt, an welchem er die *toga* virilis* anlegen sollte, denn dann wurde ihm die *bulla* vom Hals genommen und entweder der Juno oder den Laren* geweiht.

Sollte aber der Vater das Neugeborene nicht als seines anerkennen, wurde es ausgesetzt. Mißgebildete Kinder, bei denen die Mißbildung durch Zeugen bestätigt worden war, wurden getötet – ein barbarischer Brauch, der sich aber nach und nach abschwächte.

Gedenktage

Wie auch heute feierte man schon in Rom die Jahrestage der Geburt* und die der großen öffentlichen Ereignisse. In der Kaiserzeit wurden der Geburtstag des Kaisers* sowie der Tag seiner Thronbesteigung feierlich durch Volksfeste begangen.

Gefängnis

Die Gefängnisstrafe (*carcer*) wurde nur selten, und wenn für kurze Zeit, gegen Bürger* verhängt. Man ersparte ihnen üblicherweise sogar die Beugehaft, indem die Beschuldigten Privatpersonen zur Aufsicht übergeben wurden.

Wenn man Juvenal* glaubt, gab es in Rom jahrhundertelang nur ein Gefängnis, was sich zur Kaiserzeit grundlegend änderte. Die verschiedenen Kasernen dienten der Inhaftierung Beschuldigter, bevor diese vor die Schranken des Gerichtes* treten sollten. Die Gefängnisse der Republik* gehen auf die *triumviri capitales* zurück (▶ Vigintiseviri).

Zur Kaiserzeit unterstanden sie fast alle der Leitung des Prätorianerpräfekten*. Das älteste und berühmteste ist das Gefängnis des Mamertinus auf dem Forum*: In einer seiner Zellen, dem Tullianum, wurden die Verschwörer Catilinas* und Vercingetorix* hingerichtet.

Kriegsgefangene (*captivi*) wurden als Feinde* zur Sklaverei* gezwungen oder hingerichtet; römische Bürger gingen während ihrer Inhaftierungszeit ihrer Rechte verlustig, doch gemäß der Idee des *postliminium*, der Rückkehr ins Vaterland, konnten sie unter gewissen Umständen ihre Bürgerrechte* wiedererlangen.

Geld

Die Römer scheinen erst recht spät, im 4. Jh. v. Chr., den Gebrauch von Münzen gekannt zu haben. Bis zu diesem Zeitpunkt bestand Tauschhandel.

Die erste Münze (*aes rude*) bestand aus einem mehr oder weniger unförmigen Stück Bronze; diese wurde dann durch Bronzeplättchen ersetzt, auf denen bildliche Darstellungen (Tiere, Waffen) graviert waren (*aes signatum*).

Die erste wirkliche Kursmünze war der *as librarius*, eine Bronzemünze, die, zumindest theoretisch, ein römisches Pfund (*libra*), also etwa 273 Gramm wog. Dieser *as* wurde gemäß des Duodezimalsystems unterteilt in *semis, triens, quadrans, sextans* und *uncia*.

Am Ende des 3. Jhs. v. Chr. begegnen Silbermünzen: Der Denar entsprach zweieinhalb *as*, die Sesterze zehn *as*; nach einer Umgestaltung der Münzen entsprachen im 2. Jh. v. Chr. der Denar 16 *as* und die Sesterze vier *as*.

Unter Caesar* war die Sesterze nur noch aus Bronze, und Goldmünzen wurden geprägt: Die Sesterze (Bronze) entsprach vier *as*, der Denar (Silber) vier Sesterzen und der *aureus* (Gold) 25 Denaren.

Zur Kaiserzeit tauchte einerseits der *as*, der im Verlaufe des 1. Jhs. v. Chr. nicht mehr geprägt worden war, wieder auf, anderseits war die Sesterze von nun an aus Messing. Man hatte also folgende Münzen: *as* (Bronze), die Sesterze (Messing), welche vier *as* entsprach, den Denar (Silber), der vier Sesterzen oder 16 *as* entsprach, sowie den *aureus* (Gold), der 25 Denar wert war.

Von den Anfängen der römischen Münzen bis zur Kaiserzeit sank das Metallgewicht stetig. Der bronzene *as* wog nacheinander 273, 109, 27, 9 und schließlich in der späten Kaiserzeit nur noch 2,3 Gramm, der Denar enthielt zusehends weniger Silber und das Goldgewicht des *aureus* sank von 8,1 auf 7,3 Gramm während der Kaiserzeit und gar auf 6,5 Gramm in der späten Kaiserzeit.

Die Münzen wurden im Tempel* der

Juno Moneta (Juno die Mahnerin) geprägt, deren Epitheton *Moneta* schließlich zur Bezeichnung für die Münze wurde. Ein Gremium aus drei Männern, die *tresviri monetales* (▶ Vigintiseviri) wurde zur Kontrolle der Prägestelle gewählt. Zur Kaiserzeit blieb ihnen nur die Herstellung von Münzen aus unedlen Metallen, da sich die Kaiser* die Kontrolle über Gold und Silber vorbehielten. – Während der Republik* wurden die Münzen zunächst mit Götterbildnissen beprägt, später variierte man dann die Bildnisse. Seit Augustus* trugen die Münzvorderseiten das Kaiserbildnis, auf der Rückseite erschienen unterschiedliche Motive. Somit erzählten die Münzen durch ihr Erscheinungsbild von der Geschichte Roms und besaßen oft einen hohen künstlerischen Wert.

In der Kaiserzeit mußte man 400 000 Sesterzen besitzen, um zur Ritterschaft zu gehören, gar 1 Mio., um dem Senatorenstand anzugehören. Die höchsten Beamten* aus der Ritterschaft, die Präfekten* der Prätorianer und des Proviantes sowie die Vorsteher der kaiserlichen Kanzlei*, erhielten eine jährliche Besoldung von 300 000 Sesterzen. Die bedeutendsten Vermögen beliefen sich auf 10 Mio. Sesterzen. Man bedenke, daß 1 Mio. Sesterzen zur Zeit Trajans* einem Wert von etwa 100 000 DM entsprach.

Genius

Jeder Mann besitzt seinen *genius*, die ihm innewohnende Kraft zur Zeugung von Nachkommenschaft; die Frauen besitzen eine persönliche Juno, Juno Lucina, die Göttin der Mütter. Diesen *genius* stellt man im Lararium* als Schlange oder togatragenden Mann dar, der ein Füllhorn und eine Opferschale trägt. Im Haus* ist ihm das im *atrium** befindliche Ehebett (*lectus genialis*) geweiht. Der Kult* des Genius besteht vor allem in der Darbringung von Kuchen, Wein* oder Blumen*. Vom Genius eines Gottes spricht man, sobald man seine Zeugungskraft meint. Der Genius bedeutender Männer kommt an den einer Gottheit heran, und so erklärt sich auch der Genius des Kaisers* (*genius Augusti*), der mit dem Kult der *Lares* Compilati* vermischt wurde.

In einem allgemeineren Wortgebrauch bedeutet *genius* alles, was durch seinen *genius* existiert: Stadtviertel, Municipia*, Zünfte*, Militär* oder Bauwerke. In diesem Fall handelt es sich um eine Dublette, einen Schutzgott, und dessen höchste Ausprägung waren der Genius von Rom (*Genius Urbis Romae*) und der Genius des römischen Volkes (*Genius Populi Romani*).

gens

Die *gens* ist die Gesamtheit aller Personen, die denselben Gentilnamen tragen und sich als Abkömmlinge eines gemeinsamen Vorfahren betrachten.

Die verschiedenen Zweige (*familiae*) einer *gens* tragen unterschiedliche Nachnamen. So umfaßt etwa die *gens Cornelia* die *Cornelii Balbi*, die *Cornelii Lentuli* usw. Die Angehörigen einer *gens* (die *gentiles*) sind miteinander durch einen gemeinsamen Kult*, also durch ein religiöses Band, verbunden, so verehren etwa die *Julii* Apoll oder die *Naucratii* Minerva.

Die Hügel Roms waren zu Beginn von *gentes* bevölkert, patriarchalisch organisierten Keimzellen mit eigenen Rechtsbräuchen, eigenen Kulten, eigener Klientel*. Diese *gentes* konnten Bündnisse auf Zeit oder auch dauerhafterer Natur miteinander eingehen oder kleinere Ortsgebilde mit einem Oberhaupt, einigen Ratgebern und einer kleinen ratgebenden Versammlung* bilden.

Doch die Autonomie der einzelnen *gentes* blieb weiterhin bedeutend; sie verringerte sich erst, als die Etrusker* derartige Ortsgebilde zu Städten ausbauten.

Die Gentilstruktur betrifft nur die Patrizier, den Plebejern* war sie unbekannt. Dennoch bildeten sich seit dem 5. Jh. plebejische *gentes*. Der Niedergang der patrizischen *gentes* auf der einen Seite und das politische Erstarken der Plebejer auf der anderen betonten die ursprünglichen Unterschiede zwischen Plebejern und Patriziern, ohne sie aber jemals zu beseitigen, und führten zur Herausbildung eines patrizisch-plebejischen Adels*.

Gerichte

Zur Königszeit wurde der größte Teil der Streitigkeiten innerhalb der *gens** geregelt. Wenn sich *gentes* gegeneinander stellten und man Gefahr lief, daß hieraus Streitigkeiten erwuchsen, was vor allem bei Strafprozessen (Verrat, Tötungsdelikten) geschah, ging die richterliche Gewalt auf den König* über, der dann urteilte und selbst die Bestrafung vollzog; doch zweifellos wurde er zumindest bei einem Teil seiner richterlichen Aufgaben von fähigen Richtern entlastet.

Für die Zeit der Republik* und der Kaiser* muß man vier Arten der Jurisdiktion unterscheiden: die Militärgerichsbarkeit*, die Strafgerichtsbarkeit*, die Verwaltungsgerichsbarkeit* und die Zivilgerichsbarkeit*.

Germanicus

Nero Claudius Germanicus (15 v.–19 n.Chr.) wurde von seinem Onkel Tiberius* adoptiert; 12 n.Chr. war er Konsul* und führte mehrere siegreiche Feldzüge gegen die Germanen. Er starb in Antiochia, wo er wahrscheinlich von Piso, dem Statthalter* Syriens, vergiftet worden war. Er war verheiratet mit Agrippina* der Älteren und hatte von ihr neun Kinder, eines der spätere Kaiser* Caligula.

Gesetz

Die *lex rogata* ist eine Entscheidung der Komitien* auf Initiative eines Konsuls*, Prätors* oder Tribuns*; am Anfang bedurfte sie der Zustimmung des Senats* (*auctoritas patrum*), seit 339 v.Chr. wurde diese Bestätigung durch eine vorherige Genehmigung ersetzt.

Die Volksabstimmungen*, die sich dieser *auctoritas* entzogen, wurden ab 287 v.Chr. den Gesetzen angeglichen (*lex Hortensia*). Die wahrhaft gesetzgebenden Versammlungen waren die Zenturiarkomitien* und vor allem ab dem 3. Jh. die Tributarkomitien*.

Bevor ein Gesetz zur Abstimmung* gelangte, wurde es vom Magistrat*, der von Spezialisten unterstützt wurde, ausgearbeitet, durch öffentlichen Aushang (*promulgatio*) drei *nundinae** vor dem Abstimmungstag bekanntgegeben und vielleicht auf öffentlichen Anhörungen (*contiones**) diskutiert und geändert. Fand sich im Verlauf der Abstimmung eine zustimmende Mehrheit und wurde kein negatives Vorzeichen* beobachtet, trat das Gesetz in Kraft.

Man schlug es auf dem Forum* an und die Quästoren* trugen dafür Sorge, daß es im Archiv* des Aerarium* aufbewahrt wurde.

Ein Gesetz enthielt eine umschreibende Vorrede (*praescritio*), den Gesetzestext selbst (*rogatio*) sowie die vorgesehenen Sanktionen (*sanctio*). Dementsprechend unterscheidet man vier Gesetzeskategorien: *lex plus quam perfecta* (das mehr als vollständige Gesetz), das eine Zuwiderhandlung für nichtig erklärt und den Übertreter bestraft; *lex perfecta* (das vollkommene Gesetz), das nur die Zuwiderhandlung für nichtig erklärt; *lex minus quam perfecta* (das fast vollkommene Gesetz), welches die Zuwiderhandlung nicht für nichtig erklärt, wohl aber den Übertreter bestraft; *lex imperfecta* (das unvollkommene Gesetz), welches keinerlei Bestrafung vorsieht, denn da der Gesetzgeber nicht in Konflikt mit dem Gewohnheitsrecht kommen wollte, begnügte er sich lediglich mit einer neuen Vorschrift – derart waren die meisten Gesetze.

Ein Gesetz trägt den Namen des Beamten*, der es initiiert hat; es gilt nicht rückwirkend und ist prinzipiell nicht außer Kraft zu setzen. Doch gelegentlich konnte ein neues Gesetz die Bestrafungen eines vorhergehenden für nichtig erklären, und der Senat konnte in bestimmten Fällen ein Gesetz für ungültig erklären oder seine Beachtung aussetzen, wenn es in unruhigen Zeiten erlassen worden war.

Zur Kaiserzeit, bereits seit Augustus*, erließ praktisch nur der Kaiser* Gesetze und konnte sich kraft seiner tribunizischen Gewalt allen ihm mißfallenden Vorschlägen widersetzen.

Die *lex data* ist vollkommen von der *lex rogata* zu unterscheiden, denn sie ist ein von einem Magistrat* oder einem siegreichen Feldherrn erlassene Urkunde und bezieht sich auf eine Provinz* oder eine Stadt.

Kurisches Gesetz. Die *lex curiata* war schon recht bald unverstanden; sie wurde von den Kuriarkomitien* erlassen und verlieh dem gewählten Magistrat die öffentliche Bestätigung. Vermutlich übertrug man ihm je nach Sachlage drei Machtbefugnisse: das *imperium**, die an das Amt gebundene richterliche Befugnis sowie das Recht zu Auspizien*. Das Abhalten von Auspizien bei Amtsantritt stellte zudem eine unabdingbare heilige Bestätigung dar. Nachdem die *lex curiata* zu einer leeren Formalität wurde, lebte sie nur noch bei der Benennung des Kaisers fort.

Getränke

Am verbreitetsten waren Wasser*, Wein*, Met* und Bier*.

Gewichte ▸ Maße

Gewürze

Die Römer haben eifrig Gebrauch von Gewürzen gemacht; eine Tatsache, die sich daraus erklärt, daß ihre Mahlzeiten häufig gekocht waren und man sie pikanter machen wollte. An einheimischen Gewürzen, die sie benutzten, wären zu nennen: Kapern, Sellerie, Basilikum, Minze, Thymian, Majoran, Pinienkerne etc. Diese trockneten sie oder legten sie in Salz und Weinessig ein, um sie das ganze Jahr über benutzen zu können; in der raffinierteren Küche setzte man als Konservierungsmittel vor allem *garum*, eine Fischbrühe, ein. Doch auch ausländische

Gewürze waren von Bedeutung, so etwa Pfeffer, Ingwer, Sumach, Indische Narde, Zimt u.a. Zur Kaiserzeit waren die exotischen Gewürze die begehrtesten, denn man benutzte sie gleichermaßen in der Medizin* wie in der Kosmetik. Doch ließ ihr Preis sie nicht für jedermann erschwinglich sein.

▶ Gastronomie

Gladiatoren

Die Gladiatoren (*gladiatores*), so genannt nach ihrem Schwert, dem *gladius*, rekrutierten sich aus den nach gemeinem Recht* Verurteilten, Kriegsgefangenen und Sklaven*. Man warb aber auch Freiwillige an, die, insofern sie Bürgerrechte* besaßen, dieser dann verlustig gingen.

Die Gladiatoren mußten ein hartes Trainingsprogramm in privaten, seit Domitian dann kaiserlichen Spezialschulen (*ludi gladiatorii*) absolvieren. Man unterteilte sie in mehrere Kategorien: Die Samniter waren Schwerbewaffnete und trugen Helm*, Schild*, Schwert* und Beinschienen; die Thraker waren mit einem kleinen Schild, Helm und Kurzschwert bewehrt; Retiarier, die unterste Gruppe, trugen Dreizack und Fangnetz; Gallier und Myrmillonen waren bloß leichtbewaffnet. Man stellte sie aus den verschiedenen Gruppen meist paarweise gegeneinander auf und ließ sie nach genauen Regeln kämpfen.

Die ersten Gladiatorenkämpfe fanden in Rom 264 v.Chr. statt und erfreuten sich vor allem beim niederen Volk großer Beliebtheit. Erst zu Beginn des 5. Jhs. n.Chr. wurden sie eingestellt. Zur Zeit der Republik* fanden sie auf dem Forum* statt, denn das erste steinerne Amphitheater*, das des L. Statilius Taurus südlich des Marsfeldes, wurde erst 29 v.Chr. errichtet. Die Wettkämpfe fanden abends statt und boten Gelegenheit zu Wetten. Die Sieger erhielten Belohnungen und konnten nach mehreren Siegen sogar ihre Freiheit wiedererlangen. Dennoch waren die ihnen zuerkannten Ehrungen keinesfalls vergleichbar mit denen der Sieger in Wagenrennen*. Die Gladiatorenkämpfe waren letzte Ausklänge der Menschenopfer, die man ehemals dem Saturnus und überhaupt den chthonischen Göttern dargebracht hatte. Dementsprechend war weniger der Sieg als das Vergießen von Blut von Bedeutung.

Götter

Die römischen Götter, die von Herkunft, Funktion und Assimilation sehr verschieden sind und zu denen sich noch die *numina** und die Vergöttlichungen von Abstrakta hinzugesellen, klassifizieren zu wollen, ist äußerst schwierig. Selbst die von den Antiken vorgeschlagenen Kategorien entsprachen nie den eigentlichen Gegebenheiten. Stützt man sich auf die althergebrachten religiösen Feste* und den altrömischen Kalender*, kann man sich vielleicht eine Vorstellung von den Hauptgottheiten machen, die am Ende des 6. und zu Beginn des 5. Jhs. v.Chr. verehrt wurden. Bedeutendere Götter hatten ein besonderes Erscheinungsbild: Jupiter, Mars, Quirinus (die altüberlieferte indoeuropäische Trias, auf die die etruskische Trias von Jupiter, Juno und Minerva folgt), Juno, Janus; des weiteren die Feuer- und Wassergottheiten: Vesta, Vulcanus, Volturnus, Neptun; die Fruchtbarkeitsgötter: Mutter Erde, Ceres, Venus, Saturn, Consus; die Familien- und Totengötter: Lucina, Matuta, Bona Dea.

Zu Beginn des 5. Jhs. v. Chr. wurden weitere Gottheiten in Rom eingeführt: Die chthonische Trias Ceres, Liber, Libera, die Dioskuren Castor und Pollux, Merkur, Herkules, Apoll; andererseits bildeten sich mehr oder weniger vollständige Gleichsetzungen römischer Götter mit griechischen heraus: Jupiter und Zeus, Juno und Hera, Minerva und Athene, Diana und Artemis, Mars und Ares, Venus und Aphrodite, Neptun und Poseidon. Schließlich verehrte man noch Abstrakta: Treue (Fides), Sieg (Victoria), Freiheit (Libertas) oder Eintracht (Concordia).

Sowohl durch seine Dauer als auch durch seine Wechselfälle führte der Zweite Punische Krieg* zu einer schweren religiösen Krise, in deren Folge Rom die anatolische Göttin Kybele aufnahm und in den Opferhandlungen zum griechischen Ritus überging. Des weiteren verbreiteten sich die Mysterien des Dionysos trotz der Bacchanalenaffäre von 186 v. Chr., und auch die ägyptische Göttin Isis drang im 1. Jh. v. Chr. bis Rom vor.

Trotz der Versuche des Augustus*, die nationale Religion* wiederzubeleben und den aus der Mode gekommenen Riten wieder zu neuen Ehren zu verhelfen, öffnete sich Rom zusehends den aktuellen Mysterienkulten und den aus dem Orient hereinbrechenden religiösen Strömungen wie dem Mithraskult, den syrischen Göttern oder dem Sonnenkult.

Götterbewirtung

Eine religiöse Zeremonie, bei der man einer auf einem Pulvinar* ruhenden Gottheit eine Mahlzeit (*epulum*) darbrachte; dies nannte man *lectisternium*. Ziel dieses Opfers* war es, die Gottheit für seine Gebete günstig zu stimmen. So brachte man etwa nach der Niederlage am Trasimenischen See* zwölf Hauptgöttern ein gewaltiges *lectisternium* dar, um von ihnen Gnade für das römische Militär* zu erbitten. Die Götter wurden dabei durch Bilder oder Puppen symbolisiert. Wurde ein solches heiliges Mahl Göttinnen dargebracht, lagen diese nicht, sondern saßen, weshalb man diese Zeremonie *sellisternium* nannte.

Grabbeigaben

Nach den Jenseitsvorstellungen der Römer lebte der Tote weiter. Dementsprechend betrachtete man sein Grab als seine Wohnung, in die man alle für das Leben im Jenseits notwendigen Gegenstände hineingab: Bekleidung*, Waffen*, Werkzeuge, Lampen, Vasen, Geld*, Schmuck* und Nahrung.

Grabmäler

Sie unterscheiden sich stark in Aussehen und Größe. Oftmals bilden sie an den Straßen* oder am Eingangstor der Städte wahre Nekropolen. Gelegentlich aber bestattete man die Toten auch auf dem Land auf dem Familiengrund. Die ärmeren Familien* mußten sich damit bescheiden, den Leichnam zu bestatten oder eine Graburne* beizusetzen.

Bei den Grabmälern (*monumenta sepulcri*) unterscheidet man zwei Bereiche: Der obere, sichtbare Teil (*tumulus*) konnte aus einem Altar*, einer Stele* oder einem Mausoleum* bestehen, der unterirdische Teil (*sepulcrum*), der den Leichnam oder die Asche enthielt, konnte eine Gruft, ein *columbarium**, eine Graburne oder ein Sarkophag* sein.

Graburne

Die Asche der Toten sammelte man in Urnen (*olla ossuaria*), die häufig aus Terrakotta, gelegentlich aus Marmor, Glas oder Bronze gefertigt und zylindrisch oder rechteckig waren. Sie besaßen einen Deckel und waren manchmal auch verziert.

Dann legte oder stellte man sie in eine Gruft, ein *columbarium** oder auf einen Grabaltar. Der Name des Verstorbenen war auf die Urne graviert oder stand auf dem Grabstein, den man dabei aufstellte.

In Gräbern auf dem Albanerberg, in Städten Etruriens und selbst in Rom hat man Graburnen gefunden, deren Form an die Hütten der ersten Bewohner Roms erinnern, deren Spuren man im Boden des Palatin fand. Die Grabsymbolik dieser Hütten-Urnen, die aus dem 8. Jh. v. Chr. stammen, ist offenkundig, denn der Tote sollte im Jenseits dieselben Lebensbedingungen antreffen, die er bereits als Lebender gekannt hatte.

Gracchen

Der Name zweier Brüder, die zum höchsten Adel* gehörten, denn ihr Vater war Konsul*, Zensor* und selbst der Sohn eines Konsuls gewesen. Ihr Großvater mütterlicherseits war kein geringerer als Scipio Africanus*. Der Name der Gracchen ist eng verbunden mit den von ihnen eingebrachten Landreformen zur Heilung der sozialen Krise im letzten Drittel des 2. Jhs. v. Chr., die aber am Widerstand der senatorischen Aristokratie scheiterten.

Tib. Sempronius Gracchus (162–133 v. Chr.) begleitete 147 v. Chr. Scipio Aemilianus* nach Afrika, war 137 Quästor*, 133 Tribun* und ließ über ein Landgesetz (*lex Sempronia*) abstimmen, das die Aufteilung des *ager publicus** vorsah und sich auch gegen den Großgrundbesitz (*latifundia**) richtete, indem das beigetriebene Land den ärmsten Bürgern* zugeteilt werden sollte. Selbstredend kam es dabei zum Konflikt mit dem senatorischen Adel, der sein Vorhaben zum Erliegen brachte. Im Verlaufe eines Tumultes wurde er getötet.

C. Sempronius Gracchus (154–121 v. Chr.) war 133 einer der Triumvirn, denen es oblag, die von seinem Bruder initiierte *lex Sempronia* durchzusetzen, allerdings gelang dies nie. Im Jahre 124 v. Chr. wollte er als Tribun die Politik seines älteren Bruders fortsetzen und versuchte, sich noch kühner zu zeigen. Er ließ ein Getreidegesetz verabschieden, nach dem jeder Bürger jeden Monat eine bestimmte Menge Weizen zum halben Preis erwerben konnte, ließ die *lex Sempronia* bestätigen, schlug die Gründung römischer Kolonien* in Tarent und Karthago* vor, die geeignet gewesen wären, das Elend des städtischen Plebs* zu mildern, und unternahm gewaltige Anstrengungen zur Begrenzung der Arbeitslosigkeit. Um seine Vorhaben in die Tat umzusetzen, versuchte er, sich mit den Rittern* zu verbünden, indem er Maßnahmen zu ihren Gunsten unternahm. Ebenso wünschte er, das latinische Recht* allen Einwohnern Italiens und das Bürgerrecht* all denen, die das latinische Recht besaßen, zuzuerkennen. Doch die Antwort der *optimates** war genauso lebhaft wie gut zehn Jahre zuvor: Gaius und 3000 seiner Anhänger wurden bei einem Gemenge niedergemetzelt.

Haartracht

Über lange Zeit hinweg war die Frisur der Frauen recht einfach: Dutt (*tutulus*) oder zu dicken Strängen gedrehte Zöpfe auf dem Scheitel. Die Mode verfeinerte sich zur Zeit der Flavier (69 n.Chr.), als gekräuselte Frisuren aufkamen und die Haare mittels Nadeln und Diademen aufgesteckt wurden. Mitte des 3. Jhs. n.Chr. wurde die Schlichtheit tonangebend, so daß die Römerinnen von hochgesteckten Frisuren abkamen und statt dessen das Ondulieren bevorzugten, wobei man gelegentlich zu helmartigen Formen gelangte, die sogar die Ohren einschlossen, oder die Haare nach hinten legte wie einen Helmbusch.

Man braucht nicht zu betonen, daß die Römerinnen, wie Ovid* berichtet, aus den zahlreichen Modefrisuren die wählten, von denen sie glaubten, daß sie am besten zu ihnen paßten, wobei sie der Natur mit falschen Zöpfen, Perücken oder Tönungen nachhalfen. Eine oft von anderen Friseusen unterstützte Sklavin* (*ornatrix*) hatte die Aufgabe, die Hausherrin zu kämmen.

Die Männer trugen im allgemeinen kurze Haare, lediglich einige Schönlinge ließen sich mit dem Eisen frisieren. Die, die ihre Kahlheit als unvorteilhaft empfanden, griffen auf unterschiedliche Mittel zurück.

Hadrian

P. Aelius Hadrianus (76–138 n.Chr.) wurde in Spanien als Sohn einer italienstämmigen Familie* geboren und heiratete Sabina, die Nichte Trajans*. Er begleitete den Kaiser* auf dessen Dakerfeldzügen (101–107), wurde 108 Konsul*, kämpfte 114 gegen die Parther und war 117 Statthalter* von Syrien. Als Kaiser (117) bereiste er das Kaiserreich recht viel und versuchte, es durch Vereinheitlichung der Verwaltung zu einen. 132 n.Chr. schlug er einen jüdischen Aufruhr nieder. Er blieb als aufgeklärter, weltoffener, unruhiger und friedfertiger Kaiser in Erinnerung. Bei der Literatur und den Künsten förderte er eine Besinnung auf die Klassik, ohne dabei einen Hauch Exotik abzulehnen, wie man noch heute in seiner Residenz, der Villa Hadriana in Tivoli, sehen kann.

Hafen

Die italienische Küste eignet sich weit weniger als die Küsten Griechenlands zur Anlage von Häfen. Denn kleinere Buchten sind selten, die Flußmündungen rasch versandet. Demzufolge mußten die Römer künstliche Hafenanlagen (*portus*) errichten. In Italien* erbauten sie an der Mündung des Tibers Ostia, Civitavecchia und Pozzuoli. Der berühmteste Hafen ist der von Ostia, der recht bald zu dem von Rom wurde, war er doch nur etwa 30 km entfernt. Augustus* bemühte sich dann, den Hafen von Ostia zu erneuern, da dieser stets von Versandung bedroht war. Nach ihm ließ Claudius an der Nordseite der Flußmündung ein Becken errichten, das von zwei bogenförmigen Molen geschützt wurde und dessen Zugang eine künstliche Insel abschloß. Dieses Becken, zu dem auch Magazine und Lagerhallen gehörten, bedeckte eine Fläche von 70 Hektar. Trajan* ließ den Hafen noch einmal vergrößern, indem er dahinter ein weiteres, sechseckiges Becken von 32 Hektar Größe ausheben und mit dem Becken des Claudius wie dem Tiber verbinden ließ. Der Hafen

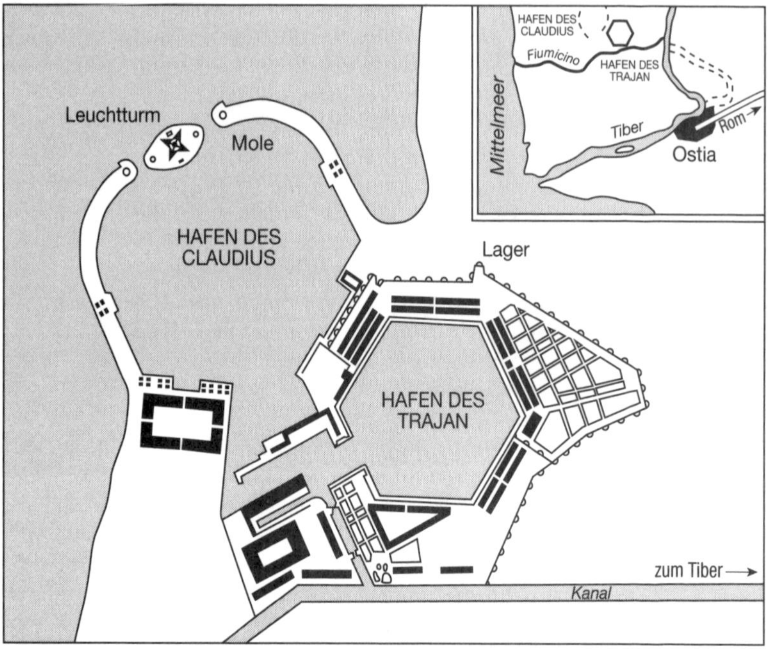

Hafen von Ostia: Die beiden verbundenen Hafenbecken haben eine Ausdehnung von 105 Hektar. Der Trajanhafen wurde aus dem Festland ausgehoben. Die kleine Zeichnung zeigt die heutige Lage des Hafens (nach: A. Aymard und J. Auboyer, Rome et son Empire).

wurde ständig aufwendig ausgebaggert, damit er auch von großen Schiffen* angelaufen werden konnte. Deshalb zog man ihm zusehends den Hafen von Centumcellae (Civitavecchia) vor, der an einer steinigen Küste lag.

Rom hatte zweifellos seit seiner Gründung einen Hafen am Fuß des Aventin, doch schon recht bald vermochten Schiffe von einiger Größe nicht mehr bis dahin zu fahren. Nur leichte Boote brachten noch die Handelswaren zum *emporium*, einer Ansammlung von Docks und Magazinen (*horrea*) auf der Höhe der Porta Portuensis am linken Tiberufer. Doch die leichteren Kriegsschiffe, die weniger Verdrängung hatten, konnten noch bis zum Kriegshafen am Rande des Marsfeldes gelangen, wo es Schiffswerften und Arsenale (*navira*) gab.

Die Häfen waren mit Leuchttürmen* und Navigationsmarkierungen versehen. Rund um sie herum befanden sich Werk- und Lagerstätten jeglicher Art. Zur Kaiserzeit wurden die militärischen Hafenanlagen gewöhnlich von den Handelshäfen getrennt.

Handel

Der römische Handel hat sich im gleichen Maße entwickelt, wie die Eroberung Italiens* und der Provinzen* voranschritt. Dennoch war Rom bereits zur

Königszeit eine Handelsstadt, und die Schiffahrt auf dem Tiber spielte dabei eine maßgebende Rolle.

Rom hütete sich, Nahrungsgüter wie Weizen oder Öl zu exportieren, die das Kaiserreich brauchte, sowie bestimmte Rohstoffe wie Eisen, das für die Waffenproduktion genutzt werden konnte. Hingegen importierte es Luxusgüter wie Edelsteine, Parfüms, Gewürze* oder Stoffe. Der Handel nutzte gleichermaßen den Land- wie den Seeweg, wobei der Ausbau des Straßennetzes die Handelsbeziehungen begünstigte und die Schiffahrt häufig der schnellste Transportweg war. Alle Aktivitäten der Wirtschaft und des Handels waren auf Italien, dort vor allem auf Rom, gerichtet. Die Häfen von Ostia und Puteoli (Pozzuoli) verfügten über gewaltige Lager* für die Handelswaren, deren Zahl auch in Rom ständig zunahm. Den Importeuren war eine Steuer* auferlegt, die beim Zoll zu zahlen war. Die Römer unterschieden zwischen den *negotiatores*, Großhändlern, die häufig zugleich Bank- und Handelsgeschäfte abwickelten, und den *mercatores*, die an öffentlichen Straßen einen Laden betrieben.

Die Tätigkeiten des Händlers erfreuten sich keines großen Ansehens und waren, zumindest theoretisch, dem Senatorenstand untersagt. Die Ritter* und die Generalpächter aber waren in größere Handelsaktivitäten einbezogen. Der Einzelhandel auf Märkten* oder in Läden war in Händen kleiner Leute, meist Freigelassener* oder Sklaven*. Die Preisgestaltung war frei, außer im Falle von Wucher. Der berühmteste Versuch einer Preisbindung stammt von Diokletian*, der ein Preisedikt erließ, das für das ganze Kaiserreich gelten sollte, aber wirkungslos blieb. Die Eingriffe des Staates wurden zunehmend zahlreicher und lähmten die Handelsaktivitäten im Reich.

Hannibal

Der 247 v. Chr. geborene Sohn des Hamilkar Barkas, der gegen Ende des Ersten Punischen Krieges* die Verhandlungen mit den Römern geführt und 237 mit der Eroberung Spaniens begonnen hatte, wuchs im Haß auf Rom auf und setzte das Werk seines Vaters, der Wiedergutmachung für Karthago* wollte, fort. Nachdem er den karthagischen Machtbereich auf Spanien ausgedehnt hatte, überschritt er 219 die Pyrenäen, durchquerte den Südteil Galliens*, überwand die Alpen und besetzte Ende des Jahres 218 Turin. Am Trasimenischen See* gewann er 217, 216 siegte er bei Cannae*. Dann aber beging er den Fehler, nicht nach Rom zu marschieren, sondern sich in Capua zu verschanzen. Später, nachdem er mit Philipp V. von Makedonien, der ihm Entsatz versprach, einen Vertrag geschlossen hatte, ließ er sich in Tarent nieder. Diese Taktik führte zu unnötigem Kräfteverschleiß. Im Jahre 207 wurde sein Bruder Hasdrubal, der aus Spanien nachkam, am Fluß Metaurus getötet. Diese Zeit nutzte Rom zur Reorganisation, und Scipio* gewann Spanien zurück. Hannibal wurde im Herbst 203 nach Karthago zurückbeordert, und Scipio, der beschlossen hatte, den Krieg nach Afrika zu tragen, schlug ihn 202 bei Zama*. Diese Niederlage setzte dem Zweiten Punischen Krieg ein Ende. Die Friedensbedingungen waren hart, doch vermochte Hannibal die Stadt wieder zu organisieren. Dennoch beschuldigten ihn seine politischen

Auf- und Grundriß eines Hauses mit *atrium* und Peristyl: Das Haus des Pansa in Pompeji.

1 Diele; 2, 3 Laden; 4, 5, 6 Mietwohnungen; 7 *atrium*; 8 *impluvium*; 9 Zimmer (*cubicula*); 10 *ala*; 11 *tablinum*; 12 Triclinium; 13 Peristyl; 14 Triclinium; 15 Zimmer; 16 *oecus*; 17 Portikus; 18 Garten

Gegner, sich bei den Römern mit Antiochus von Syrien verschworen zu haben, so daß er Karthago verlassen mußte. Zuerst ging er zu Antiochus in die Verbannung*, dann zu Prusias, dem König von Bithynien, der ihn schließlich Rom ausliefern mußte. Um seinen Feinden nicht in die Hände zu fallen, vergiftete er sich 183 v. Chr. selbst. Als großer Staatsmann und Feldherr übte Hannibal auf seine Feinde einen großen Einfluß aus. Zur Kaiserzeit wurde er gar zur Figur des stoischen Helden, und in Rom wurden Statuen zu seinen Ehren errichtet.

Haruspices

Die *haruspices* waren als Spezialisten für die Weissagung* oft etruskischer Abstammung. Ihre Fähigkeiten bestanden insbesondere darin, aus den Eingeweiden der Opfertiere die Vorzeichen* herauszulesen und sie zu deuten. Ihr Ansehen wuchs vor allem in der Kaiserzeit, und manche Fürsten hatten gar ihren eigenen *haruspex*. Claudius verfügte den Zusammenschluß der *haruspices* in einer Art Kammer mit einem *haruspex maximus* an der Spitze; Alexander Severus (222–235) schuf gar einen Lehrstuhl für die Haruspizin.

Haus

Die frühen Bewohner der Dörfer auf den Hügeln rings um Rom erbauten sich leicht ovale Hütten, die wir aus den Spuren kennen, die sie im Tuffstein des Palatins im 8. Jh. v. Chr. hinterlassen haben, sowie aus den Graburnen*, die ihre Formen widerspiegeln. Diese primitiven Hütten wurden durch den Gebrauch von Steinen als Baumaterial allmählich verbessert. Durch etruskischen Einfluß bekam das Haus eine rechtwinklige Form, die sich um einen Innenhof gliederte, das *atrium*. Dieser konnte offen oder geschlossen sein. Seit dem 5. Jh. v. Chr. war das *atrium* mit einem Giebeldach gedeckt, das in der Mitte ein Rechteck offenließ. Unter dem Boden dieser Öffnung befand sich das *impluvium*, ein Sammelbecken für Regenwasser. Der Hauseingang befand sich an der Längsseite, ihm gegenüber, auf der anderen Seite des *atrium*, war das *tablinum*, wo sich der Hausherr aufhielt. Nach den Punischen Kriegen* erweiterte man, un-

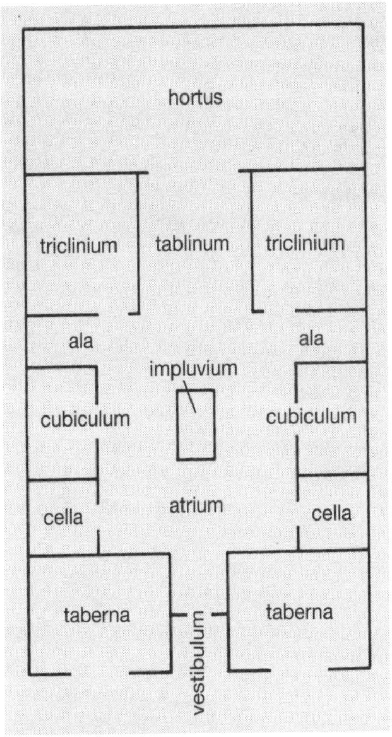

Der typische Grundriß einer *domus* mit *atrium*. *Vestibulum*, Diele; *taberna*, Laden; *cella*, Raum, der zu unterschiedlichsten Zwecken diente (Lager, Büro, Aufenthaltsraum der Sklaven etc.); *cubiculum*, Zimmer; *ala*, ein Raum mit unbekanntem Zweck, der aber sicher der Luftzirkulation und dem Lichteinfall diente. Man stellte wohl das Lararium und die Ahnenbilder in einen von ihnen. Die Küche (*culina*) hatte keinen festen Platz. Anfangs richteten die Römer sie im *atrium* ein, später dann in einem separaten Raum.

zweifelhaft durch hellenistischen Einfluß, die römischen Häuser. Diese bewahrten zwar ihre rechtwinklige und langgestreckte um ein *atrium* angeordnete Anlage, wurden aber nach hinten um einen Teil vergrößert, der sich um ein Peristyl* herum erstreckte. Diese beiden Bereiche des neuartigen Römerhauses besaßen unterschiedliche Funktionen: Der vordere mit dem *atrium* war den offiziellen Empfängen vorbehalten, der hintere um das Peristyl herum barg die Privaträume, in denen man auch die Freunde empfing. Der *oecus* war das Gesellschaftszimmer, ähnlich wie das *tablinum* das Büro war. Das eine beim *atrium* ist wie das andere beim Peristyl übrigens gleichermaßen an der Eingangsachse gelegen. Ob das römische Haus einfach, nur mit *atrium*, oder doppelt, mit *atrium* und Peristyl, angelegt war, stets war es nach innen, nie nach außen orientiert. In der Regel hatte es auch nur ein mit Balkonen versehenes Stockwerk. Jedes Zimmer diente prinzipiell nur einem Zweck.

Heilige Schilde

Es handelt sich um die zwölf von den Saliern* in der *regia*, der Wohnstätte des *pontifex* maximus*, aufbewahrten Schilde*. Der Legende nach war ein Schild vom Himmel gefallen und Numa hatte elf weitere nach dessen Vorbild fertigen lassen. Im Falle drohender Gefahr setzten sich diese Schilde selbsttätig in Bewegung.

Helm

Bis zur Zeit des Marius* waren die im römischen Militär* gebräuchlichen Helme (*galea*) hellenistischen Typs. Ab dieser Zeit begegnen dann die eigentlich römischen Helme, von denen man zwei Typen unterscheidet: der eine mit einfacher Genickschutzplatte, der andere mit Genickschutz bis zum Halsansatz und einem Stirnschild, das bis zu den Augenbrauen reichte. Diese Helme wurden gelegentlich mit Federnbüschen oder Mähnen geschmückt. In der Kaiserzeit zeichneten sie sich durch luxuriöse Materialien aus.

Herold

Als öffentlicher Ausrufer, im Dienste des Staates oder eines Privatmannes stehend, konnte er verschiedene Funktionen versehen: die Zusammenrufung der Zenturien* zu den Komitien*, die Verkündung des Abstimmungsergebnisses, der Sieger bei Spielen* sowie der Begräbnisse* bedeutender Persönlichkeiten.

Hexameter ▶ Versmaß

Hieronymus

Der um 345 n.Chr. in Dalmatien geborene Hieronymus kam zu Studienzwecken nach Rom. Sein Lehrer war Donat, der berühmte Kommentator von Terenz* und Vergil*. Sein Lebensweg ist außerordentlich vielschichtig: Er war Anachoret im Orient gewesen, dann Berater bei Papst Damasus, Beichtvater der hochgestellten Damen Roms und ein Mann der Wissenschaft*, der Latein, Griechisch und Hebräisch sprach. Sein Name ist insbesondere mit der Vulgata verknüpft, denn auf Anregung von Damasus unternahm er es, die lateinischen Übersetzungen des Neuen Testamentes durchzusehen und mit den ältesten griechischen Handschriften zu vergleichen. In einer späteren Phase übersetzte er, nachdem er sich nach Bethlehem zurückgezogen hatte, das Alte Testament direkt aus dem Hebräischen. Fünfzehn Jahre verwendete er auf diese Arbeit, von der seine Zeitgenossen, darunter auch der hl. Augustinus*, weder die Gründe noch die Tragweite begriffen. Doch war dieser Philologe auch ein Exeget, Historiker und Polemiker. Seine *Briefe* haben einen größeren Wert durch ihre Stellung als Quellen, die über alle Provinzen* des Kaiserreiches informieren, als durch ihre literarische Qualität; mal sind sie satirisch, mal privat, polemisch, ermahnend, spirituell oder wirklichkeitsnah.

Hochzeit

Das römische Recht* unterscheidet zwei Arten der Heirat (*matrimonium* und *iustae nuptiae*; *conubium* bezeichnet eher das Recht, sich zu verheiraten): zum einen die Ehe *cum manu*, bei der die Braut unter die Herrschaft des Ehemanns gestellt wird, zum anderen die Ehe *sine manu*, bei der die Braut rechtlich ihrem Gatten nicht unterstellt wird. Bei der Ehe *cum manu* unterscheidet man drei Varianten:

Die *confarreatio*. Sie scheint archaischen Ursprungs und ihr religiöser Bezug ist offenkundig. Assistiert vom *pontifex* maximus* und einem Flaminen* des Jupiter, in Gegenwart von zehn römischen Bürgern* als Zeugen, boten die Brautleute Jupiter einen Gewürzkuchen (*farreus panis*) dar und sprachen Gebete*. Diese Form der Eheschließung wurde äußerst selten praktiziert, gelegentlich zu Ehren einiger sehr alter Patrizierfamilien, war aber notwendig, wollte man später Flamine werden.

Die *coemptio*. Dies war eine Ehe durch 'Kauf' eines jungen Mädchens in Gegenwart von fünf Zeugen; dieser fiktive Kauf wurde nach dem Ende der Republik* kaum mehr praktiziert.

Die Ehe *per usum*, in der juristischen Form der 'Mitnahme'. Diese gestattete eine Verbindung für ein Jahr. Diese Regelung wurde recht bald unüblich und war nichts weiter als eine juristische Kuriosität.

Im praktischen Leben trat die Ehe

cum manu sehr rasch hinter der *sine manu* zurück, die bereits auf dem Zwölftafelgesetz* erwähnt ist, aber wohl noch älter sein dürfte. Diese Regelung sollte zur Gleichstellung der römischen Frau beitragen, erntete aber zweifellos auch manche Mißbilligung. In der Tat wurden nach 445 v. Chr. (*lex Canuleia*) Ehen zwischen Patriziern und Plebejern* erlaubt, auch wenn bei einer Eheschließung *sine manu* der Patrizier, der seine Tochter an einen Plebejer verheiratete, seine Weisungsbefugnis ihr gegenüber behielt und sich das Recht, die Ehe aufzulösen, vorbehielt. Diese Regelung, die erst im 2. Jh. n. Chr. aufgehoben wurde, wurde aber schon seit geraumer Zeit nicht mehr angewandt.

Das Recht, 'gerechte Hochzeiten' (*ius conubii*) zu vollziehen, blieb den Patriziern vorbehalten; den Plebejern wurde es erst 450 gestattet, blieb aber weiterhin den Fremden* wie den Sklaven* verwehrt. Eine Verbindung gab den Fremden die bürgerlichen Rechte gemäß dem Recht der jeweiligen Stadt. Bei den Sklaven war die Ehe nicht mehr als ein gemeinsames Zusammenleben (*contubernium*).

Hochzeitsfeierlichkeiten. Bei den verschiedenen Formen der Eheschließung waren die Feierlichkeiten nahezu gleich: Am Tag vor der Hochzeit erhielt die Braut (*sponsa*) eine lange Tunika*; (*tunica recta*) ihre Haare wurden in sechs Zöpfe geflochten und um den Kopf gewunden. Am Morgen des Hochzeitstages versammelten sich alle Verwandten und Gäste im Hause der Braut, die einen gelblichen Schleier (*flammeum*) vor dem Gesicht trug. Zu Beginn brachte man mindestens ein Opfer* dar und prüfte die Eingeweide der Opfertiere, darauf folgte der Austausch der Verträge in Gegenwart von Zeugen, und letztlich gaben sich die Brautleute das Jawort und nahmen einander bei der Hand (*dextrarum iunctio*). Im Anschluß erbat man von fünf Gottheiten den Segen: von Jupiter als Garanten der Bindung, von Juno als der Ehegöttin, von Venus als Liebesgöttin, von Fides* als Göttin der Treue sowie von Diana als Muttergottheit. Im Rahmen der *confarreatio* opferten die Brautleute Jupiter einen Gewürzkuchen. Das 'Hochzeitsmahl' bildete den Abschluß seit den frühesten Zeiten. Sobald der Abendstern sich am Firmament zeigte, verließ die junge Ehefrau das väterliche Haus, wobei sie so tat, als ob sie diesen Auszug fürchte. Die Gäste zogen sie aus der mütterlichen Umarmung, und ein freudiges Gefolge führte sie unter dem Gesang von Hymnen und allerlei Späßen, die üble Gedanken fernhalten sollten, zum Haus des Ehemannes (*deductio ad dominum*). An der Schwelle, die die Ehefrau nicht berühren durfte, erwartete sie ihr Gatte. Im Atrium* reichte er ihr Feuer und Wasser, Symbole für das Leben, und sie sprach die feierlichen Worte: *Ubi tu Gaius, ego Gaia*, „Wo Du Gaius bist, werde ich Gaia sein." Dann reichte sie ihm drei Geldstücke, eines für ihren Ehemann, das zweite für die Laren* und das dritte für die Gottheit der nächsten Wegkreuzung.

An bestimmten Tagen (Kalenden*, Nonen, Iden*) sowie in bestimmten Zeiträumen (13. bis 21. Februar, 1. bis 15. März und 1. Mai bis 15. Juni) waren Hochzeitsfeierlichkeiten verboten, denn diese Zeiten waren den Totenfeierlichkeiten sowie den Reinigungszeremonien vorbehalten und mit dem Hochzeitsritual unvereinbar.

homo novus

Mit diesem Ausdruck bezeichnete man jeden, der eine politische Laufbahn einschlug, ohne in seiner Familie einen Vorfahren zu haben, der bereits einmal ein kurulisches Magistratsamt (Zensor*, Konsul*, Prätor*, kurulischer Ädil*) innegehabt hatte. Seine Erfolgsaussichten waren gering und nur wenigen *homines novi* gelang der Weg zum Konsulat. Zu den berühmtesten gehören Cato Censorius* (197), Marius* (107) und Cicero* (63).

honestiores

Mit diesem Begriff (die Ehrenwerten) bezeichnet man zur Kaiserzeit die höchsten Kreise der Gesellschaft, insbesondere die Senatoren* und Ritter*, doch auch ein städtisches Bürgertum. Im Gegensatz zu diesem wurden die restlichen Bürger als *humiliores* und *tenuiores* (die Niedrigsten) bezeichnet. Es handelt sich hierbei um eine hierarchische Ordnung, die auf der sozialen Stellung, der Würde (*dignitas*), beruhte, zunehmend aber auch von einer juristischen Splitterung, insbesondere im Strafrecht, begleitet wurde. Seit den Antoninern zu Beginn des 2. Jhs. n. Chr. wurden die Vergehen abhängig davon geahndet, ob der Täter zu den *honestiores* oder zu den *humiliores* zählte. Die *humiliores* wurden deutlich härter verurteilt.

Horatier

Der Legende nach wählte man, um den Krieg zwischen Alba und dem von Tullius Hostilius regierten Rom zu beenden, auf jeder Seite drei Kämpfer aus, die gegeneinander antreten sollten. Vom Ausgang dieses Kampfes sollte das weitere Schicksal beider Städte abhängen. Die drei Horatier traten für Rom, die drei Curiatier für Alba an. Im Verlauf des Kampfes wurden zwei Horatier getötet, doch gelang es dem dritten, die drei Curiatier zu überwinden. Diesem Waffengang folgte ein Familiendrama: Die Schwester der Horatier, die mit einem der Curiatier verlobt war, warf ihrem Bruder Mord vor. Der konnte sich angesichts dieser Beschuldigung nicht beherrschen und tötete sie. Vom König* zum Tode verurteilt, rief er das Volk an, das ihn in Anbetracht seiner Ruhmestat und der Folgen seines Sieges freisprach. Aus juristischer Sicht war dies das erste Beispiel einer *provocatio ad populum**, die zu einer Säule des römischen Zivilrechts wurde.

Horatius Cocles

Der Sage nach soll er gegenüber dem Etruskerkönig Porsenna, dem Rächer des Tarquinius Superbus, eine Heldentat begangen haben, indem er sich ihm an einer Tiberbrücke (*pons Sublicius*) entgegenstellte und es den Römern ermöglichte, diese hinter ihm abzubrechen. Hiernach schwamm er ans andere Ufer zurück. Im Verlaufe des Kampfes verlor er ein Auge, weswegen er den Beinamen ‘Einäugiger’ (*Cocles*) trug.

Horaz

Q. Horatius Flaccus wurde 65 v. Chr. im apulischen Venusia als Sohn eines Freigelassenen* geboren. In seiner Geburtsstadt, später in Rom, erhielt er eine sorgsame Ausbildung, die er durch eine Reise nach Athen krönte. Dann verpflichtete er sich zum Militärdienst bei

Brutus* und Cassius, wo er, in Anbetracht seiner sozialen Herkunft, unverhofft zum Militärtribunen* aufstieg und 42 an der Schlacht von Philippi* teilnahm. Nach der Niederlage kehrte er nach Rom zurück und schrieb bissige Satiren (*Epoden*), in denen sich der Einfluß des Archilochos zeigt. Er machte die Bekanntschaft Vergils*, der ihn Maecenas* vorstellte und mit dem ihn eine großartige Freundschaft verband. Sein Werk entwickelte sich nunmehr auf zwei Gebieten: Einerseits schrieb er Stücke in Hexametern über verschiedenste Gegenstände, nämlich zwei Bücher *Satiren* und zwei Bücher *Episteln*, in denen in lockerer und fesselnder Form die unterschiedlichsten Fragestellungen angesprochen werden. Die satirischen Themen kreisen in der Tradition des Lucilius* um populärphilosophische Betrachtungen oder solche der Literatur, wie insbesondere die schon in der Antike als *Ars poetica* bezeichnete Epistel. Andererseits schrieb er vier Bücher *Oden*, deren äolisches Versmaß den verschiedensten lyrischen Themen Form verlieh: Mythologie, nationale und religiöse Gefühle, Naturerlebnis und Persönliches. 57jährig starb Horaz 8 v. Chr. wenige Monate nach seinem Gönner Maecenas, benannte Augustus* als Erben und wurde in Rom auf dem Esquilin beigesetzt.

Horn

Mit dem Begriff Horn (*cornu*) wurden verschiedene Objekte, die diese Form aufwiesen, bezeichnet, insbesondere ein militärisches Musikinstrument. Beim Militär* bildeten die Hornbläser (*cornices*) mit den Bläsern der *bucina* die Blaskapelle. Sie dienten dazu, den Truppen die zu vollziehenden Bewegungen zu übermitteln. In Friedenszeiten traten sie bei den Komitien* und Gerichten* auf, verkündeten Versammlungen und begleiteten Feierlichkeiten.

Iden ▶ **Kalender**

Imperator

War dieser Titel ursprünglich Jupiter vorbehalten, wurde er später durch Akklamation der Truppen einem siegreichen Feldherrn zuerkannt. Als erster erhielt ihn Scipio* Africanus 209 v. Chr. in Spanien. Innerhalb einer Titulatur gibt *imperator*, gefolgt von einer Ziffer, an, wie oft der Feldherr diesen Titel erworben hatte. Octavian* machte aus ihm um 40 einen Vornamen. Dies griff Vespasian später wieder auf, wonach sich diese Sitte ausbreitete. Seit dem Ende des 1. Jhs. war *imperator* ein geläufiger und den Kaiser* (*princeps*) bezeichnender Name.

imperium

Der vielleicht aus dem Etruskischen stammende Begriff meinte anfangs die dem Anführer von den Göttern* zuerkannte Macht, wurde aber dann zu einem juristischen Ausdruck für die Vollmachten mancher Magistratsämter. Die Römer haben dem *imperium* eine andere, von ihrem Wesen her andersartige Macht, die *potestas*, gegenübergestellt.

Potestas ist ein Verwaltungsbegriff und bezeichnet die Amtsgewalt, die ein Magistrat* ausüben kann. Sie umfaßt das Recht, Auspizien* vorzunehmen, Verordnungen zu erlassen, Geldbußen zu verhängen und das Volk innerhalb der Stadtmauern zusammenzurufen, um ihm etwas mitzuteilen, es beraten und abstimmen zu lassen. Die mit der *potestas* ausgestatteten Magistraturen sind die Ädilität, die Quästur, das Tribunat und das Amt des Zensors*.

Das *imperium* hingegen umschreibt die absolute Machtfülle in Zivil-, Militär-, Rechts- und Religionsdingen, die einst der König* besaß und die unter der Republik* auf die Konsuln* und die Prätoren* aufgeteilt wurde. Wer mit dem *imperium* ausgestattet war, besaß Macht über alle Personen; man unterschied in *imperium domi*, der Rechtsvollmacht über Rom, und in *imperium militiae*, der Militärgewalt außerhalb Roms. Das *imperium* umfaßte im einzelnen das Recht, Auspizien innerhalb und außerhalb Roms vorzunehmen, Truppen auszuheben und anzuführen, die Zivil*- und Strafgerichtsbarkeit* auszuüben, den Notstand auszurufen, den Senat* einzuberufen und ihm vorzusitzen sowie das Volk außerhalb Roms in Zenturiarkomitien* zusammenzurufen und abstimmen zu lassen. Das *imperium*, das selbstredend die *potestas* einschloß, besaßen die Konsuln, Prätoren und eventuell die Diktatoren*. Liktoren* und Rutenbündel* waren äußere Zeichen des *imperium*. Dennoch konnten die Machtbefugnisse der das *imperium* besitzenden Magistrate durch das Recht auf *provocatio ad populum** sowie durch das Widerspruchsrecht der Volkstribunen* beschränkt werden.

Die Herausbildung von Promagistraturen* wie dem Prokonsul* oder dem Proprätor* zog auch neue Funktionen des *imperium* nach sich, doch wurde hierbei meist nur das *imperium militiae* verliehen.

In der Kaiserzeit besaß der Kaiser* ein *imperium*, das dem der Magistrate übergeordnet war, das *imperium maius*. Es war weder zeitlich noch räumlich begrenzt, war unabhängig von jeglichem Magistratsamt und wurde ihm bei Herrschaftsantritt durch die *lex de imperio* verliehen.

inauguratio

Eine Zeremonie, bei der in Anwesenheit eines Auguren* die Auspizien* genommen werden und die vor einer wichtigen Handlung stattfindet, um in Erfahrung zu bringen, ob die Götter* dem Vorhaben wohlgesonnen sind. Gleichartiges findet etwa bei der Gründung von Städten oder vor dem Bau öffentlicher und religiöser Gebäude statt. Die *inauguratio* besteht aus dem Abstecken eines *templum**, den Auspizien und der Ausrichtung der Anlage (▶ Städtebau).

Man führte auch bei der Krönung von Königen* oder der Weihe von Priestern* eine *inauguratio* durch, wobei letztere durch den *pontifex* maximus* vollzogen wurde.

indigitamenta

Sammlung von Formeln, die dazu dienen, in verschiedensten Lebenssituationen die Götter* anzurufen, und die den entsprechenden Riten und Bitten angemessen sind.

Inschriften

Es gibt wohl kaum ein Bauwerk in der römischen Welt, auf dem nicht die Einzelheiten seiner Errichtung mit den Namen* der Magistrate*, auf deren Initiative man es in Angriff nahm, dem Jahr, dem Anlaß, Namen von Göttern* oder Kaisern*, zu deren Ehren es errichtet wurde, und dgl. vermerkt ist. Ebenso rufen die Grabsteine den Lebensweg des Verstorbenen wach und oftmals zierten Eltern oder Freunde sie noch zusätzlich mit einigen Versen. Auf diese Art nahm man Anteil an der Ewigkeit steinerner Monumente. Die Inschriften selbst wurden mehr oder weniger prächtig ausgeführt, im allgemeinen aber weisen sie eine gewisse Kürze in ihrer textlichen Abfassung auf. Den Historikern bieten sie unersetzbare Quellen.

insula

Ein mehrgeschossiges Wohnhaus, dessen Wohnungen vermietet werden. Zu den Wohnungen selbst gelangte man über Innen- oder Außentreppen. Diese Häuser* konnten gelegentlich die Höhe von 20 m überschreiten. In den Mauern befanden sich Fenster, und es gab auch bereits Balkone. In den *insulae* hatten die Räume, im Unterschied zur *domus*, keinen besonderen Zweck. Diese Wohnverhältnisse* entstanden durch die Begrenztheit von Bauland. Die Vermietung der Wohnungen unterlag einer gesetzlichen Regelung.

Institutiones Justiniani

Während Justinian die *Digesten* ausarbeiten ließ, ließ er auch ein viel grundlegenderes Handbuch anfertigen, das dem Unterricht* dienen sollte und das auch Gesetzeskraft besaß. Die Verfasser folgten der Anlage der *Institutiones* des Gaius aus dem 2. Jh. n. Chr., führten aber zahlreiche wichtige Überarbeitungen durch (533 n. Chr.).

intercessio ▶ Widerspruch

Interregnum

Das *interregnum* ist eine sehr alte Einrichtung. Wenn der König* oder, zur Zeit der Republik*, die Konsuln* im Laufe ihrer Amtszeit starben, griff der Senat* auf das Recht zu Auspizien* zurück und ernannte einen Zwischenkönig (*interrex*). Spätestens nach fünf Tagen mußte dieser einen weiteren *interrex* benennen und so fort, bis man zu Neuwahlen kam. Der *interrex* mußte aus den Reihen der Patrizier im Senat stammen.

Italien

In Italien sprach man zu Beginn des 5. Jhs. v. Chr. ein Dutzend Sprachen, doch allmählich gelang es Rom, diese Zersplitterung aufzulösen und zur Einheit Italiens zu kommen. Das Wort *Italia* selbst meinte anfangs nur dessen äußerstes Ende, Bruttium. Ab dem 3. Jh. v. Chr. dehnte sich die Wortbedeutung von Bruttium bis zur Grenze der Gallia* Cisalpina aus, und 42 v. Chr. wurde die Gallia Cisalpina selbst ein Teil Italiens.

Für das weitere Schicksal der unterworfenen Länder griff Rom auf zwei Methoden zurück: Bündnis (*foederatio*) oder Einverleibung (*annectio*). Die Einzelheiten der verwaltungstechnischen Organisation Italiens sind kompliziert, denn Rom war ständig darum bemüht, die unterschiedlichen Rechtsverhältnisse der Städte in Einklang zu bringen, und entwickelte dazu ein Rechtssystem, das es ihm schrittweise erlaubte, diesen das römische Bürgerrecht* zuzuerkennen, das wiederum aus unveränderlichen Vorrechten bestand.

Innerhalb der annektierten Gebiete muß man römische Kolonien*, Munizipien* und Präfekturen* unterscheiden; innerhalb der Bündnisgebiete latinische Kolonien und verbündete Städte. Theoretisch sollte die Rechtsstellung einer Kolonie nur einer Neugründung zukommen. Die Zuerkennung der unterschiedlichen Rechte sollte die Wertigkeit der eroberten Völker und ihrer politischen Einrichtungen zum Ausdruck bringen, denn Rom konnte schwerlich gleich den Feinden* von gestern das volle Bürgerrecht geben. Schrittweise erhielten *municipia* und Präfekturen die volle *civitas*, doch die verbündeten Städte und latinischen Kolonien mußten sich erst im Bundesgenossenkrieg* 90 bis 88 v. Chr. erheben, um dieselbe Gunst zu erfahren.

Ab 49 v. Chr. dann besaßen alle freien Menschen Italiens einschließlich der Gallia Cisalpina Rechte und Pflichten des römischen Bürgerrechts und mußten ihre Lokalbräuche ablegen; Neapel allerdings wurde erst zur Kaiserzeit ʻrömisch'. Alle Städten waren von nun an *municipia*, ihre Bürger in die Tribus* eingeschrieben, die bisherigen städtischen Verwaltungsstrukturen wurden durch die Roms ersetzt.

Unter Beibehaltung der 35 Tribus teilte Augustus* Italien in elf Regionen auf, die keine unabhängige Verwaltung und auch keinen Statthalter* besaßen, sondern es wurde in jeder von ihnen eine Kommission zur Leitung des Katasters*, der Post* und des *census** eingesetzt. Hadrian* und Marc Aurel* teilten dann Italien in vier Verwaltungsbezirke (die Transpadana, Etrurien und Ligurien, Umbrien, Süditalien), an deren Spitze jeweils ein *iuridicus* mit verwaltungstechnischen, vor allem aber richterlichen Kompetenzen saß. Diese Struktur Italiens versuchte sich der Provinzialverwaltung anzugleichen. Zu Beginn des 3. Jhs. überwachte ein mit dem *imperium** versehener *corrector* die Verwaltung Italiens mit Ausnahme Roms; dieses ursprünglich als Ausnahme gedachte Amt wurde unter Aurelianus* zu einer Dauerinstitution. Zur selben Zeit führte man auch eine Besteuerung von

Grund und Boden ein, wodurch die einheitliche Behandlung Italiens und der Provinzen vollendet wurde.

Als schließlich unter Diokletian* das Reich neu organisiert wurde, wurde Italien, das um Rhätien, Korsika, Sardinien und Sizilien vergrößert worden war, zu einer der zehn Diözesen.

Jagd

Die Jagd war in Rom eine sportliche Betätigung und ein Schauspiel. Doch scheint sie erst recht spät praktiziert worden oder anerkannt gewesen zu sein. Zweifellos erlaubten erst zu Anfang des 2. Jhs. v. Chr. die großen Güter mit ihren Weide- und Ackerflächen es den Römern, sich diesem Sport* zu widmen. Die Römer unterschieden die Jagd auf Vögel (*auspicium*), bei der sie Fallen, Köder und Leim benutzten, von der auf Vierbeiner (*venatio*): Man fing das Tier, das man mit der Unterstützung von Hunden zu Fuß oder zu Pferd verfolgte, in Netzen. Die Waffen* des Jägers waren Degen, Lanze*, Keule und Kurzsäbel. Die großen Jagden Hadrians* sind berühmt: Dieser reiselustige Kaiser hat nahezu überall gejagt, wo er hinkam. Seine bedeutendsten Jagden fanden in Mysien, Ägypten und Griechenland statt. Bären und Löwen waren seine bevorzugte Beute.

Die Jagd war aber auch ein Schauspiel, das man während der Spiele* im Amphitheater* veranstaltete. Die ersten derartigen Jagden wurden den Römern 186 v. Chr. von M. Fulvius Nobilior zur Feier seines Sieges über Ätolien geboten. Die Römer wollten im Amphitheater die Bedingungen einer wirklichen Jagd nachbilden, an der orientalische oder afrikanische Jäger in natürlicher Umgebung teilnahmen. Dafür wurde das Amphitheater in einen Jagdbezirk umgewandelt, der eine makedonische oder orientalische Landschaft darstellte.

Ihren Höhepunkt erreichte die Jagd zur Kaiserzeit. Man ließ aus fernen Ländern seltene Jagdtiere kommen, die man in Tiergärten und Zoos* aufzog. Um die Schauspiele abwechslungsreicher zu gestalten, ließ man die Raubtiere gelegentlich gegeneinander antreten oder zeigte Dressurübungen. Tiberius*, Nero* und insbesondere Commodian stiegen in die Arena, um zur Schau zu stellen, daß ihre kaiserliche *virtus** mit der des Herakles vergleichbar war: Durch die Zähmung oder Bändigung der Raubtiere erwies der Kaiser* seine Kraft und triumphierte so symbolisch über die Kräfte des Bösen. Somit erlangte die Jagd über den Umweg kaiserlicher Mystik zeitweise ihren religiösen Charakter wieder, den sie eigentlich nie völlig verloren hatte.

Vor 186 aber ließ man in Anlehnung an einen ländlichen Brauch zum Schutz der Ernte im Zirkus* Ziegen, Hasen oder Füchse bei manchen Festen frei laufen (Floralia, Cerealia). Doch in der Regel war jede Art von Jagd ein Blutopfer (*mactatio*), das die göttlichen Kräfte beruhigen und die Person des Adressaten preisen soll. Von diesem Standpunkt aus sind die Jagden in der Arena wie die Zweikämpfe der Gladiatoren *munera*, d. h. Ersatzhandlungen für Menschenopfer. Allerdings hatte auch die Jagd in freier Wildbahn gleichermaßen einen religiösen Anstrich durch Gebete* und Opfer* vor und nach der Jagd und durch die Segnung von Beute und Waffen. Somit gibt es zwischen der Vergnügungsjagd und der Schauspieljagd keinen großen Unterschied: Letztere war zur Kaiserzeit der Höhepunkt ersterer und erlaubte es der *virtus Romana*, sich öffentlich zu präsentieren.

Jerusalem

Titus, der Sohn des Kaisers* Vespasian, sollte 70 n. Chr. den bereits drei Jahre andauernden jüdischen Unruhen ein Ende setzen. Er belagerte die Stadt, beendete damit nach neun Monaten die jüdische Erhebung und plünderte die Stadt. Der von seinem Bruder Domitian auf dem Forum*, am Fuße des Palatin, errichtete Triumphbogen* für Titus gemahnt an diesen Sieg. Die Reliefs zeigen das Triumphgefolge, in dem er die Beute aus dem Tempel* Salomons, den siebenarmigen Leuchter und silberne Trompeten, nach Rom brachte. Tausende Juden waren niedergemetzelt oder als Sklaven* verkauft worden; die Überlebenden mußten ihre Heimat verlassen (*diaspora*). Auch für das jüdische Christentum ist das Datum 70 n.Chr. von einschneidender Bedeutung, denn nun trennten sich jüdische und christliche Gemeinschaften endgültig. Letztere hatten sich übrigens mit dem jüdischen Nationalismus nicht solidarisiert. Später unterdrückte Trajan* eine jüdische Erhebung in den orientalischen Städten (115–117), und Hadrian* führte drei Jahre lang (132–135) Krieg gegen eine erneute Revolte unter Simon Barkochba, der sich der Gründung der Stadt Aelia Capitolina an der Stelle Jerusalems widersetzte. Das Land wurde verwüstet und die Provinz* Judaea erhielt den Namen Syria-Palaestina.

Jugurtha
Ein Numiderkönig, der sich die Herrschaft mit seinen Vettern Hiempsal und Adherbal teilte. Letztgenannter wurde von Rom beschützt. Nach einer Reihe von Intrigen fand sich Jugurtha allein an der Macht. Die seiner Provokationen überdrüssigen Römer erklärten ihm 111 v.Chr. den Krieg. Dieser wurde 105 durch Marius* beendet, der Jugurtha während seines Triumphzuges am 1. Januar 104 v.Chr. hinrichten ließ.

Julia
Die 39 v.Chr. geborene Tochter des Augustus* und Ehefrau des M. Claudius Marcellus (25) wurde 23 Witwe und heiratete 21 Agrippa*. Nach dessen Tod 12 v.Chr. zwang Augustus sie, Tiberius* zu heiraten, der sich dazu von seiner Frau Vipsania trennen mußte. Julias skandalumwittertes Leben erzürnte Augustus derart, daß er sie zuerst auf die Insel Pandataria, dann nach Regium verbannte, wo sie 14 n.Chr. verstarb.

Juristen
Spezialisten für das Recht*; obschon sie es hätten sein können, waren sie nicht notwendigerweise Rechtsanwälte*.

Die ersten Juristen (*iuris consulti*) waren die Pontifices*, die alleine das gesamte Recht kannten, es auf Streitfälle anzuwenden verstanden und die Prozeßformeln* ebenso besaßen wie den Kalender* der Fasten*. Doch seit dem Zwölftafelgesetz* von 450 v.Chr. und vor allem durch die von Cn. Flavius, dem Sekretär des Appius* Claudius, 304 v.Chr. vorgenommene Bekanntmachung der Rechtsformeln wurde das Recht laisiert. Die Spezialisten begannen, ihr juristisches Wissen dem Volk verständlich machten. Ihre Rolle war sehr bedeutend, denn sie berieten Mandanten, Priester* und Richter. Als Rechtspraktiker nahmen sie in besonderen Fällen Konsultationen und Gutachten (*responsa*) vor. Dank ihnen wurde das Recht zur *ars boni et aequi* (Kunst des Guten und Gerechten).

Die ersten bedeutenden Juristen waren Tib. Coruncarius, Konsul* 280,

Sext. Aelius Paetus, Konsul 198, Cato* der Ältere, Zensor* 184, P. Mucius Scaevola, Konsul 133, Q. Mucius Scaevola, dessen Sohn und einer der Lehrer Ciceros*, und Servius Sulpicius, ein Freund Ciceros.

Gegen Ende des 1. Jhs. n.Chr. bildeten sich zwei Juristenschulen heraus: Die *sabiniani* (Ateius Capito, Masurius Sabinus) und die *proculiani* (Proculus, Labeo). Erstere schienen eher traditionell, letztere eher Neuerungen gegenüber aufgeschlossen zu sein. Doch war dieser Rivalität nur eine kurze Dauer beschert.

Die bedeutendsten Juristen des 2. und 3. Jhs. waren Gaius, Papinius, Paulus und Ulpian. Sie hinterließen zahlreiche Werke (*Digesten**, *Institutiones, Regeln, Sätze*), die mehr oder weniger ausgearbeitete Rechtshandbücher sind. Ihr Werk begründet die Jurisprudenz, die nicht nur, wie heutzutage, die Entscheidungen der Rechtsprechung umfaßt, sondern vielmehr eine allgemeine Wissenschaft* von den göttlichen und menschlichen Dingen, das Wissen vom Gerechten und Ungerechten war, also gleichermaßen Rechtswissenschaft und -praxis enthielt. Die Juristen haben nicht nur das Recht angewandt, sondern es gleichermaßen befördert. Trotzdem schwand ihre Bedeutung um die Mitte des 3. Jhs., da die kaiserlichen Verfügungen* nunmehr die einzige Rechtsquelle darstellten.

Juvenal

D. Junius Juvenalis (um 55–130 n.Chr.) war ein aus dem campanischen Aquinum gebürtiger Satirendichter. Über sein Leben weiß man nur wenig. Er schrieb 16 *Satiren,* in denen er heftig und beredt Laster, Spott, Snobismus und Mißbräuche anprangert. Die Gesellschaft, die er derart unter die Lupe nahm, war die der Flavierkaiser, denn er schrieb zur Zeit Trajans*. Stets gelangte er vom Einzelnen zum Allgemeinen. Seinen Dichtungen aber scheint zu seinen Lebzeiten kein Erfolg beschieden gewesen zu sein.

Kaiser ▶ **Imperator**

Die römischen Kaiser bis zum Untergang des weströmischen Reiches		
Das julisch-claudische Haus (27 v.–68 n. Chr.)	Augustus Tiberius Caligula Claudius Nero	(27 v.–4 n. Chr.) (14–37 n. Chr.) (37–41 n. Chr.) (41–54 n. Chr.) (54–68 n. Chr.)
Die Krise von 69	Galba Otho Vitellius	(Juli 68–Jan. 69) (Jan. 69–April 69) (April 69–Dez. 69)
Die Flavier (69–96)	Vespasian Titus Domitian	(69–79) (79–81) (81–96)
Die Adoptivkaiser (96–192)	Nerva Trajan Hadrian Antoninus Marc Aurel L. Verus (Mitregent) Commodus	(96–98) (98–117) (117–138) (138–161) (161–180) (161–169) (180–192)
Das Haus der Severer (193–235)	Pertinax Didius Julianus Septimius Severus Caracalla und Geta Caracalla Macrinus Elagabal Severus Alexander	(193 [87 Tage]) (193 [66 Tage]) (193–211) (211–212) (212–217) (217–218) (218–222) (222–235)
Die Soldatenkaiser (235–268)	Maximinus Thrax Gordian I. und Gordian II. Balbinus und Pupienus Gordian III. Philippus Arabs Decius Trebonianus Gallus Aemilius Aemilianus Valerianus Gallienus	(235–238) (238 [Mai/Juni]) (238) (238–244) (244–249) (249–251) (251–253) (253 [Juli–Okt.]) (253–260) (260–268)
Die Illyrerkaiser (268–285)	Claudius II. Gothicus Quintillus Aurelianus	(268–270) (270 [Sept.]) (270–275)

Die Illyrerkaiser (Forts.)	Tacitus	(275–276)
	Probus	(276–282)
	Carus	(282–283)
	Numerianus	(283–284)
	Carinus	(283–285)
Die Tetrarchen (284–310) [(A): Augustus; (C): Caesar]	Diokletian (A)	(284–305)
	Maximian (A)	(286–305)
	Constantius I. (C)	
	Galerius (C)	(293–305)
	Constantius I. (A)	
	Galerius (A)	
	Severus II. (C)	(305–306)
	Maximinus Daia (C)	
	Galerius (A)	
	Licinius (A)	
	Maximinus Daia (C, A ab 308)	(307–310)
	Constantius I. (C, A ab 310)	
Das Haus Konstantins I. (306–363)	Konstantin I. und Licinus	(306–324)
	Konstantin I. (Alleinherrscher)	(325–337)
	Konstantin II. (Westreich)	(337–340)
	Constans I. (Italien, Afrika, Westreich nach 340)	(337–350)
	Constantius II. (Ostreich)	(337–350)
	Constantius II. (Alleinherrscher)	(350–361)
	Julian Apostata	(361–363)
	Jovian	(363–364)
Das Haus Valentinians I. (364–395)	Valentinian I. (Westreich)	(364–375)
	Valens (Ostreich)	(364–378)
	Gratian	(375–383)
	Valentinian II. (Illyrien, Italien, Afrika)	(375–392)
	Theodosius I. (Ostreich)	(379–392)
	Theodosius I. (Alleinherrscher)	(392–395)
Kaiser des weströmischen Reiches	Honorius	(395–423)
	Valentinian III.	(425–455)
	Petronius Maximus	(455 [März–Mai])
	Avitus	(Juli 455–Okt. 456)
	Maiorianus	(457–461)
	Severus	(461–465)
	Anthemius	(467–472)
	Olybrius	(472 [April–Dez.])
	Glycerius	(473–474)
	Nepos	(474–475)
	Romulus Augustulus	(475–476)

Kaiserkult

Der Prinzipat* hatte nicht nur institutionellen und politischen Charakter, sondern basierte auch auf einer gewissen Mystik und Ideologie, die seine Grundfesten absicherten. Einfach gesagt war der Kaiserkult schon lange in der Angewohnheit der Römer, bedeutende Menschen als Heroen zu betrachten, vorprogrammiert. Scipio Africanus*, Sulla*, Pompeius* oder Caesar* galten als von einer göttlichen Mission gesandt, und Cicero* gab gern zu, daß sich manche Menschen durch ihre Taten für den Staat über die gewöhnliche Menschheit erhoben und besondere Ehrungen verdienten. In diesem Sinn muß man denn auch die durch die Triumphe* zugeteilte Ehrungen verstehen. So waren die Römer keineswegs überrascht oder unwillig, als sich ein Kaiserkult etablierte. Caesar, der stolz darauf war, von Venus abzustammen, erhielt im März 45, nach Munda, Zeichen der Ehrerbietung wie ein Gott. Im Jahre 42 wurde er durch das Triumvirat* zum Gott erklärt.

Nach Actium* erlaubte Octavian* den Völkern Asiens und Bithyniens, ihm einen Tempel* zu weihen. Die Titel (*Augustus*, pater patriae**), die man ihm zuerkannte, haben, vor allem ersterer, einen religiösen Beiklang. Das *imperium** und die tribunizische Gewalt, mit denen man ihn versah, erlaubten ihm, diese ihm beigemessene göttliche Natur offen zu zeigen. Trotzdem erwies sich Augustus als stets darum bedacht, diese Volkesliebe nicht zu brüskieren, und mäßigte weise die spontanen Wallungen, die seine Vergöttlichung beabsichtigten. In den Provinzen* wurde sein Kult* dem in Rom angeglichen, und in Italien* wie in Rom verband man den Kult des Genies* des Augustus mit dem der *Lares* Compitales*. Nach seinem Tode wurde Augustus zu den Göttern erhoben (*divus*), man errichtete ihm einen Tempel und bildete zu seinem Kult ein Priesterkollegium, die *augustales**.

Die Nachfolger des Augustus übernahmen gemäß ihrem Charakter oder dem Ruhm ihrer Herrschaft diese Gewohnheiten, so daß sich gemeinhin der Kaiserkult immer mehr verstärkte. Trotzdem wurden die Kaiser* erst nach ihrem Tode *divi*, wenn der Senat* ihre Vergöttlichung* beschloß. Doch Aurelianus* brach mit dieser Tradition und nannte sich lebendiger Gott (*Deus*) und Verkörperung der Sonne. Diokletian* behauptete, Jupiter auf Erden zu sein, und verlangte seine Anbetung durch Kniefall und Kuß auf den Saum des kaiserlichen Purpurs. Die christlichen Kaiser nahmen die Vergöttlichung zwar nicht mehr an, dennoch umgab sie eine heilige Aura. Im kaiserlichen Kabinett* war der Kaiser der einzige, der bei den Sitzungen saß, und gelegentlich wurde in den Kaiserkult auch die kaiserliche Familie* miteinbezogen.

Kaiserliche Beamte

Das Kaiserreich behielt die republikanische Organisation von Volksversammlungen*, Magistraturen und Senat* bei, doch waren dies eigentlich nur noch Relikte, denn reale Macht besaßen sie nicht mehr. Im Gegensatz dazu fiel einer neuen Gruppierung der kaiserlichen Verwaltung, den Beamten, eine bedeutende Rolle zu. Aus dem Senatorenstand wurden der Stadtpräfekt*, die Legaten*, die Verwalter* (*curatores*), aus dem Ritterstand* die übrigen Präfekten* und Prokuratoren* genommen. Die unteren Dienstgrade wurden oft mit Freigelassenen* besetzt. Anders als die Magistrate* erhielten die Beamten eine Besoldung, die nach der von ihnen bekleideten Würde gestaffelt war. Die Provinzbeamten (*provinciales*) stellten das Gros der kaiserlichen Verwaltung.

Kaiserliche Verfügungen

Rechtsakte des Kaisers*, die seit dem 2. Jh. Gesetzeskraft haben. Man teilt sie in vier Kategorien ein: Edikte (*edicta*) allgemeinerer Natur, die im gesamten Kaiserreich gelten und oft von den späteren Kaisern wiederbestätigt werden; Reskripte (*rescripta*), Antworten des Kaisers auf Anfragen eines Privatmannes oder Magistraten* und in der Bedeutung auf die anfragende Person beschränkt; Dekrete (*decreta*), vom Kaiser in einem Prozeß getroffene Entscheidungen; Mandate (*mandata*), Verwaltungsanweisungen an die Statthalter* der Provinzen*.

In der späteren Kaiserzeit erhielten diese kaiserlichen Verfügungen (*constitutiones principis*) oftmals den Namen Gesetz* (*lex*). Sie wurden in verschiedenen Sammlungen (► *codex*) zusammengefaßt.

Kaiserliches Kabinett

Das Beratungsgremium des *consilium principis* wurde von Augustus* geschaffen und bestand aus Mitgliedern seiner Familie, Freunden, Senatoren* und Rittern*, die er wegen ihrer Fähigkeiten ausgewählt hatte. Dieser Beirat behandelte alle Staatsgeschäfte. Hadrian* gab ihm seine endgültige Form, indem er Juristen* berief, die ihn zu einer dauerhaften Einrichtung machten, und den Beiräten eine Besoldung zukommen ließ. Ab Severus trat das *consilium principis* vollends aus dem Schatten des Senats* und wurde zu einem wesentlichen Bestandteil von Herrschaft und Verwaltung.

Konstantin* formte aus ihm einen 'heiligen Rat' (*consistorium sacrum*), der streng hierarchisch gegliedert war und dessen Zuständigkeiten sich auf alle Gebiete der Verwaltung und des Finanzwesens erstreckten. Der Kaiser* selbst saß ihm vor, während die Mitglieder standen.

Kalender

Der römische Kalender, der vielleicht etruskischen Ursprungs ist, war lange Zeit ein an das Sonnenjahr angeglichener Mondkalender. Das Jahr begann am 15. März und umfaßte zwölf Monate mit 29 oder 31 Tagen sowie einen Monat (*mercedonius*) mit 22 oder 23 Tagen, der alle zwei Jahre eingeschoben wurde; hieraus ergibt sich ein Jahresmittel von 366 $^{1}/_{2}$ Tagen. Man überließ es den Pontifices*, die notwendige Tageszahl des Einschubmonats festzulegen, doch kamen diese ihrer Aufgabe nur sehr schlecht nach. Caesar beschloß 45 v. Chr., den Kalender zu reformieren, nachdem er den alexandrinischen Astronomen Sosigenes zu Rate gezogen hatte. Man gab dem Kalender, der aus dieser Reform hervorging, den Namen 'julianisch'; im Grunde ist es, bis auf geringfügige Veränderungen durch den sog. Gregorianischen Kalender (1582) noch der heutige. Seit der Mitte des 2. Jhs. v. Chr. beginnt das Jahr mit dem 1. Januar.

Jeden Monat stimmten drei Tage (beim Mondkalender) mit drei Mondphasen überein: die Kalenden mit dem

Römischer Kalender

	Martius, Maius, Iulius, October		Ianuarius, Augustus, December		Aprilis, Iunius, September, November		Februarius	
1	Kalendis		Kalendis		Kalendis		Kalendis	
2	VI		IV	ante Nonas	IV	ante Nonas	IV	ante Nonas
3	V	ante Nonas	III		III		III	
4	IV		Pridie Nonas		Pridie Nonas		Pridie Nonas	
5	III		Nonis		Nonis		Nonis	
6	Pridie Nonas		VIII		VIII		VIII	
7	Nonis		VII		VII		VII	
8	VIII		VII	ante Idus	VI	ante Idus	VI	ante Idus
9	VII		V		V		V	
10	VI	ante Idus	IV		IV		IV	
11	V		III		III		III	
12	IV		Pridie Idus		Pridie Idus		Pridus Idus	
13	III		Idibus		Idibus		Idibus	
14	Pridie Idus		XIX		XVIII		XVI	
15	Idibus		XVIII		XVII		XV	
16	XVII		XVII		XVI		XIV	
17	XVI		XVI		XV		XIII	
18	XV		XV		XIV		XII	
19	XIV		XIV		XIII		XI	
20	XIII		XIII		XII		X	ante Kalendas
21	XII		XII		XI	ante Kalendas	IX	
22	XI		XI	ante Kalendas	X		VIII	
23	X	ante Kalendas	X		IX		VII	
24	IX		IX		VIII		VI	
25	VIII		VIII		VII		V	
26	VII		VII		VI		IV	
27	VI		VI		V		III	
28	V		V		IV		Pridie Kalendas	
29	IV		IV		III		Martias	
30	III		III		Pridie Kalendas			
31	Pridie Kalendas		Pridie Kalendas					

Wie man sieht, zählten die Römer die Tage rückwärts, also bis zu den Kalenden, Iden und Nonen. Z. B.: Zum 9. August sagt man: 5. Tag vor den Iden: *ante diem quintum Idus Augustas*; zum 29. September: 3. Tag vor den Kalenden des Oktober: *ante diem tertium Kalendas Octobres*. Oder abgekürzt: *a. d. V Id. Aug.* bzw. *a. d. III Kal. Oct.*
In Schaltjahren schob man vor dem 6. Tag vor den Kalenden des März einen Tag ein: *ante diem bis sextum Kalendas Martias*.

Neumond, die Nonen mit dem Halbmond, die Iden mit dem Vollmond. An jedem dieser Tage schmückte man den häuslichen Herd* mit Blumen*.

Daß man die Woche mit sieben Tagen zählte, entwickelte sich erst zur Kaiserzeit und ist erst gegen Ende des 2. Jhs. Allgemeingut. Die Christen ersetzten den 'Tag der Sonne' (*Dies Solis*) durch den 'Tag des Herrn', den Sonntag (*Dies dominica*), der im 4. Jh. zum allgemeinen Ruhetag wurde.

Die Jahre bezeichneten die Römer in der Regel durch die Namen der amtierenden Konsuln*. Die Liste der Konsuln wurde bei den Pontifices* (Pontifikalbücher*) aufbewahrt. Doch datieren sie gleichermaßen auch ab der Gründung Roms (753 v. Chr.) sowie seit dem Sturz des Königtums* (509 v. Chr.).

▶ Fasten

Kalkulation

Das Wort stammt von *calculus*, einem kleinen Steinchen, das die Römer zur Berechnung mit dem Abakus benutzten, einer Tafel mit parallelen Nuten, in die man die Steinchen legte. Doch man rechnete auch mit den Fingern. Die Römer kannten das Dezimalsystem, wandten aber in der Bruchrechnung das Duodezimalsystem an, deren Einheit das As war, die Bezeichnung eines Gewichts* sowie des Geldes*. Das As war unterteilt in zwölf Unzen. Schwierigere Berechnungen wurden durch einen Spezialisten, den *calculator*, durchgeführt.

Kanalisation

Schon zur Zeit der etruskischen Könige* baute man in Rom einen zuerst offenen, später abgedeckten Kanal, um das sumpfige Gelände rings um das Kapitol* und den Palatin zu entwässern, die *cloaca maxima*, die quer über das Forum* lief und nicht weit vom *forum boarium* in den Tiber mündete. Sie diente einem weitverzweigten Kanalnetz als Sammelbecken. Die mehrmals instandgesetzte *cloaca maxima* ist noch heute in Betrieb.

Zur Zeit der Republik* oblag die Aufsicht über den Unterhalt der Kanalisation den Ädilen*; bei den Zensoren* lag die Aufsicht über die Ausschreibung von Bautätigkeiten. Zur Kaiserzeit nahm diese Aufgaben ein Verwalter* (*curator*) wahr.

Kanzlei (kaiserliche)

Claudius organisierte systematisch eine Reihe von Büros (*scrinia*), die zur Zentralisierung der römischen Verwaltung gedacht waren und die künftig eines der Organe kaiserlicher Herrschaftsgewalt darstellten. Die Beamten*, die hier ihren Dienst versahen, stammten seit Hadrian* aus der Ritterschaft.

Die wichtigsten Dienststellen waren das Büro *ab epistulis*, das die offizielle Korrespondenz sammelte, das Büro *a libellis*, das Anfragen und Denkschriften von Privatleuten entgegennahm, das Büro *a rationibus*, das mit Fragen des Finanzwesens betraut war, das Büro *a cognitionibus*, das Anzeigen verfolgte und Streitfälle schlichtete, sowie das von Caracalla begründete Büro *a memoria*, das den anderen übergeordnet war und die verschiedenen politischen Dossiers sammelte. All diese Dienststellen erinnern an heutige Ministerien. An der Spitze eines jeden Büros stand ein *magister scrinii*, dem Beamte und Juristen* zur Seite standen.

Kapitol
Einer der sieben Hügel Roms, der im Nordosten den Kessel abschließt, in dem man das Forum* angelegt hatte. Auf dem nördlichen Gipfel des *Capitolinum* erhob sich die Zitadelle (*arx*), deren militärische Bedeutung sehr rasch verging. Auf dem Südgipfel erhob sich der Tempel* des höchsten aller Götter, des *Jupiter Optimus Maximus*.

Der Legende nach war dieser Tempel von Tarquinius Superbus in Angriff genommen worden, wurde aber erst nach seiner Vertreibung fertiggestellt. Mehrere Male niedergebrannt, wurde er unter Sulla*, Vespasian und Domitian wiederaufgebaut. Er ist das Symbol der politischen und religiösen Einheit Roms. Gleichermaßen hatten alle Städte Italiens* wie auch der Provinzen* ihr eigenes Kapitol.

Karthago
Eine von den Phöniziern in Nordafrika 814 oder 663 v. Chr. gegründete Kolonie*. Dido war ihre erste Königin. Die geographische Lage Karthagos machte aus ihr bald eine für die Verhältnisse des Mittelmeerraumes reiche und stark bevölkerte Handelsstadt. Im 6. und 5. Jh. v. Chr. waren die Karthager mit den Etruskern* gegen die Griechen verbündet und schlossen 508 und 348 v. Chr. Verträge mit Rom. Nach den Punischen Kriegen* und der Zerstörung Karthagos im Jahre 146 v. Chr. machte Tib. Gracchus* aus ihr eine später beseitigte Kolonie. Augustus* ließ die Stadt wiederaufbauen (Colonia Julia Carthago). Zur Kaiserzeit war sie dann ein wichtiges Handelszentrum, dessen Höhepunkt im 3. Jh. lag. Apuleius*, Tertullian* und Augustinus* haben ihr dann auf dem Gebiet der Literatur zu einigem Ruhm verholfen.

Katakomben
Die Christen*, die die Beerdigung praktizierten, hatten im Orient und in Afrika Friedhöfe* unter freiem Himmel wie auch solche unter der Erde, die den Namen Katakomben erhielten. Der Begriff stammt von einem solchen, der im Südwesten Roms lag, bei der heutigen Kirche des hl. Sebastian, und sich in einer Senke befand, die im Lateinischen *ad catacumbas* hieß.

Die Verwendung unterirdischer Grabplätze ist für die Christen nicht typisch, doch erreichten die christlichen Katakomben in der Umgebung Roms eine besondere Verbreitung. Bis zu Beginn des 2. Jhs. findet man heidnische und christliche Gräber nebeneinander auf den Friedhöfen, danach aber zogen es die Christen vor, eigene Ruhestätten für ihre Toten anzulegen, an denen sie auch den Totenkult begehen konnten. Die ersten Katakomben wurden auf privaten Grundstücken ausgehoben. Ihre heutigen Namen erinnern an den Eigentümer, so etwa die Katakombe des Praetextat oder die der Domitilla, der Nichte des Kaisers* Domitian. Später erwarben die zu Bestattungsgemeinschaften zusammengeschlossenen Christen Begräbnisgelände. Sie begingen in den Katakomben den Kult* zur Ehrung ihrer Toten und stellten sich unter deren Schutz. Doch am Ende des 3. Jhs. wurde ihnen dieser Schutz genommen, denn dank ihrer großzügigen Räume und der unterschiedlichen Etagen konnten die Katakomben zuweilen als Zufluchtsstätte dienen.

Schon seit dem 2. Jh. dekorierten die Christen die Wände der Katakomben.

Diese ersten Wandbilder weisen keineswegs einen Bruch mit der heidnischen Malerei* auf, denn es handelt sich um dieselben Themen, wohl aber im christlichen Sinn interpretiert. So wird etwa Orpheus zum Guten Hirten oder der belehrende Philosoph zu Christus. In späterer Zeit dann entnehmen die Künstler ihre Szenen auch dem Neuen und Alten Testament.

Kataster
Die technischen Entwicklungen der Landvermessung* haben dazu geführt, daß im gesamten Kaiserreich allmählich Kataster entstanden. Der Katasterplan war durch zwei rechtwinklig zueinander verlaufende Achsen bestimmt, den *cardo** *maximus* und den *decumanus maximus*, wodurch man ein Gitternetz aus rechtwinkligen Quadraten erhielt, deren Einheiten die Zenturie, etwa 50 Hektar, waren. Die Luftbildphotographie gestattet es heute, die Spuren dieser Einheitenbildung, so etwa Straßen*, Wege oder Gräben, zu erkennen. Für die Römer war nur das vermessene Eigentum Privateigentum. Wenn irgend möglich, achtete man bei der Anlage römischer Städte ebenfalls auf ein solches Gittermuster.

Kaudinische Pässe
Während des zweiten Samniterkrieges (327–304 v. Chr.) erlitten die Römer bei Caudium, östlich von Capua, in den sogenannten Kaudinischen Pässen (*furculae Caudinae*), eine Niederlage. Um die römischen Truppen zu erniedrigen, ließen die Samniter sie unter einem Joch, das aus zwei in den Boden gerammten Lanzen mit einer dritten als Querlatte bestand, durchmarschieren.

Kindesaussetzung
Der Vater hatte das Recht, ein Kind nicht als sein Kind anzuerkennen und es auszusetzen. Wurde das ausgesetzte Kind aufgenommen, war es ein Sklave*. Dieses Recht ist ein Resultat der römischen Idee von der *patria potestas**, wurde aber unter Kaiser* Valentinian (364–375 n. Chr.) außer Kraft gesetzt.

Klassen ▶ Zenturie

Klauseln
Die Römer waren für den Unterschied von langen und kurzen Silben recht empfindlich, und dies gilt nicht nur für die Dichtung, deren Versmaß* auf einem System von regelmäßigen Wechseln basiert, sondern auch für die Prosa. Sie achteten insbesondere auf das Satzende, das in künstlerischer Prosa mehr oder weniger genauen Gesetzmäßigkeiten unterworfen war. Eine der beliebtesten Satzenden Ciceros* folgt folgendem Silbenmuster: lang, kurz, zweimal lang oder einmal lang und kurz. Man mußte sich hüten, in der Prosa nicht auf der Dichtung vorbehaltene Metren zu verfallen.

Klepsydra ▶ Zeitmessung

Klientel
Die *gens** ursprünglicher Gestalt bestand aus zwei Elementen: den Patriziern und der Klientel. Dies waren Mitglieder armer Familien, Elternlose, Fremde* und Freigelassene*. Das Band, das den Klienten (*cliens*) mit seinem *patronus** verband, gründete sich auf der *fides**. Der Patron unterstützte seinen Klienten, der ihm dafür Respekt und Ergebenheit entgegenbrachte. In späterer

Zeit verbreitete sich die Einrichtung der Klientel weithin und ging entsprechend unter. Ihren nahezu heiligen Charakter verlor sie zugunsten praktischerer Erwägungen. Eine große Klientel wurde zum Zeichen der Macht und zu einem nicht zu unterschätzenden Werkzeug bei Wahlen*. Jeden Morgen kamen die Klienten zur Begrüßung ihres Patrons (*salutatio matutina*), der ihnen dafür die *sportula* überreichen ließ. Am Ende der Republik* und zur Kaiserzeit waren die meisten Klienten in Wirklichkeit Schmarotzer.

König ▸ **Königtum**

Königtum

Das Königtum war eine politische Regierungsform, die Rom der Überlieferung zufolge von seiner Gründung 753 bis 509 v. Chr. gekannt hat.

Es ist tatsächlich nicht unwahrscheinlich, daß die Römer vor der Ankunft der Etrusker* eine im Grunde monarchische Staatsform hatten, denn diese waren es, die Rom eine Verwaltung und politische Institutionen gegeben hatten. Das Königtum umfaßt drei Regierungsbestandteile:

Den König als Leiter von Politik, Militär* und Religion*, der auch eine gewisse richterliche Tätigkeit ausübt, wie etwa bei Straftaten Einzelner oder Vergehen gegen den Staat; doch ist die königliche Macht nicht erblich, sondern personenbezogen; der König wird vom Senat* nach einer Zeit des Interregnum* gewählt und von den Kuriarkomitien* bestätigt;

den Senat als Versammlung* der Familienoberhäupter (*patres*) und Ratgebergremium des Königs; die Zahl der *patres* hängt von der Anzahl der Familien* ab, und die Überlieferung legt sie auf 300 fest; die Amtsgewalt des Senates ist nicht festgelegt, doch bestimmte bedeutende Entscheidungen, so etwa Kriegserklärungen, oblagen ihm;

den Kuriarkomitien (*comitia curiata*).

Die Aufteilung der Bürger auf *centuria** wird Servius Tullius zugeschrieben, erfolgte aber erst viel später. Dennoch ist es möglich, daß die Versammlungen der Zenturien ihren Anfang bereits zur Zeit der Könige nahmen, insbesondere bei der Organisation des Militärs*, an der die Plebejer* Anteil hatten. Diese Struktur brach mit dem Prinzip der Geschlechter (*gens**) und läutete den Übergang vom *regnum* zur *res publica** ein.

Kohorte

Eine durch Marius* eingeführte Einteilung der römischen Legion*. Die Kohorte (*cohors*) bestand aus etwa 600 Mann, und zwar je einer Manipel* *hastati*, *principes* und *triarii*, und unterstand in republikanischer Zeit einem Zenturio*, später in der Kaiserzeit dann einem Kohortentribun oder *praepositus* (Vorgesetzter).

Auch andere Truppenteile trugen die Bezeichnung Kohorte: Die *cohortes auxiliares* bestanden aus Reiterei* und Infanterie und wurden zur Kaiserzeit ins Leben gerufen. – Die vier *cohortes urbanes*, deren jede anfangs aus 500, später aus 1000 Bürgern bestand und von einem Tribun* befehligt wurde; Augustus* hatte diese Truppe als Stadtwache geschaffen und an ihrer Spitze den Stadtpräfekten* gestellt. – Die *cohortes vigiles*, die ebenfalls auf Augustus zurückgehen und zur Brandbekämpfung und nächtlichen Sicherheit beitragen sollten; es gab ihrer sieben mit anfangs 500, später 1000 Mann, die sich aus den Freigelassenen* rekrutierten und jeweils einem Tribun unterstanden; den Oberbefehl führte der Polizeimeister*. – Die *cohortes praetorianes.* Zur Zeit der Republik* sollte die Prätorianergarde den Oberkommandierenden schützen, und in den Provinzen* gab es gleichermaßen eine Leibgarde für die Statthalter. In der Kaiserzeit wurden sie zur kaiserlichen Leibgarde und unterstanden zwei Prätorianerpräfekten*. Sie bestanden aus neun, später zehn je 1000 Mann starken Kohorten römischer Bürger*, die jeweils von einem Tribunen befehligt wurden. Ihre Kaserne (*castra praetoria*) befand sich im Nordosten der Stadt, und sie genossen besondere Vorrechte. Sie wurden oftmals für dunkle Stunden des Kaiserreiches verantwortlich gemacht und hatten entscheidenden Anteil an Untergang und Thronbesteigung mancher Kaiser*. Doch an den Umstürzen waren die Kaiser meist selbst schuld, und den besten von ihnen gehorchten die Kohorten und waren ihnen gegenüber loyal.

Kolonien

Kolonien sind in der Regel Städte, die auf erobertem oder annektiertem römischem Gebiet gegründet wurden. Die Einrichtung einer Kolonie ist einem Gründungsritual unterworfen: Vorzeichenbefragung, Absteckung und Weihe des Gebietes der neuen Stadt (▶ Städtebau). Zur Zeit der Republik* werden die Kolonisten von einem Dreimännergremium (*tres viri coloniae deducendae agroque dividundo*) angeführt (*deductio coloniae*), zur Kaiserzeit von einem Legaten* oder *curator**. Man unterscheidet drei Kolonietypen:

Römische Kolonien (*coloniae civium Romanorum*). Diese Kolonien haben die Aufgabe, an strategisch wichtigen Punkten in Italien* sowie später in den Provinzen* die römische Herrschaft zu sichern. Sie bestehen in der Regel zu Beginn aus 300 römischen Bürgern, die all ihre Bürgerrechte* behalten und sich bestimmter Privilegien erfreuen, so der Befreiung von der Steuer* und, zumindest theoretisch, vom Militärdienst. Die römischen Kolonien sind Abbilder Roms und haben die gleichen städtischen Institutionen. Die einheimische Bevölkerung des umgebenden Gebietes wohnt in Dörfern (*vici, conciliabula*), deren rechtlicher Status unterschiedlich ist: Sie können Unterworfene, Verbündete oder Gleichgestellte (mit nicht ganz vollständigem Bürgerrecht) der Kolonie sein.

Latinische Kolonien (*coloniae latinae*). Diese bestehen aus Latinern, mit denen sich gelegentlich auch die Römer, die dann aber ihr volles Bürgerrecht einbüßten, vermischten. Die Zahl der Kolonisten ist üblicherweise höher als in den römischen Kolonien. Die ersten latinischen Kolonien wie Velitrae, Antium oder Ardea wurden vom Latinischen Bund (▶ Latiner) gegründet; nach dessen Auflösung 338 setzte Rom, nunmehr Hauptstadt Latiums, die Gründungen in Italien bis zum Beginn des 2. Jhs. v. Chr. fort. Trotzdem entwickelte sich ihre Rechtsstellung seit der Gründung Arminiums im Jahre 268 ungünstig, denn die ersten latinischen Kolonien wurden so behandelt wie die bevorzugtesten Verbündetenstädte: Ihre Einwohner hatten Stimmrecht in Rom und erhielten, wenn sie sich in Rom niederließen, das volle Bürgerrecht (das Recht, gewählt zu werden). Die späteren Gründungen aber wie Cremona, Piacenza oder Valence aus der Zeit von 268 bis 181 besaßen nur eingeschränkte Rechte wie das *ius commercii* und ausnahmsweise das *ius connubii*, ungefähr vergleichbar mit den weniger gut gestellten Verbündetenstädten. Im Unterschied zu den römischen Kolonien, die allesamt am Meer lagen, befanden sich die latinischen Kolonien im Landesinnern. Ihre Aufgabe war dementsprechend die Bodenbewirtschaftung. Der Bundesgenossenkrieg* beendete die Unterscheidung zwischen römischen und latinischen Kolonien, da die Latiner das volle Bürgerrecht erhalten hatten. Doch Rom gründete weiterhin Kolonien latinischen Rechts in den Provinzen: Ab dem 1. Jh. v. Chr. haben sämtliche neuen Kolonien römisches Recht, doch das latinische Recht (*ius Latii*) wurde weiterhin in bestimmten Regionen des Imperiums wie den Alpen oder in Spanien als Vorstufe zum Vollbürgerrecht angewandt.

Veteranenkolonien (*coloniae veteranorum*). Diese kommen unter Marius* auf und verbreiten sich seit Caesar*, indem die eroberten Gebiete als Lohn den Truppen zugeteilt werden. Auf diese Weise sind derartige Kolonien über das ganze Imperium verstreut.

Allen Kolonien kommt bei der Verbreitung der Zivilisation eine Bedeutung allerersten Ranges zu.

Komitien

Man faßt unter diesem Begriff die verschiedenen Volksversammlungen zusammen. Die ältesten waren die Kuriarkomitien* (*comitia curiata*), wohl aus dem Anfang des 5. Jhs. v. Chr. datieren die Zenturiarkomitien* (*comitia centuriata*) und schließlich gab es noch die Tributarkomitien*, die aber einige Probleme hinsichtlich ihrer Datierung bereiten.

Die Komitien sind neben den Magistraturen und dem Senat* die dritte staatliche Säule während der Republik*. Grundlage der Komitien ist der Vollbürger, der das Recht zur Abstimmung* (*ius suffragii*) sowie das Recht hat, zum Magistrat* gewählt zu werden (*ius honorum*). Freigelassene* besaßen nur das *ius suffragii*.

Die Komitien waren der Ort der großen politischen Auseinandersetzungen. Von ihren Abstimmungen hängen die Ernennungen der Magistrate ab, also indirekt die Rekrutierung des Senats und die Annahme von Gesetzen*. Sie besaßen aber auch wichtige juristische Zuständigkeiten. Ihre Autorität ist dementsprechend höher als die des Senats und sogar als die der Magistrate.

Die Komitien konnten nur an bestimmten Tagen, den *dies comitiales*, etwa 184 pro Jahr, zusammentreten. Ihre Versammlung mußte drei *nundinae** zuvor angekündigt werden. Zuvor fanden informative Sitzungen (*contiones**) statt. Die Abstimmung innerhalb der Komitien erfolgte nie persönlich, sondern immer gemeinschaftlich, da jede Kurie*, Zenturie* oder Tribus* nur eine Stimme hatte, die sie je nach den inneren Mehrheitsverhältnissen vergab. Daher fällt nicht die Mehrheit der Bürger die Entscheidung, sondern die Mehrheit der Wahlbezirke.

Nur religiöse Gründe sowie die Ausübung des Rechtes auf Widerspruch* konnte eine einmal angekündigte Sitzung der Komitien verhindern.

Gegen Ende der Republik wurden ihre juristischen Zuständigkeiten sukzessive durch die Einrichtung ständiger Gerichte* abgebaut. Zur Kaiserzeit verloren sie ihre Rolle als Gesetzgebungs- und Wahlorgan nach anfänglich bloßer Formelhaftigkeit bald ganz; ihre richterlichen Zuständigkeiten wurden aufgehoben.

Konstantin

C. Flavius Valerius Constantinus (280–337 n.Chr.) war von 306 bis zu seinem Tode 337 n.Chr. Kaiser*. Er war der Sohn des Constantius Chlorus, der durch Diokletian* an der Tetrarchie* beteiligt wurde, und kämpfte mit seinem Vater in der Bretagne. Nach dessen Tod wurde er zum Kaiser ausgerufen und ließ sich in Trier nieder. Doch als Verbündeter seines Schwagers Licinius kämpfte er gegen Maximinianus Daia, den Ostkaiser, und Maxentius, der zum römischer Kaiser proklamiert war, den er 312 an der Milvischen Tiberbrücke schlug. Im Februar 313 verkündete er das Edikt von Mailand, das im gesamten Kaiserreich die Religionsfreiheit gewährleistete. Sein Bündnis mit Licinius hielt nicht lange, und schließlich ließ er ihn 324 töten. Von da an war Konstantin Herr des gesamten Kaiserreiches und galt als christlicher Kaiser. Doch die Historiker sind sich nicht einig, ob Konstantin sich 313 zum Christentum* bekannte, denn erst ab 324 zeigte er sich den Christen gegenüber wohlgesonnen, nahm selbst zu theologischen Streitfragen Stellung und erhob Byzanz, das dann 330 Konstantinopel hieß, statt des heidnischen Roms zu seiner Hauptstadt.

Konsul

Das Konsulat war das höchste Magistratsamt. Es übernahm die Vorrechte des Königs*, der dadurch ersetzt wurde. Dennoch war es durch Annuität und Kollegialität beschränkt. Am Anfang der Republik* mußten die Konsuln zu den Patriziern gehören, doch die *lex Licinia* eröffnete 367 v.Chr. auch Plebejern dieses Amt. Das erforderliche Mindestalter für das Amt schwankte vom 37. unter den Gracchen*, über das 43. bis zum 33. Lebensjahr zur Kaiserzeit.

In republikanischer Zeit wurden die Konsuln von den Zenturiarkomitien* gewählt. Ihr Amtsantritt, der nach 153 v.Chr. am 1. Januar stattfand, markiert den Beginn des Jahres und wurde von einer feierlichen Zeremonie auf dem Kapitol* begleitet. Die beiden Konsuln übten ihr Amt im monatlichen Turnus aus. Anderenfalls erfüllte einer seine Aufgaben in Rom, während der andere, etwa im Kriegsfall, abwesend war. Ihre Zuständigkeiten waren politischer (Einberufung des Senats*, der Komitien*, Ausführung der Beschlüsse), richterlicher (doch wurden ihnen diese mehr und mehr entzogen), administrativer (immer mehr rechtlich wie auch tatsächlich beschränkt), militärischer (Aushebung der Legionen*, Oberbefehl und Leitung des Militärs*) sowie religiöser Natur (Vorsitz bei den latinischen Festtagen). Sie waren versehen mit dem *imperium** und nahmen die größeren Auspizien* vor; schließlich waren sie noch die Eponyme*. Um zum Konsul gewählt werden zu können, mußte man die niedrigen Magistraturen durchlaufen haben, und eine Frist von zehn Jahren sollte, zumindest theoretisch, zwischen zwei Amtsperioden als Konsul liegen. Das Ansehen des Konsulates war außerordentlich, obschon seine politische Macht rückläufig war.

Vom 4. Jh. bis zur Zeit Ciceros* gehörten lediglich etwa 15 Konsuln nicht zu den angesehensten Familien*, sondern waren *homines novi**. Zur Kaiserzeit büßte das Konsulat seine Unabhängigkeit vollkommen ein. Seit Tiberius* wurden die Konsuln vom Senat, der wiederum völlig in Händen des Kaisers* war, ernannt. Im 3. Jh. wurden sie direkt vom Kaiser benannt. Darüber hinaus kam der Brauch auf, mehr als zwei Konsuln als Ersatzkonsuln zu benennen, die ihnen im Laufe des Jahres nachfolgten. Trotz der Beschränkung der Vollmachten besaß das Amt weiterhin ein großes Ansehen und wurde in der späten Kaiserzeit durch die Organisation von Festen* und Feierlichkeiten äußerst kostspielig. Die äußeren Zeichen der Würde waren eine Eskorte von zwölf Liktoren*, die Rutenbündel, die *toga* praetexta* sowie der kurulische Sessel. Diese Palette wurde in der Kaiserzeit noch erweitert.

Krankenhaus

Mit dem Wort *valetudinarium* (*valetudo*, Gesundheit) bezeichnete man in Rom ein ziviles wie auch ein Militärkrankenhaus, aber auch eine Klinik oder ein privates Sanatorium.

Öffentliche Krankenhäuser heutiger Prägung kamen erst recht spät, etwa gegen Ende des 4. Jhs. n.Chr., auf. Die ältesten Krankenhäuser sind die für das Militär* und datieren wohl schon aus dem Anfang der Kaiserzeit. Doch hatten die niedergelassenen Ärzte* zu allen Zeiten die Möglichkeit, bei sich die Kranken zur Pflege unterzubringen. Zu guter Letzt unterhielt meist auch der Herr einer *villa* rustica* eine Krankenabteilung für seine leidenden Sklaven*.

Krone

Häufig haben die Römer Kronen aus Blattwerk, Blumen* oder Metall benutzt; es gab sogar einen Gewerbezweig, der sich auf ihre Herstellung spezialisiert hatte, die *coronarii*. Man trug Kronen bei bestimmten religiösen Zeremonien und an manchen besonders bedeutenden Tagen, etwa anläßlich einer Geburt* oder einer Hochzeit* sowie bei Gelagen.

Die Krone diente auch als militärische Auszeichnung. In diesem Zusammenhang unterschieden die Römer eine ganze Reihe von Kronen: die *corona triumphalis* für die Triumphatoren; die *corona ovalis* für die Generäle, denen eine Ovation* zuteil wurde; die *corona classica*, die dem Seemann zugestanden wurde, der zuerst ein feindliches Schiff geentert hatte; die *corona castrensis* für den Soldaten, der zuerst die feindlichen Linien durchstoßen konnte. Außerdem war die Krone eine bürgerliche Auszeichnung, doch bedurfte es einer Genehmigung, sie in der Öffentlichkeit zu tragen.

Kult

Der Platz, den im täglichen Leben der Römer kultische Handlungen und religiöse Zeremonien (*sacra*) einnehmen, ist groß. Im wesentlichen handelt es sich dabei um Gebete*, Opfer* und Reinigungen*. Man unterscheidet zwei große Kultbereiche: zum einen die Privatkulte, zum anderen die öffentlichen oder Staatskulte.

Die privaten Kulte (*sacra privata*) umfassen die vom *pater familias* vollzogenen häuslichen Kulthandlungen wie die Verehrung der Laren*, Penaten* und Manen*; hinzu kommen die religiösen Handlungen, die man an bedeutenden Tagen des familiären Lebens, etwa bei Geburten*, Hochzeiten* oder Begräbnissen*, pflegte. Darüber hinaus gehört auch der Kult der *gens** dazu, den alle dazugehörigen Familien oder dazu bestimmten Mitglieder gegenüber der gemeinsamen Gottheit leisten.

Über den Staatskult (*sacra publica*) wacht ein besonderes Gremium von Pontifices*, die verantwortlich für die Abhaltung der Zeremonien sind, gleich ob diese sich vor dem gesamten Volk oder vor einer Abordnung aus Magistraten* oder Priestern* abspielen.

Ursprünglich benötigte die römische Religion* weder besondere Bauwerke noch Bilder der Götter*. Die ältesten Kulte zelebrierte man an einem Ort, an dem die Gegenwart der Gottheit besonders spürbar war: in einem Wald, an einer Quelle oder in einer Grotte. Einige Rasenscheite genügten, um einen Altar* zu bauen, auf dem man die Opfergaben niederlegte. Der erste Tempel* wurde in Rom auf dem Kapitol* durch die etruskischen Könige* errichtet. Ihre Zahl vermehrte sich rasch, doch die römische Tradition eines tempellosen Altars blieb weiterhin bestehen, und noch 13 v. Chr. errichtete man einen Altar, keinen Tempel, für den Frieden* (*Ara Pacis*).

Der religiöse Kalender* der Römer sieht eine Anzahl fester und veränderlicher Tage vor, an denen man die eine oder andere Gottheit durch Feiertage oder Spiele* ehrt, z. B. im Amphitheater*, im Zirkus*, durch Jagden*, Naumachien* oder Theaterstücke*. Ihre Zahl erweiterte sich ständig, und im 2. Jh. n. Chr. war jeder zweite Tag einem Götterfest oder Spielen gewidmet. Die wichtigsten Festen waren die *Lupercalia* im Februar, die *Parilia*, die *Cerialia*, die *Vinalia* im April, die *Vestalia*, die *Matralia* im Juni, die *Consualia*, die *Volcanalia* im August, die *Saturnalia*, die *Opalia* im Dezember sowie das *Armilustrium* im März und im Oktober. Die wichtigsten Ereignisse des Spielkalenders waren die *ludi Ceriales* im April, die *Florales* im Mai, die *Apollinares* im Juli, die *Romani* im September, die *Plebeii* im November sowie einmal im Jahrhundert die *ludi Saeculares*, deren berühmteste die von Augustus* 17 v. Chr. veranstalteten waren, für die Horaz* sein *Carmen saeculare* dichtete.

Kunstgewerbe

Keramik. Die rotfarbige Töpferei repräsentiert den häufigsten Typus römischer Keramik. Im 2. Jh. v. Chr. haben die Werkstätten bei Arezzo, südlich von Florenz, reliefverzierte Töpferwaren (*terra sigillata*) hergestellt, doch wurden diese Werkstätten gegen den Beginn unserer Zeitrechnung durch ähnliche Werkstätten in Gallien und Germanien (etwa Lezoux bzw. Westerndorf bei Trier) verdrängt. Außer der rotfarbigen, glatten oder reliefverzierten Keramik haben die Römer häufig auch eine für den täglichen Bedarf hergestellt, grob, unbemalt und oftmals unverziert. Die römische Keramik hat nie beabsichtigt, Meisterwerke hervorzubringen, sondern wollte vielmehr Gebrauchsgegenstände wie etwa Vasen oder Aufbewahrungsbehältnisse aller Art verfertigen.

Glyptik. Die künstlerische Bearbeitung von Stein kommt im 2. Jh. v. Chr. auf. Doch findet man erst im augusteischen Zeitalter die schönsten Kameen wie etwa den berühmten Wiener Augustus* oder die großen Kamee von Frankreich. Die Graveure waren in der Regel Griechen.

Toreutik. Aus Gold oder Silber getriebene Gegenstände wie Schalen oder Vasen trafen den Geschmack der reichen Römer. Die allegorischen, historischen, schmuckvollen Motive zeugen von großer Raffinesse. Wie die Glyptik erreicht auch diese Kunst erst in augusteischer Zeit ihren Höhepunkt.

Glasherstellung. Die aus dem Orient und Ägypten stammende Kunst der Glasherstellung begegnet in Rom um das 1. Jh. v. Chr. und wurde rasch zu einer einheimischen Kunstform. Geblasenes oder geschnittenes, graviertes oder bemaltes Glas diente als Schale oder Behältnis in verschiedensten Formen. Zur Kaiserzeit war das Glas allgemein verbreitet.

Kuriarkomitien

Die ältesten, sich entsprechend den Kurien* auf dem *comitium** zusammenfindenden Volksversammlungen, die bis in die Königszeit herabreichen.

Die Kuriarkomitien (*comitia curiata*) wählten den vom Senat* ausgesuchten König*, entschieden über Krieg und Frieden* und erteilten ihre Anweisungen zu sozialen, religiösen und politischen Fragen. Neben dem König und dem Senat waren die Kuriarkomitien die dritte politische Kraft. Man weiß nicht genau, zu welcher Zeit (sicher vor dem 3. Jh.) die Plebejer* zugelassen wurden. Zur Zeit der Republik* besaßen die Kuriarkomitien annähernd keine Macht mehr, denn die Zenturiar*- und Tributarkomitien* ließen ihre Rolle verblassen. Im 2. Jh. v. Chr. wurden die Kuriarkomitien symbolisch durch 30 Liktoren*, welche die 30 Kurien symbolisierten, verkörpert. Ihre Zuständigkeit beschränkte sich auf das kurische Gesetz*, die Einweihung des *rex sacrorum** und der höheren Flaminen*, die Bestätigung der *adrogatio** sowie darauf, eine nahezu unübliche Form des Testamentes* zu prüfen.

Kurie

Dieses Wort bezeichnet den Senat* von Rom und gleichzeitig die Hauptversammlung in den Orten der Provinzen* sowie Italiens*, ihren Versammlungsort oder überhaupt jeden Versammlungsort.

In Rom brannte die *curia Hostilia*, die man dem König* Tullius Hostilius zuschreibt und auch nur einfach *curia* genannt wurde, im Zuge der bewegten Begräbnisfeierlichkeiten* des Clodius* 52 v. Chr. ab. Sie wurde wiederaufgebaut, später aber auf nahezu demselben Gelände ersetzt, wobei ihre Ausrichtung geändert wurde. Dies geschah unter Caesar*. Deshalb hieß sie *curia Julia*. Heute sieht man sie an der nördlichen Längsseite des Forums* in mehrfach restauriertem Zustand. Im 7. Jh. wurde sie in eine Kirche umgewandelt, doch haben ihr moderne Umbauarbeiten das antike Aussehen zurückgegeben. Ihr Grundriß ist ein einfaches Rechteck, das einen Sitzungssaal enthielt, dessen Tür während der Versammlungen offenblieb, ein Vestibül und Büros. In anderen Städten ist die Kurie wie die Basilika* ein selbstverständlicher Anbau des Forums.

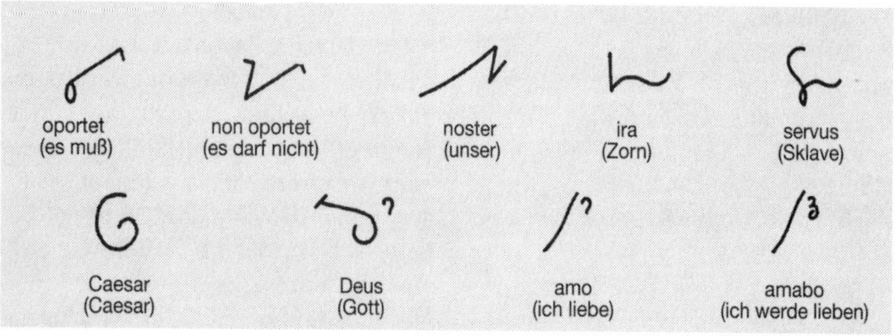

Beispiele Tironischer Noten aus dem Spätmittelalter (nach: Chatelain).

Kurien

Unterabteilungen der ursprünglich drei Tribus* (Ramnes, Tities, Luceres); es gab ihrer 30, und diese Zahl wurde nie erhöht. Der Überlieferung nach wurde jede *curia* zur Königszeit aus 100 Infanteristen (*centuria*), zehn Reitern (*decuria*) und zehn Vätern des Senates* gebildet. Sie bildeten die Grundlage für die ersten Ratsversammlungen, die Kuriarkomitien*. Man weiß nicht genau, ab welcher Zeit auch die Plebejer* zugelassen wurden. Jede *curia* praktizierte ihren eigenen Kult* und hatte dazu einen eigenen Priester* (*curio*).

Kurzschrift

Wie wir heute kürzten bereits die Römer Worte oder Ausdrücke ab, bei denen die Gefahr einer Fehlinterpretation kaum gegeben war; so stand etwa RP für *Respublia* oder SPQR für *Senatus populusque Romanus.* Abkürzungen verwandte man vor allem bei Inschriften* auf Steinmonumenten.

Bekannt ist aber auch eine Kurzschrift (*notae*) mit dem Namen 'Tironische Noten', die auf einen Freigelassenen* Ciceros* namens Tiro zurückgehen soll, dem die Ehre gebühren soll, dieses System erfunden zu haben. Wahrscheinlicher ist jedoch, daß es sich um die Anpassung eines bereits von den Griechen verwendeten Systems an die lateinische Sprache handelt. Der Unterricht* in der Kurzschrift nahm in der Kaiserzeit, insbesondere der Spätzeit, stark zu, da die Stenographen (*notarii*) zu unverzichtbaren Sekretären für die Verwaltung wurden.

Lachen
Die Einheit von Lachen (*risus*) und Heiligem findet sich bei vielen Völkern. Lachen ist in der Tat Zeichen von Heiterkeit und Lebendigkeit, und man betrachtete es als Sieg über die Kräfte des Bösen. Man findet rituelles Lachen in Rom während der *Lupercalia**, den ländlichen Festen*, den *Liberalia* zu Ehren des Liber oder den *Consualia* zu Ehren des Consus, bei Triumphzügen*, im Hochzeitsgefolge, aber auch bei Begräbnissen*.

Lager
Gleich ob sie provisorische oder dauerhafte Einrichtungen waren, zeugen die römischen Lager von dem Bemühen der Römer um Ordnung und Effizienz. Ihre Anlage ist vergleichbar mit der Gründung von Villen*: Das religiöse Zeremoniell wird strikt beachtet. Das Lager ist in vier Teile geteilt, begrenzt durch die Schnittlinien des *cardo* maximus*, der *via principalis*, und des *cardo decumanus*, der mit der *via praetoria* identisch ist. Eine quadratische oder rechtwinklige Umzäunung umschließt das Lager. Die *porta praetoria* am Ende der *via praetoria* stellt ein gutes Vorzeichen* dar, denn durch sie schreiten die Truppen hinaus in den Kampf. Das Westtor ist den zur Folter verurteilten Soldaten vorbehalten. Das Praetorium befindet sich in der Mitte, darum gruppieren sich der Altar*, die Unterkünfte der Tribunen*, das Forum* sowie das Quästorium, das zugleich Intendantur wie Schatzmeisterei ist. Ebenfalls gibt es feste Plätze für die Krankenabteilung, die Werkstätten etc. Die Anordnung der Truppen hängt von ihrer Zahl und ihrem Einsatzzweck ab.

Die provisorischen Lager sind lediglich durch eine Verschanzung (*vallum*) gesichert, die aus mit Pfählen (*agger*) verstärktem Erdaushub mit vorgelagertem Graben besteht; die Befestigung der dauerhaften Lager ist wie die anderen Teile aus Stein.

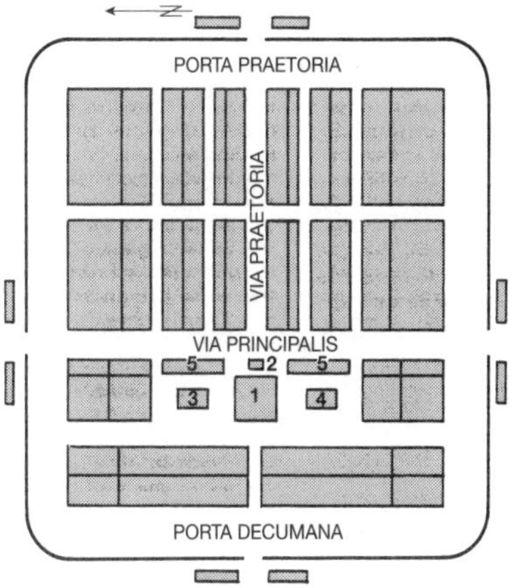

Lager aus republikanischer Zeit.
1 Praetorium, 2 Altar (*ara*), 3 Forum,
4 Quästorium (Intendantur und Schatzmeisterei),
5 Unterkunft der Tribunen.

Lamia
Ein mythisches Monster, das junge Kinder holen und verschlingen soll. Die Lamien dienten den Ammen als Schreckgespenster, und man erzählte verschiedene Geschichten über sie.

Lampen ▶ Beleuchtung

Landvermessung
Die Kunst der Vermessung war für die römische Kultur von großer Bedeutung, denn die Zuteilung und Aufteilung von Land hatte sich stets ihren religiösen Charakter bewahrt. Zur Kaiserzeit wurden die *agrimensores* (Landvermesser) auf Spezialschulen ausgebildet.

Landwirtschaft

Die Sagen stellen die ersten Einwohner Roms, die Latiner, als Tierzüchter dar. Der Ackerbau soll später, nach der Ankunft der Sabiner, gefolgt sein. Tatsächlich ist es sehr wahrscheinlich, daß Ackerbau und Viehzucht gleichzeitig betrieben wurden. Wenn es wahr sein sollte, daß Rom in den ersten Jahrhunderten des Bestehens kein Privateigentum kannte, könnte man meinen, daß die Ländereien, die zu einer *gens** gehörten, in einzelne Teile aufgeteilt waren, auf denen die Familien eben dieser *gens* die von ihnen benötigten Produkte anbauten, während auf anderen Flächen die gemeinsame Herde weidete. Außer Getreide, das lange Zeit den Reichtum Italiens* bildete, gab es noch verschiedene andere Produkte: Hülsenfrüchte, Obstbäume, von denen Sorten aus Asien und Afrika akklimatisiert wurden, sowie Faserpflanzen. Allmählich aber begann Rom Weizen aus seinen Provinzen*, zuerst aus Sizilien und Sardinien, dann aus Spanien und Afrika, schließlich aus Ägypten zu importieren. Deshalb wandte sich die römische Landwirtschaft vor allem dem Wein- und Ölanbau zu. Es ist nicht sicher, ob die Latifundien* wirklich über ganz Italien verbreitet waren. Insbesondere in Norditalien scheinen die reichen Grundeigentümer oft vereinzelte Flächen besessen und bebaut zu haben. Um die Erträge zu steigern, setzten die Römer organischen und mineralischen Dünger ein und zogen der Brache den Fruchtwechsel vor. Gegen Fruchtkrankheiten griffen sie auf Wein, auf das Restwasser der Oliven und auf Natriumkarbonat zurück.

Lanze

Stoßwaffe der Legionäre, die Marius* wohl durch den Speer* (*pilum*) ersetzt hat. Die Lanze (*hasta*) ist viel kürzer und leichter als dieser. Den Soldaten*, die sich ausgezeichnet hatten, verlieh man eine Lanze ohne Spitze (*hasta pura*).

Lararium

Eine Nische oder kleinere Kapelle mit einem Giebeldreieck, das das gemalte Bildnis oder die Statuette des *lar familiaris** beherbergt. Dieser wird üblicherweise als junger, auf einem Bein tanzender, mit einer kurzen Toga* bekleideter und lorbeerbekränzter junger Mann dargestellt, der ein Füllhorn und eine Opferschale trägt. Neben den Laren* gibt es hier gelegentlich auch Darstellungen anderer, im Haus* speziell verehrter Götter*. Seit der Zeit des Augustus* verehrt man in jedem *lararium* auch den Genius* des Augustus (*genius Augusti*). Vor dem Lararium spielen sich die Handlungen des häuslichen Kultes* ab. Gewöhnlich liegt das *lararium* innerhalb des *atrium**.

Laren

Dieser Begriff, dessen Etymologie unklar ist, bezeichnete ursprünglich die unterirdischen Geister, welche die Lebenden verfolgten. Später wurden sie dann als Schutzgötter aufgefaßt, deren Aufgaben darin bestanden, die Ernte, die Straßen*, die Städte und vieles mehr zu schützen. Daher gab es denn dann auch die *lares praestites*, die Schutzgötter Roms, die *lares compitales*, die Schutzgötter der Wegkreuzungen, die *lares viales*, die Schutzgötter der Straßen usw. Viel später gesellten sich ihnen noch die *lares Augusti* hinzu, die zusammen mit dem *genius* Augusti* an Kreuzungen verehrt wurden.

Einem von ihnen, dem *lar familiaris*, oblag der Schutz der Familie* im weitesten Sinne des Wortes. In jedem Haus* gab es ein *lararium**. Jedes bedeutende Ereignis, z.B. Geburt*, Hochzeit* oder Tod, gab Anlaß zu einer Andacht vor dessen Altar*. Die Laren, Penaten*, Manen* und Genien haben viel Verwirrung in der religiösen Überzeugung der Römer gestiftet.

Latein

Die Sprache der Bewohner Latiums, die sich nach und nach über ganz Italien* und den Ostteil des Kaiserreiches ausbreitete, gehört neben dem Oskischen und Umbrischen zu einer italischen Sprachgruppe, die zweifellos zum Italo-Keltischen gehört, das seinerseits zu den sogenannten indo-europäischen Sprachen zählt. Im wesentlichen eine mündliche, gesprochene Sprache (die 'stumme' Lektüre kommt in Rom erst um das 4. Jh. n.Chr. auf), wurde Latein als die Sprache der Bauern definiert, d.h. als eine Sprache, die besser Konkretes als Abstraktes ausdrücken kann. Doch unter dem Einfluß der Philosophie* und durch Schriftsteller wie Lukrez*, Cicero* und später Seneca* wurde das Lateinische zunehmend abstrakter. Diese Erweiterung um abstrakte Begrifflichkeiten wurde weiter fortgesetzt und kam durch die christlichen Autoren zu höchster Vollendung, die in Latein alle philosophischen und theologischen Probleme ausdrücken konnten und dem Mittelalter wie der Moderne ein vollkommenenes Kommunikationsinstrument bereitstellten.

Der älteste bekannte lateinische Text ist eine Inschrift* auf einer Fibel, die in Praeneste gefunden wurde und auf etwa 600 v.Chr. zu datieren ist. Doch die ältesten literarischen Texte, die des Livius Andronicus*, stammen aus dem 3. Jh. In der Sprachgeschichte des Lateinischen unterscheidet man üblicherweise vier große Perioden: Die archaische Zeit (3.–1. Jh. v.Chr.) mit Plautus*, Ennius*, Terenz* und Lucilius*; die klassische Zeit (1. Jh. v.Chr.) mit Cicero und Caesar*; die Kaiserzeit (1.–2. Jh. n.Chr.) mit Livius*, Vergil*, Horaz*, Seneca*, Lukan*, Juvenal*, Tacitus* und Apuleius*; die nachklassische Zeit (ab dem 3. Jh.) mit Tertullian*, Hieronymus*, Augustinus*, Ammianus Marcellinus und Prudentius. Dennoch können bei den Schriftstellern derselben Epoche je nach literarischer Schule, stilistischer Tendenz sowie Persönlichkeit des Autors große Unterschiede auftreten. In einem bestimmten Sinn kann man sogar sagen, daß man nie aufgehört hat, Latein zu sprechen, denn es hat keinen tiefen Einschnitt gegeben. Um das 6. Jh. hat sich die lateinische Sprache zusehends ausdifferenziert und so die romanischen Sprachen (Französisch, Italienisch, Spanisch, Portugiesisch, Rumänisch, Romanisch) hervorgebracht. Als Sprache der Gelehrten und der katholischen Kirche blieb es bis weit ins 18.Jh. und ist, denkt man die Enzykliken der Kurie, teilweise noch bis heute lebendig.

Latein ist eine flektierende Sprache, d.h. daß die Beziehungen zwischen Substantiven, Adjektiven und Pronomen innerhalb eines Satzes oder Satzteiles durch Endungen oder Endsilben, die je nach Fall (*casus*) oder grammatischer Funktion unterschiedlich sind, ausgedrückt werden. Es gibt insgesamt sechs Kasus, doch besitzt nicht jedes Wort die gleiche Endung, da sie in Deklinationen, verschiedene morphologische Klassen, unterteilt sind. Das Latein hat wie das Deutsche drei Geschlechter: Maskulinum, Femininum und Neutrum. Das Verbalsystem ist mit dem Deutschen nicht zu vergleichen.

Darüber hinaus spielt bei lateinischen Worten die Quantität, die Abfolge von langen und kurzen Silben, vor allem in der Dichtung, eine große Rolle. Die Betonung der Worte in diesem Spiel von lang und kurz war für die Entwicklung des Lateinischen zu den romanischen Sprachen von einiger Bedeutung. Heute spricht man das Latein möglichst in der Betonung der Kaiserzeit aus. Die Aussprache, wie sie in der katholischen Kirche üblich ist, stammt wahrscheinlich aus dem 5.–7. Jh.

Latifundien

Bei den *latifundia* handelt es sich um ausgedehnte Landgüter, die hochstehende Persönlichkeiten aus Rom oder aus der jeweiligen Gegend auf öffentlichem Grund und Boden (*ager publicus**) angelegt hatten und die im Prinzip nicht ihr Eigentum waren, die sie aber als ihr Eigentum ansahen (*dominium*).

Diese großen Landgüter bestanden vor allem aus Weideflächen, auf denen die Sklaven* die Viehherden hüteten, sowie aus extensiven Kulturen wie etwa Wein- und Olivenanbau. Heute ist es kaum mehr möglich, zwischen *latifundia* und Großgrundbesitz zu unterscheiden, da sie in Güter mittlerer Größe unterteilt waren, die man freien Bauern übertrug. Auf diese Weise betrieb man eine Mischkultur. Diese großen Grundbesitze scheinen in Norditalien zahlreicher gewesen zu sein, wohingegen sich die eigentlichen *latifundia* eher in Süditalien befunden haben. Jedenfalls scheint Italien* sich trotz mancher Gesetze*, die sich bemühten, den Großgrundbesitz zu begrenzen und den städtischen Plebs* zu kleinen Grundbesitzern zu machen (wie etwa das Gesetz des Licinus Stolon 376 v. Chr. oder die Reformen der Gracchen* [133–121 v. Chr.]), und andererseits Kolonien* zu gründen, die eine Ansiedlung auf Neuland erlauben sollten (Vorstöße dazu wurden von C. Gracchus, Apuleius Saturninus, der 100 v. Chr. Tribun* war, und Drusus, dem Tribun des Jahres 91 v. Chr., unternommen), am Ende der Republik* in den Händen einiger weniger Grundbesitzer befunden zu haben. Die Kaiser* Augustus*, Nerva und Trajan* wollten ihrerseits eine Schicht* aus kleinen Grundbesitzern vor allem in den Provinzen* schaffen.

Latiner

Die Bezeichnung *Latini* wandte man nicht nur auf die Bewohner Latiums an, sie konnte auch eine besondere Kategorie des Bürgerrechts* bezeichnen.

Der Überlieferung nach war einer der ersten Siege Roms nach der Vertreibung der Etrusker* über einen latinischen Bund beim Regillersee errungen worden. Einige Jahre später aber sah sich Rom in der Notlage, sich mit den Latinern auf gleicher Ebene verbünden zu müssen; es entstand der Latinische Bund (*nomen Latinum*) im Jahre 493 v. Chr. Als Bündnis gleichrangiger Völker achtete das *nomen Latinum* die Autonomie seiner Mitglieder und gestand ihnen wechselseitige Rechte* zu. Die Latiner hatten das Recht, sich mit Römerinnen zu verheiraten (*ius conubii*), Besitz zu erwerben (*ius commercii*), in Rom an Abstimmungen* mitzuwirken (*ius suffragii*), waren aber von den Legionen* ausgeschlossen und durften nicht in Magistratsämter gewählt werden. Wer sich in Rom niederließ, erhielt das volle Bürgerrecht. Dieser Rechtsstatus schien den Latinern aber ungenügend; sie erhoben sich und wurden von Rom besiegt (340–338). Der Latinische Bund wurde aufgelöst. Rom erkannte jeder Stadt einen in der Regel wohlmeinenden Rechtsstatus zu, wobei manchen gar das Bürgerrecht verliehen wurde. Doch zwischen Rom und den Städten des *nomen Latinum*, die nicht das volle Bürgerrecht erhalten hatten, gab es keine gleichberechtigten Verträge mehr, denn auf das *foedus aequum* folgte das *foedus iniquum*, das u.a. ein Verbot der alten Latinerstädte zu einem Bündnis enthielt.

Im Gegensatz zu den Latinern des alten *nomen Latinum*, die man auch *Latini veteres* (Altlatiner) nannte, standen die Bürger der *coloniae Latinae*, also der nach 338 gegründeten latinischen Kolonien*, deren Rechtsstellung seit der Gründung von Ariminum (238) weit weniger günstig war als die der *Latini veteres*, denn die Kolonien (Ariminum, Benevent, Firmun, Brindisi u.a.) hatten nicht das Recht, Geld* zu prägen, die Bewohner konnten keinen Heiratsvertrag mit Römern schließen und erhielten nicht mehr automatisch das römische Bürgerrecht, wenn sie sich in der Stadt niederließen. Dieses latinische Recht (*ius Latii*) wandte man später auf Städte in den Provinzen* an. Nach 49 v.Chr. gab es auf dem Gebiet Italiens* kein latinisches Recht mehr, doch in den Provinzen wurde es als Auszeichnung verstanden und war oft ein Schritt zum vollständigen Bürgerrecht.

Lebensalter

Im allgemeinen waren die Römer weniger genau, als man es heutzutage ist, wenn es sich darum handelte, jemandes Alter mitzuteilen. Von der Geburt* bis zum 7. Lebensjahr heißt der junge Römer *infans* (der nicht spricht). Bis zum 16. Jahr nennt man ihn *puer*. Das 17. Lebensjahr ist das seiner Volljährigkeit, und im Verlaufe einer Zeremonie, die am Fest des Bacchus (*Liberalia*), am 16. März, stattfindet, legt der junge Mann die *toga* praetexta* ab, um die vollkommen weiße *toga virilis* anzuziehen; er legt seine *bulla aurea* ab und widmet sie den Laren* des Hauses*. Dann führt man ihn feierlich aufs Forum* als Symbol für seinen Eintritt ins politische Leben, an dem er nun mit Stimmrecht und Militärdienst aktiv teilnimmt. In privatrechtlicher Hinsicht erreicht er seine Vollmündigkeit jedoch erst mit dem 25. Jahr. Bis zum 30. Jahr bleibt er *adulescens*, vom 30. bis 45. Jahr ist er *iuvenis*, vom 46. bis 60. *senior* und ab dem 60. *senex*. Einen Mann jenseits des 80. Lebensjahres nennen die Römer *grandis natu* oder *provectus aetate* (im Alter vorgerückt).

Römer können bereits mit 14 heiraten und müssen vom 17. bis zum 60. Lebensjahr Militärdienst leisten, wobei sie vom 17. bis 46. Jahr dem aktiven Militär*, vom 46. bis 60. Jahr der Reserve angehören.

Für die Römerinnen richtet sich ihre Bezeichnung nach ihrem Personenstand. Bis zum 7. Lebensjahr ist auch die Römerin *infans*. Ein junges Mädchen nennt man *puella*. Sie darf mit zwölf heiraten und ist dann *uxor* („Gattin"), *matrona** oder *mater* (Familienmutter). Eine alte Frau nennt man *anus*.

Leder

Die Römer verstanden wie schon die Griechen und die Ägypter das Gerben, Zurichten und Färben von Tierhäuten. Sie benutzten Leder (*corium*) zur Herstellung von Schuhwerk*, Weinschläuchen und Rüstungen*.

Legat

Mit dem Titel *legatus* bezeichnete man mehrere unterschiedliche Amtsfunktionen. Es handelte sich entweder um einen Gesandten, einen Vertreter, einen Beauftragten oder um den Inhaber eines militärischen Rangs.

Die Legaten des römischen Volkes (*legati populi Romani*) sind als Botschafter in ausländische Staaten entsandte Senatoren*. In den Provinzen* aber trug eine Anzahl Magistrate* diesen Titel. So war etwa der Statthalter* einer Provinz in republikanischer Zeit von Ratgebern (*legati*) umgeben, die durch den Senat ausgewählt worden waren und sogar die Funktionen des Statthalters übernehmen durften; man nannte sie *legati pro praetore*. In der Kaiserzeit gab es ebenfalls solche *legati pro praetore*, die den Prokonsuln* in den senatorischen Provinzen zur Seite standen. In den kaiserlichen, konsularischen und prätorianischen Provinzen trugen die Statthalter den Titel eines *legatus Augusti pro praetore vir consularis* oder *praetoris*. Als militärischer Rang wurde dem *legatus* ein besonderes Kommando, etwa über die Reiterei* oder die Reserve, übertragen. In der Kaiserzeit waren die Legaten Legionskommandanten (*legati Augusti legionis*).

Legion ▶ Militär

Lesungen

Wohl zu allen Zeiten haben die Autoren ihre Werke im Freundeskreis vorgelesen, bevor sie sie veröffentlichten. In Rom begann Asinius Pollio* als erster mit öffentlichen Lesungen (*recitationes*). Die Autoren lasen vor geladenen Gästen ihre neueste Tragödie oder aus ihrer jüngsten Gedichtsammlung. Dies geschah mal in ihrem eigenen Haus*, mal in einem eigens dafür hergerichteten Saal (*auditorium*) oder gar in einer angemieteten Räumlichkeit. Die weniger Begüterten begnügten sich mit einem Portikus*, einer geeigneten Wegkreuzung, einem Raum in den Thermen* oder dem Nebenraum einer Bibliothek*. Lesungen haben das literarische Leben der Kaiserzeit beherrscht, und Hadrian* ließ eigens dafür ein Gebäude, das *Athenaeum*, errichten. Eine Gefahr aber drohte den Autoren, nämlich der, in Deklamationen zu verfallen. Es scheint, daß aus den *recitationes* zuweilen wahre Vorlesungen wurden, die von Rednern*, denen die politische Rede nicht mehr erlaubt war, gehalten wurden.

Leuchttürme

Wie bereits die Griechen haben auch die Römer Leuchttürme (*phari*) erbaut, um die Seefahrer zu führen. Der Name *pharus* stammt übrigens von der Insel Pharos, auf welcher der berühmte Leuchtturm von Alexandria stand, eines der sieben Weltwunder (260 v.Chr.). Einen anderen berühmten Leuchtturm ließ Caligula bei der heutigen französischen Stadt Boulogne errichten; er erreichte eine Höhe von gut 60 m und stand noch im 17.Jh. Ob es schon damals ein Leuchtfeuer in Intervallen gab, ist unbekannt.

Lex ▶ Gesetz

libatio
Ein unblutiges Opfer (Nahrung, Milch, Früchte etc.), das vor allem bei Kulthandlungen in häuslicher Umgebung dargebracht wurde.

Liktoren
Die Liktoren (*lictores*) waren ursprünglich die Diener des Königs*, zur Zeit der Republik* ordnete man sie den Magistraten* mit *imperium** zu, schließlich dem Kaiser*. Sie gingen diesen stets voran, denn ihre Aufgabe bestand darin, den Weg durch die Menge freizumachen und Respekt zu verschaffen. Ursprünglich war es auch Aufgabe der Liktoren, Todesurteile zu vollstrecken.

Sie trugen über der linken Schulter Rutenbündel, und ihre Zahl war abhängig von der Würde der Person, der sie dienten. Die Konsuln* hatten wie einst die Könige das Recht auf zwölf, der Diktator* auf 24, der Prätor* auf zehn innerhalb und sechs außerhalb Roms, der Kaiser auf zwölf und später, ab Domitian, auf 24. Die Magistratsinhaber aus dem Plebs* sowie später die kaiserlichen Beamten* aus dem Ritterstand* hatten auf sie kein Anrecht. Dem Flaminen* Jupiters wie auch den Vestalinnen* ging ein Liktor voran.

Die Liktoren waren Bürger* oder Freigelassene*. Es gab noch eine besondere Gruppe Liktoren, die *statores*, die den Statthaltern* der Provinzen* als Ordonnanzen und Leibgardisten dienten.

Limes
Seit Augustus* haben die Römer an den Grenzen des Kaiserreiches zahlreiche Truppen zusammengezogen. Sie waren kasernenartig in befestigten Feldlagern untergebracht, die durch Militärstraßen miteinander verbunden waren und insgesamt eine Verteidigungslinie bildeten (*limes imperii*), deren Länge und Ausführung durchaus unterschiedlich sein konnte. In Britannien etwa gab es die Hadrianische Mauer mit 110 km Länge, 1,5 m Breite und gut 5 m Höhe, die zusätzlich durch einen vorgelagerten 4 m tiefen Graben geschützt war; in Germanien gab es mit 548 km Länge den längsten und ähnlich aufwendig befestigten, den Obergermanisch-Rätischen Limes, der die Gebiete östlich des Rheins und nördlich der Donau umschloß und noch heute streckenweise gut erkennbar ist. Anderenorts konnte der *limes* auch bloß aus einem Fluß oder einem künstlichen Graben bestehen. Nicht überall hatte der *limes* dieselbe Wirkung.

Literaturzirkel
Geschlossene Zirkel und literarische Salons waren in Rom keinesfalls unbekannt.

Über einen der bedeutendsten, den Scipionenkreis in der Mitte des 2. Jhs. v.Chr., ist man recht gut unterrichtet. Er scharte sich um Cornelia*, die Mutter der Gracchen*, und ihren Schwiegersohn Scipio Aemilianus*. Hier trafen sich junge Leute, die unter dem Einfluß griechischer Kultur standen und sich für Philosophie* interessierten. Dazu gehörten Laelius, den man auch 'den Weisen' nannte, Terenz*, Lucilius*, der Tragiker Pacuvius, der griechische Historiker Polybios, der 168 als Geisel nach Rom gelangt war, sowie Panaetios, der Begründer der Mittleren Stoa*, der die griechische Philosophie dem römischen Geist anpaßte. Auch politische Fragestellungen wurden diskutiert. So interessierte sich etwa Polybios für die von ihm sehr bewunderten politischen Institutionen Roms, und Scipio widersetzte sich den Landreformen, deren Anhänger seine eigenen Schwager waren.

In der ersten Hälfte des 1. Jhs. v. Chr. bildete eine Gruppe von Dichtern einen Kreis. Sie brachen mit der griechischen Klassik sowie den Gepflogenheiten römischer Tragiker, indem sie sich den Alexandrinern zuwandten und Kallimachos, Euphorion von Chalkis und Philetas von Kos zu ihrem Ideal der neuen Dichtung erhoben: die Neoteriker. Die einen verfaßten gelehrige Epen, andere Epigramme, Lehrgedichte oder solche erotischen Inhalts; wieder andere verlegten sich auf Dichtungen nationalistischen Charakters. Es war der Geschmack an einer raffinierten, intellektuellen und bis ins Detail ausgefeilten Kunst, die sie verband. Wenn man einmal von Catull* absieht, blieben von ihren Werken kaum mehr als die Titel erhalten: Helvius Cinna hat ein kurzes Epos oder Epyllion namens *Smyrna* geschrieben, für dessen Abfassung er neun Jahre brauchte; Licinius Calvus dichtete Epigramme und ein Epyllion (*Io*); Valerius Cato, das Haupt der Gruppe, schrieb grammatische Werke und Gedichte (*Lydia*); von Cornificus gab es ebenfalls ein Epyllion (*Glaucus*). Manche von ihnen, so Cassius von Parma und Furius Bibaculus, waren Gegner Caesars*. Ihre Schule wurde in der nächsten Generation durch Vergil* und Horaz*, insbesondere aber durch deren Zeitgenossen Cicero*, übertroffen, der sich über ihre 'Dichtkunst' mokierte und sie ironisch als 'Lobhudler Euphorions' (*cantores Euphorionis*) abtat.

Aus augusteischer Zeit kennt man drei Zirkel. Asinius Pollio*, der in seiner Jugend den Neoterikerkreis besuchte, förderte öffentliche Rezitationen (▶ Lesungen), begründete die erste öffentliche Bibliothek* und bildete, als er Statthalter* von Gallia* Cisalpina 43 v. Chr. war, einen kulturellen Zirkel, in dem man Cornelius Gallus (69–26 v. Chr.), einen Elegiendichter, und vor allem Vergil, der zu dieser Zeit an seinen *Bucolica* schrieb, antraf. Es kann sein, daß sich diese Gruppe, wie auch die Hirten Vergils, als 'Arkadier' bezeichnete. Doch im Jahre 40 wurde Pollio aus der Cisalpina vertrieben und mußte auf Distanz zu Augustus* gehen.

Maecenas* seinerseits scharte um sich bald Vergil, Horaz und Properz*. Doch die Dichtung war nicht das einzige sie verbindende Band, denn zumindest in seiner Jugend war Maecenas wie Horaz und Vergil vom Epikureismus* hingerissen gewesen. Ebenso waren sie von einem bestimmten politischen Ideal beseelt, und so stellte dieser Zirkel eine wesentliche Komponente bei der Ausbildung der augusteischen Ideologie dar.

Schließlich gab es etwa zur selben Zeit noch den Kreis des Messala (64 v.–8 n. Chr.), eines Kriegsmannes, Redners* und Dichters. Er stand loyal zu Augustus*, ohne jedoch seine republikanischen Überzeugungen zu verleugnen. Von den Dichtern, die er um sich versammelte, sind die bekanntesten Tibull*, Lygdamus, Cornelius Severus sowie seine eigene Nichte Sulpicia. Die Gruppe erwies sich als viel unabhängiger und weniger politisch orientiert als die vorherige.

Wahrscheinlich hat es noch weitere Zirkel gegeben, doch kennt man sie kaum. Die öffentlichen Rezitationen, die im ganzen Kaiserreich stattfanden, entsprachen dem Geschmack der Römer an Zusammenkünften und literarischen Vorträgen. Dank der *Briefe* von Plinius* dem Jüngeren weiß man, daß es die gebildeten Römer stets liebten, zusammenzukommen und miteinander zu diskutieren, wobei sie in der angenehmen Umgebung einer Villa* den Reiz des *otium** mit intellektuellen Beschäftigungen verbanden.

Livia

Livia Drusilla (58 v.–29 n.Chr.) war die Gattin des Tib. Claudius Nero, dem sie mit Tiberius* und Drusus zwei Söhne gebar. Octavian* zwang sie zur Scheidung und heiratete sie 39 v.Chr. Beim Tode des Augustus* (14 n.Chr.) erhielt sie den Titel *Augusta*, den nach ihr eine Anzahl Kaiserinnen trugen.

Livius

Der um 59 v.Chr. in Padua geborene T.Livius stammte aus vermögender Familie und widmete sein ganzes Leben der Wissenschaft*. Obschon er vom Gefühl ein Anhänger des Pompeius* war, hatte er dennoch vertrauten Umgang mit Augustus*, ohne seine Überzeugungen zu verleugnen.

Seine *Geschichte Roms* in 142 Büchern reicht von der Gründung Roms bis zum Jahr 9 v.Chr. Nur ein kleiner Rest davon ist erhalten geblieben. Livius stand unter dem Einfluß des griechischen Historikers Polybios und wollte das ciceronianische Geschichtsideal der Reinheit und Ausgewogenheit verwirklichen. Sein Werk ist beseelt von glühendem Patriotismus und einem tiefgründigen Empfinden für die Größe Roms. Es wurde recht bald als das römische Geschichtswerk schlechthin angesehen, und man verfaßte handbuchartige Zusammenfassungen (*epitomae*) daraus. Trotz der Ratschläge Quintilians* blieb Sallust* der im Schulunterricht verwendete Historiker.

Livius Andronicus

Der etwa von 280 bis 205 v.Chr. lebende Autor war der erste Schriftsteller lateinischer Sprache. Er stammte aus Tarent und kam in noch jungen Jahren nach der Niederlage des Pyrrhus und der Einnahme der Stadt 272 v.Chr. als Sklave* nach Rom. Freigelassen* von seinem Herrn trug er dessen Gentilnamen Livius und wurde Grammatiklehrer. Sein erstes Stück, von dem man nicht weiß, ob es eine Tragödie oder eine Komödie war, wurde 240 anläßlich der römischen Spiele* aufgeführt. Über seine Tragödien ist nur bekannt, daß sie sich um den trojanischen Sagenkreis rankten; von seinen Komödien, deren Titel nicht einmal gesichert sind, weiß man noch weniger. Er übersetzte die homerische *Odyssee* in das saturnische Versmaß*. Dies tat er aber höchstwahrscheinlich nicht, um seinen Schülern einen Interpretationstext zu liefern oder den Römern eine Übersetzung des homerischen Epos zu bieten; er wollte zweifellos Rom das erste Nationalepos schenken. Tatsächlich machten auch um diese Zeit manche Überlieferungsstränge Odysseus zu einem italischen Helden, zum Mittler zwischen Griechenland und Italien*, wo man übrigens auch mehrere seiner Stationen, ja sogar seinen Tod, räumlich festmachen wollte. In diesem Sinn versteht sich die *Odyssee* des Livius als eine geistige Übernahme des Hellenismus in römischem Gewand. Andererseits schützte Rom zur gleichen Zeit die Griechen gegen die Illyrer, deren Eroberung von 229 bis 219 v.Chr. währte. Somit machten die zeitpolitische Aktualität einerseits wie die Sage andererseits das damalige Rom zu einer den Griechen wohlgesonnenen Stadt, der Livius ein Epos verschaffte, das der Berufung Roms besser Ausdruck verlieh, als dies ein National- oder Lokalepos im eigentlichen Sinne je vermocht hätte.

Lobrede
Eine Lobrede (*laudatio*) hielt man etwa bei öffentlichen Spielen* oder bei Begräbnissen* (*laudatio funebris*). Die Leichenreden wurden sorgsam in den Archiven* der Familien* aufbewahrt.

Lucilius
Der von etwa 180 bis 103 v.Chr. lebende Schriftsteller entstammte einer begüterten Ritterfamilie aus Campanien und gehörte dem Literaturzirkel* der Scipionen an. Er verfaßte eine Vielzahl *Satiren* über alle erdenklichen Dinge und scheute sich nicht, seine Zeitgenossen namentlich zu nennen und heftig zu karikieren. Er gilt als der Begründer der römischen Satire. Von seinem Werk haben sich nur Fragmente erhalten.

Lukan
M. Annaeus Lucanus (36–65 n.Chr.) war ein Ependichter, der aus Córdoba stammte. Er war der Neffe Senecas* und ein Freund Neros*. Als Beteiligter an der Pisonischen Verschwörung mußte er sich selbst töten. Von seinen Werken ist nur *Der Bürgerkrieg*, fälschlich auch als *Pharsalia* betitelt, erhalten. In den zehn Gesängen schildert er die Bürgerkriege* zwischen Caesar* und Pompeius*, doch der eigentliche Held ist Cato Uticensis*.

Lukrez
Über das Leben des T. Lucretius Carus (um 99–55 v.Chr.) weiß man nahezu nichts. Er ist der Autor eines Dichtwerks *Über die Natur* (*De rerum natura*), in dessen sechs Gesängen er die epikureische Philosophie* darlegt: Der Materialismus trägt die Schuld an allem, was die Menschen erschreckt, und führt sie den Göttern* zu, die sich aber in Wahrheit gar nicht um sie kümmern; der Tod ist bloß eine Befreiung der Atome zu neuartigen Verbindungen; das Jenseits ist nichts als ein Mythos.

Mehr noch als seine epikureischen Vorgänger hat Lukrez gezeigt, daß die Erkenntnis der Natur, wenn man sie von ihren Schrecknissen befreit, dazu verhilft, zur Weisheit zu finden. Neben derartigen fachlichen oder belehrenden Passagen finden sich in seiner Dichtung psychologische Analysen sowie eine Phantasie und eine Einfühlsamkeit, die sie zu einem Meisterwerk machen.

Luperkalen
Die Priesterbruderschaft der Luperkalen

(*luperci*), über die man recht vage unterrichtet ist, waren die Diener des Gottes Lupercus, dessen etymologischer Bezug zu *lupus* (Wolf) einige Schwierigkeiten bereitet. Am 15. Februar beging man das Fest der *Lupercalia*, ein buntes Fest voller magischer Symbolkraft. Die Luperkalen liefen nackt um den Palatin und schlugen die ihnen dabei begegnenden Frauen mit Riemen aus dem Fell eines Ziegenbocks, den sie in der Grotte des *Lupercal*, im Südwesten des Palatin, geschlachtet hatten. Es handelte sich um einen Ritus zur Aufrechterhaltung der Fruchtbarkeit.

Über die Zahl und die innere Struktur der Luperkalen weiß man nichts Konkretes; wahrscheinlich handelte es sich um eine einjährige Priesterschaft. Sie waren jedenfalls in zwei Gruppen, die *Quinctiales* und die *Fabiani* aufgeteilt. 44 v. Chr. wurde zu Caesars* Ehren eine dritte Gruppe, die *Julii*, ins Leben gerufen.

lustratio ▸ Reinigung

Maecenas

C. Maecenas, ein römischer Ritter* etruskischer Abstammung, taucht um 40 v.Chr. im Gefolge Octavians* auf und erledigt für ihn verschiedene Dinge bei Antonius*. Eine Magistratur übernahm er aber nicht.

Selbst ein Dichter, umgab er sich gerne mit einem Literaturzirkel*, zu dem Vergil*, Horaz*, Properz* und C. Varius gehörten und der entscheidenden Einfluß auf die geistige Haltung des entstehenden Kaiserreichs hatte. Später waren seine Beziehungen zu Augustus* getrübt, da der seinen Schwager hatte hinrichten lassen, nachdem dieser gegen den Kaiser 23 v.Chr. ein Komplott geschmiedet hatte. Maecenas zog sich in seine Gärten* auf dem Esquilin zurück und starb 8 v.Chr.

magister equitum

Der von einem Diktator* zur Unterstützung herbeigezogene Leiter der Reiterei*. Er brauchte vorher keinerlei Magistratsamt bekleidet zu haben. Einmal benannt, war er nicht mehr absetzbar, behielt aber nach der Niederlegung der Diktatur keine Befugnisse. Innerhalb des Militärs* war er der kommandierende Offizier im Führungsstab.

Magistrate

Was die republikanische Regierungsform Roms von der der Königszeit, auf die sie folgte, wesentlich unterscheidet, sind die Magistrate (*magistratus*). Für ihre Eigenständigkeit gibt es mehrere Merkmale: sie sind kollegial, bis auf Diktatur* und Zensurat auf ein Jahr begrenzt, aus Wahlen hervorgegangen, unbesoldet und hierarchisch strukturiert.

Unter den verschiedensten Aspekten lassen sich übergreifende Kategorien der Magistratsämter bilden: die kurulischen Magistraturen, die dem Adel* zustehen (Konsul*, Prätor*, kurulischer Ädil*, Zensor*) und die nicht kurulischen Magistraturen (Quästor*, Volksädil, Tribun*); die Magistraturen mit *imperium** (Konsul, Prätor, Diktator) und ohne (Ädil, Quästor, Zensor, Tribun); die größeren Magistraturen, die von den Zenturiarkomitien* gewählt werden (Konsul, Prätor, Zensor), und die kleineren, die von den Tributarkomitien* gewählt werden (Quästor, Ädil, Tribun); die Magistraturen mit großem *auspicium** (Konsul, Prätor, Zensor, Diktator) und die mit kleinem (kurulischer Ädil, Quästor) sowie die, lange Zeit jedenfalls, ohne Recht auf *auspicium* (Ädil, Volkstribun); gewöhnliche Magistratsämter (Zensor, Konsul, Prätor, Ädil, Quästor, Tribun) und außerordentliche (Diktator, Reiteroberst, Interrex*). Als plebejische Magistraturen bezeichnete man das Tribunat und die Ädilität, denn zu Beginn handelte es sich nicht um eigentliche Magistratsämter, sondern um Vertrauensstellungen.

Äußerlich erkannte man die Magistrate mit *imperium*, weil ihnen das Recht auf Liktoren* und Rutenbündel zustand; den kurulischen Magistraten stand die *toga* praetexta* sowie der kurulische Stuhl zu. Die nicht kurulischen Magistrate trugen die normale Toga und hatten auch kein Anrecht auf das *subsellium*, einen recht niedrigen Stuhl ohne Rückenlehne. Allmählich wurde der Zugang zu den Magistratsämtern auch den Plebejern eröffnet, und diese Entwicklung gilt ab 366 v.Chr. für alle Ämter. Im Gegenzug durften die Patrizier nicht das Tribunat antreten, außer im Falle einer *translatio ad plebem*, wie das berühmte Beispiel des Clodius* lehrt. Die aus dem Kollegialitätsprinzip selbst hervorgerufenen möglichen Konflikte wurden durch zwei Tricks behoben: zum einen durch die Ämterrotation, später dann durch Kompetenzaufteilung in gütlichem Einvernehmen oder durch Losentscheid; zum anderen konnten die Widersprüche zwischen gleichrangigen oder nicht gleichrangigen Magistraten durch die drei Verfahren des Widerspruchs*, der Prohibition* und der *obnuntiatio** gelöst werden.

Um wählbar zu sein, mußte man das volle Bürgerrecht* besitzen, männlichen Geschlechtes sein, zehn Jahre im Militär* gedient haben, durfte nicht mit Ehrlosigkeit belastet sein und mußte die für das Amt nötige Altersgrenze erreicht haben. Für den Zugang zu manchen Ämtern mußte man zuvor ein Reglement beachten, das hierarchisch strukturiert war – und das man *cursus honorum** (Ehrenlaufbahn) nannte.

Ein einmal gewählter Magistrat war nicht absetzbar, war aber auch nicht durch Immunität geschützt, und am Ende seiner Amtszeit dankte er ab, indem er freiwillig sein Amt niederlegte. Er konnte aber als Promagistrat* in seinen Amtsbefugnissen gehalten werden.

Der Abstimmungsmodus, die Art der Magistratsämter sowie die Gesellschaftsstruktur brachten es mit sich, daß einige wenige Familien* die Magistrate – insbesondere das Konsulat – für sich in Beschlag nahmen. So gab es etwa in der Zeit von 200 bis 146 v. Chr. nur 16 von 108 Konsuln, deren Gentilname vor ihnen nicht in den *Fasti** *consulares* aufgetaucht war.

Wie auch die anderen republikanischen Institutionen des Senates* und der Ratsversammlungen bestanden auch die Magistraturen zur Kaiserzeit weiter, doch war ihre Amtsgewalt merklich gemindert. Die zahlreichen ihnen bis dahin anvertrauten Befugnisse wurden nun auf kaiserliche Beamte* übertragen. Dennoch blieben die Magistratsämter weiterhin Ehrenämter. Insbesondere das Konsulat behielt sein hohes Ansehen und konnte als Sprungbrett zu wichtigeren Ämtern dienen – nicht einmal die Kaiser* selbst waren sich zu schade, es zu bekleiden. Die Kandidaten für die Ämter wurden denn auch weniger gewählt, als durch Akklamation bestätigt.

Magistratsverordnungen

Magistratsverordnungen (*edicta magistratuum*) sind die von einem Magistraten* bei Amtsantritt erlassenen Verfügungen, die über die Richtlinien und Grundsätze informieren sollen, nach denen er sein Amt auszuüben gedenkt (*ius edicendi*).

Von den verschiedenen Verordnungen waren insbesondere die der Magistrate mit richterlichen Kompetenzen, Quästoren*, Ädile*, Statthalter* und vor allem Prätoren*, von grundlegender Bedeutung für die Entwicklung des römischen Rechts*, dem sie als lebendige, eigenständige Quelle bis zur Zeit Hadrians* dienten. Denn diese Magistrate, und hier insbesondere die von Juristen* beratenen Prätoren, paßten beständig das Recht an besondere Umstände an und beugten somit Fällen vor, die zu einem Prozeß führen konnten (*iudicium dare*). In der Erkenntnis, daß ein solches Verhalten besonderen Schutz verdient, entwickelte der Magistrat ein neuartiges

Recht, nach dem die Verordnungen prinzipiell nur in dem Jahr galten, in dem die Magistrate ihr Amt versahen. Doch in Wirklichkeit griffen die Amtsnachfolger die Verordnungen ihrer Vorgänger auf und verbesserten sie. Angesichts dieser Situation entwickelte sich einerseits das prätorianische Recht (*ius praetorium*), das die Verordnungen der Prätoren umfaßte, andererseits das amtliche Recht (*ius honorarium*), in welchem die Verordnungen aller Magistrate gesammelt wurden. Somit gestattete es der zunehmende Verzicht auf die starre Form der *actiones legis** zugunsten der flexibleren *actiones per formulas**, daß sich überhaupt ein solches Recht zu entwickeln vermochte.

Zu Beginn des 2. Jhs. n. Chr. aber wurden derartige Gesetzesinitiativen von seiten der Prätoren gehemmt, und es kamen statt dessen zwei neuartige Rechtsquellen auf: die Rechtsprechung und die kaiserlichen Verfügungen*. Das prätorianische Recht kam zum Stillstand und wurde unter Hadrian systematisch erfaßt. Wenn es auch aufhörte, eine lebendige Rechtsquelle zu sein, so blieb es dennoch eine Leitlinie für die Richter*.

Mahlzeiten

Die Römer nahmen drei Mahlzeiten zu sich, von denen jedoch nur eine wirklich wichtig war und im *triclinium** aufgetragen wurde. In frühester Zeit nahmen sie morgens nach dem Aufwachen ein schlichtes Frühstück (*ientaculum*) zu sich, das aus Fladen, Brot, Knoblauch und Gebäck bestand; um die Mitte des Tages, also um die siebte oder achte Stunde*, folgte die Hauptmahlzeit, die *cena**; abends um die elfte oder zwölfte Stunde gab es ein leichtes Abendessen, die *vesperna* oder *vesperes*.

Doch im 2. Jh. v. Chr. änderten sich die Gewohnheiten, vielleicht da man den Tag nicht weiterhin durch die Hauptmahlzeit teilen wollte: Weiterhin nahm man nach dem Aufstehen, etwa zur ersten oder zweiten Stunde, das *ientaculum* zu sich, dann zwischen der sechsten und siebten Stunde einen raschen Imbiß, das *prandium*, das aus Fisch, Früchten oder Gemüse bestand, die man im Stehen aß, schließlich um die neunte oder zehnte Stunde die *cena*.

Malerei

Die römische Malerei kennen wir im wesentlichen dank der Fresken*, welche die Hausmauern in Pompeji, Herculaneum und Stabiae zierten und durch den Vesuvausbruch im Jahre 79 n. Chr. verschüttet wurden. Denn außer diesen Malereien in Campanien hat man in Süditalien lediglich einige sehr alte Grabmalereien als Kammerschmuck (Hypogäen) gefunden, so etwa in Ruvo aus dem 5., in Paestum aus dem 4. und in Cumae aus der Zeit um die Wende zum 3. Jh., sowie eine bedeutsame Porträtsammlung auf Leinwand oder Holz bei der ägyptischen Oase Faijum. Diese Porträts reichen vom augusteischen Zeitalter bis zur Herrschaft Konstantins* und spiegeln recht getreu die Entwicklung der jeweils zeitgenössischen Bildhauerei* wider. Traditionsgemäß unterscheidet man bei der campanischen Wandmalerei vier Stile. Der erste Stil (150–80 v. Chr.) ahmt vielfarbige Marmorplatten nach; es fehlen figurative Elemente. Diese kommen erst mit dem zweiten Stil (79 v.–30 n. Chr.)

auf: Figuren- und Schmuckelemente gehen eine untrennbare Harmonie miteinander ein. Dieser zweite Stil vermittelt, losgelöst von der Wand, die Illusion von architektonischem Zierwerk; eingerahmt von architektonischen Motiven, Landschaften, belebten mythologischen Figuren oder Bildern bieten sie die Vorstellung eines Raumes vor der Wand. Diese Scheinmalerei (*trompe-l'œil*) gestattet es, imaginäre Landschaften zu erschaffen, die in das Wesen des Hauses* einführen, etwa beim Haus der Livia in Rom oder bei der Villa der Mysterien in Pompeji. Der dritte Stil (30–50 n. Chr.) verzichtet auf perspektivische Effekthascherei: Die architektonischen Elemente wie Säulen, Architrave oder Giebel vermitteln nicht mehr das Gefühl von Raumtiefe, sondern dienen nur noch der Zierde. Sie rahmen eine einfarbige Fläche ein, in deren Zentrum sich eine einzelne Figur oder ein kleines Bild befindet, so etwa im Haus des M. Lucretius Fronto in Pompeji. Der vierte Stil schließlich (50–79 n. Chr.) ist der meistverbreitete in Pompeji (insbesondere Haus der Vettier); er verbindet die Elemente des Schmucks und des Raumes miteinander und bildet einen triumphalen Höhepunkt der Erfindungsgabe und der Farbenpracht. Die architektonischen Motive, unter denen Arabesken, Vergoldungen und Ziselierungen im Überfluß begegnen, haben einen dramatischen Effekt. Auf den Bildern scheinen die Personen wie Schauspieler* eine Bühnenszene zu bieten, und die Landschaften sind nicht mehr so sorgfältig durchgezeichnet, sondern rasch und mit grobem Pinselstrich entworfen und mit Lichteffekten belebt. Gelegentlich betonen Stuckreliefs den Eindruck einer realen Inszenierung. In diesem Stil ist auch die *domus aurea* des Nero* in Rom gestaltet, passend für einen kaiserlichen Musiker und Historiker.

Nach 79 ist es schwierig, die Entwicklung der römischen Malerei zu verfolgen, da es nur wenige erhaltene Stücke gibt. Mit dem Beginn des 2. Jhs. begegnen dann Fresken an den Mauern der christlichen Katakomben*.

Manen

Ein allgemeiner Begriff, mit dem die Römer die Geister der Toten zu bezeichnen pflegten. Etwas genauer gefaßt sind die *manes* diejenigen, die man dadurch versöhnte, daß man den Verstorbenen ein angemessenes Grab gab und sie regelmäßig bei offiziellen Festen* wie den *Rosalia, Parentalia* oder *Feralia* ehrte und dadurch, daß man gewissenhaft die Zeremonien des häuslichen Kultes* vor dem Lararium* und dem Herd vollzog.

Im Gegensatz dazu sind die *Lemures* und *Larvae* die Geister der Toten, die entweder keine angemessene Grabstätte erhielten oder zu Lebzeiten Straftaten begangen hatten. Diese Geister kehrten als Gespenster auf die Erde zurück. Um auch diese zu beruhigen, beging man im Mai die *Lemuria*, ein archaisches Zeremonienfest, bei dem man sich von ihnen dadurch freikaufte, daß man schwarze Bohnen in die Schatten warf und die *Larvae* und *Lemures* beschwor, das Haus* zu verlassen.

Manilius

M. Manilius war ein stoischer Dichter zur Zeit des Augustus*, von dem man nur seine *Astronomie* kennt, ein Gedicht in fünf Gesängen, in dem er die weltbeherrschenden Gesetze des Schicksals* ausgearbeitet hat. Er starb 22 n. Chr.

Mantel

Mehrere Manteltypen waren in Rom in Gebrauch.

Die römischen Matronen* etwa zogen, wenn sie ausgingen, über ihre *stola** eine Art großes Tuch, mit dem sie ihre Schultern bedeckten und das ihren Körper bis hinab zu den Knien verhüllte; man nannte es *palla* und es ähnelte sehr dem *pallium* der Männer, war aber weit feudaler. In der Öffentlichkeit bedeckten sie ihr Haupt mit einem Zipfel ihrer *palla,* bei religiösen Anlässen verschleierten sie sich mit einem farbigen Tuch (*rica*).

Die Männer hatten ebenso die Möglichkeit, über ihrer *toga** einen Mantel anzuziehen, und schon seit dem 1. Jh. n. Chr. verzichteten sie häufig auf die *toga* zugunsten des Mantels, der viel bequemer war; dies jedoch nur bei erlaubten Gelegenheiten, denn die Toga blieb weiterhin die Nationaltracht. Bei den Mänteln konnten sie wählen unter dem *pallium,* einem griechischen Kleidungsstück, das aus einem rechteckigen Stoffstück bestand, das man sich überwarf oder in das man sich einhüllte, der *lacerna,* einem kurzen Mantel gallischer Provenienz, dessen Verwendung sich seit dem Ende der Republik* zusehends ausbreitete und der aus einem runden Stoffstück bestand, das man über die Schultern legte und mit einer Spange (*fibula*) zusammenhielt, schließlich konnte man witterungsbedingt diese *lacerna* noch mit einer Kapuze (*cucullus*) versehen. Darüber hinaus gab es noch die *paenula,* einen recht einfachen, aber sehr praktischen ärmellosen Mantel mit Kapuze, den man auf Reisen verwendete und der die Funktion heutiger Regenmäntel besaß.

Beim Militär* trugen die Soldaten* über der Tunika ein *sagum,* einen sehr kurzen Mantel, der vorne offen und hinten geschnürt war. Diesem glich das im allgemeinen getragene *paludamentum,* das ausladender, länger und scharlachrot gefärbt war.

Marc Aurel

M. Aurelius Antoninus (121–180 n. Chr.) war Kaiser* von 161 bis 180 n. Chr. Den aus Spanien stammenden Marc Aurel adoptierte Antoninus Pius* auf Bitten Hadrians*. Seine Herrschaftszeit ist gekennzeichnet durch eine Reihe von Katastrophen: Pest, Überschwemmung und Erdbeben. Darüber hinaus wurden zahlreiche Kriege im Orient und an der Donau geführt. Er starb während eines Feldzuges gegen die Germanenvölker der Markomannen und Quaden. Als philosophisch interessierter Kaiser war er ein Anhänger der Stoa* und hinterließ seine griechisch geschriebenen *Selbstbekenntnisse.* Er war wahrscheinlich kein bemerkenswerter Staatsmann und hat dem Kaiserreich nur wenige Neuerungen beschert.

Marionetten

Die Römer haben sich wie die Griechen an Schauspielen mit Marionetten (*sigilla*) erfreut, die wohl den heutigen ähnlich waren. Wir wissen zwar nicht genau, was man im Repertoire hatte, es könnten aber durchaus Erzählungen und Legenden gewesen sein.

Marius

C. Marius (157–86 v. Chr.) wurde in Arpinum, der Heimat Ciceros*, geboren und stammte aus einer Bauernfamilie. Er begann als Soldat* eine Militärlaufbahn und begleitete Scipio Aemilianus* nach Spanien. Im Jahre 119 war er Volkstribun*, 116 Prätor* und im darauffolgenden Jahr Proprätor* in Spanien. Er nahm am Krieg gegen Jugurtha* teil und zeichnete sich dabei aus. Im Jahre 107 erhielt der das Konsulat, 104 feierte er einen Triumph* über Jugurtha. Von 104 bis 100 war er ununterbrochen Konsul* und erhielt 101 einen zweiten Triumph nach seinem Sieg über die Kimbern und Teutonen. Von diesem Zeitpunkt an widersetzte er sich dem Senat*, Sulla* und der Partei der *optimates**. 88 v. Chr. mußte er nach Afrika in die Verbannung*, doch als Sulla sich im Orient aufhielt, kehrte er mit dem Konsul Cinna* 87 nach Rom zurück. Dort wurde er zum siebten Male zum Konsul gewählt.

Marius hat das römische Militär* tiefgreifend reformiert, denn indem er auch das Proletariat zum Militärdienst zuließ, schuf er eine Berufsarmee. Auf taktischem Gebiet hat er der Struktur der Kohorte*, einer Einheit von etwa 600 Mann, von denen zehn eine Legion* bildeten, das Hauptgewicht verliehen.

Markt, Marktplatz

Im Unterschied zum *forum** ist der Markt (*macellum*) ein geschlossener Ort, der aus einem von Portiken* gesäumten Platz besteht, in denen sich Läden befinden. Hier werden landwirtschaftliche Produkte ebenso gehandelt wie Objekte aus den kleinen Manufakturbetrieben.

In Rom war im Nordosten des *forum* der Trajans-Markt ziemlich bedeutend, denn er bestand aus übereinandergelagerten Stockwerken, in denen sich zahllose Läden befanden, während andere Räume als Lager dienten. Vielleicht wollte Trajan* die Aktivitäten des Handels* innerhalb der Stadt zwecks besserer Kontrolle zentralisieren, doch brachte diese staatliche Einflußnahme auf den Handel das wirtschaftliche Leben der Kaiserzeit zum Erliegen.

Martial

M. Valerius Martialis wurde um 40 n. Chr. im spanischen Bilbilis geboren und kam zur Beendigung seiner Ausbildung nach Rom. Er war ein Freund des Quintilian*, Juvenal* und Plinius* des Jüngeren. 15 Bücher *Epigramme* verfaßte er; sein erstes *Über die Schauspiele* rühmt die von Domitian anläßlich der *inauguratio** des flavischen Amphitheaters*, des Colosseums, veranstalteten Spiele*. Die übrigen Bücher widmen sich unterschiedlichsten Themen, wobei sie von einem bis zur Satire getriebenen Realismus dominiert wurden.

Masken

Totenmasken (*imagines*). Die Römer ließen die Gesichter ihrer Verstorbenen mit Wachs abformen und bewahrten dann diese Totenmasken in Schränken oder Wandnischen innerhalb des *atrium** auf. So konnte man über die Zahl der Masken der Vorfahren (*imagines maiorum*) auf das Alter der Familie* schließen. Unter jeder dieser Masken befand sich eine Inschrift* (*titulus, elogium*), die an die Taten des Ahnen erinnerte. Beim Begräbnis* eines Familienmitgliedes trugen Freunde und Verwandte diese Totenmasken im Leichengefolge mit sich. Doch nicht jedem kam das Privileg zu, Porträts seiner Vorfahren besitzen zu dürfen: Nur die Familien des Adels*, die eine kurulische Magistratur in ihrer Ahnenreihe aufweisen mußten, besaßen das *ius imaginum*. Die Kaiser genossen gar das Privileg, ihr Bildnis schon zu Lebzeiten verbreitet zu sehen.

Die Bedeutung dieser Totenmasken auf künstlerischem Gebiet darf nicht außer acht gelassen werden, denn zweifellos stammt hierher der Sinn für realistische Darstellung, der für die römische Bildhauerei charakteristisch ist, sowie auch die Art der Brustbildporträts. Die *tituli* und *elogia* liefern andererseits wertvolles Material für die Historiker, und schließlich mündeten solche individuellen Notizen in ausgebreiteter Form in die literarische Gattung der Biographie.

Theatermasken (*personae*). Die römischen Schauspieler* benutzten Masken nicht vor dem 1. Jh. v. Chr., denn bis zu dieser Zeit trugen sie nur die Darsteller der Atellane. Sie wurden aus Pappmaché hergestellt und waren bemalt, wobei man den Gesichtsausdruck der Rolle anglich und die Mundöffnung zugleich als Megaphon diente. Die längeren Masken der Tragödien hatten pathetische oder schmerzverzerrte Gesichtszüge, die für die Komödie ähnelten denen des Menschen und wirkten erheitert.

Maße

Die wichtigsten Maße:

Länge		Finger (*digitus*)	0,018 m
		Hand (*palmus*) = 4 Finger	0,07 m
		Fuß (*pes*) = 16 Finger	0,28 m
		Schritt (*passus*) = 5 Fuß	1,48 m
		Meile (*mille passus*)	1478,50 m
Fläche		Quadratfuß (*pes quadratus*)	0,082 m²
		Morgen (*iugerum*) = 288 000 Quadratfuß	25 Ar
		Zenturie (*centuria*) = 200 Morgen	50 ha
Gewicht		Unze (*uncia*)	27,25 g
		Pfund (*libra*) = 12 Unzen	327 g
Volumen	Flüssigkeiten	Sechstel (*sextarius*)	0,54 l
		Muschel (*congius*) = 6 Sechstel	3,28 l
		Urne (*urna*) = 24 Sechstel	13,12 l
		Würfel (*quadrantal*) oder *amphora* = 2 Urnen	26,24 l
	Feste Körper	Sechstel (*sextarius*)	0,54 l
		Halbscheffel (*semodius*) = 8 Sechstel	4,39 l
		Scheffel (*modius*) = 16 Sechstel	8,75 l

Matrone

Die Römer kannten zwei Kategorien von Frauen: Zur ersten gehörten alle von Geburt freien Frauen, Familienmütter oder solche, die es werden sollten (*matrona*), zur zweiten alle übrigen. Und nur auf erstere beziehen sich die sittlichen Kategorien und Verpflichtungen, welche die Männer dem weiblichen Geschlecht entgegenbringen; letztere aber stehen außerhalb von Moral und Recht* und gehören nicht zur Gesellschaft, denn sie haben nicht das Recht, sich gesetzeskonform zu verheiraten (*ius conubii*), das einen der Eckpfeiler des Bürgerrechtes* darstellt. Somit war die Lebenssitutation der Frau in Rom, zumindest in der Anfangszeit, durch ihre gesellschaftliche Stellung festgelegt, und bis 445 v.Chr. waren Ehen zwischen Patriziern und Plebejern* nicht erlaubt.

Oft stellt man die römische *matrona* am Spinnrad oder am Webstuhl, fernab den Beschäftigungen des Ehemannes, dar. Doch selbst wenn die Römerinnen in der Tat keine mit den Frauen der Etrusker* vergleichbare Stellung besaßen, waren sie zumindest nicht wie die griechischen in einem Gynaikaion, einem den Frauen vorbehaltenen Teil des Hauses, eingeschlossen.

In Rom stand den Frauen stets der Zugang zur Bildung offen, und auf den Schulbänken saßen Jungen und Mädchen nebeneinander. Es gab eine ganze Reihe gebildeter aristokratischer Frauen, es gab Dichterinnen und sogar Lehrerinnen. Seit dem 2. Jh. nahmen auch die Römerinnen wie ihre Ehemänner am gesellschaftlichen Leben teil (Mahlzeiten*, Zusammenkünfte, Unterhaltungen). Um diese Zeit herum reichte ihre Emanzipation sogar so weit, daß sie sich nicht scheuten, auf den Straßen die *abrogatio** eines strengen Gesetzes* zu fordern, das ihren luxuriösen Schmuck* eindämmen sollte. Obschon sie nicht das Recht zur Abstimmung* noch das zur Teilnahme an Ratsversammlungen hatten, trifft man doch auf Frauen, die eifrig Politik betrieben, so etwa im 1. Jh. v.Chr. Terentia, die Frau Ciceros*, Sempronia, die an der Verschwörung des Catilina* beteiligt war, oder Clodia, die Schwester des Tribunen* Clodius*. Die Gleichberechtigung der römischen Frau zeigt sich auch in der Form der Eheschließung, die meist *sine manu* erfolgte und die Braut rechtlich in der Obhut ihres Vaters beließ. Diese Rechtsform war vorteilhaft für die Frau, da sie sich dem Einfluß ihres Mannes entziehen konnte. Zwar war die römische Frau vom Gesetz her nicht berechtigt, Rechtshandlungen zu tätigen, doch bedeutete praktisch schon seit dem Ende der Republik* eine derartige Vormundschaft ihre Gleichstellung, vor allem da nach dem Ableben des Vaters die Frau *sine manu* zu einer unabhängigen (*sui iuris*) wurde. Zudem gestattete diese Form der Heirat der Frau Besitz und Einkünfte. Lediglich ihre Mitgift wurde dem Mann übertragen. Zu Beginn der Kaiserzeit dann erhielt gar eine *cum manu* verheiratete Frau, die also dem Einfluß ihres Mannes unterlag, das Recht, von sich aus die Scheidung einzuleiten.

Mausoleum

Das Mausoleum leitet seinen Namen vom karischen König Mausollos ab, dem seine Gattin ein prächtiges Grabmal* errichten ließ. Es hatte gewöhnlich die Form eines Tempels* oder Gebäudes. Das berühmteste in Rom ist das des Hadrian*, heute die Engelsburg.

Medizin ▶ **Arzt**

Meilensteine
Steine, die am Rande der Straßen* im Abstand von einer Meile (1478,5 m) stehen, nannte man Meilensteine (*millaria*).

In Italien* zeigten sie die Entfernung bis Rom* an, in den Provinzen* bis zur Haupt- oder der nächsten bedeutenden Stadt. Doch oft trugen sie auch weitere Angaben, so den Namen* des Magistraten*, der beim Bau der Straße im Amt war, oder später den Namen des herrschenden Kaisers* oder die Namen der mit dem Bau der Straße beschäftigten Menschen.

Der goldene Meilenstein (*millarium aureum*) war ein von Augustus* auf dem Forum* aufgestellter Meilenstein, von dem aus alle Straßen des Reiches ausgingen.

Messalina
Valeria Messalina war die Urgroßnichte des Augustus* und heiratete 40 n. Chr. Claudius, von dem sie einen Sohn, Britannicus*, und eine Tochter, Octavia*, hatte, die dann Nero* heiratete. 48 n. Chr. ehelichte Messalina einen jungen Adligen, C. Silius. Claudius, der eine Verschwörung gegen sich witterte, ließ sie hinrichten.

Met
Dieses von den Römern *aqua mulsa* (Honigwasser) genannte Getränk zählte man nicht zu den Weinen*. Der beste Met kam aus Phrygien.

Metrisches System
Die Römer benutzten dasselbe metrische System wie wir heute. Die Eichmaße der Gewichte* und Längenmaße wurden im Tempel* der Dioskuren (Castor und Pollux) am Forum* aufbewahrt. In republikanischer Zeit oblag ihre Aufsicht den Ädilen*, in der Kaiserzeit wurde diese Aufgabe dem Stadtpräfekten* anvertraut.

Milch
Die von den Römern am meisten geschätzte Milch ist die vom Schaf, gefolgt von der Ziegenmilch. Kuhmilch war nicht sehr begehrt. Die Römer haben Milchvieh eigentlich nicht gezüchtet und die Rinder nur als Zugtiere verwandt. Eselsmilch aber galt als Schönheitsmittel.

Man trank die Milch pur und nicht entrahmt, vermischt mit Wasser*, Wein* oder Met*. Eine gewisse Anzahl Speisen benutzte Milch als Grundlage, so etwa der Getreidebrei. Stellten die Römer auch keine Butter her, so kannten sie doch den Käse; sie ließen die Milch gerinnen, würzten sie und erhielten verschiedene Arten ungetrockneten Käse.

Ärzte* empfahlen oft Milch als Stärkungs- und Heilmittel bei verschiedenen Krankheiten, z. B. bei Gicht oder Schwindsucht.

Zu guter Letzt brachte man den Göttern* bei den Trank- und sonstigen Opfern* häufig Milch dar.

Militär
Die Zusammensetzung und Organisation des römischen Militärs (*exercitus*) hat sich im Verlaufe der Jahrhunderte so sehr verändert, daß sich eine Periodisierung geradezu anbietet:

Das Militär der Königszeit. Zu Beginn bestand das militärische Personal nur aus Patriziern und ihrer Klientel*. Jede Kurie* stellte 100 Infanteristen und zehn Kavalleristen, so daß man bei 30 Kurien auf eine Gesamtstärke von 3000 Infanteristen und 300 Kavalleristen kam: Diese stellten zusammen die Legion (*legio*).

Die 'servische' Organisationsform. Die Unterteilung der Bürgerschaft (Patrizier und Plebejer*) in Klassen* und Zenturien* hat das Aussehen des römischen Militärs nachdrücklich verändert. Die 18 Reiterzenturien bildeten die Kavallerie, die fünf übrigen Klassen die Infanterie, wobei die schwere aus den ersten drei, die leichte aus den verbleibenden zwei Klassen gebildet wurde. Die ärmsten Klassen bildeten die Pionier- und Musikeinheiten. Somit begründete man eine hierarchische Ordnung nach Ausstattung und Bewaffnung, die mit der Vermögenslage übereinstimmte, denn es war üblich, daß sich die Bürger auf eigene Kosten ausrüsteten.

Die Dienstverpflichtung erstreckte sich vom 17. bis zum 60. Lebensjahr, doch nur die *iuniores*, also die Männer zwischen dem 17. und 46. Lebensjahr, waren im aktiven Militärdienst; die *seniores* (vom 46. bis 60. Lebensjahr) bildeten das in Rom selbst stationierte Militär. Eine Legion besaß eine Stärke von etwa 4000 Mann. Schlachtordnung war die Phalanx.

Das Militär des 4. Jhs. Die Überlieferung schreibt dem Camillus* eine ganze Reihe von Reformen zu: Er führte die Besoldung ein, die für die Verlängerung der Feldzüge auch außerhalb des Sommers nötig wurde, sowie die Aufteilung der Truppen nicht mehr nach dem Vermögen, sondern nach Leistung und Alter; außerdem wählte er als taktische Einheit die Manipel, also 120 Mann oder zwei Zenturien zu jeweils 60 Mann, wobei nunmehr eine Legion aus 30 Manipeln bestand. In der Schlacht wurden die Manipeln dreistufig und versetzt angeordnet: Die erste Gruppe bestand aus den Jüngsten (*hastati*), die zweite aus den gereiften Männern (*principes*), die dritte aus erfahrenen Legionären (*triarii*). Diese Infanterie wurde unterstützt von einer leichteren, den Veliten, sowie der Reiterei* (300 Kavalleristen waren aufgeteilt auf zehn Schwadrone oder *turmae*) und den Alliierten (Italern) oder Hilfstruppen, d.h. nichtitalische Söldner, so etwa gallische Infanteristen, kretische Bogenschützen, balearische Schleuderer oder numidische Reiter. Eine Legion bestand somit insgesamt, einschließlich der Neben- und Hilfstruppen, aus etwa 4200 Mann. Im 4. Jh. hob man in der Regel vier Legionen aus, doch im Ernstfall konnte Rom die Zahl auf zehn erhöhen.

Die Reformen des Marius*. Marius schuf eine Berufsarmee, die sich auf die Ärmsten Roms stützte: Künftig verpflichteten sich die Soldaten für 16 Jahre, in denen sie in Waffen standen. Dies erlaubte es, eine zahlenmäßig starke Armee zu rekrutieren, die im Jahre 89, als Italien sich nach dem Bundesgenossenkrieg* bis zur Gallia* Cispadana erstreckte, das Bürgerrecht* erhielt. Andererseits wandte Marius als taktische Einheit die Kohorte (600 Mann) an, die aus je einer Manipel *hastati, principes* und *triarii* bestand. Eine Legion setzte sich aus zehn Kohorten zusammen, denen 1000 fremde Reiter zur Seite standen.

Die Kaiserzeit. Augustus* veränderte die Militärorganisation nicht nachdrücklich. Zwar führte er einige Änderungen bei der Kavallerie durch, wobei er diese wieder in die Legion miteinbezog, vor allem aber öffnete er das Militär für die Einwohner der Provinzen*, die mit der Dienstverpflichtung auch das Bürgerrecht erhielten. Das Überangebot bei der Anwerbung Freiwilliger genügte, um die Armeestärke aufrechtzuerhalten, ohne auf alle Bürger zurückgreifen zu müssen. Der Dienst dauerte ohne Unterbrechung 20 Jahre. Das Militär des Augustus bestand aus 25 Legionen mit etwa 150000 Mann; hinzu kamen noch mehrere Hilfstruppen wie etwa Infanterie-, Kavallerie- oder auch gemischte Kohorten von fast derselben Stärke. Bei diesen dauerte der Dienst 25 Jahre, und sie wurden in den Provinzen rekrutiert, so daß die Hilfstruppen nicht mehr identisch waren mit fremden Truppen. Außerdem muß man noch spezielle Verbände mitzählen wie etwa die Prätorianergarde oder die Stadtgarde.

Die militärische Hierarchie innerhalb einer Legion war etwa wie folgt: Zur Zeit der Republik* standen an ihrer Spitze die Militärtribunen*, unter diesen die Zenturionen*, schließlich die Unteroffiziere (*principales*); in der Kaiserzeit lag das Kommando über eine Legion bei einem Legaten*, und der Rang des Militärtribunen wurde zu einer Auszeichnung.

Der Oberbefehl über das Militär lag in republikanischer Zeit beim Magistrat*, der das *imperium** besaß, später dann bei den Konsuln*. Zur Kaiserzeit war der Kaiser dauerhaft Oberbefehlshaber.

Militärgerichtsbarkeit

In den Feldlagern wurde die Gerichtsbarkeit vom Oberkommandierenden ausgeübt. Die Strafen* reichten vom Entzug des Soldes bis zur Todesstrafe durch Auspeitschen.

Milo

T. Annius Milo war Tribun* des Volkes im Jahre 57 v.Chr. und ließ als Anhänger des Senates* gegen den Willen der *populares** Cicero* aus der Verbannung* zurückrufen. Im Januar 52 töteten seine Männer den Clodius*. Im folgenden Prozeß wurde Milo von Cicero verteidigt, der, eingeschüchtert durch das militärische Aufgebot auf dem Forum*, seine Rede *Pro Milone*, die sich erhalten hat, nicht halten konnte, so daß Milo in die Verbannung gehen mußte. 48 v.Chr. kehrte er nach Italien* zurück und versuchte die südlichen Regionen gegen Caesar* aufzubringen, wurde aber ergriffen und hingerichtet.

Möbel

Das Mobiliar (*supellex*) der Römer war selbst in den Häusern* der Reichen viel spärlicher als bei uns heute. Betten*, Stühle*, Tische* und Schränke bildeten den Hauptteil, hinzu kamen Wandbehänge* und Teppiche*. Ein weiteres Charakteristikum der Ausstattung war, daß Holz offenbar seltener als heute benutzt wurde.

mos maiorum ▶ Brauchtum

Mosaik

Entstanden ist die Technik des Mosaiks (*musivum opus*) in Griechenland, hat sich aber in der römischen Welt derart entwickelt, daß man sagen kann, daß erst die Römer aus ihr eine Kunst gemacht haben. Gegen Ende der Republik* und zu Beginn der Kaiserzeit waren die römischen und italischen Mosaike üblicherweise in schwarz und weiß gehalten und stellten geometrische Muster dar. Im 2. Jh. kam der belebte Stil auf: Pflanzen, Tier- und Menschengestalten wurden weiterhin in schwarz und weiß dargestellt.

Parallel zur italischen Schule und manchmal auch in Beziehung zu dieser entwickelte sich in den Provinzen*, und hier vor allem in denen griechischer Sprache, ein polychromer Stil, der versuchte, die Malerei* nachzuahmen. Man stellt insbesondere die Bevorzugung des *emblema*, einer Zentraltafel, die von geometrischen und pflanzlichen Motiven umgeben ist, fest.

Mosaike wurden sowohl auf dem Boden als auch an Decken und Wänden angebracht. Üblicherweise strebten die Mosaisten spätestens seit dem 2. Jh. n. Chr. danach, ihre Motive den Örtlichkeiten anzupassen: Seeszenen in den Thermen*, Werbung* in den Läden, Mythologisches in den Tempeln* usw. Das Mosaik sollte ein Widerhall dessen sein, was sich an dem Ort tat, an dem es sich befand, und dabei auch zum Phantasieren und Träumen verleiten.

In technischer Hinsicht unterscheidet man das *opus tessellatum*, einem aus würfelartigen Elementen zusammengesetztem Mosaik, und das *opus vermiculatum*, bei dem die Einzelteile kleiner und unregelmäßiger sind. Erstere eigneten sich gut für geometrische Muster, letztere für figürliche Darstellungen, da sie eine größere Durchzeichnung gestatteten. Die einen wie die anderen Teile wurden aus Stein oder Marmor geschnitten, manche auch glasiert.

Mucius Scaevola

Der Legende nach soll der junge Mucius Scaevola in das Feldlager Porsennas, des Rächers des Tarquinius Superbus, eingedrungen sein, um diesen zu töten. Nachdem er sich aber in seinem Opfer getäuscht hatte, wurde er gefangengenommen und vor den König* geführt. Hier streckte er seine Rechte ob seines Irrtums ins Feuer, woher denn auch sein Name *scaevus* (der Linke) stammt.

Mütze, phrygische

Bei den Römern galt die phrygische Mütze (*pileus*) als Symbol der Freiheit. Man gab sie einem Sklaven* bei dessen Freilassung. Man sieht sie oft auf Reliefs und Münzen (▶ Geld) zusammen mit dem Füllhorn als Symbol des Überflusses.

municipium

Mit dem Begriff 'Stadt' (*municipium*) bezeichnet man innerhalb Italiens* Orte, die Rom sich einverleibte und für die es die Teilnahme an Verwaltungs- und Militäraufgaben festlegte, die sich aber dennoch ihre Autonomie, ihre gewachsenen Institutionen, ihr Recht* und gelegentlich auch ihre Sprache bewahren konnten. Die Unterschiede in der Rechtsstellung werden erst im Detail erkennbar: Die ältesten Orte, so etwa Tusculum, Formiae, Cumae oder Fundi, behielten weitestgehende Autonomie und ihre Einwohner waren keine römischen Bürger*; andere wiederum waren weniger unabhängig und ihre Bewohner besaßen das unvollständige Bürgerrecht*, d. h. kein Wahlrecht. Seit dem 3. Jh.

v. Chr. erhielten die *municipia* nach und nach das vollständige römische Bürgerrecht, und 42 v. Chr. besaßen alle das römische Bürgerrecht.

Auch in den Provinzen* gab es *municipia*. Bei diesen war der Rechtsstatus der Einwohner sehr unterschiedlich; der Grund und Boden unterlag der Grundsteuer. Durch ein Edikt Caracallas wurden 212 n. Chr. alle Ortschaften in den Provinzen in den Rechtsstatus eines *municipium* erhoben.

Zwar beließen die Rechtsstellungen, welche Rom den Städten Italiens und der Provinzen gewährte, diesen oftmals eine gewisse Verwaltungsautonomie, doch führte die zunehmende Zentrierung auf Rom auch zu einer Vereinheitlichung derartiger städtischer Institutionen, wobei man in der Regel stadtrömische zu kopieren sich bemühte. So findet man in der Regel drei Organe: Eine Volksversammlung* (*comitia*); den aus Dekurionen bestehenden Senat* (*curia, ordo decurionum*); Magistraten* (Ädile*, Quästoren*, *duumviri**). Bei letzteren war Zahl und Funktion von den jeweiligen Gegebenheiten abhängig. Andererseits gab es auch städtische Priesterkollegien. Insbesondere hierbei erwies sich Rom als überaus tolerant, indem es nicht versuchte, die eigenen Götter* durchzusetzen, sondern lokale Synkretismen zuließ. Trotzdem behielten in Griechenland und im Orient manche Städte ihre alten Stadtverfassungen.

Die Ausübung eines Magistratsamtes in einem *municipium* führte oftmals zur Verleihung des römischen Bürgerrechts.

Musik

Die Römer übernahmen von den Griechen die Notation, die Tonarten und die Rhythmen. Die Musik wurde stets als eine griechische Kunstfertigkeit betrachtet und nur sehr selten in die römische Erziehung* einbezogen. Man wohnte zwar gerne Konzerten im Odeion oder daheim bei, doch spielte man kaum selbst ein Instrument.

Musikinstrumente

Drei Arten von Musikinstrumenten benutzten die Römer:

Saiteninstrumente. Wesentlich waren die Kithara und die Lyra als Begleitinstrumente der lyrischen Poesie (Catull*, Horaz*). Die Lyra besitzt gleichlange Saiten mit unterschiedlicher Spannung. Die Saitenzahl schwankt von drei bis zwölf; der Resonanzkörper, in der Regel ein Schildkrötenpanzer, war nur klein. Die Kithara ist eine Weiterentwicklung der Lyra mit einem hölzernen Resonanzkörper, deren Saitenzahl 18 erreichen konnte; sie ist das Instrument der Berufsmusiker.

Blasinstrumente. Von Bedeutung war vor allem die Flöte (*tibia*), auf der man die Gesangspartien im Theater* und die Sprechgesänge bei den Komödien ebenso begleitete wie Gelage, Begräbnisse*, Spiele* etc. Von den Flöten gab es unterschiedliche Arten, die unseren Dudelsäcken, Flageoletts oder den eigentlichen Flöten ähnelten. Neben der Lyra war die *tibia* das Hauptmusikinstrument. Auch benutzten die Römer die hydraulische Orgel, die sich vor allem bei den Zirkusspielen großer Beliebtheit erfreute. Um Befehle an Truppen zu übermitteln und ihren Marsch zu rhythmisieren, setzte man verschiedene Trompetenarten ein: So bestand etwa die *tuba*, das militärische Signalhorn aus einem langen Rohr, das in einen Trichter mündete; die Tubabläser (*tubicines*) bildeten gemeinsam mit den Bläsern der *cornu** die Militärkapelle. Zur Kaiserzeit gehörten etwa 40 *tubicines* zu jeder Legion*. Die von den *bucinatores* geblasene *bucina* war ein schneckenförmig gewundenes Horn und diente zur Befehlsübermittlung, insbesondere bei der Wachablösung.

Schlaginstrumente. Diese waren zumeist orientalischen Ursprungs, so etwa die Trommel (*tympanum*), die man bei Festanlässen zu Ehren der Kybele oder des Dionysos schlug.

Nachrichten

Caesar* beschloß, täglich die Protokolle der Senatssitzungen und sonstiger Versammlungen* ebenso wie die Rechenschaftsberichte bei bedeutenden Ereignissen zu veröffentlichen. Hieraus entstanden die *Acta diurna populi Romani,* die auf dem Forum* angeschlagen und in der ganzen Stadt verteilt wurden. Aber der Klatschteil nahm mehr Platz ein als die offiziellen Mitteilungen. Die Originale wurden in den öffentlichen Archiven* verwahrt.

Naevius

Der um 260 v. Chr. in Campanien geborene Naevius ließ sein erstes Stück 235 aufführen. Er schrieb Tragödien griechischen, aber auch römischen Inhalts und schuf so die *praetexta.* Des weiteren verfaßte er Komödien von beißender Schärfe. Sein Werk mit der größten Nachwirkung aber war *Der Punische Krieg,* der im saturnischen Versmaß* verfaßt die Geschichte Roms von den Abenteuern des Aeneas bis zum Ersten Punischen Krieg* nachzeichnete. Die Abfassungszeit lag etwa um 209, also während des Zweiten Punischen Krieges, als der Sieg über Hannibal* noch nicht gewiß war, und gibt sich den Anschein eines Nationalepos, das den Römern aufzeigt, daß ihnen die Götter* gewogen sind.

Namen

Die römischen Bürger* hatten in aller Regel drei Namen: Einen Vornamen (*praenomen*), einen Familiennamen (*nomen gentilicium*) und einen Beinamen (*cognomen*), in eben dieser Reihenfolge. Vornamen gibt es nur 15: *Appius* (Ap.), *Aulus* (A.), *Gaius* (C.), *Gnaeus* (Cn.), *Lucius* (L.), *Marcus* (M.), *Manius* (M.'), *Numerius* (N.), Publius (P.), *Quintus* (Q.), *Servius* (Serv.), *Sextus* (Sext.), *Spurius* (Sp.), *Tiberius* (Tib.), *Titus* (T.), *Vibius* (V.). Ein Kind erhielt seinen Vornamen am achten oder neunten Tag nach der Geburt*. Der Familienname (Gentilname) war allen Mitgliedern der *gens** gemeinsam; je nach seiner Endsilbe (*-ius, -na, -as, -nus*) ist es möglich, deren geographischen Ursprung festzumachen, so sind etwa *Aemilius, Julius* oder *Claudius* Namen aus Latium, *Maecenas* und *Larinas* etruskische Namen.

Der Gebrauch der Beinamen verbreitete sich erst allmählich und wurde ab Sulla*, etwa am Beginn des 1. Jhs. v. Chr., zu einem festen Bestandteil. Ursprünglich nahm der Beiname auf eine individuelle Eigenheit Bezug: *Balbus* 'Stotterer', *Caecus* 'Blinder', *Cicero* 'Kichererbse', *Maximus* 'Größter' etc., doch wurde er schon bald erblich und diente der Unterscheidung der verschiedenen Zweige einer *gens.* So umfaßte etwa die *gens Cornelia* die Zweige *Cornelius Scipio, Cornelius Balbus* etc., und der Zweig *Cornelius Scipio* wiederum enthielt den Unterzweig *Cornelius Scipio Nasica,* denn man konnte durchaus zu einem Beinamen noch einen oder mehrere hinzufügen, die an eine Heldentat oder ein denkwürdiges Ereignis erinnerten. Seine abwartende Haltung gegenüber Hannibal* etwa brachte dem Q. Fabius* Maximus als zweiten Beinamen *Cunctator* 'Zögerer' ein.

In der Kaiserzeit nahm die Mode, mehrere Beinamen zu tragen, überhand. Darüber hinaus stellte sich seit den Antoninern (2. Jh. n. Chr.) die Sitte ein, personenbezogene oder gruppenbezogene Spitznamen (*signum, vocabulum*) einzugliedern. Sehr oft waren diese Spitznamen von Adjektiven auf *-ius* abgeleitet, wie etwa *Gaudentius* von *gaudens*.

Die Frauen hatten in der Regel keinen Vornamen, sondern trugen als Familiennamen die feminisierte Form des Namens des Vaters, wie etwa Cornelia*, die Gattin des Tib. Sempronius Gracchus, die Tochter des großen P. Cornelius Scipio* Africanus. Auf Inschriften* liest man gelegentlich statt ihres Namens und Beinamens den Namen des Ehemannes im Genitiv.

Adoptierte Kinder erhielten die *tria nomina*, die drei Namen ihres Adoptivvaters, gefolgt von einem *cognomen* auf *-anus*, das an ihre eigene Gentil erinnern sollte; so nannte sich, als P. Cornelius Scipio den Sohn des L. Aemilius Paullus adoptierte, dieser P. Cornelius Scipio Aemilianus, und ebenso wurde Octavius, nachdem er von Caesar* adoptiert war, C. Julius Caesar Octavianus genannt. Dennoch kam man in der Kaiserzeit zusehends von dieser Sitte ab, und die Adoptierten ergänzten einfach die Namen ihrer Adoptivväter mit einem oder mehreren Namen ihrer natürlichen Väter, ohne diese zu verändern, und behielten ihre Vornamen.

Die Sklaven* hatten nur einen einzigen Namen, der eine physische Eigenschaft, ihr Herkunftsland oder ihren, selbstredend latinisierten, einheimischen Namen wiedergeben konnte; die Freigelassenen* hingegen nahmen den Vor- sowie den Gentilnamen ihrer Herren an, wobei ihr einstiger Sklavenname zum Beinamen wurde. So wurde etwa Tiro, den Cicero* freiließ, zum M. Tullius Tiro.

Naumachie

Das Schauspiel einer im Amphitheater* oder in einem großen zu diesem Zweck ausgehobenen Becken stattfindenden Seeschlacht (*naumachia*).

Die erste große Naumachie fand 46 v. Chr. statt, als Caesar*, der sie dem Volk bieten wollte, auf dem Marsfeld ein Bassin ausheben ließ, das mit dem Tiber verbunden und von diesem geflutet wurde. Berühmte Naumachien wurden auch von Augustus*, Claudius, Nero*, Vespasian und Titus veranstaltet. Ähnlich den Gladiatorenkämpfen waren auch sie blutige Feste*.

Nero

L. Domitius Ahenobarbus (37–68 n. Chr.) war der Sohn von Agrippina* der Jüngeren und Cn. Domitius Ahenobarbus. Im Jahre 50 wurde er von Claudius adoptiert*, heiratete 53 dessen Tochter Octavia* und hieß fortan Nero Claudius Caesar. Die ersten fünf seiner Regierungsjahre waren recht glücklich: Nero wurde von Seneca* beraten und konnte sich auch auf Burrus verlassen, seinen Prätorianerpräfekten*. Es hatte den Anschein, als habe er die alten Traditionen des Augustus* wieder aufleben lassen wollen. Doch infolge einiger Intrigen und Tragödien, so der Ermordung des Britannicus* 55 und der der Agrippina 59, schlug die weitere Herrschaftszeit des Nero einen neuen und gefährlichen Kurs ein. Seneca fiel in Ungnade, und als Burrus 62 starb, benannte Nero Tigellinus, der sein Schatten sein sollte, zum Nachfolger. 64 v. Chr. kam es zu dem berühmten Brand Roms, als dessen Urheber man ihn ansieht. Um die Mutmaßungen des Volkes zu beschwichtigen, ließ er die Christen* verfolgen. Die

Handlungsweisen des Kaisers* wurden stark von orientalischen Einflüssen geprägt: Als Eingeweihter des Mazdeismus, einer altpersischen Religion, zeigte er sich gern als neuer Mithras.

Im Jahre 65 deckte er noch rechtzeitig die Pisonische Verschwörung auf, der unter anderem Seneca und sein Neffe Lukan* zum Opfer fielen. 66 ließ er den Stoiker* Thraseas, den Anführer der senatorischen Opposition, hinrichten. Im selben Jahr begab er sich nach Griechenland, wo er als Schauspieler* und Wagenlenker an den Spielen* teilnahm. Eine Reihe von Aufständen brachen 68 n. Chr. in den Provinzen* aus und leiteten das Ende seiner Herrschaft ein: Julius Vindex in Gallien*, Galba in Spanien und Otho in Lusitanien. Der Senat* erklärte Nero im Juni 68 zum Staatsfeind, und die Prätorianer wandten sich von ihm ab. Am 9. Juni 68 beging er Selbstmord. Mit seinem Tod endete nicht nur eine Herrschaft der Ausschweifungen und Grausamkeiten, sondern auch die julisch-claudische Dynastie, die Rom den berühmtesten (Augustus), aber auch den verhaßtesten (Nero) Kaiser beschert hatte.

Neujahrsgeschenke

Bei verschiedenen Anlässen, insbesondere aber an den Kalenden* des Januar, tauschten die Römer mit den besten Wünschen und wohlwollenden Worten untereinander Geschenke aus, die einen symbolischen und religiösen Wert hatten, z. B. Datteln, Feigen oder Honig; Geldgeschenke gab es aber auch.

numen

Ein schwierig zu umschreibender religiöser Begriff, der aber einen großen Raum in der Vorstellungswelt der Römer vom Heiligen einnahm.

Das *numen* ist soviel wie der Wille, die treibende Kraft oder die Wirkmächtigkeit einer Sache oder einer Gottheit. Das Weltganze wurde als ein Netz von heiligen Kräften, den *numina*, angesehen, so daß es in jedem Augenblick des Lebens notwendig ist, sich des Wohlwollens des einen oder anderen dieser *numina* zu versichern. Aus dieser Furcht heraus erklärt sich, daß ein Römer darauf achten mußte, Cunina, die seine Wiege (*cunae*) schützt, nicht zu beleidigen oder Statulinus, der einen aufrecht stehen (*stare*) läßt, und viele weitere derartige Kräfte. Manche Gegenstände, manche Pflanzen offenbarten die Gegenwart des Heiligen, so daß sie verehrungswürdig waren wie der Wald (Silvanus), die Quelle (Fons) oder die Gemarkungsgrenze (Terminus). Zur Kaiserzeit verehrte man auch das *numen* des Augustus* vor allem im Mittelstand. Die einzelnen Götter* betete man an und nahm dabei Rücksicht auf die unterschiedlichen Aspekte ihrer Macht, die von Fall zu Fall unterschiedlich waren: Juno Lucina, Moneta oder Regina; Jupiter Capitolinus, Lapis oder Fulgur; Venus Genitrix oder Victrix. Bei diesem Beispielen räumt man der Gottheit eine spezielle Macht ein, doch ist es nicht unmöglich, daß diese zum *numen* gehört, wenn nicht gar von ihm abhängt.

Man spricht auch viel allgemeiner vom *numen* einer Gottheit, ohne die jeweilige Macht genauer zu umschreiben: *numen Junonis, Jovis* oder *Veneris. Numen* hatte im Verhältnis zu *deus* (Gott) oder *dea* (Göttin) einen weitaus heiligeren Beiklang.

nundinae
Die *nundinae* kehren alle neun Tage wieder. An diesem Tag hält man den Markt* ab und läßt das gewöhnliche Tagwerk ruhen. Es finden auch bestimmte religiöse Zeremonien statt.

Einen Abschnitt von drei *nundinae* bezeichnete man als *trinundinum*: Dieser Zeitraum war für das öffentliche wie das Privatrecht republikanischer Zeit von Bedeutung. Es war die gesetzliche Frist, die man zwischen bestimmten Ereignissen verstreichen lassen mußte: zwischen der Einberufung einer Volksversammlung* und einer Abstimmung* oder zwischen der Niederlegung eines vom Magistrat* ausgearbeiteten Gesetzesvorschlages und dessen öffentlichen Aushang (*promulgatio*) sowie seiner Abstimmung.

obnuntiatio
Die *obnuntiatio* ist ein Magistratsrecht, sich der Versammlung* der Komitien* entgegenzustellen, wenn es ungünstige Vorzeichen* gibt. Da hierbei verständlicherweise der Mißbrauch, den dieses Mittel bot, schnell um sich griff, verlor es bald seine ursprünglich religiöse Komponente.

Octavia
Die Schwester des Augustus* und Gattin des C. Claudius Marcellus, der 50 v.Chr. Konsul* war und von ihr einen Sohn, M. Claudius Marcellus, hatte, der aber im Alter von 19 Jahren verstarb. Augustus hatte ihn als seinen Nachfolger in Erwägung gezogen. Nach dem Tode ihres Mannes heiratete Octavia im Jahre 40 Antonius*, wurde aber 31, vor der Schlacht von Actium*, von ihm geschieden.

Eine andere Octavia ist die Tochter des Claudius und der Messalina*, der Frau Neros*, der sie verstieß, um Poppaea zu heiraten. Später wurde sie deportiert und ermordet.

Octavian ▶ Augustus

October equus
Ein Opfer* nach sehr altem Ritus, das am 15. Oktober auf dem Marsfeld bei der Zeremonie zur Schließung der Feldzüge stattfand und von den Saliern* veranstaltet wurde. Es fand ein Wagenrennen* mit Zweigespannen statt und man opferte das rechte Pferd des siegreichen Wagens, dem man zuvor eine Kette aus Brot um den Hals gelegt hatte. Kopf und Schweif des Opfertieres wurden rasch in die *regia*, den Wohnsitz des *pontifex maximus** auf dem Forum*, gebracht, damit man das Blut über das Feuer gießen und die Vestalinnen* es für die *Parilia*, ein Hirtenfest im April, aufbewahren konnten. Dieses Opfer gemahnt an ländliche und kriegerische Rituale.

Omen
Etymologisch könnte *omen* wohl soviel wie 'Erklärung der Wahrheit' bedeutet haben. Das *omen* ist ein Vorzeichen*, das mündlich verkündet wird.

Opfer
Die Opferhandlung (*sacrificium*) ist von erheblicher Bedeutung in der römischen Religion* sowohl im häuslichen wie im öffentlichen Kult*, und das Opfer kann als Zweck die Sühne, die Danksagung oder die Zukunftsvision haben. Man unterteilt die Opfer in blutige (Menschen, Tiere) und unblutige (Kuchen, Erdfrüchte, Trankopfer). Die Liturgie ist durch die Pontifices* genaustens geregelt und hängt von den Absichten bzw. den jeweiligen Gottheiten ab. Handelt es sich um eine Opferung, muß diese entweder nach römischem Ritus vollzogen werden, d.h. der Opferpriester hat den Kopf verhüllt und arbeitet beim Klang einer Flöte, oder nach griechischem Ritus, bei dem der Opferpriester unverhüllt, sein Kopf mit Laub bekränzt ist und er von Musik* begleitet wird. Dieser letztere Ritus, der um das 4. Jh. v.Chr. Eingang gefunden hat, steht in starkem Gegensatz zum altertümlichen und strengen römischen Ritus; er brachte auch volkstümlichere und freudigere Zeremonien auf, z.B. das Flehen und die Götterbewirtung*. Das als Opfer Dargebrachte konnte entweder allein der Gottheit vorbehalten sein oder zwecks gemeinschaftlichen Verzehrs aufgeteilt werden.

Selbst wenn in der primitiven religiösen Vorstellung der Römer Menschenopfer nicht als ein abscheuliches Ritual angesehen wurden, schwächte man dennoch dieses altertümliche Ritual recht bald ab. Man kennt das berühmte Gespräch zwischen Jupiter und Numa Pompilius: „Schneide einen Kopf ab!" befiehlt Jupiter. „Wir schneiden den Kopf einer Zwiebel ab", antwortet gehorsam der König. „Einen Menschenkopf", besteht Jupiter. „Also die Haare", erwidert Numa. „Nein, einen lebenden", entgegnet Jupiter. „Also einen Fischkopf." Jupiter gab sich geschlagen und lächelte.

So ersetzten die Römer die Todesopfer also durch Bilder und auch die Tiere ebenso durch Bilder oder landwirtschaftliche Produkte. Trotzdem waren Menschenopfer keineswegs verboten: In den Jahren 226 und 216 v. Chr. opferte man je eine Handvoll Gallier und Griechen, erstere angesichts der Drohung einer gallischen Invasion, letztere nach dem Desaster von Cannae*. Weitere fanden noch bis zum Ende des 2. Jhs. v. Chr. statt, und 97 v. Chr. setzte ein Senatsbeschluß den Menschenopfern ein Ende.

Die Gladiatorenkämpfe blieben aber weiterhin ein Rest der Menschenopfer. Wenn auch ihr religiöser Zug nur spärlich im Bewußtsein der Römer verankert war, so deutet doch alles daraufhin, daß sie, zumindest zu Beginn, eine Art Ersatz für die Menschenopferung waren.

Optimaten

Zur Zeit der Republik* waren die *optimates* (von *optimi*, die Besten), die zur Aristokratie gehörenden Anhänger der konservativen, traditionswahrenden Partei* des Senates*. Sie stellten eine geschlossene Gruppe dar und waren politische Gegner der *populares**. Eine Übereinstimmung zwischen Adel* und *optimates* gab es nicht, da manche Adelige durchaus der Partei der *populares* angehörten.

otium

Ein wichtiger Begriff der römischen Kultur, dessen Etymologie unsicher ist und dessen Negation *negotium* (Aktivität) seine Bedeutung auch nicht weiter erhellt. Die Bedeutung von *otium* reicht von einer äußerst schlechten ('Faulheit', 'Nichtstun') bis zu einer sehr positiven ('Besinnung', 'Grübeln').

Es ist denn auch das *otium*, in das der Mensch, der von den täglichen Geschäften befreit ist, verfällt. Es ist eine Art, man selbst zu sein, also eine schwierige Kunst. Für die einen bedeutet es somit Müßiggang und Untätigkeit; für die anderen individuelle Selbstgestaltung; für andere wiederum aber leichtes Leben und Genuß. Doch wird der Begriff auch im Sinne von wissenschaftlicher Betätigung, Nachsinnen, Selbstbesinnung, literarischer und philosophischer Beschäftigung verwendet. Vor allem seit dem 2. Jh. v. Chr. wurde *otium* zusehends mit einer Freizeit gleichgesetzt, die fernab den Verpflichtungen für den Staat lag und sich der Ausbildung von Geist und Seele widmete.

Ovation

Belohnung, die man einem Sieger zugestand, die sich aber unterhalb der Ehre eines Triumphes* befand. Der mit der Myrthenkrone bekränzte Sieger zog in Rom zu Pferd oder zu Fuß ein, bestieg das Kapitol* und brachte dort ein Opfer* dar. Das ihn begleitende Gefolge war weniger spektakulär und weniger hochgestellt als bei einem Triumphzug.

Ovid

P. Ovidius Naso (43 v.–18 n. Chr.) entstammte einer Ritterfamilie aus Sulmo und wandte sich schon recht früh der Literatur zu. Er hat ein facettenreiches poetisches Werk hinterlassen: erotische, mehr als Schriftsteller denn als leidenschaftlicher Liebhaber verfaßte Gedichte (*Liebeskunst, Heroidenbriefe*); wichtige und gelehrte Großgedichte (*Metamorphosen,* ein Dichtwerk alexandrinischer Prägung, und *Fasten,* eine Art kommentierter Kalender*); elegische Dichtungen, die er während der Verbannung* in Tomi schrieb (*Tristien, Briefe vom Schwarzen Meer*). Über die Gründe für seine Verbannung im Jahre 8 n. Chr. ist man auf Vermutungen angewiesen. Einer zufolge soll sich Augustus* durch die pythagoreischen Überzeugungen Ovids verletzt gefühlt haben, die ihn dazu verleitet hatten, an den *divinationes** über das Schicksal des Kaisers* nicht teilzunehmen.

Pädagoge

Der Pädagoge war gewöhnlich ein von seinem Herrn mit der Aufsicht über die Kinder beauftragter Sklave*, der diese zur Arbeit anhielt, zur Schule geleitete etc.

Man wählte für diese Aufgabe einen feinsinnigen und gelehrten Sklaven aus, der auch zur Erziehung* des jungen Römers beitragen konnte und möglichst ein Grieche war, damit das Kind schon in frühen Jahren die Sprache Homers gleichzeitig mit der eigenen – oder auch schon früher – erlernte.

Parteien

Die politische Partei heutigen Zuschnitts mit ihrer hierarchischen Struktur, ihrem Verwaltungsapparat und ihrem politischen Programm gab es in Rom nicht. Das, was einen Politiker mit denen verband, die seine Kandidatur unterstützten, war vor allem ein äußerst kompliziertes Beziehungsgeflecht, das auf der *fides** beruhte und Vertrauen, Loyalität, Achtung vor dem gegebenen Wort, Schutz, Unterstützung und überhaupt jegliche Art stillschweigender Verpflichtung umfaßte. Der Kandidat, für den man stimmte, war weniger derjenige, der die eigenen politischen Vorstellungen verkörperte, denn der, mit dem man durch wechselseitige Bande verbunden war. Die *fides* war die Grundlage der Freundschaft zwischen zwei Menschen oder zwei politischen Gruppierungen ebenso beim Bündnis wie bei der Verschwörung.

Ungeachtet dieser Geflechte gab es dennoch politische Gruppen oder Strömungen. Um sie zu bezeichnen, besitzt das Latein* im wesentlichen zwei Begriffe: Zum einen *factio*, ein gebräuchliches Wort von begrenzter Bedeutung, das alle die meint, die durch die Bindungen der Verwandtschaft oder Klientel* mit dem verknüpft sind, der als ihr Anführer angesehen wird und ihre Einzelinteressen vertritt; zum anderen *partes*, das weitaus größere Gruppen als die *factiones* meint und deren Mitglieder miteinander in ihren politischen Interessen übereinstimmen. In gewissem Sinne sind die *partes* sehr verwandt mit dem heutigen Begriff 'Standpunkte'. Der Begriff kann recht unterschiedliche politische Prägungen meinen, so etwa die 'Partei' des Marius*, des Pompeius* oder des Caesar*. Der Anführer nannte sich *auctor* (Gründer, Bürge), *dux* (Führer) oder auch *princeps* (Erster).

Die unterschiedlichen Parteien stützten sich auf den einen oder anderen Stand, auf die eine oder andere Schicht* (Adel*, Ritter*, Plebs*). Doch gab es keine genaue Übereinstimmung von Stand und Partei; die jeweiligen Beziehungen waren hingegen äußerst vielfältig. So entstammten etwa die Gracchen*, die Anführer der *populares**, dem Hochadel, und Pompeius, der ebenfalls Adliger war, stützte sich lange Zeit auf die *populares*, neigte aber gelegentlich, wenn es ihm gut schien, auch den *optimates** zu. Unter diesen findet man weit mehr Adelige als Ritter.

Die Bedeutung der Parteien verlor zur Kaiserzeit rasch an Gewicht, da die politischen Laufbahnen nunmehr direkt vom Kaiser* abhingen.

pater patriae

Ein Titel, mit dem die Römer ihre Achtung, Anerkennung und Dankbarkeit Menschen gegenüber ausdrücken, die sich in schwierigen Zeiten um den Staat verdient gemacht haben.

Zur Zeit der Republik* wurden damit Camillus*, Q. Fabius*, Marius*, Sulla*, Cicero* nach der Zerschlagung der Verschwörung Catilinas* und schließlich Caesar* nach der Schlacht von Munda über die Söhne des Pompeius* (45 v.Chr.) geehrt. Augustus* wurde ab 2 v.Chr. ebenfalls *pater patriae* (Vater des Vaterlandes) genannt. In seiner Nachfolge trugen fast alle Kaiser* diesen Ehrentitel.

Einige Kaiserinnen, darunter Livia* und Julia Domna, die Frau des Septimius Severus, trugen den parallelen weiblichen Titel *mater patriae*.

patres ▶ Schichten, Senat

patria potestas

Die väterliche Macht besaß das Familienoberhaupt, der *pater familias*, über die Angehörigen seiner Familie*, auch im weitesten Sinne des Wortes, was auch Sklaven* einschließt. Es steht ihm frei, über Personen und Gegenstände, die sich in seinem Haus befinden, nach seinem Gutdünken zu entscheiden. Dieser väterlichen Macht sind der Sohn entzogen, wenn er ihn dreimal verkauft hat, die Tochter, wenn er sie einmal verkauft hat oder wenn sie *cum manu* verheiratet ist, sowie die Adoptivkinder*. Andererseits erlöscht die *patria potestas* auch mit dem Verlust der bürgerlichen Rechte* sowie mit dem Tod.

Der Umfang dieser Machtbefugnis wurde beständig eingeschränkt, und zur Zeit Ciceros* ähnelte die römische Familie schon sehr der heutigen.

patronus

Dieser Begriff bedeutet soviel wie 'Beschützer', 'Verteidiger' und wurde in mannigfachem Sinn angewandt, je nach dem, in welcher Beziehung der *patronus* zu seinem oder seinen Schützlingen stand: Es konnte sich um die Beziehung zu einem aus der Klientel* oder einem Freigelassenen* handeln. Der Freigelassene schuldete seinem *patronus* Respekt oder Gehorsam (*obsequium*), der bei Streitfällen mit seinem *patronus* seine Rechte vor Gericht* begrenzte. Darüber hinaus schuldete er ihm auch eine gewisse Zahl häuslicher oder persönlicher Dienste (*operae*), und schließlich fiel ein Teil seiner Güter (*bona*) wie in Erbfolge an den *patronus* zurück. Der *patronus* seinerseits schuldete dem Freigelassenen Hilfe und Schutz. Vor Gericht ist es denn auch er, der ihm als Rechtsanwalt* seine Stimme gibt.

Die Städte der Provinzen* hatten oft in Rom einen *patronus*, der sie repräsentierte und ihre Interessen vertrat (*patronus coloniae, municipiae*).

pax deorum

Ein für die religiöse Einstellung der Römer aufschlußreicher Begriff, denn bevor man irgendetwas unternahm, mußte man sich vergewissern, daß dessen Umsetzung keine feindliche Reaktion der Götter* nach sich zog, daß sie also dadurch nicht gestört würden. Ein Vorzeichen* dient dazu, dem Menschen zu erkennen zu geben, daß der Friede mit den Göttern gebrochen wurde, und man mußte ein Mittel finden, sie durch Beschwörung des Vorzeichens zu beruhigen und somit den Einklang zwischen Menschen und Göttern zu wahren. Niemals den Götterfrieden (*pax deorum*) zu stören, war lebensnotwendige Voraussetzung für den Frieden der Stadt und des Staates.

pax Romana
Dieser Ausdruck bezeichnet die lange Periode des Friedens und Wohlstandes, die die Kaiserzeit während ihrer ersten beiden Jahrhunderte erlebte. Nach den Bürgerkriegen*, durch die das Ende der Republik* eingeläutet wurde, wurde diese glückliche Zeit von den Römern leidenschaftlich empfunden und spiegelte sich auch in der Herrschaft wider, die das Kaiserreich auf den Mittelmeerraum ausübte. Dieser römische Friede (*pax Romana*) wurde zu einer Realität, die von den Kaisern*, die über Geschick und ein starkes Militär* verfügten, gesichert und beibehalten wurde und sogar religiöse Züge annahm, denn der Kult* der *pax Augusta* wurde mit dem Kaiserkult* verknüpft. Schon im Jahre 13 v.Chr. wollte Augustus* die Befriedung des Reiches symbolisch durch die Errichtung eines Altars* für die *pax Augusta*, der 9 v.Chr. auf dem Marsfeld geweihten *Ara Pacis Augustae*, symbolhaft darstellen. Es stellte sich heraus, daß er damit eines der schönsten römischen Kunstwerke schuf. Die Reliefs stellen Szenen von der Legende der Gründung Roms sowie eine feierliche Prozession dar, deren stilisiertes Personal den Kaiser, die Mitglieder seiner Familie*, Magistrate*, den Senat*, Priester* und das Volk wiedergeben. Es handelt sich um die Abbildung eines universellen Herrschaftsanspruchs Roms, wie er sich auch in den gleichzeitigen Dichtwerken des Horaz* und Vergil* wiederfindet. Die gesamte Mystifikation des Kaisertums begegnet hier ebenso wie die Ideologie des Prinzipats*.

Dennoch gab es auch in diesen zwei Jahrhunderten einige Aufstände und Kriege: die Krise von 69 n.Chr.; den Absolutismus Domitians; die Krise von 193. Außenpolitisch blieben Roms Feinde weiterhin bedrohlich und überschritten zuweilen die Grenzen. Doch in den Augen der Römer waren derartige Ereignisse zeitlich und räumlich begrenzt und im Grunde wurde der Friede nicht erschüttert, da „es ein so großer Friede ist, der das Kaiserreich regiert" (Aelius Aristides).

Penaten
In jedem Haus gibt es zwei Penaten, die – zumindest anfangs – als Gottheiten über die Speisen (*penus*) wachten, wobei einer für die Getränke*, der andere für die Lebensmittel zuständig war. Ihr Altar* war die Feuerstelle*, und man stellte sie als tanzende Schutzgeister mit einem Trinkhorn dar. Jeden Tag wurden die Mahlzeiten* unterbrochen und schweigend ein Teil davon auf die Feuerstelle gelegt oder ins Feuer geworfen. Doch kam es zu Verwechslungen mit Vesta, der Göttin des Feuers, und ebenso mit den Laren*, so daß die Penaten im Lararium* auftauchten, wo denn alle drei eine Einheit bildeten.

Neben den familiären Penaten gab es noch staatliche Penaten, ebenfalls zwei an der Zahl, die den Staat beschützen sollten. Für sie gab es einen Kult* in Lavinium, wo man glaubte, daß Aeneas* sie aus Troja hergebracht hätte, in Alba* und in Rom im Tempel* der Vesta, wo sie mit dem Kult des Romulus* und Remus ebenso verbunden waren wie mit dem des Castor und Pollux.

peregrinus
Freie Menschen, die weder römische Bürger* noch Latiner* sind, sich aber auf dem Territorium Roms niedergelas-

sen haben. Für lange Zeit waren ihre Lebensumstände recht schwierig, besaßen sie doch keinerlei bürgerliche Rechte*. Im Jahre 241 v.Chr. richtete man einen Fremdenprätor (*praetor peregrinus*) ein, der die sich aus ihrer Anwesenheit ergebenden Probleme lösen und die Streitfälle der Fremden (*peregrini*) untereinander sowie zwischen Fremden und Bürgern schlichten sollte. Abgesehen davon sollten sie nach ihren eigenen Gesetzen* leben.

Zur Kaiserzeit wurde ihnen häufig das Bürgerrecht* zugestanden, so daß sich die Zahl der *peregrini* verringerte.

Peristyl

Als von einem Portikus* umgebener Hof begegnet das Peristyl (*peristylium*) in der Architektur* des *domus* um die Zeit der Punischen Kriege*. Es lag hinter dem *atrium** und wurde zum Mittelpunkt familiären Lebens. Gleichermaßen verschwand der ehemals bescheidene und im wesentlichen mit Küchenkräutern bestückte Garten* (*hortus*), um Platz für ein Peristyl zu bieten, das mit Pflanzen und Statuen, mit einem Springbrunnen in der Mitte, geziert war. Im Garten, der nun hinter dem *oecus* lag, einem luxuriös ausgestatteten Empfangsraum, pflanzte man nunmehr Sukkulenten, Blumen* (Rosen, Lilien, Veilchen) und Ziergehölze (Lorbeer, Rosen), stellte Statuen auf, legte Brunnen* und Mosaike* an. Die Freude an solchen Ziergärten, die etwa im letzten Jahrhundert der Republik* aufkam, verbreitete sich in der Kaiserzeit weiter.

Persius

A. Persius Flaccus (34–62 n.Chr.) war ein der Stoa* zugewandter Dichter und Freund Lukans*. Seine sechs *Satiren* sind in einem kraftvollen und dichten Stil geschrieben und zuweilen recht düster. Sein früher Tod hat ihn daran gehindert, ein umfangreicheres Werk zu hinterlassen, in dem sich vielleicht seine unerbittliche Strenge gemäßigt hätte; dennoch war seinem Werk schon zu Lebzeiten Erfolg beschieden.

Petronius

C. Petronius Arbiter war ein Epikureer* und Freund des Kaisers Nero*, der, nachdem seine Beteiligung an der Pisonischen Verschwörung offenbar wurde, im Jahre 65 n. Chr. zum Selbstmord gezwungen wurde. Von ihm stammt ein Werk namens *Satyricon*, ein Sittenroman, der sich leider nicht ganz erhalten hat. Sein bedeutendster Teil, *Das Festmahl des Trimalchio*, zeigt das Luxusleben eines Freigelassenen*. Petron erwies sich als phantasiebegabter Schriftsteller.

Phaedrus

C. Julius Phaedrus (15 v.–50 n.Chr.), ein aus Thrakien stammender Freigelassener* des Augustus*, der mehr als hundert *Fabeln* verfaßte. Diese ahmten den Stil des Äsop nach, waren volkstümlich und moralisieren schulmeisterlich. Dennoch griffen zahlreiche Schriftsteller, darunter auch La Fontaine und Lessing, auf ihn zurück.

Pharmazie ▶ **Apotheker**

Pharsalos

Eine Stadt in Thessalien, südlich von Larissa, bei der Caesar* über Pompeius* siegte, der seine Seeüberlegenheit nicht ausnutzen konnte und am 9. August 48 v.Chr. nahezu kampflos besiegt wurde.

Philippi
Eine Stadt in Makedonien, bei der in zwei aufeinanderfolgenden Schlachten im Jahre 42 v. Chr. Antonius* und Octavian* die republikanischen Truppen unter den Pompeianern Brutus* und Cassius schlugen. Den ersten Sieg errang Antonius, den zweiten Octavian.

Philippische Reden ▶ Antonius, Augustus, Cicero

Philosophen, Philosophie
Der Einfluß des Hellenismus hat sich in Rom seit Beginn des 6. Jhs. v. Chr. zuerst durch Vermittlung der Etrusker*, später dann nach der Berührung mit den Städten der Magna Graecia (4. Jh.) entfaltet. Die Einführung der Philosophie in Rom ist nichts als ein weiterer Aspekt griechischen Einflusses. Schon Appius* Claudius, Zensor* 312, war Pythagoreer, und im folgenden Jahrhundert war das Werk des Ennius* philosophisch durchtränkt. Als sich aber zu Beginn des 2. Jhs. die römischen Eroberungen weiter nach Osten erstreckten, gelangten auch berufsmäßige Philosophen nach Rom, wo sie nicht immer freundlich empfangen wurden. Trotz des Unwillens des Senats* zog die Philosophie in die Stadt ein. Aemilius Paullus* vertraute die Erziehung seines Sohnes Scipio Aemilianus* Philosophen an. Zwei Epikureer*, Alkios und Philiskos, lehrten in Rom: Ihre Lehre, insbesondere ihre Moral, schien den römischen Tugenden zu widersprechen, und der Senat ließ sie hinauswerfen. Andere Philosophen kamen und wurden 161 durch den Prätor* M. Pomponius erneut verjagt; dies traf auch die Rhetoren, denn in den Augen des Senat waren auch sie verdächtig, die Jugend von nützlicheren Aktivitäten abzulenken: Diskussionen seien Zeitverschwendung. Zwei Jahre später (159) hielt Krates von Mallos, ein Grammatiker und Philosoph, eine Reihe von Vorträgen, die sich lebhaften Zuspruchs erfreuten. Einerseits waren die Römer weit entfernt davon, für die griechischen Unterrichtungen unempfänglich zu sein, andererseits fanden die Vertreibungsmaßnahmen nur zeitweiligen Widerhall. Im Jahre 155 fand die berühmte Philosophengesandtschaft des Akademikers Karneades, des Stoikers* Diogenes von Seleukia und des Peripatetikers Kritolaos statt, die nach Rom gekommen waren, um die Sache Athens vor Gericht zu verteidigen. Karneades war ein skandalöser Erfolg beschieden: Seine Fähigkeit, zuerst die Gerechtigkeit zu loben, dann aber aufzuzeigen, daß sie nichts anderes als eine Chimäre ist, beunruhigte die Senatoren dermaßen, daß sie die drei Philosophen heimschickten. In der Zwischenzeit hatte sich C. Laelius, der Freund des Scipio Aemilianus, zum Stoizismus des Diogenes bekannt, und nichts vermochte die Bürger* aufzuhalten, selbst Philosophen zu werden. So war etwa der Stoiker Blossius Ratgeber des Tib. Gracchus*; Panaitios von Rhodos, der Begründer der Mittleren Stoa, wurde 140 zum Scipionenkreis zugelassen, in dem er großen Einfluß auf den Dichter Lucilius* hatte, langfristig auch auf Cicero* und die römische Philosophie. Hiermit, so kann man sagen, war die Philosophie in Rom eingeführt.

Den Lesungen der Philosophen zuzuhören, wird zu einem Teil kultureller Bildung, der aus den römischen Schulen nicht mehr wegzudenken ist. Doch gibt es auch römische Philosophen wie Lukrez*, Cicero, Seneca* oder Marc Aurel*, die den verschiedenen philosophischen Strömungen ein besonderes römisches Kolorit verleihen.

Allgemein läßt sich sagen, daß zur Zeit der Republik* die Stoa und der Epikureismus, zur Kaiserzeit die Stoa und in der späteren Zeit der Neuplatonismus vorherrschend waren, doch ist es unstrittig die Stoa, die den tiefsten Eindruck hinterlassen hat.

pietas

Unter *pietas* versteht man die Haltung, peinlich genau die Pflichten sowohl den Göttern* als auch dem Vaterland, den Eltern und Freunden gegenüber zu erfüllen.

Daher ist *pietas* von Fall zu Fall Frömmigkeit, Zuneigung, eine Mischung aus Rücksicht und Respekt, Vaterlandsliebe. Diese Tugend, die eine wechselseitige Beziehung zwischen zwei Personen meint, ist unabhängig von den Wesen, auf die sie sich erstreckt, nicht zu begreifen. Es ist eine moralische Haltung, eine innere Einstellung, die aus den Beziehungen zu einem anderen erwächst und ihr einen besonderen Charakter verleiht. Eine ihrer schönsten Ausprägungen ist die *fides**.

Die *Pietas* wurde in Rom vergöttlicht und besaß dort zwei Tempel*.

Plautus

Der aus Umbrien stammende T. Macchius Plautus (um 254–184 v. Chr.) war der größte römische Komödiendichter. Er hat als Arbeiter im Theater* begonnen, Kapital erworben, sich dann aber ruiniert und schließlich Komödien geschrieben, in denen er selbst auftrat und die große Erfolge verzeichneten. Von den ehemals über 100 haben sich nur 21 seiner Komödien erhalten, allesamt mit griechischem Inhalt und deswegen *palliatae* genannt. Zu den berühmtesten zählen der *Amphitruo*, eine mythologische Komödie, in der Wundersames sich mit Posse vermengt; die *Aulularia*, von der sich Molière zu seinem *Geizhals* inspirieren ließ; die *Menaechmi*, einer durch die Ähnlichkeit zweier Zwillingsbrüder verwickelte Verwechslungskomödie; der *Miles gloriosus*.

Kennzeichnend für das Theater des Plautus ist sein Sinn für Handlung und Bewegung. Die Verwicklung läßt sich auf ein nahezu immer gleichbleibendes Schema reduzieren: Ein junger, freier Mann verliebt sich in eine Liebesdienerin oder eine Sklavin* und braucht Geld, um sie kaufen zu können; ein listiger und gewissenloser Sklave steht ihm bei. Nach einigen Hindernissen und Verwirrungen, die mehr oder weniger realitätsnah sind, was aber wenig zu bedeuten hat, eröffnet sich, daß die Sklavin bzw. die Liebesdienerin von Geburt frei ist, worauf dann ein Happy End folgt. Bei alledem finden sich wenig philosophische Reflexionen, wenig psychologische Charakterzeichnungen, denn die Personen sind typisiert: So gibt es den Sklavenhändler, die geizige Alte, den listigen Sklaven, den Schmeichler usw. Statt dessen findet sich viel Witz, sowie Sinn für Komik und Spektakel in den Komödien. Die Themen sind von der mittleren griechischen Komödie beeinflußt, doch verknüpft Plautus griechische und römische Elemente, insbesondere bei seinem Spott über manche sozialen Schichten*. Seine Moralvorstellung entspricht der klassischen Moral der Römer seiner Zeit: Achtung vor dem Brauchtum*, Mißtrauen gegenüber der Liebesleidenschaft, Sinn für Bürgerpflicht und Verachtung der griechischen Lebensweise.

plebs, Plebejer

Die Herkunft des *plebs* (Volk, Masse) ist umstritten, doch zweifellos sind die Plebejer die Nachfahren der unterworfenen Völker, der niedergelassenen Fremden* und der alten Klienteln* der Patrizier. Sie sind Kleingrundbesitzer, Künstler und Händler. Sie sind zwar frei, doch ohne Pflicht und ohne Recht. Von den Patriziern unterscheiden sie sich dadurch, daß sie keine Gentilstruktur und ihre eigenen Götter* (Ceres, Liber, Libera, Merkur) haben.

Die etruskische Königsherrschaft ließ die Plebejer sowohl aus innen- wie außenpolitischen Gründen am politischen Leben der Stadt teilhaben, doch blieben ihre Rechte beschränkt: Sie besaßen zwar das *ius commercii*, das Recht Rechtshandlungen vornehmen zu können, nicht aber das *ius conubii*, das Recht, sich gesetzeskonform zu verehelichen. Doch die dem Servius Tullius zugeschriebenen Reformen wie etwa die Aufteilung der Patrizier und Plebejer in Zenturien* gemäß ihrem Vermögen und in Tribus* gemäß ihrem Wohnsitz, die aber wohl aus dem 5. Jh. stammen dürften, gestatteten es dem *plebs*, schrittweise zu einer Gleichsetzung mit dem Patriziat zu gelangen. Mehrere Male zog sich der *plebs* auf den Aventin, wo er die Trias aus Ceres, Liber und Libera verehrte, oder auf den Heiligen Berg, etwa zwölf Kilometer nordöstlich von Rom, zurück. Angesichts dieser drohenden Trennungen gestanden die Patrizier den Plebejern mehr und mehr Rechte zu: 491 wurde das Amt des Volkstribunen* geschaffen, 445 erhielten sie das *ius conubii*, 367 wurde ihnen der Zugang zum Konsulat gewährt und 300 v. Chr. der Zugang zu den meisten Priesterämtern (*lex Ogulnia*).

Seit dieser Zeit schwand der Gegensatz der beiden Stände, Patrizier und Plebejer, dahin, und es bildete sich eine neue Aristokratie heraus, die aus den Familien* bestand, von denen mindestens ein Mitglied eine kurulische Magistratur erhalten hatte: der Adel* (*nobilitas*).

Mit dem Wort *plebs* wurde dann nur noch das niedere Volk, der Pöbel, bezeichnet.

Plinius der Jüngere

C. Plinius Caecilius Secundus (62–ca. 113 n. Chr.) war der Neffe Plinius' des Älteren, dem Autor einer enzyklopädischen *Naturgeschichte*, der beim Ausbruch des Vesuv 79 n. Chr. den Tod fand, da er das Phänomen aus der Nähe beobachten wollte. Plinius der Jüngere durchlief eine brillante Laufbahn als Redner*, Schriftsteller und Politiker, wurde für sein Konsulat im Jahre 100 und für seine Statthalterschaft Bithyniens 111 mit einer Krone* geehrt. Von ihm haben sich zahlreiche *Briefe* an seine Freunde sowie an den Kaiser Trajan* erhalten, darunter auch mit dessen Antworten, die ein Spiegelbild der gesellschaftlichen Situation seiner Zeit bieten und Zeugnis von einer angesehenen, gebildeten und weltgewandten Persönlichkeit ablegen. Sein *Panegyricus auf Trajan*, eine Dankesrede, die er an den Kaiser* richtet, wie es Brauch war, als er das Konsulat erhielt, ist ein herrliches Beispiel für eine Prunkrede und vor allem ein herausragendes historisches Dokument.

Polizeimeister

Augustus*, der eine Bürgerwehr von sieben Kohorten* Stärke als Wachmannschaften ins Leben rief, die sich aus Sklaven* und Freigelassenen* rekrutierte und die zur Brandbekämpfung und zur Aufrechterhaltung der Nachtruhe eingesetzt werden sollte, stellte an ihre Spitze einen Präfekten (*praefectus vigilum*), der aus dem Ritterstand* stammte.

Pollio

Asinius Pollio (76 v.–5 n. Chr.) kämpfte in Pharsalos* 49 auf Seiten Caesars* und begleitete diesen nach Afrika und Spanien. Im Jahre 40 war er Konsul* und feierte einen Triumph* über die Parther. Als Freund des Antonius* zerstritt er sich mit diesem, wahrte aber stets Abstand zu Octavian*. Freundschaftlich verbunden war er mit Catull*, später dann mit Horaz* und Vergil*, der ihm das vierte Buch seiner *Bucolica* widmete. Selbst ein Schriftsteller, verfaßte er Tragödien, eine *Geschichte des Bürgerkrieges*, in der er von den Ereignissen von 60 bis 43 v. Chr. berichtet, Reden, Gedichte und grammatische Abhandlungen. Von seinem Werk ist nichts erhalten. Er initiierte einen Literaturzirkel*, eröffnete 39 v. Chr. die erste öffentliche Bibliothek* und veranstaltete öffentliche Lesungen*.

pomerium

Das *pomerium* ist eine Art heilige Straße zu beiden Seiten der ersten Furche (*sulcus primordialis*), die man im Moment der Stadtgründung in den Boden zog. Diese gedachte Außenlinie war religiöser Abkunft und wurde durch die Zippi* dargestellt; sie entsprach aber nicht notwendigerweise der Verteidigungslinie, weswegen man gelegentlich das eine mit dem anderen durcheinanderbringt.

Die Linienführung des *pomerium* konnte sich in dem Maße erweitern, in dem der Staat seine Eroberungen vorantrieb, und so entsprach zu Zeiten Sullas* das *pomerium* Roms, das mehrere Male erweitert worden war, der Verteidigungslinie des Servius Tullius ohne den Aventin, der, obschon von ihm umgeben, erst unter Claudius miteinbezogen wurde. Nach ihm dehnten es Vespasian und Aurelianus* erneut aus, wobei letzterer es bis zu der Verteidigungsmauer fortführte, die er errichten ließ. Er hielt es jedoch für unnötig, *cippi* aufzustellen.

Vom Blickwinkel der Religion* und der Rechtsprechung kommt dem *pomerium* große Bedeutung zu, denn vor allem bildete es eine Grenze zwischen bürgerlicher und militärischer Vollmacht. Es war untersagt, innerhalb des *pomerium*, mit Ausnahme des Triumphzuges, Waffen* zu tragen oder sich zu Zenturiarkomitien*, die in gewissem Sinne auch das Volk in Waffen darstellten, zu versammeln; die Liktoren* mußten die Äxte aus ihren Rutenbündeln nehmen; innerhalb des *pomerium* vorgenommene Auspizien* besaßen außerhalb keine Gültigkeit; das Widerspruchsrecht konnten die Tribunen* nur innerhalb ausüben; fremde Gottheiten durften ausnahmslos nicht eindringen und Begräbnisse* waren darin auch verboten.

pompa circensis

Ein feierlicher Umzug, der den Veranstaltungen der Spiele* vorangeht. Es handelt sich um die Umzüge der römischen und plebejischen Spiele mit großer Farbenpracht. Der Zug beginnt beim Kapitol* und endet am Zirkus*. An der Spitze geht der Magistrat*, der den Spielen vorsitzt, gefolgt von Priestern*, der römischen Jugend, den Wettkämpfern, Tänzern, Musikern. Am Schluß folgt der Umzug der Götter* auf Paradewagen. Bei diesem Umzug ließen Musiker und Tänzer sich zu allerlei Späßen hinreißen und richteten Spottverse ans Publikum. Als Volksvergnügen mit religiösem Kern hat die *pompa circensis* sicherlich zur Entwicklung des römischen Theaters* beigetragen, andererseits aber ist ihre Verwandtschaft zu den Triumphzügen offensichtlich.

Pompeius

Cn. Pompeius Magnus (106–48 v. Chr.) entstammte dem Hochadel und verdiente sich seine ersten Sporen unter dem Kommando seines Vaters während des Bundesgenossenkrieges*, kämpfte dann vor allem in Sizilien und Afrika gegen die Anhänger des Marius*, wobei ihm seine Siege den Beinamen Magnus (der Große) einbrachten. Von 77 bis 72 focht er in Spanien gegen Sertorius, der dort ein römisches Königreich geschaffen hatte. Im Jahre 70 wurde er, übrigens gesetzeswidrig, da er die Stufen des *cursus honorum** nicht absolviert hatte, zum Konsul* gewählt. Er ging daran, die Reformen Sullas* zurückzunehmen. Im Jahre 67 übertrug man ihm ein außerordentliches Kommando, denn er sollte gegen die Piraten, die das Mittelmeer unsicher machten, vorgehen. Sein rascher Erfolg trug ihm im darauffolgenden Jahr den Befehl im Krieg gegen Mithridates ein, und die Siege, die er dabei errang, erlaubten es ihm, den Orient neu zu organisieren, ihn zu befrieden und dem römischen Reich die Provinz* Syrien hinzuzufügen. Doch seine Erfolge beunruhigten den Senat*, der ihn ein Jahr auf einen Triumph* warten ließ (61).

Unzufrieden und die herrschende Anarchie für gar nicht gut erachtend, schloß Pompeius einen Geheimbund mit Caesar* und Crassus*: Es war das erste Triumvirat* (60), das durch die Heirat des Pompeius mit Julia, der Tochter Caesars, bekräftigt wurde. Während dessen Abwesenheit in Gallien* war Pompeius praktisch Herr von Rom. Im Jahre 55 war er erneut Konsul, 54 erhielt er die Statthalterschaft über die beiden spanischen Provinzen, betraute damit aber ihm ergebene Offiziere. Der Tod seiner Frau im Jahre 54 und der des Crassus 53 erschütterten das Triumvirat empfindlich. Im Jahre 52 ließ die Ermordung des Clodius* das Schlimmste befürchten. Der Senat ernannte Pompeius zum alleinigen Konsul und beauftragte ihn mit der Wiederherstellung von Recht und Ordnung in ganz Italien*. Man könnte von einem Prinzipat* des Pompeius sprechen, der versuchte, Caesar seiner militärischen Macht zu berauben. Doch im Jahre 49 brach der Bürgerkrieg* aus, als Caesar den Rubikon überschritt, die Grenze der Provinz Gallia Cisalpina. Pompeius setzte sich nach Griechenland ab, nach einigen regionalen Erfolgen wurde er jedoch schließlich im August 48 bei Pharsalos* geschlagen. Zwar floh er nach Ägypten, wurde aber dort auf Anweisung Ptolemaios XIV. ermordet.

Sext. Pompeius Magnus (75–34 v.Chr.) war der Sohn des Vorigen und kämpfte nach dem Tode seines Vaters gegen Caesar*, später gegen Antonius* und Octavian*. Mit seinem Bruder wurde er 45 bei Munda geschlagen. Nach einigen Erfolgen über Octavian 38 unterlag er Agrippa* 36 bei Mylae. Er floh nach Asien und wurde in Milet hingerichtet.

Pontifex

Wörtlich bedeutet das Wort: 'Der, der die Brücke zu den Göttern baut'. Das von Numa ins Leben gerufene Gremium der *pontifices* bestand anfangs aus drei oder fünf Mitgliedern, zuletzt, zur Zeit Caesars*, aus 16 und nahm eine herausragende Stellung innerhalb der religiösen Administration Roms ein. Als Hüter der Tradition oblag es ihnen, über alle privaten wie staatlichen Kulte* zu wachen. Darüber hinaus hatten sie aber noch besondere Kompetenzen (*ius pontificale*): Weihe* von Gebäuden, Festlegung der *fastes** und *nefastes*, Regelung der römischen Spiele*, Führung der Pontifikalbücher* und bis zum Ende des 4. Jhs. v.Chr. Niederschrift und Auslegung der Gesetze* sowie der Prozeßformeln*.

Für die Plebejer wurde dieses Gremium ab etwa 300 v.Chr. geöffnet; seine Mitglieder wurden zuerst durch Kooptation bestimmt, später von den engeren Komitien* gewählt.

An der Spitze des Kollegiums stand der große Pontifex (*pontifex maximus*), der von seinen Kollegen auf Lebenszeit ernannt wurde, mit den Vorrechten der alten Könige* ausgestattet war und in ihrem ehemaligen Palast residierte, der *regia*. Die übrigen *pontifices* waren seine Ratgeber. Er selber konnte ein Magistrat* sein, ja sogar der militärische Oberkommandierende. Theoretisch stand er zwar im Rang hinter dem Oberpriester (*rex sacrorum**), tatsächlich aber genoß er diesem gegenüber den Vorrang. Er benannte die 15 Flaminen*, wählt die Vestalinnen* aus, spielt eine wichtige Rolle im Kult des Jupiter Capitolinus und war bei Hochzeiten* anwesend, die durch *confarreatio* geschlossen werden. Das Ansehen des *pontifex maximus* war beachtlich. Caesar* hatte seit 63 dieses Amt inne, und zur Kaiserzeit trugen alle Kaiser den Titel *pontifex maximus*.

Pontifikalbücher ▶ Bücher

populares

Politische Bezeichnung für all diejenigen, die sich auf die *plebs** stützen und sich bemühen, die Gunst des Volkes zu erlangen. Das stärkste sie verbindende Band war ihre Feindschaft zum Senat* und allen gegenüber, die diesen unterstützen (*optimates**).

Man kann von den *populares* nicht von einer demokratischen Partei* im heutigen Sinne sprechen. Es gab keinerlei Parteiprogramm. Die sozialen Unterschiede sind zu groß, denn wenn sich die Masse etwa aus der *plebs* rekrutierte, gehörten doch ihre Anführer oft den leitenden Schichten des Adels* oder der Ritterschaft* an. Und diese hatten häufig nur ihre eigenen Interessen im Sinn. Wenn sie wirklich Maßnahmen zum Nutzen des Volkes in Angriff nahmen, so waren doch sozialere Gesetze* an sich kein Ziel.

Die *populares* tauchen im 3. Jh. v.Chr. auf, als sich eine patrizisch-plebejische Adelsschicht zu bilden beginnt. Zu den berühmtesten Führern gehören C. Flaminius* (Konsul* 223), die Gracchen*, Marius*, Pompeius*, Catilina*, Lentulus, Caesar*, Labienus, Lepidus und Antonius*. Doch von all diesen haben nur Flaminius und die Gracchen den Eigensinn des Adels überwunden und sich demokratisch eingesetzt. Nach der Niederlage der Gracchen mündet der Streit der *populares* mit den *optimates* in der Auseinandersetzung zwischen Marius und Sulla* und gipfelt in offene Straßenschlachten auf dem Forum* zwischen Clodius* und Milo*.

Portikus
Eine gedeckte Wandelhalle, deren Dach von Säulenreihen getragen wird. Sie grenzt an Höfe, Gärten*, Straßen*, Tempel* und Foren*. Oft waren die Portiken, die dazu dienten, Hitze und Regen abzuhalten, gut besuchte Begegnungsplätze, an denen sich Luxusläden niederließen und die man mit Gärten und Kunstwerken verschönerte. Die berühmtesten in Rom waren die auf dem Marsfeld.

Post
Erst zur Zeit des Augustus* wurde die Post zu einer staatlichen Dienstleistung (*cursus publicus*). Sie war der offiziellen Korrespondenz vorbehalten. Es gab Umspannstationen (*mutationes*) und Herbergen (*mansiones*), in denen sich die Kuriere (*speculatores*) ausruhen konnten. Die Kosten für den Unterhalt der Pferde, Verpflegung u.a. ging trotz mancher Verfügungen zu Lasten der vom Postdienst durchquerten Städte. Privatleute aber griffen wie auch schon die Magistrate* zu republikanischer Zeit weiterhin auf ihre Sklaven* (*tabellarii, cursores*) zurück.

Die Wegezeiten waren je nach Region und Saison unterschiedlich, und man rechnete bei der römischen Post mit einer Durchschnittsgeschwindigkeit von etwa 80 km pro Tag. Wichtige Neuigkeiten wurden jedoch auch deutlich schneller mitgeteilt, so war etwa der Aufstand der Rheinarmee am 1. und 2. Januar 69 neun Tage später in Rom bekannt, was einer Tagesgeschwindigkeit von annähernd 250 km entspricht. Zur Winterszeit, wenn die Schiffahrt praktisch zum Erliegen gekommen war, dauerte die Nachrichtenübermittlung merklich länger.

potestas ▶ imperium

Präfekt ▶ Präfektur

Präfektur
Ein weniger freier Rechtsstatus als der des *municipium**, den man manchen Städten Italiens* gab. Die Präfekturen (*praefectura*) behielten ihre kommunale Selbständigkeit nicht bei, sondern wurden von Präfekten (*praefecti iure dicundo*) verwaltet, die von den Tributarkomitien* oder vom Prätor* ernannt wurden. Die Bevölkerung besaß zwar das römische Bürgerrecht*, jedoch nicht das Recht zur Abstimmung* (*civitas sine suffragio*). In Italien besaßen diesen Status etwa Cumae, Pozzuoli, Capua, Volterra und Atella; in der späten Kaiserzeit wurden die Provinzen* in vier Präfekturen zusammengefaßt.

Prätor
Das Amt des Prätors (*praetor*) wurde 367 v.Chr. geschaffen und war sicher von Anfang an auch für die Plebejer* offen. Bis 241 gab es nur einen Prätor,

der in Rom saß und die Organisation der Prozesse* leitete. Doch die Erweiterung der Aufgaben und der Schutz der *peregrini** führte zur Einführung eines zweiten *praetor*, des *praetor peregrinus*, dem es oblag, Streitfälle der Fremden untereinander sowie mit römischen Bürgern* zu schlichten. Die Prätoren urteilten aber nicht selbst, sondern verwiesen, nachdem sie die Klagen angehört und die Prozeßformeln* aufgesetzt hatten, die Parteien an ein anderes Gericht. Dieses Verfahren verlief gemäß den Magistratsverordnungen*, die sie bei Antritt ihres Amtes erlassen hatten.

Ihre Tätigkeiten beschränkten sich aber nicht nur darauf, denn sie konnten auch ein militärisches Kommando führen, den Senat* oder die Komitien* einberufen, Gesetze* vorschlagen oder als Statthalter* in den Provinzen* tätig sein. Nach 241 vergrößerte sich ihre Zahl, und unter Caesar* gab es 16 Prätoren.

Die Prätoren wurden von den Zenturiarkomitien* gewählt, besaßen das *imperium** und das Recht zu den großen Auspizien*. Ihre Magistratur war nicht kollegial und ihr Aufgabengebiet wurde ihnen zugelost.

Zur Kaiserzeit war die Zahl der Prätoren schwankend, und der Kaiser wirkte indirekt, später direkt auf ihre Nominierung ein. Ihre Machtbefugnisse wurden in nachrepublikanischer Zeit sehr verringert, doch zumeist betraute man sie mit Spezialaufgaben wie etwa einer Prätur für Erbschaftsprozesse oder einer solchen für Streitfälle zwischen der Staatskasse und Privatleuten. Trotzdem blieb diese Magistratur begehrt, eröffnete sie doch die Möglichkeit, die Statthalterschaft einer Provinz* zu erhalten.

Prätorianerpräfekt

Zur Kaiserzeit befehligten zwei Prätorianerpräfekte (*praefectus praetorio*), die aus dem Ritterstand* stammten, die Kohorten* der Prätorianer, der kaiserlichen Leibgarde. Doch schon recht bald wurde ihnen auch der Oberbefehl über alle in Italien* stationierten Truppen übertragen. Darüber hinaus wurde seit dem 2. Jh. ihre Stellung mehr und mehr politischer Natur, da sie dem kaiserlichen Rat bei Abwesenheit des Kaisers* vorsaßen und sich ihre Straf*- wie Zivilgerichtsbarkeit* immer weiter vergrößerte.

Als Diokletian* das Reich in vier Präfekturen* aufteilte, stellte er an die Spitze einer jeden einen Prätorianerpräfekten.

praetorium

Die Wohnstatt des Befehlshabers in einem provisorischen oder dauerhaften Feldlager, das ein Zelt oder ein Gebäude, in dem sich dann auch Büros befanden, sein konnte.

In der Kaiserzeit nannte man *praetorium* das Stabsquartier des Kaisers* in Rom und in anderen Orten.

Priester

Privatleben, Politik und Religion* sind in Rom untrennbar. Jeder *pater familias* opfert den Laren*, und die Magistrate* haben das Recht, Auspizien* vorzunehmen. Dennoch gibt es eine große Zahl Priester (*sacerdotes*) mit bestimmten religiösen Funktionen: Einerseits die Einzelpriester (*rex sacrorum**, die Flaminen*), andererseits Priesterschaften, die in Gemeinschaften oder Bruderschaften zusammengeschlossen sind und einer bestimmten Gottheit dienen wie etwa Luperkalen*, Arvalbruderschaften*, Salier* oder Augustalen*. Daneben gibt es noch Kollegien von 'Theologen', die über die Wahrung der Traditionen achten wie etwa Pontifices*, Auguren*, Fetialen*, *quindecemviri** oder die Vestalinnen*. Ein wenig abseits dieser Gliederung stehen die Haruspices*. Mit Ausnahme des *rex sacrorum* dürfen Priester am politischen Leben Anteil nehmen: Scipio Africanus* etwa gehörte zu den Saliern, Cicero* war Augur und Caesar* *pontifex maximus*. Sie genossen Vorteile, so Befreiung von Steuern* oder vom Militärdienst, und hatten das Recht auf Ehrenbekundungen, durften die *toga* praetexta* tragen und erhielten bei Festveranstaltungen und Spielen* Ehrenplätze.

Zur Zeit der Republik* wurden die Priester von Fall zu Fall entweder von einem Teil der Komitien* gewählt, durch Kooptation hinzugenommen oder vom *pontifex maximus* benannt. Zur Kaiserzeit wirkte der Kaiser* entweder direkt oder indirekt an ihrer Nominierung mit. Seit dem Beginn des 3. Jhs. v.Chr. gewährte man auch Plebejern verschiedene Priesterämter, doch war ihnen das Amt des *rex sacrorum* ebenso verwehrt wie die Flaminen des Jupiter, des Mars, des Quirinus sowie die Salier.

Prinzipat

Der Prinzipat, den man dem Dominat* entgegensetzt, bezeichnet die Herrschaft eines *princeps* (Erster) und ist eine personenbezogene Regierungsform, die von Augustus* 27 v.Chr. eingeführt wurde und den Endpunkt des letzten Jahrhunderts der Republik* markiert.

Augustus stellte sich als 'Erneuerer der Republik' dar, doch seinen Zeitgenossen, insbesondere den Bewohnern der Provinzen* und den Fremden*, erschien er als Gründer einer neuen Monarchie. Wenn auch der Prinzipat einen Bruch mit den Strukturen der Republik bedeutete, so waren die Römer doch darauf vorbereitet, denn bereits Sulla*, Pompeius* und Caesar* hatten den Weg für das Kaiserreich gebahnt und Cicero* hatte das Idealbild des *princeps* entworfen. Zwar gab es zweifellos Unterschiede zwischen dem ciceronianischen und dem augusteischen Prinzipat, doch verstand es Augustus blendend, sich eines vorhandenen politischen Vokabulars zu bedienen, und hütete sich, seine eigene Vorstellung von einem *princeps* genau zu definieren. Seine Autorität stützte sich auf Titel und reale Macht. Er nannte sich *Imperator* Caesar* Augustus** und war Gegenstand des Kaiserkultes*. Er besaß die tribunizische Gewalt, das *imperium** und war *pontifex maximus**. Die republikanischen Einrichtungen der Komitien*, des Senats* und die Magistraturen bestanden weiterhin, verloren aber zunehmend an Bedeutung. Stattdessen schuf Augustus neue Institutionen: das kaiserliche Kabinett*, die kaiserliche Kanzlei*, die kaiserlichen Beamten*. Nach ihm verstärkte sich, bis auf wenige Ausnahmen, die Tendenz zum Absolutismus noch mehr. Die Umstände, unter denen Augustus das Kaiserreich schuf, erlaubten ihm nicht, eine Nachfolgeregelung zu treffen, denn die ihm übertragene Autorität war an seine Person gebunden. Das Prinzip einer Dynastie, sei sie erblich oder durch Adoption* erreichbar, sowie das der teilweisen Beteiligung an der Macht waren bloße Notbehelfe. Doch das Militär* spielte gelegentlich die Hauptrolle und im allgemeinen hatte der Senat* nichts anderes zu tun, als bestehende Tatsachen zu bestätigen. Als einziges republikanisches Relikt – und das auf einem Gebiet, wo man es am wenigsten erwartet hätte – blieb dem Senat nach dem Tode des Kaisers das Recht, ihn vergöttlichen zu lassen, wenn er ihn für einen guten Herrscher hielt, oder ihn, war er ein Tyrann, der *damnatio memoriae** anheimfallen zu lassen.

Prohibition
Eine Abwehrform, mit der ein übergeordneter Magistrat* einem untergeordneten für eine bestimmte Sache eine Anweisung geben konnte. Dennoch gestattete es das Recht des *veto* nicht, eine durch einen Magistrat vollzogene Rechtshandlung, die außerhalb der ihm auferlegten Weisung vonstatten ging, für unwirksam zu erklären. Allerdings setzte er sich dabei der Gefahr aus, durch den Magistrat, der sein Vetorecht ausübte, bestraft zu werden.

Prokonsul
Ein Promagistrat*, der das konsularische *imperium** besitzt. In der Regel ist es ein Konsul*, dessen *imperium* man verlängert, um ihm zu ermöglichen, den während seiner Amtszeit begonnenen Krieg zu Ende zu führen. Ab der Mitte des 2. Jhs. v. Chr. vertraute man dem *proconsul* die Statthalterschaft einer Provinz* an. Doch nach 52 v. Chr. konnten die Konsuln erst nach fünf Jahren zu prokonsularischen Statthaltern* ernannt werden. In der Kaiserzeit waren die Prokonsuln die Statthalter der senatorischen Provinzen und mußten nicht notwendigerweise ehemalige Konsuln sein.

Prokurator
Ein kaiserlicher Beamter* aus dem Ritterstand*, den der Kaiser* zur Leitung einer besonderen Dienststelle, so etwa als Vorsteher der kaiserlichen Kanzlei*, als Oberaufseher der Straßen*, der Proviantierung oder der Wasserversorgung, oder als Statthalter* einer kaiserlichen Provinz* bestimmt hatte.

Promagistrat
Eine Person, die mit den Machtbefugnissen des Magistrats* ausgestattet ist, die allerdings nur außerhalb des *pomerium** wirksam sind.

Eine Promagistratur hat stets militärischen Charakter und ist zumeist ein militärisches Kommando oder die Statthalterschaft einer Provinz*. Entsprechend dieser Charakteristik gab es drei Promagistraturen: Prokonsul*, Proprätor* und, aber recht selten, Proquästor. Man benannte in der Regel durch Senatsbeschluß* als Promagistrate solche Magistrate*, die in Amt und Würden oder am Ende ihrer Amtszeit waren, indem man ihre Machtbefugnisse verlängerte, oder indem man konsularische, prätorische oder quästorische Amtsgewalt einem Privatmann übertrug, egal ob er eine Magistratur ausgeübt hatte, wie es etwa im Falle des Pompeius* geschah, der zwei Triumphe* erhielt, ohne zuvor Magistrat gewesen zu sein. In der Theorie ist der Promagistrat dem Magistrat nachgeordnet, da seine Machtbefugnisse außerhalb des *pomerium* liegen. Im Unterschied zu den Magistraturen sind die Promagistraturen nicht auf ein Jahr begrenzt, sondern werden durch Senatsbeschluß für eine festgelegte Zeit vergeben.

Als zur Zeit Sullas* Konsulat und Prätur zu städtischen Magistraturen wurden, konnten nur die Promagistrate militärische Kommandos ausüben und als Statthalter* in den Provinzen tätig sein. Als Pompeius nun 52 v. Chr. den fünfjährigen Abstand zwischen der Bekleidung einer Magistratur und einer Promagistratur aufhob, wurde sie praktisch zu einem unabhängigen Amt und die Nominierung eines Privatmannes zum Promagistraten, die bis dahin eine Ausnahme war, wurde legalisiert.

Zur Kaiserzeit waren die Promagistrate die Provinzstatthalter.

Properz

Der einer Plebejerfamilie aus Umbrien entstammende Sext. Propertius (ca. 50–15 v. Chr.) hinterließ vier Bücher *Elegien*, die etwa um das Jahr 27 v. Chr. verfaßt wurden.

Er berichtet über seine unglückliche und qualvolle Liebe – denn Glück ist kein elegisches Thema – zu Cynthia, einer hochstehenden, gebildeten, reichen und freizügigen Frau. Symbole und allegorische Erzählungen überdecken zuweilen die scheinbar realen Geschichten. Andere Elegien sind mythologischen Themen, dem Tagesgeschehen oder moralischen Fragen gewidmet. Nicht unbeachtlicher Raum ist besonders im vierten Buch einer nationalen Stimmung eingeräumt. Properz' Dichtung ist feinsinnig und schwierig, oft kraftvoll und stets bewußt.

Sein Einfluß auf die spätere Dichtung war groß; Goethe wurde durch ihn zu seinen *Römischen Elegien* angeregt.

Proprätor

Ein Promagistrat*, der wie ein *praetor** das *imperium** innehat.

Proskriptionen

Die Proskription war eine Maßnahme zur Ächtung unliebsamer Personen, deren Namen* durch öffentlichen Anschlag bekannt gemacht und die dadurch für vogelfrei erklärt wurden.

Die ersten Proskriptionen wurden 87 von Marius* und L. Cornelius Cinna* angeordnet und waren ziemlich planlos. Doch 82 ließ Sulla* eine Proskriptionsliste anfertigen und auf dem Forum* anschlagen, auf Grund derer 40 Senatoren* und 1600 Ritter* getötet wurden. Im Jahre 43 ließ das Triumvirat Octavian*, Antonius* und Lepidus 300 Senatoren und 2000 Ritter verfolgen; unter den Opfern war auch Cicero*.

Für die Dauer der Proskriptionen waren Belohnungen für diejenigen ausgesetzt, die einen Proskribenten töteten. Deren Güter wurden eingezogen, ihre Nachkommen von Magistratsämtern ausgeschlossen.

Proviantmeister

Zur Zeit der Republik* oblag es den Ädilen*, die Ernährung und Lebensmittelversorgung Roms mit Getreide und Nahrungsmitteln zu gewährleisten. Caesar* selbst hatte zu diesem Zweck die *aediles Ceriales* ins Leben gerufen, die auch die Spiele* zu Ehren der Ceres veranstalten sollten.

Augustus* aber befreite sie von dieser Aufgabe und begründete zuerst die *curatores frumenti*, später, gegen Ende seiner Regierungszeit, schuf er das Amt des Proviantmeisters (*praefectus annonae*), dessen Inhaber, der aus dem Ritterstand* stammen sollte, richterliche Gewalt zur Ausübung seines Amtes besaß.

Provinzen

Römische Provinzen

Provinzen zur Zeit der Republik

1. Sizilien	241 v. Chr.	7. Afrika	146
2. Sardinien	231	8. Asien	133
3. Spanien (Tarraconensis)	197	9. Gallien (Narbonensis)	120
4. Spanien (Baetica)	197	10. Gallien (Cisalpina)	81?
5. Illyrien (Dalmatien)	167–45	11. Bithynien	74
6. Makedonien und Griechenland	146	12. Kyrenaika / Kreta	74 / 67
		13. Kilikien / Zypern	64 / 58
		14. Syrien	64

Provinzen der Kaiserzeit

15. Ägypten	30	31. Mauretanien (Tingitana)	40
16. Moesien	29?	32. Mauretanien (Caesariensis)	40
17. Lusitanien*	27?	33. Pamphylien und Lykien	43
18. Griechenland (Achaia)	27	34. Britannien	43
19. Galatia	25	35. Thrakien	46
20. Zypern*	22	36. Alpen (Cottienses)	unter Nero
21. Aquitanien	16	37. Epirus*	unter Vespasian
22. Gallien (Lugdunensis)	16	38. Arabien	105
23. Belgien	16	39. Dakien	107
24. Rhätien	15	40. Armenien	115
25. Noricum	15	41. Mesopotamien	115
26. Alpen (Maritimes)	14	42. Assyrien	115
27. Pannonien	10 n. Chr.	43. Alpen (Poeninae)	2. Jh.
28. Kappadokien	17	44. Numidien*	Anf. 3. Jh.
29. Obergermanien	17		
30. Untergermanien	17		

Die Provinzen mit einem nachgestellten Stern (*) entstanden durch Teilung, so war etwa Lusitanien ein Teil der Tarraconensis (Spanien) gewesen oder Numidien ein Teil Afrikas.

Einteilung der Provinzen im 1. und 2. Jh. n. Chr.

I. Senatorische Provinzen
- a) konsularische: Asien, Afrika
- b) prätorianische: Baetica, Narbonensis, Sardinien und Korsika*, Sizilien, Makedonien, Griechenland und Epirus*, Kreta und Kyrenaika, Zypern, Bithynien

II. Kaiserliche Provinzen
- a) konsularische: Tarraconensis, Obergermanien, Untergermanien, Britannien, Pannonien, Moesien, Dakien, Illyrien*, Kappadokien*, Syrien
- b) prätorianische: Lusitanien, Aquitanien, Lugdunensis, Belgien, Galatia, Pamphylien und Lykien*, Kilikien, Arabien, Armenien, Mesopotamien, Assyrien, Numidien
- c) prokuratorische: Alpen (alle drei Provinzen), Rhätien*, Noricum*, Thrakien*, Epirus*, Mauretanien (beide Provinzen). Ägypten wurde durch einen Präfekten verwaltet.

Bei den Provinzen mit einem nachgestellten Stern (*) wurde in den ersten beiden Jahrhunderten des Kaiserreichs ihre Zuteilung verändert.

Gebiete außerhalb Italiens*, die von römischen Magistraten* verwaltet wurden. Ihr Grund und Boden wurde als Eigentum des römischen Volkes angesehen und unterlag einer entsprechenden Steuer*, die in Naturalien (*vectigal*) oder Geld (*stipendium*) zu leisten war. Zur ersten römischen Provinz wurde 241 v.Chr. Sizilien.

In republikanischer Zeit stellte der Feldherr, der, begleitet von zehn Vertretern des Senats* (*decem legati*), zur Eroberung einer neuen Provinz ausgezogen war, die Provinzordnung (*lex data provinciae*) auf. Diese wurde durch Verordnungen der Statthalter* ständig erweitert. Ein wichtiger Grundsatz römischer Politik in bezug auf die verschiedenen Provinzstädte bestand darin, Einheitlichkeit zu vermeiden und statt dessen den lokalen Besonderheiten Rechnung zu tragen, wodurch sich die Rechtsstatus vervielfältigten und nicht gegeneinander aufgewogen werden konnten. So unterschied man einerseits in freie und verbündete Städte (*civitates liberae, foederatae*), die sich – zumindest in der Theorie – der Selbstverwaltung erfreuten und denen lediglich die Erhebung von Steuern und die Prägung von Münzen untersagt war. Andererseits aber gab es Städte mit eigener Verfassung*: römische Kolonien* und *municipia** römischen oder latinischen Rechtes. Diese Verfassungsvielfalt ist vergleichbar mit der Situation in Italien, nur mit dem Unterschied, daß Bodensteuer erhoben wurde. Schließlich gab es noch die tributpflichtigen Städte (*civitates stipendiariae*), die ihre Verfassung vom Statthalter erhielten (*lex civitatis*). Diese Rechtsstellungen waren einer Entwicklung unterworfen, die sich sowohl zum Guten wie zum Schlechten wenden konnte. Neben diesen Städten lebten in jeder Provinz ungleichartige, unterworfene oder freie Völker. An der Spitze der Provinzialverwaltung stand der Statthalter als Magistrat* oder Promagistrat*. Man unterschied nach ihrer Bedeutung konsularische und prätorianische Provinzen. Der Statthalter hatte unter sich Legaten*, Freunde, einen Quästor*, Militär* und Hilfstruppen. Sein Amt war auf ein Jahr begrenzt und nicht verlängerbar, aber äußerst lukrativ. Die Machtstellung des Statthalters war lediglich durch das *lex provinicae* und die Vorrechte, die man manchen Städten eingeräumt hatte, beschränkt.

Während der Kaiserzeit entwickelte sich die juristische Situation der Provinzstädte zu einer rechtlichen Gleichstellung, was parallel zur gesamten Zentralisierung des Reiches verlief. Andererseits waren die Einwohner der Provinzen seit dem Erlaß Caracallas von 212 in gleicher Weise wie die Bürger* dem Kaiser* untertan. In jeder Provinz schuf man einen Ort, an dem einmal im Jahr um den Altar* Roms und des Augustus*, der von einem aus der Provinz stammenden Priester (*sacerdos provinciae*) versehen wurde, die Provinzialversammlung (*concilium provinciae*) unter dem Vorsitz des Statthalters zusammenkam. Diese stimmte über Lob und Tadel für den Statthalter ab und teilte dies dem Kaiser mit, dem er Rechenschaft schuldete.

Es gab zur Kaiserzeit zwei wesentliche Provinzkategorien: Zum einen die senatorischen Provinzen, die als befriedet galten, entblößt von Truppen und einem vom Senat nominierten Promagistraten übertragen waren; zwei von ihnen, Asien und Afrika, hießen konsularisch, die übrigen prätorianisch und wurden von einem Prokonsul* verwaltet. Zum anderen gab es die kaiserlichen Provinzen, die in der Regel jünger waren und in denen Truppenpräsenz notwenig war; sie unterstanden dem Kaiser direkt, der sie durch eine Mittelsperson verwaltete. Deshalb war der Titel ihrer Statthalter auch *legatus Augusti pro praetore*. Sie blieben so lange im Amt, wie es dem Kaiser beliebte. Diese Provinzen waren nach ihrer Bedeutung in drei Kategorien unterteilt: Die konsularischen Provinzen wurden durch einen Konsul, der von drei Legaten unterstützt wurde, einem Quästor und einem Kommandanten für die Legionen verwaltet; den prätorianischen Provinzen stand ein Prätor vor, dem ein Legat und ein Quästor sowie ein Legionskommandant zur Seite standen; die prokuratorischen Provinzen schließlich wurden als Erbländer des Kaisers angesehen und von Verwaltern (*procuratores pro legato*) oder *praesides* mit ziviler und militärischer Gewalt beherrscht. Letztere Provinzen galten zeitweise als nicht an das römische Reich anpaßbar und bildeten eine eigene Gruppe.

Der Statthalter einer Provinz erhielt ebenso wie das ihn begleitende Personal eine angemessene Besoldung. Er besaß finanzielle, richterliche, politische und, in den kaiserlichen Provinzen, auch militärische Vollmachten. Doch die Ausübung seines Amtes wurde vom Kaiser streng kontrolliert. Im allgemeinen konnte man die Situation und Verwaltung der Provinzen als gelungen bezeichnen.

Diokletian* strukturierte die Provinzialverwaltung um, indem er das Reich in vier Präfekturen* (Italien, Gallien, Illyrien, Orient), zwölf Diözesen und diese wiederum in 96 Provinzen unterteilte.

provocatio ad populum

Das *ius provocationis ad populum* bedeutete, daß jeder Bürger* die Möglichkeit hatte, Berufung bei der Volksversammlung* bezüglich jeder Entscheidung einzulegen, die über ihn die Todesstrafe oder die Verbannung* verhängte. Diese Bestimmung, die das *imperium** des Magistrats* beschränkte, war seit dem 3. Jh. v. Chr. umstritten. Andererseits bot die Schaffung permanenter Gerichte* im Prinzip dieselben Garantien, deren Entscheidungen dann aber ohne Berufungsmöglichkeiten blieben, so daß diese Einrichtung überflüssig wurde.

Prozeßformeln ▸ actiones per formulas

publicani

Geschäftsleute, die mit der Versteigerung öffentlicher Aufträge und der Eintreibung von Steuern* beauftragt waren. Sie streckten dem Staat das Geld vor, das sie dann selbst einzutreiben hatten. Sie waren zu Handelsgesellschaften zusammengeschlossen, beschäftigten sowohl in Rom wie in den Provinzen* zahlreiches Personal und stellten eine beachtliche Finanzmacht dar. Mit dem Ritterstand* waren sie eng verbunden, doch mußte man kein Ritter sein, um *publicanus* zu sein. Die Ausübung einer Magistratur oder die Würde eines Senators* war mit dem Beruf des *publicanus* unvereinbar.

Pulvinar

Ein Paradekissen, auf das man die Statuen der Götter* wirklich oder symbolisch stellte, um sie an den heiligen Mahlzeiten*, den Götterbewirtungen* oder am Zug um den Zirkus* teilhaben zu lassen.

Gleichermaßen meint dieses Wort auch die für die kaiserliche Familie im *circus maximus* reservierte Loge.

Punischer Krieg

In drei Kriegen innerhalb eines knappen Jahrhunderts trafen Rom und Karthago* aufeinander. Diese Kriege nennt man 'punische' nach dem lateinischen *Poeni*, Phönikier, den Gründern Karthagos.

Der erste Krieg, um Sizilien, dauerte von 264 bis 241 v. Chr. Zu Beginn des Krieges war die Meerenge von Messina die Grenze zwischen römischem und karthagischem Einflußbereich. Rom aber sorgte sich um die Sicherheit der Söldner von Mamertium, der Herren von Messina, die durch eine punische und eine griechische Armee aus Syrakus unter dem Kommando des Hieron belagert wurden. Bald schloß dieser ein Bündnis mit Rom. Zuerst (264–256) errangen die Römer Siege zu Land (Messina 264, Agrigent 262) und zu Wasser (Mylae 260, der Sieg des Konsuls* Dullius, welcher den ersten Seetriumph feierte, Eknomos 256). Diese Erfolge ermutigten den Konsul Regulus* nach Afrika überzusetzen, er wurde aber geschlagen und 255 gefangen. Die römische Flotte wurde 249 bei Trapani besiegt. Der Krieg dauerte an und konzentrierte sich auf die Gegend um Palermo, wo der karthagische Feldherr Hamilkar Barkas einen Verteidigungskrieg organisierte, während die punische Flotte die italischen Küsten plünderte. Ein römischer Seesieg 241 bei den Ägadischen Inseln* nötigte die Karthager zum Friedensvertrag. Sizilien wurde erste römische Provinz* und Karthago mußte enorme Tribute zahlen.

Der zweite Krieg, der Krieg Hannibals*, dauerte von 218 bis 201 v. Chr. Nach der Niederlage wurde Karthago von schweren inneren Krisen, unter anderem einem Aufstand seiner Söldner, geschüttelt. Der Tribut, den es an Rom zu zahlen hatte, war erhöht worden, und es hatte den Römern 237 auch Sardinien und Korsika abtreten müssen, die zur zweiten römischen Provinz wurden. Aus dem Verlangen nach Rache und auch, um die Verluste auszugleichen, unternahm Hamilkar Barkas die Eroberung Südspaniens und seiner reichen Bergwerke. Rom hatte den Karthagern 220 verboten, Sagunt einzunehmen, ein Jahr später aber bemächtigte sich Hannibal der Stadt, der dieses Verbot ignorierte, und löste damit den Zweiten Punischen Krieg aus. Er brach von Sagunt 218 mit 80000 Infanteristen, 10000 Mann Kavallerie und 40 Elefanten auf, überschritt die Pyrenäen, die Rhône und im Winter 218 die Alpen. Seine Erfolge führten zum Abfall der norditalischen Gallier. Die Jahre 217 und 216 brachten den Römern so manche Katastrophe: Niederlage am Trasimenischen See* im Juni 217 und im August 216 in Cannae*. Doch die Verzögerungstaktik des Konsuls Fabius* Cunctator und die mangelnde Entschlußkraft Hannibals, auf Rom zu marschieren, erlaubten es den Römern, sich zu erholen. Der letzte Sieg der Karthager, die aufgezehrt und ohne Ersatz waren, gelang 213 bei Tarent. Dann schritt Rom zum Gegenschlag: Siege bei Capua (211), Syrakus (211) und Tarent (209). Hannibals Bruder Hasdrubal, der zu Hilfe geeilt war, wurde 207 am Metaurus getötet. Zwischenzeitlich hatte P. Cornelius Scipio* Spanien, das 206 römische Provinz geworden war, rückerobert. Von dort aus setzte er nach Afrika über, stellte sein Lager* in der Nähe von Utica 204 auf und verbündete sich mit Massinissa. Die verängstigten Karthager riefen Hannibal herbei, den Scipio 202 bei Zama* vernichtete. Daher erhielt er den Beinamen Africanus. Der im Frühjahr 201 geschlossene Friedensvertrag legte Karthago schwerste Bedingungen auf: Verlust Spaniens, Anerkennung des numidischen Königreiches des Massinissa, Kriegsentschädigungen, Verpflichtung, ohne Roms Gutheißen keinen Krieg zu unternehmen.

Der Dritte Punische Krieg dauerte von 148 bis 148. Es gelang Karthago trotz allem, Reichtum zu entwickeln, was die Römer beunruhigte. Einen Konflikt zwischen Karthago und Massinissa nutzte Rom als Vorwand, sich einzumischen und Karthago inakzeptable Bedingungen aufzunötigen. Zwei Jahre lang wehrten sich die Karthager, aber 146 nahm Scipio Aemilianus* die Stadt ein und setzte sie in Brand. Ihr Gebiet wurde zur Provinz Afrika.

Pydna

Eine Stadt in Makedonien, am Golf von Therme, bei der Aemilius Paullus* siegte und Perseus, den Sohn König Philipp V. von Makedonien, 168 v. Chr. gefangennahm. Die Schlacht dauerte nur eine Stunde. Von den Makedonen waren, wie man sagt, 20000 getötet und 5000 in Gefangenschaft, wohingegen die Römer gerade einmal 100 Mann verloren. Aemilius Paullus organisierte Makedonien neu und teilte es in vier Republiken*. Unter den Geiseln, die er mit nach Rom brachte, befand sich auch Polybios, der ein Freund Scipio Aemilianus* wurde und sich schriftstellerisch der Geschichte der römischen Eroberungszüge widmete und eine *Weltgeschichte* in griechischer Sprache verfaßte.

Quästor

Das Amt des *quaestor* wurde zur selben Zeit wie das Konsulat geschaffen. Die Quästoren, von denen es im 1. Jh. v.Chr. zwanzig gab, wurden von den Tributarkomitien* gewählt. Ab der Zeit Sullas* eröffnete die Quästur den Zugang zum Senat*. Die Quästoren, die in Rom verblieben, beaufsichtigten die Staatskasse (*quaestores urbani* oder *aerarii* Saturni**), vereinnahmten die Steuern*, Bußgelder sowie die Einkünfte aus Konfiskationen und öffentlichen Versteigerungen. Zudem hatten sie die Besoldung des Militärs* vorzunehmen und öffentliche Bauten zu finanzieren. Schließlich gehörte zu ihrem Aufgabenbereich die Aufbewahrung der Originalschriften der Zensoren* sowie aller von anderen Magistraten* geschlossenen Verträge.

Die innerhalb Italiens* eingesetzten Quästoren kontrollierten die örtliche Finanzverwaltung. In den Provinzen* standen sie den Feldherren oder Statthaltern* zur Verfügung. Sie verwalteten die Kriegskasse, vollzogen Geldzahlungen mit den Mitteln, die sie von ihren Kollegen aus Rom erhielten, und führten die Bücher. Gelegentlich kam es vor, daß die Funktionen des Quästors mit denen eines Proprätors* verbunden wurden (*quaestor pro praetore*).

In der Kaiserzeit oblag den Quästoren nicht mehr die Leitung der Staatskasse, denn dies wurde Prätoren* oder Präfekten* übertragen. Ihre Positionen wurden folgendermaßen aufgeteilt: Zwei standen dem Kaiser als Sekretäre zur Verfügung (*quaestores principi*), zwei beaufsichtigten die Archive* (*quaestores urbani*), vier dienten den Konsuln* als Sekretäre (*quaestores consulum*). Die verbleibenden zwölf begleiteten die Statthalter mit dem Titel eines *quaestor pro praetore* in die Provinzen.

quindecemviri sacris faciundis

Ein Kollegium von erst zwei, dann zehn und schließlich 15 Mitgliedern, denen einerseits die Erhaltung der Sibyllinischen Bücher* und die Interpretation von Vorzeichen* oblag, andererseits sollten sie den Kult* des Apollon, der Ceres und der Großen Mutter Kybele versorgen, der um 204 v.Chr. nach Rom gelangt war, als sich die Stadt wegen des Zweiten Punischen Krieges* in einer tiefen Religionskrise befand.

Dieses Kollegium, dem ein *magister* vorstand, setzte sich durch Kooptation aus Patriziern und Plebejern* zusammen. Es war nach den *pontifices** das zweitwichtigste Priesterkollegium und vor allem für die Organisation fremder Kulte verantwortlich, für die es Priester* benannte und Rituale festlegte.

Quintilian

Der aus Spanien gebürtige M. Fabius Quintilianus (ca. 30–95 n.Chr.) kam nach Rom, um Rhetorik zu studieren. Als anerkannter Rechtsanwalt* und Redner* war er der erste, der einen vom Staat besoldeten Lehrstuhl erhielt. Zu seinen Schülern zählten Plinius* der Jüngere und der spätere Kaiser* Hadrian*. Er verfaßte ein Werk *Über die Erziehung zum Redner* in zwölf Büchern, in denen er seine pädagogischen Erfahrungen bei der Ausbildung eines Redners darlegt. Seine Absicht ist viel praxisorientierter, als dies in den rhetorischen Werken Ciceros* der Fall ist. Mit seiner Stilistik erwies er sich als überzeugter Ciceronianer und wandte sich gegen die Manier eines anderen Spaniers der folgenden Generation, gegen Seneca*.

Quiriten

In klassischer Zeit benutzte man dieses Wort nurmehr in pluralischer Form und in begrenzten Sinn, denn bei den Versammlungen* richteten sich die Redner* an ihre Zuhörer mit dem Wort: *Quirites*, etwa im Sinne von 'Römische Mitbürger'. Im Gegensatz dazu wandte sich der Redner im Senat* an seine Hörer mit den Worten: *Patres conscripti*, 'Väter und Beigeordnete'. Im juristischen Sprachgebrauch ist das *ius quiritium* gleichbedeutend mit dem Zivilrecht. In der Umgangssprache benutzte man den Ausruf *quirites* ähnlich wie das Wort 'Bürger' in der französischen Revolutionszeit.

Doch die Herkunft des Wortes ist dunkel, vor allem im Zusammenhang betrachtet, denn ein Gott Quirinus wurde auf dem ursprünglich von Sabinern bewohnten Quirinal verehrt. Aber selbst die Römer wußten nichts mehr über dessen Natur und Wirkweise. Als *quirites* bezeichneten sich auch die Bürger* nach der Vereinigung der Latiner* und Sabiner*. Zieht man darüber hinaus eine Verbindung von den altehrwürdigen Formulierungen *Senatus Populusque Romanus* und *Populus Romanus Quirites* zu der Hypothese von der Dreiteilung der indo-europäischen Gesellschaft, so ist man versucht, in den *quirites* ein Überbleibsel der dem Quirinus zugeordneten Arbeiterschicht zu sehen. *Populus* stünde dann für die Mars verehrende Kriegerkaste und *senatus* für die den Dienst an Jupiter versehende herrschende Priesterschicht.

Recht
Daß einer der bedeutendsten Beiträge der römischen Kultur das Recht (*ius*) ist, ist zwar ziemlich banal, doch verdanken wir den Römern nicht nur die theoretische Rechtsbetrachtung, sondern auch einen Großteil des Rechtsverständnisses wie etwa Personen-, Sachen- oder Vertragsrecht. Ebenso verdanken wir ihnen auch einige wesentliche Rechtsgrundsätze, so etwa 'ehrenvoll zu leben' (*honeste vivere*), 'niemandem Schaden zuzufügen' (*alterum non laedere*) oder 'jedem das Seine zuzuteilen' (*suum cuique tribuere*). Die Verbindung von Recht und Moral hatte in Rom ursprünglich einen sehr privaten Wesenszug, denn die geschädigte Partei verfolgte selbst die Wiederherstellung ihres Rechtes. Andererseits aber ging der juristischen Praxis die Rechtstheorie voraus: Die Gerichtsbarkeit hat auch ohne ein entwickeltes Gesetzwerk funktioniert. Es waren die Juristen*, die auf theoretischer Grundlage das römische Recht ausgearbeitet haben. Unter dem Einfluß des Aristoteles und der Stoa* haben sie allmählich das Recht verschiedenen ethischen Wertvorstellungen unterworfen und dann Begriffe wie Gleichheit (*aequitas*), Sitte (*mos maiorum*), Würde (*honestas, dignitas*) definiert.

Das römische Recht ist eine Mischung aus Sitten, Gesetzen*, Senatsbeschlüssen*, Volksabstimmungen*, kaiserlichen Verfügungen* und Magistratsedikten. All diese Quellen sprudelten nicht zur selben Zeit, manche gab es schon nicht mehr, als andere entsprangen. Die Juristen haben die Bestimmungen seit dem Ende der Republik* sortiert und mit dem 3. Jh. n.Chr. in eine systematische Ordnung gebracht. Sie unterschieden in Naturrecht (*ius naturale*), das für alle Lebewesen gilt, worunter, aber oft mit diesem verwechselt, das Völkerrecht (*ius gentium*) fällt, das allen Völkern zusteht; des weiteren in bürgerliches Recht (*ius civile*), das durch die Rechtsvorschriften einer Stadt gebildet wird und das im weitesten Wortsinne auch das Standesrecht umfaßt, das von Magistratsedikten bestimmt wird. Die Unterscheidung von öffentlichem und Privatrecht stimmt nicht ganz mit dem heutigen überein: Unter öffentlichem Recht (*ius publicum*) verstanden die Römer das von öffentlicher Seite veranlaßte Recht, so etwa Gesetze oder Edikte, unter Privatrecht (*ius privatum*) verstanden sie das durch einen privaten Rechtsakt, etwa einen Vertragsschluß, bestätigte Rechtsverhältnis.
Zum latinischen Recht ▶ Latiner.

Recht, göttliches ▶ fas

Rechtsanwalt
Der Beruf des Rechtsanwaltes (*patronus*) ist in den Augen der Römer der denkbar erstrebenswerteste, denn er gestattet es, dank des rhetorischen Vermögens alle Sprossen des *cursus honorum** zu erklimmen. Die bedeutendsten Männer republikanischer Zeit waren Anwälte: Cato Censorius*, C. Gracchus*, Hortensius, Cicero*. Die Republik* war die Blütezeit der Rhetorik, denn die politischen Prozesse erlaubten es den Anwälten, eine Vorstellung von ihren Fähigkeiten zu geben. In der Kaiserzeit verlor durch den Verlust der Freiheiten auch dieser Beruf erheblich von seinem Glanz: Die Rhetorik sank auf das Niveau des Vortrages herab.

Vor der späten Kaiserzeit, in der sich die ersten Anwaltsvereinigungen bildeten und Honorarsätze festgelegt wurden, wurden die Anwälte, jedenfalls offiziell, nicht entlohnt – Geschenke und Vermächtnisse aber waren erlaubt. Im Gegensatz zu heutigen Gewohnheiten muß man auch zwischen Rechtsberater (*iuris consultus*) und Verteidiger (*patronus, orator*) unterscheiden: Ersterer begutachtet den juristischen Aspekt eines Streitfalles und berät über die Art und Weise der Prozeßführung, letzterer steht seinem Mandanten zur Seite und stellt ihm sein rhetorisches Talent zur Verfügung. Die Verhandlungen waren öffentlich, entweder auf dem Forum* oder in einer Basilika*, und die Plädoyers recht lang (Pompeius* beschränkte sie auf drei Stunden) und oft viel mehr ein Schauspiel.

Die Idealvorstellung eines Anwaltes, die Cicero entwickelte, ist folgende: Für ihn ist der ideale Anwalt ein gleichermaßen wortgewaltiger Redner* (*orator*), Denker und Politiker. Im Gegensatz dazu ist der *causidicus* (abgeleitet von *causa*, Fall, und *dicere*, sprechen) zwar ein fleißiger Anwalt, aber nur für weniger wichtige Fälle zu beauftragen. Bemerkenswert ist, daß mit dem Begriff *advocatus* (Anwalt) in Rom jede Person, sei es ein Verwandter oder ein Freund, betitelt wurde, die vor Gericht eine der beiden Streitparteien vertrat.

Redner ▶ Unterricht

Regulus

M. Atilius Regulus war in den Jahren 267 und 256 v. Chr. Konsul*. Im Ersten Punischen Krieg* schlug er die Karthager 256 v. Chr. bei Eknomos, landete im folgenden Jahr in Afrika und wurde 255 gefangengenommen.

Einige Jahre später, um 249 v. Chr., sandten ihn die Karthager nach Rom mit dem Auftrag, den römischen Senat* davon zu überzeugen, Friedensverhandlungen aufzunehmen und Gefangene auszutauschen. Doch in Rom riet Regulus den Senatoren von der Annahme dieser Vorschläge ab. Getreu seinem Schwur kehrte er nach Karthago* zurück, wo er gefoltert und hingerichtet wurde. Manche modernen Historiker hegen Zweifel an dieser Erzählung, doch wurde Regulus von den Römern als Held und Symbol für die *fides** angesehen.

Reinigung

Das Ritual der Reinigung (*lustratio*) hatte als Zweck, Gruppen (Armeen, Städte) oder Gegenstände (Waffen, Felder) von bösen Einflüssen zu säubern.

Die *lustratio* besteht im allgemeinen aus einer Prozession mit Gebeten* und Opfern* um die Begünstigten herum. Die Opfertiere, oftmals *suovetaurilia**, wurden bei der Prozession mitgeführt: Somit zogen sie selbst einen magischen Kreis, bevor sie durch die Opferung die ihnen zugeschriebenen Tugenden übertrugen.

Der römische Kalender* sah zahlreiche *lustrationes* vor: Im März und Oktober etwa die der Waffen (*armilustrium*), d. h. bevor sie und nachdem sie benutzt wurden. So war die Reinigung beide Male nicht dieselbe. Im Mai fand die *lustratio* der Felder (*ambarvalia*) statt; Anfang Februar die der Häuser (*amburbium*) usw. Ebenso wurde vor jeder Schlacht das Militär* gereinigt, und alle fünf Jahre endete der *census** mit einer *lustratio* des auf dem Marsfeld versammelten Volks, wobei die Herde der *suovetaurilia* dreimal herumgeführt wurde. Diese *lustratio populi* nannte man *lustrum.*

Reiterei ▶ **Militär, Ritter**

religio

Die Römer selbst waren sich über den etymologischen Wortsinn uneins: Bedeutet es, sorgfältig seine Taten und Worte zu wählen, um zu vermeiden, was die Götter* beleidigen könnte? Bedeutet es, sich mit den Göttern zu verbinden, also einen Vertrag mit der Gottheit einzugehen? Oder bedeutet es die Erfüllung der Pflichten gegenüber den Göttern, indem man sich an jeder Kleinigkeit religiöser Handlungen aufhält? Was auch immer die Urbedeutung des Wortes sei, so bedeutet doch *religio* das Gefühl, sich vor einer höheren Ordnung zu befinden, aus der man die gewissenhafte Ausübung kultischen Gehorsams ableitet. Die speziellen Bedeutungen, die in den Texten begegnen, so etwa 'Gewissenhaftigkeit', 'Achtung', 'Ehrfurcht' oder 'Verehrung', leiten sich von dieser Grundhaltung ab.

Das Gegenteil von *religio* ist *neglegentia,* d.h. die Götter zu vernachlässigen, nicht der Erfüllung der kultischen Handlungen nachzukommen – eine Haltung, die Mißachtung, Leichtfertigkeit und Gleichgültigkeit vermuten läßt. Was das Wort *superstitio* (Aberglaube) betrifft, für das keinerlei Etymologie völlig zufriedenstellend ist, so bezeichnet es alles, was nicht zur *religio* gehört, d.h. unnützen Gehorsam und unnütze Furcht ebenso wie die Zustimmung zu fremdartigen Neuerungen.

Religion

Die römische Religion ist eine Synthese indo-europäischer und mediterraner Elemente, wobei eine herausragende Rolle den Etruskern* zufällt, von denen die Römer insbesondere rituelle Praktiken übernahmen. Archaische Züge haben sich bis in die Zeit der Republik* erhalten, so etwa die Vorstellung von wirkmächtigen Kräften (*numina**), das Bedürfnis nach Reinigung* (*lustratio*) oder althergebrachte Landbräuche, wie sie sich noch in manchen Festen* (*Parilia, Lupercalia*, Arvalia*) manifestierten. Doch mit der Zeit wurde der griechische Götterhimmel romanisiert. Zur Zeit der Republik war es Aufgabe der Pontifices*, die Staatsreligion zu überwachen und zu bewahren, wenn auch sich schon durch die *quindecemviri** Erneuerungstendenzen abzeichneten, die auch fremdländische Kulte* und Gottheiten integrieren wollten. Gerade diese beiden Gremien verdeutlichen bestens, daß die römische Religion keine statische, endgültig festgelegte Einheit darstellte, sondern immer empfänglich für Entwicklungen und Anpassungen war, und somit soziale und geistige Veränderungen in sich aufzunehmen vermochte. Mit dem Ende der Republik gewannen philosophische Strömungen und fremdartige Kulte an Einfluß auf die hergebrachten Glaubensvorstellungen, woraus gelegentlich originelle Verschmelzungen entstanden. Auf der anderen Seite führte die Annahme, daß manche Personen Träger einer Mission sind und viel näher der Gottheit stünden, zum mißbräuchlichen Kaiserkult*. Immerhin bereiteten derartige Heilsvorstellungen und monotheistisch orientierte religiöse oder philosophische Ansichten den

Nährboden zur Aufnahme des Christentums* in Rom. Da das Christentum sich als Universalreligion darstellte und andere Kulte ausschloß, war weder eine Synthese möglich, noch konnte die römische Religion diese 'neue Religion' in sich aufnehmen. Für zweieinhalb Jahrhunderte wechselten sich Verfolgung und Duldung ab. Erst 313 wurde die allgemeine Religionsfreiheit gesetzlich verankert; im Jahre 394 wurde das Christentum zur offiziellen Religion.

Oftmals betrachtet man die römische Religion als eine leblose formalistische Religion, doch muß man hierbei unterscheiden zwischen den Riten, von denen manche auch bereits in historischer Zeit nicht mehr verstanden wurden, die man aber bewahrte, weil sie ja einstmals Träger heiliger Gefühle waren, und den Verhaltensweisen im täglichen Leben, die öfter von einem tiefen Glauben an eine übernatürliche Ordnung künden, von der zu einem Großteil die irdische Welt abhängt.

Republik

Politische Regierungsform Roms nach dem Sturz des Königtums*, der Überlieferung zufolge 509 v. Chr., bis zur Errichtung des Prinzipats* durch Augustus* im Jahre 27 v. Chr.

Sie gründet sich auf drei wesentliche Säulen: Volksversammlung*, Magistrate* und Senat*.

Man kann während der republikanischen Zeit drei große Epochen voneinander abgrenzen: Die erste währte vom Beginn bis zum Ende des Zweiten Punischen Krieges (201 v. Chr.), in deren Verlauf der Plebs* Schritt für Schritt die politische Gleichheit mit dem Patriziat erlangte und sich ein patrizisch-plebejischer Adel* etablierte, während Rom außenpolitisch seine Herrschaft über Italien* ausdehnte. Die zweite Periode reichte bis zum 1. Jh. v. Chr. und war das goldene Zeitalter senatorischer Oligarchie und der Eroberungen im Mittelmeerraum. Die dritte und bis zur Errichtung des Prinzipats reichende Phase war gekennzeichnet durch die Bürgerkriege* und das Aufkommen der sich zunehmend zentralisierenden Verwaltung.

res publica

Wörtlich bedeutet dieser Begriff 'Gemeinwesen' und ist das Gegenteil von 'Privatangelegenheit' (*res privata*).

Res publica setzt eine bestimmte gesetzliche Regelung voraus, von der manche Regierungsformen, so die Tyrannis oder die Oligarchie, ausgeschlossen sind, aber auch die Einheit und die Verbundenheit der Bürger* zu einer Gemeinschaft. Es handelt sich um den politischen Ausdruck für 'Volk' (*populus*) als Einheit. Das Privatinteresse eines jeden (*res privata*) steht gewöhnlich hinter dem höheren Interesse der Gemeinschaft (*res publica*) zurück. Abhängig vom Umfeld, in dem das Wort steht, bedeutet es 'Staat', 'Staatsverwaltung' oder auch 'Staatsangelegenheiten', nur selten 'republikanische Verfassung*', was man eher mit *libera respublica, libera civitas* oder *liber populus* umschrieb.

rex sacrorum

Als das Königtum* gestürzt wurde, behielten die Römer dennoch einen 'König' (*rex*), der aber nur noch religiöse Aufgaben hatte, die zudem noch zusehends weiter reduziert wurden (*rex sacrorum*, König der Opfer). Diese politische Fiktion sollte nach der Vorstellung der Römer den Fortbestand der beiden Herrschaftsformen gewährleisten und die gefährliche Situation verhindern, die bei den Göttern* die radikale Abschaffung des Königtums hervorrufen hätte können, das bislang als Band zwischen ihnen und den Menschen bestand. Es handelte sich also um einen für die römische Geisteshaltung recht aufschlußreichen Gewissenskonflikt.

Der *rex sacrorum* mußte aus den Reihen der Patrizier stammen, durfte keine Magistratur* ausüben und war insbesondere für den Kult* des Janus, des Gottes des Beginns, zuständig.

Ritter, Ritterstand

Der Stand der Ritter (*ordo equester*) führt seinen Namen und seinen Ursprung auf einen militärischen Dienstgrad zurück, der verknüpft ist mit der Militärorganisation des Servius Tullius in 193 Zenturien*. Unter diesen Zenturien gab es 18, die einen höheren *census** hatten als die der ersten Klasse und die vom Staat ein Pferd erhielten, d. h. den Kaufpreis sowie den Unterhalt des Pferdes, um in der Kavallerie Dienst zu tun. Diese nannte man Ritter (*equites Romani equo publico*) im Unterschied zu den Reitern (*equites*), die sich auf eigene Kosten ausrüsteten. Um nun aber Ritter zu werden, genügte es nicht, zum erforderlichen *census* zu zählen (immerhin 400 000 Sesterzen im 3. Jh. v. Chr.), sondern man mußte auch von den Zensoren* auserwählt werden, denn es war eine Ehre. Ab dem 4. Jh. löste sich der Ritterstand von seinem militärischen Ursprung, da die Bedeutung der Kavallerie innerhalb des römischen Militärs* schwand und zunehmend von Verbündeten* und Hilfstruppen gestellt wurde. Die Zugehörigkeit zum Stand war offen: Patrizier wie Plebejer*, Römer und Italer konnten dazu gehören. Doch ab dem 2. Jh. gehörten die Senatoren* nicht mehr dazu, da eine Zugehörigkeit zum Ritterstand mit dem *cursus honorum** unvereinbar war. Die Ritter, die Magistratsämter anstrebten, mußten 'ihr Pferd' zurückerstatten.

Der Ritterstand bestand nicht nur aus Geschäftsleuten und Generalpächtern, es finden sich in ihm auch reiche Grundbesitzer, Angehörige freier Berufe (Rechtsanwälte*, Juristen*) sowie städtische Beamte. Am Ende des 2. Jhs. v. Chr. übertrug ihnen C. Gracchus* die dauerhaften Gerichtshöfe, die Sulla* ihnen dann aber zugunsten der Senatoren wieder nahm. Ihr Einfluß auf Politik und Finanzwesen war immens, doch bildeten die Ritter nie eine politische Partei*.

Als eine Art zweite Aristokratie besaß der Ritterstand das Recht auf Ehrenzeichen: auf goldenen Ring und *trabea*, eine weiße Toga* mit einem Purpurstreifen. Am 15. Juli fand jedes Jahr eine Parade statt, die *transvectio equitum*.

Zur Kaiserzeit bekleideten viele Ritter Führungspositionen in der Verwaltung. Zwar war ihnen ein *cursus honorum* verwehrt, doch ließ der Kaiser* solche Ritter, die einen hinreichenden *census* aufweisen konnten, in den Senatorenstand aufsteigen.

Rom

Roma quadrata. Mit diesem Ausdruck bezeichnet die Überlieferung die heilige Furche, die Romulus mit seinem Pflug einst bei der Gründung Roms nach etruskischem Ritus im Jahre 753 v. Chr. gezogen haben soll.

Doch die modernen Historiker, die der Legende von der Gründung Roms durch Romulus nicht mehr glauben, fragen sich, ob sich dieser Ausdruck nicht viel eher auf den rechteckigen Wall bezieht, der von den ersten latinischen Siedlern auf dem Palatin im 8. Jh. v. Chr. als Schutzwall angelegt wurde und in den sie Klumpen ihrer Heimaterde mit eingebaut hatten und damit einem archaischen Ritus der Inbesitznahme folgten. Andererseits kann man sich ebenso vorstellen, daß *Roma quadrata* auf die quadratische Anlage Bezug nimmt, denn vielleicht bewahrt die Formulierung auch die Erinnerung an die Gründung durch die Etruskerkönige nach deren Riten, die sich dann im Städtebau* der Römer erhalten haben, da nämlich der *decumanus* mit der viel späteren *via Sacra* und der *cardo** mit dem *vicus Tuscus* übereinstimmt. Darüber hinaus könnte auch die Aufteilung Roms in vier Tribus* gemeint sein.

Roms Gründung. *Die Legende.* Als Aeneas* an der Küste Latiums anlandete, erhielt er die Hand Lavinias, der Tochter des Königs* Latinus, und gründete ihr zu Ehren eine Stadt namens Lavinium. Nach dem Tode des Aeneas gründete sein Sohn Ascanius (manchmal auch Iulus genannt) am Fuße der Albanerberge Alba Longa. Zwölf Könige folgten auf den Sohn des Aeneas, deren letzter, Amulius, war ein Thronräuber, der seinen älteren Bruder Numitor entthront hatte und, um ihm jede Hoffnung auf Nachkommenschaft zu nehmen, dessen Tochter Rhea Silvia zur Vestalin* machte. Doch gegen das Schicksal* sind die Menschen machtlos, und so vereinte sich der Gott Mars mit Rhea Silvia und zeugte Zwillinge, Remus und Romulus, die Amulius in ihrer Wiege dem Tiber überließ. Der Strom spülte sie an den Fuß des Palatin, und eine Löwin, die in der Grotte des Lupercal* wohnte, säugte sie. Als Remus und Romulus herangewachsen waren, rächten sie Numitor und ergriffen den Thron von Alba, obschon sie auch selbst eine neue Stadt gründen wollten. Auf dem Gelände, auf dem sich Rom einmal erheben sollte, nahmen die beiden Brüder die Auspizien* vor; dabei entstand zwischen den beiden ein Streit, in dessen Gemenge Remus getötet wurde. Romulus zog einen Graben rings um den Palatin und begründete somit 753 v. Chr. *Roma quadrata.*

Romulus, der erste römische König, herrschte bis 717. Er teilte die Bevölkerung auf drei Tribus* und 30 Kurien* auf. In seine Regierungszeit fiel auch der Raub der Sabinerinnen, der zum Krieg zwischen Sabinern* und Latinern* führte und beide letztlich zu einem Volk vereinte. Hierbei teilte sich Titius Tatius, der König der Sabiner, mit Romulus die Macht; er verschwand aber bei einem Gewitter auf mysteriöse Weise und wurde danach als Gott Quirinus verehrt. Ein sehr frommer Sabiner, Numa Pompilius (717–673), nahm seinen Platz ein. Er organisierte das religiöse Leben, baute den Tempel* der Vesta und des Janus, kümmerte sich um die Priesterschaft, rief die größeren Flaminen* ins Leben, teilte das Jahr in zwölf Monate und die Tage nach *fastes** und *nefastes* auf. Sein Nachfolger, ebenfalls ein Sabiner, Tullius Hostilius (672–641), war ein kriegerischer König: Er führte Krieg gegen Alba, der dann durch den Kampf der Horatier* und Curiatier beendet wurde, und integrierte die Albaner in die *urbs**. Als Versammlungsgebäude des Senates* ließ er die *curia Hostilia* errichten. Den Caelius und das Kapitol* schloß er in den Stadtring Roms ein. Ein dritter Sabinerkönig folgte ihm: Ancus Marcius (639–616). Dieser führte das Kriegsrecht ein und das Prozedere bei der Feindschaftserklärung, fügte Rom den Aventin hinzu und gründete eine Kolonie* in Ostia.

Lucius Tarquinius, den man auch Tarquinius den Älteren nennt, war der Sohn eines aus Korinth stammenden Griechen, der in Tarquinia wohnte. Als er nach Rom kam, wurde man rasch auf seine Talente aufmerksam. Er folgte als erster Etruskerkönig (616–579) auf Ancus Marcius und vergrößerte und verschönerte Rom, so durch den Bau des großen Zirkus* und durch Trockenlegung der Täler. Dennoch wurde er ermordet. Servius Tullius (578–535), der zweite Etruskerkönig, gab Rom eine Verfassung: Er teilte die Stadt in fünf vermögensabhängige Zenturien* auf, schuf die Zenturiarkomitien*, verteilte die Bürgerschaft nach ihrem Wohnsitz auf vier Tribus, gliederte den Quirinal und den Viminal in das Stadtgefüge Roms und ließ um die sieben Hügel die nach ihm benannte Servische Mauer ziehen. Eine von seiner Tochter und seinem Schwiegersohn, Tarquinius Superbus (534–509), dem letzten König Roms, angezettelte Verschwörerschaft ließ ihn ermorden. Tarquinius war ein Tyrann, dessen Macht auf Gewalt beruhte. Trotzdem dehnte er den Herrschaftsbereich Roms aus, setzte die städtebaulichen Aktivitäten fort und erbaute den Tempel des Jupiter, der Juno und der Minerva auf dem Kapitol. Doch seine Tyrannis war nur schwer zu erdulden.

Als sein Sohn Sextus seiner kriminellen Neigung nachgab und Lucretia, eine ehrenwerte Matrone*, entehrte, brach ein von Collatinus, dem Mann der Lucretia, und Junius Brutus angeführter Aufstand los. Der König und die Seinen wurden vertrieben und die Republik* eingerichtet (509 v. Chr.). Die Zenturiarkomitien wählten als erste Konsuln* Collatinus und Brutus. Soweit reicht die Sage von der Gründung Roms, wie sie sowohl in republikanischer Zeit als auch zu Beginn der Kaiserzeit von Dichtern und Prosaautoren in Worte gefaßt wurde.

Die Wirklichkeit. Schon seit dem 16. Jh. hegten die Historiker Zweifel an der Echtheit derartiger Berichte und waren der Ansicht, die Römer hätten damit versucht, ihre viel schlichteren Abstammungsverhältnisse zu bemänteln. Die moderne Forschung erlaubt mit Hilfe der Soziologie, der vergleichenden Mythenforschung und der Archäologie die wirklichen Geschehnisse zu erahnen, die denn auch gelegentlich Elemente der Sage bestätigen. Der Palatin war in der Tat im 8. Jh. v. Chr. von aus Alba stammenden Siedlern bewohnt. Im folgenden Jahrhundert wurden auf den übrigen Hügeln ebenfalls Siedlungen errichtet. Dieses Hirtenvolk war in Stämmen organisiert. Sie schlossen sich im Septimonium*-Bund im 7. Jh. zusammen. Dieser recht lockere Bund war etwa zeitgleich mit der Auflösung des Albanerbundes und dem Untergangs von Alba. Der Quirinal und der Viminal waren von Sabinern bewohnt, und nach den Kämpfen, in denen Latiner gegen Sabiner standen, konnten sich die beiden Stämme zu einem vereinen. Es gab also tatsächlich ein Stadtgebilde auf den sieben Hügeln, doch die Ringmauer ist wohl nicht aus Servius' Zeit, sondern eher später. Schon bald scheint sich auch eine Handelsaktivität entwickelt zu haben, die durch die Schiffahrt auf dem Tiber und die Anlage von Straßen* gefördert wurde. Die Königsverfassung Roms reicht in ihren Ursprüngen vielleicht noch bis vor die Etrusker* zurück, dennoch waren sie es, die um 575 v. Chr. aus Rom eine wirkliche Stadt machten und eine regelrechte Monarchie errichteten. Ihr Beitrag zur Stadtentwicklung ist immens, und selbst der Name Rom ist zweifellos etruskisch. Doch die dem Servius Tullius zugeschriebenen Reformen datieren wohl aus dem 5. Jh. Zu Beginn dieses 5. Jhs. wurden einige Tempelanlagen erbaut, z. B. die des Jupiter Capitolinus, des Saturnus, des Merkur und der Ceres. Das Verschwinden der Etrusker mag um 480 zu datieren sein, doch der Übergang vom Königtum zur republikanischen Verfassung geschah gewiß nicht schlagartig, sondern dauerte wohl mehrere Jahrzehnte. Vielleicht hatten sich bereits die Patrizier in den letzten Jahren der etruskischen Herrschaft um eine neue Staatsorganisation bemüht.

Roms Untergang. Um sich gegen die an den Grenzen des Kaiserreiches zusammengezogenen barbarischen Völker zu schützen, erbauten die Römer den *limes**. Darüber hinaus schlossen sie mit einigen von ihnen Verträge und gestatteten ihnen, in den römischen Truppen zu dienen, sich in grenznahen Gebieten niederzulassen oder boten ihnen Vorteile in verlassenen Gegenden im Landesinneren. Diese von Marc Aurel* begonnene Politik wurde durch die nachfolgenden Kaiser*, insbesondere Probus, Diokletian* und Konstantin*, fortgesetzt.

Doch schon Ende des 2. Jhs. n. Chr. sah sich Rom mit Invasionen konfrontiert, deren Palette von bloßen Übergriffen ohne weiterführende Konsequenzen bis zu massiven Angriffen reichte. Die im allgemeinen unterzahligen Barbaren erwiesen sich im übrigen oft als sehr bestrebt, die Vorteile der römischen Zivilisation zu nutzen, anstatt diese zu zerstören. Die großen Übergriffe aber, die mit dem Untergang Roms endeten, begannen zu Beginn des 5. Jhs. Die Germanen drangen unter dem Druck der Hunnen nach Italien* ein, und 410 wurde Rom von den Westgoten Alarichs geplündert. 452 drangen die von Attila kommandierten Hunnen zwar bis nach Italien vor, verschonten aber Rom. Verschiedene Barbarenreiche bildeten sich auf dem Boden des Kaiserreiches: Die Westgoten in Spanien, die Franken im Norden Galliens* und die Vandalen in Afrika. Schließlich besiegte Odoaker, der Anführer der Heruler, den letzten römischen Kaiser, Romulus Augustulus*, und verlagerte den Kaisersitz nach Konstantinopel. Bald geriet er mit dem Ostgoten Theoderich, der die Kaiserwürde an sich genommen hatte und während der ersten Hälfte des 6. Jhs. in Italien regierte, in Streit.

Es gelang dem Ostkaiser Justinian (527–565), die Einheit des Reiches wiederherzustellen, doch war diesem Werk nur eine kurze Dauer beschieden.

Die Geschichte der römischen Zivilisation endete zwar, doch gestorben ist sie nie. Sie lebt weiter in dem Erbe, das sie ihren Zerstörern hinterließ. Über die Ursachen für den Untergang Roms vermochten die Historiker sich lange Zeit nicht zu einigen. Einen einzigen Grund dafür anzugeben, ist müßig, denn militärische, gesellschaftliche, wirtschaftliche und politische Gründe sind miteinander eng verwoben.

Romulus Augustulus
Der letzte Kaiser* des römischen Westreiches. Er herrschte nur ein Jahr (475–476 n.Chr.) und wurde von Odoakar gestürzt, womit der Untergang Roms besiegelt war.

rostra
Rednertribüne im Südosten des *comitium**. Diese Lage erlaubte es den Rednern*, sich sowohl an die Kuriar*- und Tributarkomitien* zu wenden, die auf dem *comitium* versammelt waren, als auch an die Menge auf dem *forum**. Im übrigen kamen die Tributarkomitien ab der Mitte des 2. Jhs. v.Chr. auf dem Forum zusammen, das weitaus größer als das *comitium* war.

Die Benennung dieser Tribüne als *rostra* rührt von den Bugspornen feindlicher Schiffe, die C. Maecenas 338 v.Chr. nach seinem Sieg über die Latiner* bei Antium nach Rom brachte und mit denen man die Rednertribüne geziert hatte. Diese bestand aus einer Plattform von 24 Metern Breite, 10 Metern Tiefe und erhob sich drei Meter über dem Erdboden. Die Plattform, die man noch heute neben dem Triumphbogen* des Septimius Severus sieht, ist eine Rednerbühne, die wohl aus der Zeit des Augustus* stammt.

Rubikon ▶ Caesar, Italien

Rüstung
Die Rüstungen (*lorica*) hellenistischen Typs aus zwei Metallschalen, verstärktem Leder*, mit Über- oder Unterkleid, ersetzte man um das 3. Jh. v.Chr. durch das von den Galliern übernommene Kettenhemd. Bis zum 1. Jh. v.Chr. gehörte es zur Standardausrüstung des römischen Soldaten*, denn danach kamen Rüstungen mit Schuppenplatten auf. Gegen Ende des 1. Jhs. n.Chr. übernahmen die Römer dann einen weiteren Rüstungstyp, der aus drei gelenkigen Elementen, einem Panzer für Brust und Rücken, Achselkappen und Schulterstücken, bestand, wobei die Metallplatten auf Stoffunterlagen befestigt waren. Diese Art der Rüstung war charakteristisch für die römische Bewaffnung*, wenn auch ihr Gebrauch nicht einmal zwei Jahrhunderte, vom Ende des 1. bis zum 3. Jh. n.Chr., währte, denn im 3. Jh. kehrte man wieder zur Lederrüstung zurück.

Sabiner

Die Legende berichtet, Romulus habe, um Rom zu bevölkern, die Bewohner der Umgebung, fahrende Gesellen und Gesetzlose angelockt. Doch soll es darunter keine Frauen gegeben haben. So verfiel Romulus auf die Idee, im *circus* maximus* Spiele* auszurichten und die Nachbarvölker dazu einzuladen. Während der Spiele überwältigten auf ein Zeichen hin die Römer die Männer und raubten die jungen Frauen, von denen die meisten Sabinerinnen waren.

Die Sabiner beschlossen, Rache zu üben und lieferten sich, unterstützt vom König Titus Tatius, eine Schlacht mit den Römern. Da aber stellten sich die Sabinnerinnen zwischen die Kämpfenden und baten einerseits ihre Väter und Brüder, andererseits ihre Ehemänner darum, Frieden zu schließen. Ihre Bitten wurden erhört. Sabiner und Römer kamen darin überein, ein Volk zu sein. Um diesen Bund zu besiegeln, teilten sich Titus Tatius und Romulus die Macht. Die Römer ihrerseits schworen, ihre Frauen zu achten und zu ehren.

Der Legende liegen gewiß mehrere Ursachen zugrunde: Zum einen handelt es sich um die mythische Verbildlichung des Hochzeitsrituals, bei dem der Mann seine Frau aus deren Familie* raubt. Zum anderen verdeutlicht sie die herausgehobene Stellung der Matrone* innerhalb der Familie, denn schon seit den Anfängen hatten ja die Römer ihr Achtung geschworen. Schließlich zeigt sie die Sabiner dadurch als ein Volk von außerordentlicher Tugend, daß die ersten Matronen ausgerechnet Sabinerinnen waren.

Sänfte

Ein tragbares, geschlossenes und mit Vorhängen, zuweilen auch Fenstern, bewehrtes Bett*.

Vermögende Familien* besaßen Sänften, doch konnte man sie auch mieten. Anfangs wurden sie nur von Frauen benutzt, doch verbreitete sich ihr Gebrauch so rasch, daß es schon gegen Ende der Republik* für sie ein Reglement gab.

Im Tragsessel (*sella gestatoria*), der leichter und weniger unhandlich war, saß man, anstatt entspannt wie in der Sänfte (*lectica*) zu liegen.

Säulenordnungen

Zur inneren wie äußeren Ausstattung ihrer Bauwerke griffen die Römer auf die griechischen Säulenordnungen (dorisch, jonisch, korinthisch) zurück, doch waren sie weit weniger streng bei deren Anwendung. So verbanden sie etwa einen dorischen Fries mit jonischen Säulen oder verwendeten auf verschiedenen Etagen unterschiedliche Säulenordnungen. Oftmals ist die korinthische Ordnung in römischer Ausprägung eine

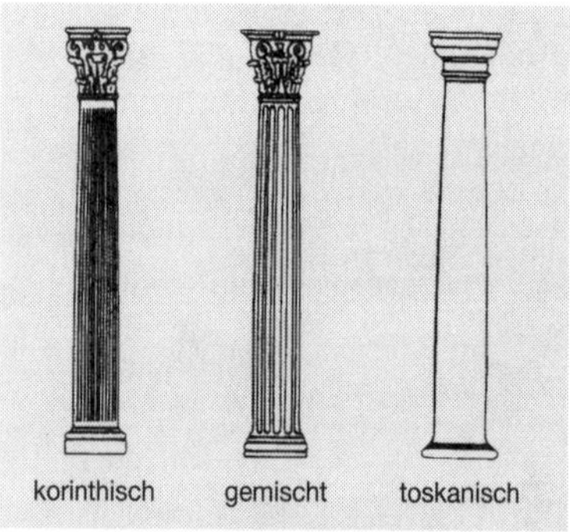

Die häufigsten Säulenordnungen, doch ist über die toskanische wenig bekannt.

Vereinfachung (glatte Akanthus- oder Ölbaumblätter) oder, im Gegenteil, eine Anreicherung (menschliche oder tierische Gestalten anstelle der Eckvoluten).

Darüber hinaus haben die Römer zwei neue Ordnungen gekannt: Die toskanische Ordnung, die sie von den Etruskern* übernahmen, ist eine vereinfachte dorische, sowie die gemischte, bei der sie jonische Kapitelle mit Akanthusblättern verzierten. Der Titusbogen war das erste Bauwerk, bei dem man diese gemischte Ordnung anwandte.

Salier

Priester*, die zu einer Bruderschaft (*sodalitas*) zusammengeschlossen waren und den Kult* des Mars betrieben. Die *Salii* waren in zwei Gruppen aufgeteilt, deren eine den Gott auf dem Palatin, deren andere ihn auf dem Quirinal verehrte.

Die Salier wurden durch Kooptation aus den Patriziern gewählt. An ihrer Spitze stand ein *magister*. Ihre Aufgaben bestanden darin, die Heiligen Schilde* (*ancilia*) zu bewachen sowie die Jahreszeit der Kriegsführung, die Monate von März bis Oktober, feierlich zu eröffnen und zu beschließen. Die Feste* im Monat März umfaßten das Inbewegungsetzen der *ancilia*, Pferderennen (die *Equirria*), die Reinigung* der Waffen* (*armilustrium*) und Kriegstrompeten (*tubilustrium*) sowie ein vom *rex sacrorum** vollzogenes Opfer*. Im Oktober fanden zum Abschluß der Kriegsführungszeit weniger prächtige Zeremonien statt: Reinigung der Waffen, Pferderennen und die Opferung des *Equus October**, an dem die Salier aber nicht teilnahmen.

Bei den verschiedensten Feierlichkeiten zogen die *Salii* die *ancilia* tragend durch die Stadt, sangen ein äußerst schwieriges Lied, von dem sich Fragmente erhalten haben (*carmen saliare*), und tanzten den *tripudium*, einen Kriegstanz mit würdevollem Rhythmus; der Name Salier (*Salii*) ist denn auch abgeleitet von 'tanzen' (*saltare*). Sie trugen eine besondere Tracht: eine kurze Tunika*, eine Rüstung* und eine kegelförmige Mütze.

Sallust

Der aus einer plebejischen Familie aus dem Sabinerland stammende C. Sallustius Crispus (85–35 v. Chr.) begann eine politische Laufbahn, absolvierte eine Quästur und ein Tribunat, wurde aber 50 v. Chr. unter dem Vorwand der sittlichen Verderbtheit aus dem Senat* ausgeschlossen. Als Schützling Caesars* erhielt er die Statthalterschaft über Africa Nova, dem späteren Numidien, und machte dort sein Glück. Nach der Ermordung Caesars (44) verließ er die politische Bühne vollständig und widmete sich der Geschichtsschreibung, wozu er sich in seine Gärten* auf dem Pincio im Norden Roms zurückzog. Er verfaßte zwei Monographien, den *Krieg gegen Jugurtha* und *Die Verschwörung des Catilina**, in denen er die Rolle, die großen Menschen in der Geschichte zufallen kann, herausarbeitet und moralische Gründe für den Niedergang der Republik* beschwört. Des weiteren verfaßte er fünf Bücher *Historien*, von denen sich aber nur Bruchstücke erhalten haben.

Sein Stil ist recht eigenwillig, da er Altertümliches mit Modernem, griechische und römische Züge miteinander vermischte, und dies sowohl in der Syntax als auch im Wortschatz. Sein Einfluß auf die römische Literatur war groß, und schon bald las man ihn als 'klassischen' Autor.

Sarkophag
Ein rechteckiger, steinerner Behälter, der durch eine Platte verschlossen wird. Die einfachsten Sarkophage (*sarcophagus*) bestehen aus einer Lage Ziegel, auf die man den Leichnam legte, sowie aus einem darüber ausgeführten Ziegelgewölbe. Im 1. Jh. n. Chr. sind Sarkophage noch recht selten, werden dann aber in dem Maße häufiger, wie auch die Ganzkörperbestattungen die Einäscherungen verdrängen. Man kann in der Form der Sarkophage eine Entwicklung feststellen. Zu Beginn des 2. Jhs. sind sie niedrig und länglich; sehr hoch im 3. Jh. und ermöglichen die Anordnung mehrerer Dekorreihen übereinander oder die Abbildung großformatiger Figuren.

Die Sarkophagreliefs sind keineswegs einheitlich, sondern geben künstlerische Modeerscheinungen ebenso wieder wie religiöse oder philosophische Einstellungen von einzelnen und Gruppen, so z. B. durch Abbildung von Szenen aus Bildung und Wissenschaft*, durch dionysische, christliche und mythologische Darstellungen oder auch Alltagsszenerien. Das Porträt des Verstorbenen befindet sich oft in einem Zentralmedaillon. Die Sarkophage wurden meist dann prächtig geschmückt, wenn sie nicht eingegraben, sondern in einem Mausoleum* aufgestellt werden sollten.

Schauspieler
Die ersten Schauspieler (*histriones*), die im Jahre 364 v. Chr. nach Rom kamen, waren Etrusker*: Sänger und Tänzer, bekleidet mit rituellen Gewändern. Die ersten Schauspielergruppen haben sich erst 240, dem Jahr der Aufführung des ersten Stückes des Livius Andronicus*, gebildet. Diese standen unter der Leitung eines *dominus gregis* und umfaßten Schauspieler, Musiker, Statisten und Handwerker. Frauen konnten höchstens bei pantomimischen Spielen mitwirken. Das Kostüm war bei der Aufführung griechischer Themen griechisch (*pallium, palliatae*), römisch bei römischen Themen (*togata* bei Komödien, *praetexta* bei Tragödien). Der Kothurn war das Schuhwerk* der tragischen Darsteller, der *soccus* das der komödialen. An den verschiedenfarbigen Perücken – weiß für Alte, rot für Sklaven, schwarz für junge Männer – konnte man die einzelnen Rollen unterscheiden. Masken* wurden erst zur Zeit Ciceros* eingeführt. Der Schauspielerberuf war lange Zeit verrufen und den Bürgern* verboten, doch ab dem 1. Jh. v. Chr. war man nicht mehr so streng.

Scheidung
Ist die Scheidung (*divortium*) in republikanischer Zeit eher selten, so nimmt ihre Zahl gegen Ende der Republik*, vor allem aber zur Kaiserzeit drastisch zu. Die Ehe ging ohne Formalitäten, durch bloße Erklärung des gegenseitigen Einverständnisses, in die Trennung (*repudium*). Die hierbei angewandte Formel lautete: *tuas res tibi habeto* (Du sollst Deine Sachen behalten). Doch konnte die Initiative, zumindest bis zum Ende der Republik, nicht von der Ehefrau ausgehen, wenn diese *sine manu* verheiratet worden war.

Nur der Eheschluß der *confarreatio*

besaß eine Umkehrzeremonie für den Ehebund, die *diffarreatio*. Es scheint, daß ursprünglich die Ehe durch *confarreatio* unlösbar war und die *diffarreatio* bloß auf Extremfälle beschränkt war.

In der späteren Kaiserzeit bekämpften die christlichen Kaiser* die Scheidung.

Schichten

Das römische Recht unterscheidet vier Kategorien von Menschen: Freie, Sklaven*, Freigelassene* und Fremde*. Jede dieser Kategorien hatte Rechte* und Pflichten, die im Verhältnis zu den römischen Bürgerrechten* definiert sind.

Bereits innerhalb der Freien gibt es verschiedene Schichten, je nach sozialer Herkunft oder Vermögen. Daher müßte man eher von 'Ständen' als von sozialen Schichten sprechen, da der Begriff Stand (*ordo*) eine nähere Bestimmung und offizielle Anerkennung enthält, die wirklich bestand.

Die erste Unterscheidung, die in der römischen Geschichte begegnet, ist die von Patriziat und Plebs*. Die Herkunft der Plebs ist äußerst vielfältig: Wahrscheinlich waren die Plebejer, zumindest eine Zeitlang, Bürger, die nicht an den städtischen Kulten* teilnahmen und denen bestimmte Rechtsgeschäfte untersagt waren, doch zu einem nicht näher bestimmbaren Zeitpunkt erhielten auch die Plebejer das Recht, *gentes** nach dem Vorbild der Patrizier zu bilden. Auch der Ursprung des Patriziates ist nicht genau bekannt, doch zweifellos stammen die Patrizier von den *patres* der Königszeit ab, d. h. von denen, die den Senat* bildeten oder überhaupt Familienoberhäupter waren.

Servius Tullius (578–534 v. Chr.) schreibt man die Gliederung der Bürgerschaft in Zenturien* zu, durch die die Bürger nach ihrem Vermögen aufgeteilt wurden und durch die nun auch den Plebejern das Militär* offenstand. Wenn nun aber tatsächlich bereits die etruskischen Könige* den Plebs in die Stadt gelassen haben sollten, so ist es wahrscheinlich, daß sich die Organisationsform gemäß dem *census** schrittweise in den folgenden Jahrhunderten entwickelt hat. Des weiteren wird dem Servius Tullius auch die Gründung der Tributarkomitien* zugeschrieben. Im 4. Jh. erreichte der Plebs die Gleichstellung mit dem Patriziat, womit gleichermaßen Aufstieg des ersteren und Niedergang des letzteren miteinander verbunden waren. Derart begann sich eine neue patrizisch-plebejische Adelsschicht heranzubilden, die *nobilitas*, in die alle Familien einbegriffen waren, deren Mitglieder ein Kurulenamt innehatten. Dieser Adel war erblich, kannte aber durchaus Abstufungen, je nach der Würde der Familien oder den innegehabten Ämtern. Die Elite stellte der *ordo senatorius*, der Senatorenstand. Der *nobilitas* steht nun der *plebs* gegenüber, wobei nunmehr dieser Begriff für 'kleine Leute' stand und Händler, kleine Landeigentümer oder Handwerker meinte. Unterhalb der *nobilitas* gab es noch den Ritterstand*, der aus reichen Grundeigentümern, Geschäftsleuten, Bankiers* und Großpächtern bestand. Zwischen *nobilitas* und Rittern gab es gelegentlich Schwierigkeiten, doch im Hinblick auf die 'kleinen Leute' bildeten sie die Aristokratie. Gerade dieser Gegensatz zwischen dem Proletariat und einer doppelten Aristokratie führte zur Bildung zweier politischer Gruppierungen: *populares** und *optimates**.

In der Kaiserzeit legte der senatorische Adel großen Wert auf seine Würde: Es war eine 'ehrenwerte Gesellschaft'. Um dazuzugehören, mußte man einen *census** von 1 Mio. Sesterzen aufweisen und vom Kaiser* dazu ausgesucht werden. Nur die Mitglieder des Senatorenstandes waren zum Senat zugelassen und zu den Magistraturen wählbar, wobei das Amt erblich war. Doch waren die Magistrate* nichts mehr als Adlaten des Kaisers. Der Ritterstand aber bekleidete die wesentlichen Verwaltungspositionen. Es fehlte ihm aber an Geschlossenheit, da sein *census* recht bescheiden war. Zusammen bildeten der Senatorenstand und die Ritter die *honestiores** im Gegensatz zu den *humiliores,* der Bürgerschicht in den Provinzen*.

In der späten Kaiserzeit spitzte sich der Gegensatz zwischen *honestiores* und *humiliores* zu: Auf der einen Seite standen die Mächtigen (*potentes*), so Senatoren, Ritter und Amtsträger, auf der anderen die unteren Schichten, die *decuriones* sowie der städtische und ländliche Plebs. Und mit den Siedlern (*coloni*) begegnet eine neue Rechtskategorie: Der Siedler ist jemand, der Land bebaut und dem Landeigentümer gegenüber vertraglich verbunden ist; er ist frei, aber gehalten, sein Land nicht zu verlassen. In gewissem Sinne ist er ein Vorfahr des Leibeigenen.

Schicksal

Die lateinischen Ausdrücke für diesen Begriff sind reich an religiösen und philosophischen Hintergründen: *fatum* und *fortuna.* Ersteres ist ein substantiviertes Partizip des Verbs *fari* (sagen, sprechen), und *fatum* bedeutet dann: 'Das, was gesagt ist'. Es handelt sich also um das für den Menschen unvermeidliche Schicksal und entspricht somit dem griechischen *moîra,* das allerdings seinem Wesen nach eher tragisch ist und in den Erinnyen seine personelle Ausformung hat. Im Gegensatz dazu ist die römische Vorstellung vom *fatum* durch die Stoa* beeinflußt, für die das Schicksal eine göttliche, kosmische Macht darstellt, die der allgemeinen Weltordnung entspricht und mit der Vorsehung zusammenfällt.

Fortuna entspricht dem griechischen *týche,* dem guten oder schlechten Zufall, der sich unvorhersehbar, zusammenhanglos und irrational ereignet. Diese Schicksalsvorstellung ist recht nah dem Gefühl der Epikureer*. Selbstverständlich ist diese Unterscheidung weit davon entfernt, bei den Schriftstellern peinlich getrennt worden zu sein. So entsteht eine gewisse Verwirrung zwischen *di* (Götter*), *fatum* und *fortuna,* sobald man auf ein Erklärungsmodell für die Ereignisse in der Welt oder das Verhalten der Menschen zu sprechen kommt. *Fortuna* vermag aber auch das Schicksal eines jeden einzelnen als Einzelfall im Weltganzen zu bezeichnen.

Wenn man auch das *fatum* in einer weiblichen Göttin *Fata* zu den Göttern erhoben hatte, so war dennoch *Fortuna* die eigentliche Schicksalsgöttin. Sie besaß zahlreiche Tempel* und wurde als *Fortuna virilis* (mannhafte Fortuna), *Fortuna muliebris* (weibliche Fortuna) oder als *Fortuna populi Romani* (Fortuna des römischen Volkes) verehrt. In der Kaiserzeit wurde ihr Kult* an den des Kaisers* als *Fortuna Augusta* angebunden.

Schiffe

Im Seewesen* der Römer gab es drei wichtige Schiffsklassen:

Die Kriegsschiffe (*naves longae*) von etwa 50 Metern Länge, die durch Ruder und unter Mithilfe der Segel bewegt wurden. Nach der Anzahl der Ruderreihen heißen sie Zwei-, Drei-, Vier, oder Fünfruderer. Die Handels- und Lastschiffe (*navae onerariae*) waren breiter und schwerer und wurden im wesentlichen gesegelt. Sie konnten nicht tiberaufwärts bis Rom fahren. Die übrigen Schiffe nannte man *naves actuariae*.

Jedes Schiff schleppte hinter sich mindestens ein Boot (*navigium*), um an Land Passagiere aufzunehmen, um im Falle eines Schiffbruchs als Rettungsboot zu dienen sowie um verschiedene Be- und Entlademanöver durchzuführen.

Schild

Zwei Schildtypen waren bei den Römern in Gebrauch, zum einen der *clipeus*, ein Rundschild aus Bronze, teuer und schwergewichtig, zum anderen der *scutum*, ein ovaler oder rechteckiger Schild aus Weidenruten oder Holz. Der letztere Typ setzte sich mit Beginn des 5. Jhs. v. Chr. überall durch, dennoch benutzte die Reiterei* einen leichteren und kleineren Rundschild als den *clipeus*, die *parma*, die in späterer Zeit zur Paradebewaffnung der Ritterschaft* gehörte.

Im 1. Jh. v. Chr. verwandte die Infanterie einen rechteckigen und gebogenen *scutum*, der zweifellos von der Ausrüstung der Gladiatoren* übernommen worden war, während die Reiterei einen glatten und ovalen *scutum* von recht kleinen Ausmaßen benutzte. Zur Kaiserzeit benutzte man weiterhin den *scutum*, doch gab es ihn mittlerweile in unterschiedlichen Formen (rechteckig, gebogen, glatt, sechseckig). Wie aber auch immer ihre Form aussah, alle Schilde hatten im Mittelteil eine Wölbung (*umbo*) und waren mit pflanzlichen, tierischen oder geometrischen Ornamenten verziert, die nicht bloß als Wiedererkennungszeichen dienten, sondern gleichermaßen magische Bedeutung hatten und den Schutz der Götter* sichern sollten.

Schmuck

Die Römerinnen liebten es, sich vielfältig und reich zu schmücken: Broschen (*fibulae*), Halsbänder (*monilia*), Anhänger (*pectoralia*), Armreifen (*armillae*), Ringe (*anuli*), Ohrringe (*inaures*), Fußkettchen (*periscelides*) aus Bronze, häufiger aus Gold, zuweilen mit eingefaßten Edelsteinen. Aus unterschiedlichsten Gründen besaß dieser Schmuck mehr durch sein Gewicht als durch seine handwerkliche Ausführung an Wert. Die *lex Oppia* (215 v. Chr.), ursprünglich erlassen, um den Luxus zurückzudrängen, wurde mit der Zeit unpopulär und geriet in Vergessenheit. Die Juweliere waren oftmals etruskischer Herkunft.

Die Männer waren zumeist viel zurückhaltender und trugen, wenn überhaupt, nur einen Ring, der meist als Siegelring diente. Als Ehrenzeichen trugen die Senatoren* und Ritter* einen Goldring (*anulus aureus*); doch in der Kaiserzeit wurde er zu einem allgemeinen Schmuckstück.

Schreibgerät

Um auf Papyrus und Pergament zu schreiben, kannten die Römer einen Federhalter mit einer bronzenen Feder, doch war deren Gebrauch äußerst selten. Normalerweise benutzte man ein Schilfrohr (*calamus*) oder eine Gänsefeder (*penna*), die man zuschnitt und zweiseitig zuspitzte.

Um auf die Wachstäfelchen zu schreiben, griff man auf eine Nadel (*stilus, graphium*) aus Metall, Knochen oder Elfenbein zurück, bei der ein zugespitztes Ende zum Schreiben, das andere, flache Ende zum Auslöschen der Schrift und zum Reinigen der Oberfläche diente. Daher stammt der Ausdruck *vertere stilum*, der soviel bedeutet wie 'korrigieren'.

Man beförderte diese Gerätschaften ganz bequem in einem Etui oder einem Federkasten (*theca*).

Schrift

Die ersten römischen Buchstaben, die wir auf den ältesten Inschriften* lesen können, nennt man *quadratae* (quadratisch), wobei es sich um eine noch unbeholfene Kapitalis handelt. Um die Mitte des 2. Jhs. v. Chr. findet man die ersten Serifen, also die kleinen senkrechten Striche, die die einzelnen Züge begrenzen. Doch wissen wir praktisch nichts von der römischen Gebrauchsschrift bis zum Anbruch unseres Jahrtausends.

Zu Beginn des 1. Jhs. benutzten die Römer die *capitalis rustica* für Bücher und Inschriften. Im Verlaufe des 3. Jh. n. Chr. taucht eine neue Schrift auf; eine primitive Art der Minuskel, von der es zwei bedeutende Unterarten gibt: die Unziale und die Semiunziale. Doch in der späteren Kaiserzeit blieb die *capitalis rustica* die Schrift, in der die bedeutendsten Texte und Dichtungen abgeschrieben wurden. Unziale und Semiunziale waren die gebräuchlichen Schriftarten für christliche und technische Bücher* sowie solche in Prosa. Parallel dazu entwickelte man für Urkunden eine Kursivschrift, die sich ebenfalls aus der primitiven Minuskel ableitete.

In den Büchern des 1.–3. Jhs. n. Chr. sind die Worte voneinander durch Punkte abgesetzt; dann breitete sich der Gebrauch der *scriptio continua* aus, bei der die Worte nicht mehr voneinander getrennt werden. Dies wurden sie erst wieder in gotischer Zeit.

Es war nicht sehr leicht, einen Text sogleich zu lesen, den man noch nicht kannte. So ging jeder Lektüre eine Vorlektüre (*praelectio*) voraus, die darin bestand, die Worte voneinander zu trennen und im Text Zeichen für Interpunktion, Pausen und Längenmaße anzubringen.

Schuhwerk

Männer wie Frauen trugen dieselben Schuhmodelle; die Schuhe der Frauen waren lediglich raffinierter und eleganter. Der meistgetragene Schuh war der *calceus*, ein dicksohliger Halbstiefel, der durch Schnallen geschlossen wurde. Davon gab es zwei Arten: Der eine aus rotem Leder (*calceus mulleus, patricius*), der mit einer sichelförmigen Platte (*lunula*) geschmückt war und von den Kurulen getragen wurde; der andere war aus schwarzem Leder und schmucklos. Den Sklaven* kam es nicht zu, den *calceus* zu tragen.

Abends trug man aus einer einfachen Sohle bestehende und mit einem Riemen zu befestigende Sandalen (*solea*). War man eingeladen, so schickte es sich, daß ein Sklave die Sandalen trug, die man anzog, wenn man bei seinem Gastgeber angelangt war. Des weiteren gab es noch Schuhwerk für spezielle Zwecke: Pantoffeln (*socci*), Stiefel (*perones*) und Holzschuhe (*sculponae*) fürs Feld, *caligae* als Militärschuhe, Kothurne (*cothurni*) mit sehr hoher Sohle für die Tragödienschauspieler sowie die *crepidae*, griechische Sandalen für die Komödienschauspieler, die aber ebenso auch *socci* trugen.

Schwert

Gegen Ende des 3. Jhs. v. Chr. trennte sich das römische Militär* vom Kurzschwert, das nur wenig länger als der Dolch* war, und verwendete das längere iberische Schwert, dessen zweischneidige Klinge bis zu 50 cm lang war, eine Spitze besaß und rechts getragen wurde.

Schwur ▶ Eid

Scipio Aemilianus

P. Cornelius Scipio Aemilianus (184–129 v. Chr.) war der Sohn des Aemilius Paullus*, der von einem der Söhne des Scipio Africanus* adoptiert worden war, und kämpfte mit seinem Vater 168 bei Pydna*. Im Jahre 151 war er in Spanien und wurde dann mit einer Gesandtschaft zu Massinissa beauftragt. 148 war er Ädil* und erhielt im folgenden Jahr das Konsulat, was gleich in doppelter Hinsicht gesetzwidrig war, da er weder das notwendige Alter besaß, noch den *cursus honorum** absolviert hatte. Er erhielt den Oberbefehl im Krieg gegen Karthago*, das er einnahm und 146 zerstörte. Dieser Sieg brachte ihm die Ehre eines Triumphzuges ein. Im Jahre 142 war er Zensor*, 134 erneut Konsul* und unterdrückte 133 die Aufstände in Numantia. Seine Erfolge in Spanien und in Afrika trugen ihm den doppelten Beinamen *Africanus Numantianus* ein.

Als großer Freund und Förderer der Literatur organisierte er um seine Person einen Literaturzirkel*, den sogenannten Scipionenkreis, der vom Hellenismus und der Philosophie* der Stoa* beeinflußt war. In politischer Hinsicht widersetzte er sich den Reformen, die sein Adoptivvetter und Schwager Tib. Gracchus* verfolgte.

Scipio Africanus

P. Cornelius Scipio Africanus (235–183 v. Chr.) war eine der bedeutendsten Persönlichkeiten der römischen Republik*, stammte aus einer höchst angesehenen Familie*, die von 259 bis 146 v. Chr. fünfzehn Mal das Konsulat bekleidete und einen solchen Einfluß besaß, daß moderne Historiker diese Epoche gerne als 'das Jahrhundert der Scipionen' bezeichnen.

Im Jahre 213 war Scipio Africanus kurulischer Ädil* und wurde zwei Jahre später damit beauftragt, in Spanien gegen die Karthager zu kämpfen. 209 eroberte er Cartagena fast im Handstreich, was ihm gewaltiges Ansehen eintrug. Dennoch konnte er nicht verhindern, daß im Jahre 208 Hasdrubal die Pyrenäen überschritt, um sich mit seinem Bruder Hannibal* zu vereinen. 207 gelangen ihm mehrere Siege in Spanien, die zur Vertreibung der Karthager führten. Im Jahre 205 wollte er als Konsul* den Krieg in Afrika führen, während sich Hannibal in Süditalien aufhielt, fand aber keine Unterstützung dafür beim Senat*. Mit dem Druck des Volkes erhielt er dann doch die Genehmigung, seinen Plan auszuführen, allerdings ohne daß man ihm die Mittel zur Durchführung bereitstellte. Mit einer Armee, die zum Teil aus Freiwilligen bestand, landete er im Frühling des Jahres 204 bei Utica. 202 schlug er Hannibal bei Zama* und beendete damit den Zweiten Punischen Krieg*. Er erhielt als Auszeichnung einen Triumphzug und den Beinamen *Africanus*. Dennoch hatte er im Senat seine Gegner, und man betraute ihn nicht mit dem Befehl im Krieg gegen Antiochus. Er konnte daran nur als Offizier unter seinem Bruder L. Cornelius Scipio Asiaticus, dem Konsul* des Jahres 190, teilnehmen. Beiden gelang 189 bei Magnesia in Lydien der Sieg. Dennoch, vielleicht auf Anstiftung Catos* hin, wurden die beiden Brüder angeklagt, einen Teil der Beute aus dem syrischen Krieg zurückbehalten zu haben. Die Anklage blieb zwar ohne Konsequenzen, doch Scipio zog sich aus der Politik zurück und lebte in Liternum an der Küste Campaniens. Als Mann der Tat hielt man ihn zu seiner Zeit für den geistigen Erben Alexanders des Großen und einen Günstling des Jupiter Capitolinus.

Seewesen

Bevor die Römer eine Kriegsflotte besaßen, hatten sie bereits eine Handelsflotte. Bis in das 4. Jh. v. Chr. herrschte in bezug auf den Seehandel Freizügigkeit, und der Staat griff nur in Notfällen ein. Dennoch war es, zumindest in der Theorie, den Senatoren* nicht gestattet, Handelsschiffe zu besitzen oder sich derartigen Aktivitäten zu widmen. Im Umfeld des Seehandels unterscheidet man zwischen dem seefahrenden Personal wie den Besatzungen, die von einem *gubernator* bzw. einem *magister navis* und seinen Untergebenen befehligt werden, und dem Personal, das an Land bleibt wie Unternehmer, Eigentümer oder Ausrüster.

Die wichtigsten Handelswege und ihre durchschnittliche Reisedauer sind bekannt: Von Pozzuoli nach Alexandria dauerte es neun Tage, von Narbonne ebendorthin 20, von Ostia nach Narbonne drei Tage, von Alexandria nach Marseille 30, von Cadiz nach Ostia sieben Tage. Doch konnten die Reisezeiten auch kürzer oder länger sein, da die Zeit der Überfahrt nicht zuletzt vom Schiffstyp und von den Windverhältnissen abhing. Im Mittelmeer wurde traditionellerweise die Seefahrt von Mitte November bis Mitte März ausgesetzt (*mare clausum*).

Wenn die Römer auch scheinbar um die Mitte des 4. Jhs. v. Chr. (338 Sieg des Maenius über die Latiner* bei Antium) Kriegsschiffe erbauten, so haben sie doch erst während des Ersten Punischen Krieges* eine richtige Kriegsflotte gebaut, die es mit den Karthagern*, die hervorragende Seefahrer waren, aufnehmen konnte. Der erste Triumph*, der wegen eines Seesieges (*triumphus navalis*) abgehalten wurde, galt Duilius im Jahre 260 für die Schlacht von Mylae im Norden Siziliens. Im Verlaufe des 1. Jhs. v. Chr. spielte die Kriegsflotte eine bedeutsame Rolle sowohl im Kampf gegen die Piraterie als auch in den Bürgerkriegen*. Doch erst Augustus* begründete eine Flotte, die ständig einsatzbereit war, und unterteilte sie in mehrere Geschwader: die *classis Misenenis* lag bei Misenum, die *classis Pontica* im

Schwarzen Meer, die *classis Britannica* in der Bretagne usw.; hinzu kamen noch die Flußflotillen in Pannonien (Donau) und Germanien (Rhein). Die Flottenkommandanten trugen den Titel eines Präfekten*. Der Dienst bei der Marine war nur wenig beliebt; römische Bürger* suchten ihn zu meiden.

Senat

Königszeit. Der Senat entsprach dem Kronrat, setzte sich aus den Oberhäuptern (*patres*) der Familien* zusammen und beriet den König* in wichtigen Angelegenheiten. Beim Tode des Königs übernahmen sie das Interregnum*, wobei sich die *patres* reihum als Interrex abwechselten, und benannten denjenigen, der seine Kandidatur vor die Kuriatsversammlung bringen sollte.

Republik*. Die Zahl der Senatoren wurde von anfangs 300 auf 900 zur Zeit Caesars* stetig vergrößert. Sehr wahrscheinlich erhielten die Plebejer um die Mitte des 4. Jhs. v. Chr. Zugang zu diesem Gremium, doch ihre Anrede unterschied sich von der der Patrizier. Während man diese weiterhin als *patres* anredete, waren die plebejischen Senatoren die *conscripti* (Hinzugeschriebene), weshalb man auch die Senatoren mit *patres conscripti* anredete. Wenn sich auch die Unterschiede zwischen beiden Gruppen nach und nach verwischten, behielten die *patres* dennoch einige Privilegien wie etwa den Interrex oder die für die Gesetze* wichtige *auctoritas patrum.* Die Wahl der Senatoren oblag zuerst den Konsuln*, ab dem Ende des 4. Jhs. dann den Zensoren*, die sie aus ehemaligen Magistraten* sowie unter herausragenden Privatleuten auswählen mußten. Das notwendige Alter betrug 46 Jahre, wurde aber durch Sulla* auf 30 herabgesetzt. Der Rang der Senatoren untereinander richtete sich nach der zuvor ausgeübten Magistratur und ihrem Alter; ihr Vorsitzender, der sich als erster in die Senatsliste eintrug, hieß *princeps senatus.* Den Senatoren stand das Recht zu, eine Tunika* mit breitem Purpurband und Schuhe* mit einer Sichel als Schmuck zu tragen. Sie genossen eine Reihe Privilegien, unterlagen aber auch bestimmten Verboten; so war es ihnen etwa untersagt, Handel* zu treiben, Steuern* zu verpachten oder als *publicani** tätig zu sein.

Vorsitzender des Senates war der Magistrat (Konsul, Prätor*, Tribun*), der ihn einberief. Die Senatoren berieten seinen Vorschlag und faßten darüber einen Senatsbeschluß*, der praktisch Gesetzeskraft besaß. Die Versammlungen des Senats fanden innerhalb eines *templum**, meist in der Kurie*, statt, wobei die Tore offenstanden.

In der Theorie besaß der Senat keinerlei Zuständigkeitsbereich, da die Exekutivgewalt bei den Magistraten lag, die Legislative bei den Komitien* und die Jurisdiktion zwischen Magistraten und Komitien geteilt war. Tatsächlich aber übte er großen Einfluß aus, der durch seine Konstanz und seine Zusammensetzung aus einem senatorischen Adel* erwuchs. Der Senat wirkte als Hüter der Tradition. Sein Ansehen war in Rom wie im Ausland sehr groß.

Seine Autorität zeigt sich in einer Reihe von Punkten: Wahrung des traditionellen Kultes*, Hüter von Sitte und Ordnung, Beteiligung an den dauerhaften Gerichten*, Finanzverwaltung, insbesondere Abstimmung* über Kriegsanleihen und Provinzialverwaltung, Außenpolitik, insbesondere Friedensverhandlungen und -schlüsse, militärische Angelegenheiten, Gesetzgebung durch Senatsbeschlüsse, Ratifizierung der durch die Komitien beschlossenen Gesetze, Rechtsprechung über die Magistrate bei Beendigung ihrer Amtszeit und schließlich Befugnisse in Notsituationen, wozu etwa die Erweiterung der Machtbefugnisse bestimmter Magistrate, aber auch deren Absetzung, die Aussetzung von Gesetzen, die Erklärung gefährlicher Bürger* zu Gesetzlosen oder Staatsfeinden zählen. All diese Kompetenzen waren durch die Würde des Senates (*maiestas senatus*) garantiert.

Kaiserzeit. Die Autorität des Senates schwand trotz der gelegentlichen Phasen seiner Macht beständig. Die Zahl der Senatoren wurde auf 600 zurückgesetzt. Sie wurden vom Kaiser* aus altgedienten Magistraten bestimmt, doch konnte er darüber hinaus auch Privatleute, die den senatorischen *census** aufbrachten, der bei 1 Mio. Sesterzen lag und den es zur Zeit der Republik nicht gegeben hatte, dazu benennen. Eine wichtige Neuerung, nämlich daß sich der Senat auch für Leute aus den Provinzen* öffnete, kennzeichnete dieses Verfahren; so stammten von den 231 Senatoren zur Zeit Trajans*, deren Herkunft man kennt, immerhin 104 aus den Provinzen.

Zu den neuen Zuständigkeiten, die der Senat als Ersatz für die verlorenen erhielt, waren vor allem richterliche: Er arbeitete als Berufungsinstanz in Zivilsachen und als Strafgericht in bestimmten Fällen. Des weiteren konnte er im Privatrecht Gesetze erlassen. Doch im 3. Jh. nahm die Bedeutung des Senates endgültig ab, denn seit Diokletian* war Rom nicht mehr Hauptstadt des Reiches, und der Senat wurde zum Stadtrat von Rom degradiert.

Zu Beginn der Kaiserzeit war der Senat auch die Zufluchtsstätte der republikanischen und stoischen Opposition.

Senatsbeschluß

Eine Anweisung, die der Senat* einem Magistraten*, der ihm ein Problem vorgelegt hatte, diesbezüglich erteilt.

Nach der Abstimmung* über diese Anweisung mußte dieselbe im *aerarium Saturni** niedergelegt und in den offiziellen Nachrichten* verbreitet werden. Wenn auch in der Theorie ein Senatsbeschluß (*senatus consultum*), der gelegentlich auch *decretum* oder *sententia* hieß, für die Magistrate nicht bindend war, so kam ihm doch praktisch Gesetzeskraft zu.

Wenn im Augenblick der Abstimmung ein Magistrat seinen Widerspruch* einlegte, blieb der Senatsbeschluß nur vorläufig als Willensabsicht des Senates (*senatus auctoritas*) bestehen und mußte einer neuerlichen Abstimmung unterzogen werden. Weder den Senatsbeschluß noch die *senatus auctoritas* aber darf man mit der *patrum auctoritas* verwechseln, der Billigung durch die patrizischen Senatoren, die anfangs die Ratifizierung eines Gesetzes* oder der Wahl* eines Magistraten den patrizischen Senatoren auftrug und später, ab dem 4. Jh. etwa, einer einfachen Bestätigung im Vorfeld wich.

Der *senatus consultum ultimum* ist eine Maßnahme der Staatssicherheit, durch die der Senat Magistraten außerordentliche Befugnisse verleihen konnte.

Die Möglichkeit zu einer solchen Beschlußfassung, die verhindern sollte, auf die Benennung eines Diktators* zurückzugreifen, scheint erst gegen Ende des 2. Jhs. v.Chr. bestanden zu haben.

Seneca

L. Annaeus Seneca (4–65 n.Chr.) stammte aus Córdoba und war der Sohn eines berühmten Redners*, der eine Sammlung wichtiger Redeübungen, wie sie zu seiner Zeit im Unterricht* praktiziert wurden, hinterließ.

Seneca 'der Philosoph' war zwar in der Redekunst fähiger als jener, besuchte aber lieber die Vorlesungen der Philosophen*, allen voran die der Stoiker* Attalos und Sextius sowie die des Pythagoreers Sotion. Man findet im Werk Senecas die Synthese zweier Lebensbereiche, die er in sich aufgenommen und verarbeitet hatte. Als glänzender Rechtsanwalt* begann er eine politische Laufbahn, doch Messalina*, die erste Frau des Claudius, ließ ihn infolge undurchsichtiger Intrigen nach Korsika verbannen. Im Jahre 49 wurde er von Agrippina* zurückgerufen und mit der Erziehung des späteren Kaisers Nero*, der damals 13 Jahre alt war, betraut. Als dieser 54 n.Chr. 17jährig an die Macht kam, übte Seneca fünf Jahre lang großen Einfluß auf seinen Schüler aus, stand am Zentrum der Macht und konnte seine Freizeit dazu verwenden, Werke zu verfassen. Doch bald wurde er für Nero zu einem lästigen Mitwisser, und er trennte sich von ihm. Als sich Seneca 65 n.Chr. in die Pisonische Verschwörung verstrickt hatte, mußte er sich die Adern öffnen.

Die Lehre der Stoa* lieferte Seneca die wichtigsten Grundsätze, doch die Umstände seines Lebens gaben ihm Anlaß zum Nachsinnen und zum Hinterfragen dessen, woran er glaubte. Die daraus gezogenen Schlüsse und Ratschläge legte er in seinem Werk nieder.

Er schrieb *Trostschriften*, ethische Abhandlungen *Über die Vorsehung*, *Über den Zorn*, *Über das glückliche Leben* oder *Über die Wohltaten*. Die *Briefe an Lucilius*, die er in seinen letzten Lebensjahren niederschrieb, sind sein Hauptwerk und enthalten nichts Dogmatisches oder Konventionelles. Nur selten hat er die Philosophie so lebensnah dargestellt wie in diesen 124 Briefen, die einen fortwährenden Dialog zwischen Lehrer und Schüler bilden. Senecas bildhafter, ausdrucksreicher, oft kräftiger und einschneidender Stil hat eine heilsame Wirkung auf die Gedanken. Neben seinem philosophischen Werk schrieb Seneca auch neun Tragödien, die einen großen Einfluß auf das Theater des 16. und 17.Jh. ausübten.

Septimontium

Gegen Ende des 8. oder zu Beginn des 7. Jhs. v.Chr. entstand aus den sieben Siedlungen Roms (Germal, Palatual, Velia, Oppius, Cispius, Fagutal und Caelius) mit dem Bund der Sieben Berge (*septimontium*) eine recht lockere religiöse und politische Einheit. Vielleicht hat man in diesem Bund gar einen Auftakt zur Einigung Roms zu sehen, doch wahrscheinlicher ist, daß diese unter den Etruskern* zustande kam. Noch zur Kaiserzeit beging man am 11. Dezember das Fest der Septimontium.

Sibyllinische Bücher ▶ **Bücher**

Sklaven, Sklaverei

Die bei der Gründung Roms recht beschränkte Anzahl Sklaven wuchs mit den Eroberungskriegen ständig; Caesar* etwa brachte 1 Mio. Sklaven mit aus Gallien*. Sklave ist man durch Geburt*, Aussetzung als Kind*, Gefangenschaft oder Verlust der Rechte*. Der Sklave besitzt keinerlei Rechtsfähigkeit. Er hat kein Vermögen, kann keine legitime Heirat vollziehen und der Zugang zu Gerichten* ist ihm verwehrt. Er ist Eigentum seines Herrn, der über ihn nach Belieben verfügt (*potestas dominica*). Gegen Ende der Republik* ändert sich diese Situation unter dem Einfluß der Stoa*, denn man ging dazu über, die *patria potestas** zu beschränken und dem Sklaven eine begrenzte Rechtsfähigkeit zuzuerkennen, so z. B. seinen Herrn unter bestimmten Umständen zu vertreten oder Ersparnisse zurückzulegen. Diese humanitäre Tendenz verstärkte sich noch in der Kaiserzeit. Der Status als Sklave wurde weitervererbt und war nur durch Freilassung* auflösbar. Es gab einen regelrechten Sklavenhandel, sowohl in den Feldlagern als auch in den Städten. Es fanden Versteigerungen statt, für die es besondere Steuern* gab.

Die Lebenssituation der Sklaven war unterschiedlich und hing insbesondere vom Charakter ihres Herren ab. Die, die in kleineren Häusern beschäftigt waren, hatten ein relativ akzeptables Leben, denn sie standen ihrem Herrn und seiner Familie* näher. Besaßen die ärmeren Römer nur einige Sklaven, hatten die reicheren von ihnen 500 oder 1000, die entweder auf dem Land unter der Leitung eines der ihren (*vilicus*) beschäftigt waren, in der Stadt Hausdienste verrichteten, wobei es unterschiedliche Tätigkeiten gab (Arzt*, Friseur, Koch, Masseur, Pförtner, Sänften- oder Lampenträger), oder als Handwerker in den Werkstätten des Herrn arbeiteten.

Die bedeutenderen Häuser* besaßen stets auch einige belesene Sklaven, denen man die Erziehung* der Kinder anvertraute (▶ Pädagogen) oder die Führung des Sekretariates. Die Kinder der Sklaven wurden in hausinternen Schulen ausgebildet, und zwar für die Bedürfnisse ihres späteren Einsatzes. Neben den Sklaven in Privatbesitz (*servi privati*) gab es noch die Staatssklaven (*servi publici*), die sich um den Erhalt des öffentlichen Straßennetzes kümmerten oder für untergeordnete Funktionen in der öffentlichen Verwaltung eingesetzt wurden. Ihre Lebenssituation war im allgemeinen besser als die der Privatsklaven, auch weil sie eine Besoldung erhielten.

Beim Militär* gab es keine Sklaven. In der Republik schreckten die Sklavenaufstände die Römer durch die Ausmaße, die sie annahmen, und durch die Solidarität, die das Proletariat mit den Sklaven an den Tag legte (▶ Spartakus). In der Kaiserzeit wurden erst dank philosophischer Strömungen, dann durch den Einfluß des Christentums*, die Freilassungen so zahlreich, daß sie vom Gesetz* her stark eingeschränkt wurden.

Soldat ▶ Militär

Spartakus

Der aus Thrakien stammende Sklave* Spartakus stachelte seine Kollegen in der Gladiatorenschule von Capua im Jahre 73 v. Chr. zu einem Aufstand an.

Er scheint den um sich scharenden Truppen, die vor allem aus Kelten und Germanen bestanden, die Freiheit und die Rückkehr in ihre jeweilige Heimat versprochen zu haben. Doch ohne daß dafür ein Grund ersichtlich war, kehrte er von der Gallia* Cisalpina ins Zentrum Italiens um. Diese Entscheidung war sein Schicksal. Rom, das von Spartakus einige Niederlagen hatte hinnehmen müssen, erschrak und übertrug Crassus* ein außerordentliches Kommando. Durch die Disziplinlosigkeit der aufständischen Truppen ging Spartakus schließlich im März 71 zugrunde: 6000 Sklaven wurden entlang der *via Appia* ans Kreuz geschlagen. Immerhin hatte es die römischen Legionen* zwei Jahre harten Kampfes gekostet, um den Sklavenaufstand niederzuschlagen. Auf ihrem Weg war es Spartakus und seinem Adjutanten Crixus, einem Gallier, gelungen, gut 90000 Mann aufzubringen. Dieser Krieg führte den Römern die Gefahr einer von der Sklaverei abhängigen Gesellschaft vor Augen, in der die Menschen weit entfernt von ihren Sitten, ihrer Religion* und ihrem Rechtssystem leben.

Speer

Die wichtigste Wurfwaffe des Legionärs, die sich von der Lanze* durch ihre weitaus längere Spitze unterscheidet. Die Herkunft des *pilum* und der Zeitpunkt seiner Aufnahme unter die Waffen* des Militärs* oder der seiner Erfindung liegen im Dunkel. Die Länge der Waffe beträgt gut zwei Meter.

Spiegel

Die Römer hatten bereits Wand- wie auch Handspiegel (*speculum*). Letztere waren gelegentlich sehr luxuriös. Der reflektierende Teil bestand aus Silber oder einer Legierung aus Blei und Kupfer, die Rückseite wie auch der Handgriff waren ziseliert und verziert.

Spiele

Es gibt keine großen Unterschiede zwischen den heutigen Spielen und denen, die schon die kleinen Römer erfreuten. Die Mädchen spielten mit Puppen (*pupa*), die Jungen mit Kreiseln (*turbo*); beide spielten mit Reifen, mit Würfeln, Schaukeln, Bällen usw. Auch hatten die Jüngsten schon kleine Fahrzeuge, die von dazu angetriebenen Mäusen gezogen wurden; die etwas Älteren stellten sich bereits auf Wagen und ließen sich von Hunden oder kleinen Ponys ziehen. Bei manchen Gruppenspielen ahmte man bekannte Personen nach und spielte Soldat*, Gladiator* oder etwa Magistrat*.

Die Erwachsenen spielten ebenso wie die Kinder mit dem Ball oder sprangen über Seile. In ihrer Freizeit widmeten sie sich gerne den verschiedenen Gesellschaftsspielen, deren Reiz noch durch Wetten und Gewinnprämien erhöht wurde, obschon von Gesetz* wegen Spielschulden untersagt waren. Glücksspiele waren nur in der Zeit der Saturnalien (im Dezember) gestattet.

Man spielte mit Würfeln (*tesserae, aleae*), Knöchelchen (*tali*), das 'Soldatenspiel' (*latrunculi*), eine Kombination aus Dame- und Schachspiel, Tricktrack (*duodecim scripta*) usw. Man hat als Darstellungen auf Mosaiken oder eingezeichnet auf den Erdboden Spielbretter (*tabulae lusoriae*) wiedergefunden, doch kennt man leider nicht die Spielregeln.

Spielveranstaltungen

Die Einrichtung öffentlicher Spiele geht schon auf die Gründung Roms zurück. Diese konnten aus Wagenrennen*, Gladiatorenkämpfen, Naumachien*, Jagden* sowie Theaterstücken* bestehen. Die öffentlichen Spiele wurden durch den Magistrat* (Prätoren*, Ädile*) ausgerichtet, doch konnten auch Privatleute Spiele veranstalten. Die durch die öffentlichen Spiele veranlaßten Aufwendungen trug der Staatsschatz, doch oftmals erwiesen sich die dazu angewiesenen Beträge als nicht ausreichend, da die Magistrate miteinander um die Prachtentfaltung wetteiferten. Zur Zeit der Republik* waren 60 Tage für Spielveranstaltungen vorgesehen; zu Beginn der Kaiserzeit etwa 100. Ihre Vielzahl sowie ihr wachsender Erfolg verliehen den Spielen, und hier vor allem denen im Zirkus* und im Amphitheater*, einen soziologischen und sportlichen Aspekt, der ihren ursprünglichen religiösen Charakter in den Hintergrund treten ließ. Denn ursprünglich wurden die ersten Spiele zu Ehren von Jupiter, Mars sowie der Göttin Robigo veranstaltet. Noch in historischer Zeit kann man den ursprünglichen religiösen Charakter erkennen, denn der Zirkus ist beispielsweise von geweihten Gebäuden umrahmt, die Theaterbauten sind oftmals Nebengebäude von Tempelanlagen und die Spiele verliefen gemäß einem strengen rituellen Zeremoniell, das bei einer Unachtsamkeit oder Nachlässigkeit verlangte, alles von vorne zu beginnen. Vor, während und nach den Spielen gab es Opferhandlungen, und die *pompa circensis** war eine religiöse Prozession. Die Sieger erhielten ihrer übermenschlichen Leistung entsprechende Ehrungen. Gleichermaßen sind die Anlässe, bei denen man Spiele veranstaltet, alle mit einem heiligen Anstrich versehen. Wohl bemerkt: Die Massen, die sich gegen Ende der Republik und, noch weitaus mehr, in der Kaiserzeit auf den Rängen des Zirkus und des Amphitheaters drängten, kannten gewiß nicht mehr das Gefühl, aktiv oder passiv an Kulthandlungen teilzunehmen. Die Religion* war nurmehr ein bloßer Vorwand, denn wenn überhaupt noch eine Verzückung die Seelen der Zuschauer ergriff, so war es der Auftritt des Kaisers*, des künftigen *divus*, der einen Gruß an das Volk richtete, sowie die Pracht und der Abwechslungsreichtum der dargebotenen Schauspiele.

Sport

Die körperliche Ertüchtigung, die in der griechischen Erziehung eine so bedeutende Rolle einnahm, setzte sich in Rom erst recht spät durch, denn den Römern erschien die Freude an sportlichem Wettkampf lange unwichtig und sinnlos. Auf dem Marsfeld widmeten sich zwar junge Leute gymnastischen Übungen, doch diente dies mehr der militärischen Ausbildung: Handhabung der Waffen*, Laufen, Reiten, Schwimmen im Tiber. Dennoch ließ Agrippa* auf dem Marsfeld Sportplätze nach Art der griechischen Gymnasien anlegen, auf denen die jungen Römer nun Sportarten nachgehen konnten, die nicht unmittelbar für den Krieg nützlich waren. In eben diesem Geist ließ viel später Domitian ebenfalls auf dem Marsfeld ein Stadion errichten. Es wurde von Severus Alexander wiederhergestellt und faßte 30000 Zuschauer. Weitere scheint es in Rom nicht gegeben zu haben.

Andererseits ließen sich Privatleute in ihren Villen* so wie Domitian in seinem Palast auf dem Palatin Stadien, Gymnasien oder Pferderennbahnen bauen, wo sie ihrer körperlichen Ertüchtigung nachgehen konnten. Zumeist geschah dies auf Anraten der Ärzte*, um die Gesundheit zu erhalten.

Doch in Wirklichkeit zog die römische Jugend den Zirkus* vor, in dem sie akrobatische Kunststücke vollführte, oder das Amphitheater*, in dem man mit dem Degen focht oder den Jagden* zuschaute. Es sind diese von den jungen Leuten bevorzugte Sportarten, die seit der Zeit des Augustus*, in eleganten, aristokratischen Vereinen (*collegia iuvenum*) betrieben wurden. Derartige Sportarten standen eher in der römischen Tradition als die körperliche Ertüchtigung.

sportula

Naturalunterstützung, welche die Schutzherren ihren Klienten* bei der morgendlichen Begrüßung* zukommen ließen. Mit der Zeit wurde diese Unterstützung häufig durch eine Geldsumme ersetzt.

Staatsausgaben

Die Staatsausgaben lassen sich grob in fünf wesentliche Bereiche gliedern:

Kult*: Bau und Unterhaltung von Tempeln*, Altären*, Kapellen; Besoldung der Vestalinnen* und Flaminen* sowie niederer Bediensteter; Kosten für Feste*, Spiele* und außergewöhnliche Feierlichkeiten.

Öffentliche Bauten: Bau und Unterhaltung sämtlicher öffentlicher Gebäude, Kanalisationen und des Straßennetzes in Rom, den Kolonien* und den *municipia**. Zur Kaiserzeit übernahm die Staatskasse nurmehr in Rom ausgeführte Arbeiten.

Militär*: Ursprünglich waren die Ausgaben für das Militär begrenzt, denn die Soldaten* waren gehalten, sich selbst auszurüsten und sich auf ihre Kosten oder auf die ihrer Tribus* während der Feldzüge zu versorgen. Doch seit dem 4. Jh. v.Chr. übernahm die Staatskasse den Unterhalt der Truppen im Felde sowie die Soldleistung. Mit der Vergrößerung der Truppenstärke und der Heranbildung eines stehenden Heeres sowie einer Marine belastete dieser Etatposten die Kasse sehr.

Versorgung Roms und öffentliche Wohlfahrt: Dank der Getreidegesetze des 2. und 1. Jhs. v.Chr. stand jedem in Rom wohnhaften Bürger* ein bestimmtes Quantum verbilligten, später sogar kostenfreien Weizens zu. Caesar* und Augustus* beschränkten die Zahl der Rechtsinhaber auf 200 000. In der Kaiserzeit führte man darüber hinaus noch die kostenlose oder verbilligte Verteilung anderer Güter ein (*congiaria*), z.B. Fleisch, Wein* oder Öl. Ebenso machten es sich die Kaiser* zur Gewohnheit, an die Truppen Belohnungen (*donativa*) zu verteilen. Hinzu kamen noch die Stiftungen zur Unterstützung bedürftiger Familien*, um die Geburtenrate zu fördern (*alimenta*).

Verwaltungsausgaben: Zur Zeit der Republik* fielen die Ausgaben für die Verwaltung Roms und seiner Provinzen* nicht sehr ins Gewicht, den die Magistrate* waren ehrenamtlich tätig und die *municipia** verwalteten sich selbst, lediglich die Statthalter* erhielten eine Aufwandsentschädigung. In der Kaiserzeit lastete die Ausdehnung der Verwaltung, die wachsende Zahl Beamter* sowie das staatliche Postwesen schwer auf dem Haushalt.

Staatseinnahmen

Die Einnahmen des Staates sprudelten aus sechs Quellen, die sich aber von Epoche zu Epoche unterschieden:

Einnahmen aus staatlichen Gütern, von denen es zweierlei Kategorien gab: Zum einen die öffentlichen Plätze wie Märkte*, Wasserleitungen* oder Brükken, von denen manche an Privatleute verpachtet wurden, und zum anderen der *ager publicus**.

Direkte, in den Provinzen* erhobene Steuern: Die gesetzlichen Grundlagen hierfür sind kompliziert und äußerst variantenreich; man kann sagen, daß gemeinhin die Kopfsteuer recht selten war und die Haupteinnahmequelle im Grundeigentum lag, das durch Natural- (*vectigal*) sowie Geldabgaben (*stipendium*) besteuert wurde; erstaunlich ist, daß bis Diokletian* nur die Provinzen Grundsteuern zahlten.

Indirekte Steuern: Das *portorium* ist eine Verkehrssteuer (Zölle, Genehmigungen, Gebühren); sie wurde im gesamten Kaiserreich erhoben.

Steuern auf Verkäufe und Übertragungen von Besitz: Diese wurden größtenteils durch Augustus* eingeführt und beliefen sich auf 1% bei öffentlichen Verkäufen, aber 20% bei Freilassungen* und Erbschaften.

Einnahmen aus Monopolen und hoheitlichen Rechten: Das älteste, im Kaiserreich aufrechterhaltene Monopol war das des Salzhandels; des weiteren gab es das Münzmonopol; hinzu kamen Einnahmen aus Geldstrafen und erbenlosen Gütern.

Außergewöhnliche Einnahmen: Hierzu zählen Tributleistungen, Kriegsbeute in Naturalien (*praeda*) oder Geldwerten (*manubiae*), Stiftungen und Legate von Privatleuten oder Provinzen sowie konfiszierte Güter (*bona damnatorum*). Zur Zeit der Republik* wurden die indirekten Steuern meistenteils von den *publicani** festgelegt, zur Kaiserzeit aber ging man mehr und mehr zur Direktbesteuerung über.

Stadtpräfekt

In den letzten Jahren der Republik* konnten die Konsuln* für die Zeit ihrer Abwesenheit von Rom einen Stadtpräfekten (*praefectus urbi*) benennen, der ihre Verwaltungsaufgaben wahrnahm. In der Kaiserzeit wurde dann die Stadtpräfektur zu einer Dauereinrichtung. Der Präfekt wurde unter den Senatoren, und dort vorrangig unter den ehemaligen Konsuln, gewählt und hatte die Aufgabe, für Ruhe und Ordnung in Rom selbst sowie in einem Umkreis von 100 Meilen zu sorgen. Er übte gleichermaßen die Straf*- wie ab dem 3. Jh. auch die Zivilgerichtsbarkeit* aus.

Städtebau

Der römische Städtebau, im übrigen ein Erbe der Etrusker*, war nicht nur eine Angelegenheit für Architekten und Landvermesser, deren ordentliche und strukturierte Planungen man noch heute bewundert. Die römische Stadt hatte gleichermaßen einen religiösen Wesenszug, der von den archaischen Gründungskulten herrührt.

Der Gründer bereits errichteten auf dem Boden der späteren Stadt einen Tempel*, der es ihm gestattete, Auspizien* abzuhalten, um den Willen der

Götter* zu erkunden: Dies ist die eigentliche Einweihung. Der zweite Akt wird *orientatio* genannt: Der von einem Auguren* und Vermesser unterstützte Gründer bestimmt den *decumanus maximus* sowie die Stelle, an welcher ihn rechtwinklig der *cardo* maximus* kreuzt; man unternahm dies mit Hilfe eines *groma*, eines Diopterlineals. Diese Kreuzung sollte das Zentrum der Stadt werden, an welchem man das *forum** anlegte. Hierauf folgte die *limitatio*: Der Gründer zog eine Furche mittels eines von einer weißen Kuh oder einem weißen Stier gezogenen Pflugs, wobei er an den Stellen, die für die Anlage der Stadttore vorgesehen waren, die Pflugschar anhob. Das Gebiet innerhalb der Furche nannte man *pomerium** und es galt als geweihtes Terrain. Hiernach legte man die Stellen fest, an denen sich die verschiedenen für das Leben der Stadt bedeutsamen Gebäude erheben sollten. Man wählte eine Anhöhe, auf der man den Tempel mit den drei Kapellen für Jupiter, Juno und Minerva (▶ Kapitol) errichtete; sollte es keine Anhöhe geben, so legte man eine an. Rund um das Forum wählte man für die wichtigsten Bauwerke (Tempel, Kurie*, Basiliken*) die Bauplätze. Die Vermesser teilten die Stadt auf, indem sie weitere *decumani* und *cardines* vorsahen, die parallel zum *decumanus maximus* bzw. zum *cardo maximus* verliefen, so daß die Stadt in Inseln aufgeteilt wurde. Der letzte Akt nun war die Weihe* (*consecratio*): Er umfaßt Opfer* und Gebete*.

Die quadratische Aufteilung römischer Städte, die ihr den Charakter eines Schachbretts verleihen, ist wohlbekannt. Gleiches sieht man auch bei der Anlage von Feldlagern und in der Angewohnheit der Auguren, Himmel und Erde in Rechtecke aufzuteilen. Doch ist diese Anlage ein Ideal, das sich je nach der Art des Geländes, an dem man eine vollkommen neue Stadt anlegte, unterschiedlich gut erreichen ließ: Denn war das Gelände, an dem bereits eine Ortschaft existierte, hügelig, sehr unregelmäßig oder an den Hängen einer Hügelkette gelegen, so begnügten sich die Römer damit, ihre städtebauliche Technik den Gegebenheiten anzupassen. So gibt es denn auch in Italien* einen altertümlichen Typus befestigter Orte, der den Normen der quadratischen Stadtanlage nicht entspricht (etwa Tibur oder Tusculum). Dennoch hat Rom seinen Einfluß über das gesamte Reich ausgeübt, und die über das gesamte *imperium Romanum* verstreuten Orte der römischen Welt haben immer danach gestrebt, ihre Bauwerke analog denen in der Hauptstadt (▶ *urbs*) anzulegen: Im Zentrum das *forum* mit seinen umgebenden Gebäuden (Kapitol, Kurie, Basilika), Thermen*, ein Theater*, ein Amphitheater*, Triumphbögen*, Brunnen* sowie, weiter entfernt, die Tempel der Lokalgottheiten, denn die für den römischen Staatskult waren im Zentrum angeordnet.

Stamm ▶ gens

Statthalter ▶ Promagistrat, Provinzen

Stele

Ein Grabstein, der die Stelle anzeigt, an welcher ein Verstorbener ruht. Die Stelen (*stelae*) sind in der Regel viereckig, von einfacher Machart oder bildhauerisch bearbeitet und ähneln zuweilen von ihrer Form her Grabaltären.

Stenographie ▶ Kurzschrift

Steuern ▶ Staatseinnahmen

Stoa

Die Römer hatten stets eine Vorliebe für die Philosophie* der Stoa, deren Anschauungen über Vorsehung und Schicksal* ebenso wie die Morallehre gut mit der Vorstellung der Größe Roms und seiner Würde vereinbar waren. Die stoische Philosophie faßte in Rom endgültig im 2. Jh. v. Chr. Fuß, als Panaitios zum Literaturzirkel* der Scipionen, auf den er einen großen Einfluß ausübte, zugelassen wurde. Tib. Gracchus* etwa hatte als Lehrer und Ratgeber den Stoiker Blossius aus Cumae. Später war Cicero* Schüler des Poseidonios, der mit seinem Lehrer Panaitios der alten, viel theoretischeren und dialektischeren Stoa eine neue Richtung gab, die man 'mittlere Stoa' nennt und sich mehr an moralischen Fragestellungen orientiert.

In der Kaiserzeit war bei zahlreichen Schriftstellern stoischer Einfluß spürbar, so etwa bei Manilius*, Persius*, Lukan* oder Tacitus*, daneben gab es mit Seneca*, Musonius Rufus, Epiktet und Marc Aurel* eine Reihe stoischer Philosophen, die zusammen die dritte Periode der Stoa kennzeichnen, die allgemein 'kaiserzeitliche Stoa' heißt.

Die Ideale von Tugend und Menschlichkeit, die den Römern heilig sind, sind stoisch durchtränkt, doch hat die Stoa gleichermaßen auf das städtische und politische Leben gewirkt, wie etwa die Ziele der Gracchen oder die anfängliche Konzeption des Prinzipats* zeigen, denn für die Stoiker konnte eine solche Herrschaft, lag sie denn nur in Händen eines Weisen, Gutes darstellen. Deshalb wurde auch jedesmal Kritik von stoischer Seite geübt, wenn das Prinzipat von seiner Ideallinie abzuweichen drohte.

Stoiker ▶ Stoa

Stola

Ein langes, an der Taille geschnürtes Gewand, das die römischen Matronen* über der Tunika* trugen. In der Öffentlichkeit aber zeigten sie sich mit einem Mantel* (*palla*) darüber. Der Saum der *stola* war häufig mit einer Stickerei (*instita*) geziert. Ein besonderes Motiv, das allerdings heutzutage unbekannt ist, zierte die *stola* der Matronen von Großfamilien, denn den Eltern von drei Kindern und mehr stand das *ius trium liberorum* zu.

Strafen

Die einfacheren Vergehen wurden von den Magistraten* kraft ihrer Amtsbefugnis mit einer Geldbuße ohne jede weitere Formalität geahndet; es wurde lediglich die begangene Tat beurkundet.

Die vor Zivilgerichten verhandelten Delikte, z. B. Diebstahl oder Vermögensschäden, wurde mit einer Geldstrafe geahndet, die sich nach dem beanspruchten Schadenersatz bemaß. Bei politischen Vergehen sowie solchen gegen das gemeine Recht, die vor Strafgerichten verhandelt wurden, waren zwei Arten der Bestrafung (*poena*) vorgesehen: einerseits körperlicher oder bürgerlicher Tod (*deminutio capitis**), was die Konfiskation von Hab und Gut nach sich zog und dem Bestraften Feuer und Wasser verbot, der sich aber durch freiwillige Verbannung* der Bestrafung entziehen konnte; andererseits gab es Geldbußen, Ehrlosigkeit, Gefängnis oder Verbannung. Die Bestrafungen wurden vor dem Strafgericht vollzogen, und manche von ihnen, die vor Zivilgerichten stattfanden, zogen die Ehrlosigkeit, den Verlust der Bürgerrechte*, nach sich, doch konnte diese Ehrlosigkeit durch Amnestie (*indulgentia*) aufgehoben werden.

Die Gleichheit vor dem Gesetz* war im Prinzip durch das Zwölftafelgesetz* verkündet, doch waren die Strafen bedeutend härter, wenn der Angeklagte aus einer unteren sozialen Schicht* stammte. Zur Kaiserzeit gab es dann zwei Arten der Bestrafung für dasselbe Verbrechen, eine für die *honestiores**, eine für die übrigen.

Strafgerichtsbarkeit
Die Strafgerichtsbarkeit umfaßt zum einen die Verbrechen vor ordentlichen Gerichten*, also Tötungsdelikte, Körperverletzungen, Freiheitberaubungen und Entführungen, Sittenwidrigkeiten, Fälschungen von Urkunden und Geld*, zum anderen politische Verbrechen wie Hochverrat (*perduellio*, eine Tat, die ihren Urheber zu einem Staatsfeind macht), *crimen maiestatis*, Schädigung der Ehre des römischen Volkes, *ambitus*, Bestechung und Amtserschleichung, *peculatus*, Unterschlagung öffentlicher Gelder, sowie *repetundae*, Bereicherung im Amt.

In der Republik* wurden die Prozesse vor den Zenturiarkomitien* abgehalten. Dem Verfahren stand ein Konsul* oder von diesem Beauftragte (*quaestores**, *duumviri**) vor. Doch die Trägheit der Verfahren führte schon früh zur Einrichtung von Geschworenengerichten, an welche die Komitien* schwierige Prozesse verwiesen. Diese ursprünglich gelegentlichen Gerichte wurden im 2. Jh. v. Chr. zu dauerhaften Einrichtungen (*quaestiones perpetuae*). Diesen Geschworenengerichten, in denen Senatoren und Ritter* um die Vormacht stritten, stand ein Prätor* oder, seit dem 1. Jh. v. Chr., ein besonderer Beamter vor (*iudex quaestionis*). Der Vorsitzende leitete die Verhandlungen; der Ankläger mußte persönlich anwesend sein, da er ansonsten wegen übler Nachrede verurteilt wurde; der Angeklagte hatte die Möglichkeit fernzubleiben. Der Ablauf der Verhandlung verlief, ohne daß er normiert war, im allgemeinen so: Vortrag des Anklägers, Anhörung des Angeklagten und seiner Rechtsanwälte*, Aufruf und Befragung von Zeugen. Die Verteidigung hatte eine längere Redezeit als die Anklage. Bei der Abstimmung* konnten die Geschworenen freisprechen, verurteilen oder weitere Einzelheiten nachfordern. Der Richtspruch war unanfechtbar.

Zur Kaiserzeit nahm die Bedeutung der Geschworenengerichte zusehends ab, und sie wurden durch zwei ganz verschiedene Strafrechtsprechungen ersetzt: durch die des Senats* und die des Kaisers*. Doch der vom Kaiser kontrollierte Senat erwies sich als nur wenig darum bemüht, solch schwere Verantwortung zu tragen. So gab es schließlich nur noch die kaiserliche Strafgerichtsbarkeit, die dieser durch seine Vertreter (die Präfekten der Stadt und der Prätorianer) ausüben ließ.

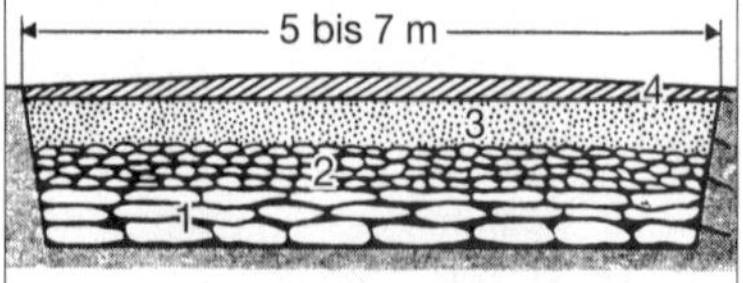

Schnitt durch eine römische Straße
(nach: P. Salama, Voies romaines d'Afrique)

1 *statumen* (Fundament), 30-60 cm;
2 *rudus* (feste Schicht aus zerkleinerten Steinen), 25 cm;
3 *nucleus* (Schüttung aus feinem Material), 30–50 cm;
4 *summa crusta* (Pflastersteindecke), 20–30 cm

Straßen

Das Straßennetz innerhalb Italiens* sowie in den Provinzen* gehört bekanntlich zu den Glanzleistungen der Römer. Häufig haben diese Straßen auch strategische Bedeutung und sind wo immer möglich schnurgerade angelegt.

Die erste bedeutende Pflasterstraße war die *via Appia,* die unter dem Zensor* Appius Claudius* 312 angelegt wurde und Rom mit Capua verbindet; in der Folgezeit wurde sie dann bis Brindisi verlängert. Gegen Ende der Republik* war Italien mit einem dichten und gut ausgebauten Straßennetz versehen. Weniger gut sah es in den Provinzen aus, doch die Kaiser* holten dies wieder auf. Von Lusitanien (Portugal) bis nach Kleinasien war das ganze Imperium von Straßen durchzogen, deren Überreste man noch heute sehen kann.

In der Zeit der Republik oblag die Verantwortung für das Straßennetz in Italien den Zensoren, das der Provinzen den Statthaltern*. In der Kaiserzeit betraute man mit dieser Aufgabe besondere Verwalter*, die *curatores viarum.*

Die Kosten wurden wahrscheinlich zwischen der Staatskasse, den Lokalbehörden sowie den betroffenen Grundeigentümern geteilt.

Die römischen Ingenieure hatten eine ausgefeilte Straßenbautechnik: Man zog zuerst zwei Furchen, die die Straßenbreite begrenzten, dann hob man den Boden aus, bis man auf festen Untergrund stieß. Über diesen Untergrund fügte man vier Schichten unterschiedlicher Materialien: Ein Fundament aus Zement (*statumen*), darüber eine Schicht aus Schotter und Zement (*rudus*) gefolgt von einer Schicht aus Kies, Kalk und Ziegeln (*nucleus*), schließlich noch eine Pflasterung aus Schotter bzw. behauenen Steinen (*summa crusta*). Die Stärke dieser Schichtungen hing ganz von der Bodenbeschaffenheit ab, und selbstverständlich waren die Straßen nicht überall gleich gut. Um den Wasserabfluß zu ermöglichen, waren sie gewölbt; ihre Breite konnte bis zu zwölf Metern betragen. Entlang der Straßen waren Meilensteine* aufgestellt, ebenso gab es gelegentlich Stufen, die das Besteigen eines Pferdes erleichtern sollten; Wechselstationen waren zumeist an Kreuzungen gelegen.

Die bekanntesten Straßen Italiens sind nach der *via Appia* die *via Aurelia* (von Rom nach Arles), die *via Flaminia* (von Rom nach Rimini) sowie die *via Salaria* (von Rom an die Adria). Die Straßen trugen zumeist den Namen* des Magistrats*, der sie erbauen ließ, oder den der durchquerten Länder.

Die Straßen Roms waren insbesondere im Zentrum eng und verwinkelt, denn die Geschwindigkeit der Stadtentwicklung einerseits und die Neigung zum Bewahren andererseits ließen es nicht zu, ein rationelles quadratisches Straßensystem anzulegen. Schlimmer noch: Oft waren sie in schlechtem Zustand, selten nur gepflastert oder mit Bürgersteigen versehen. Vor allem zur Kaiserzeit betrieb man ihre Verbesserung mit großem Aufwand. Man bezeichnete sie mit dem Wort *vici*, abgesehen von denen, die wirkliche *viae* waren, wie etwa die *via Sacra* oder die *via Nova*, denn dieses Wort stand nur großen Ausfallstraßen zu. Darüber hinaus gab es noch die *clivi* (Wege), z. B. den *clivus Capitolinus*, und die *gradus* (Stiegen), die nur Fußgängern vorbehalten waren. In manchen Vierteln, in denen es nur einen *vicus* als Hauptstraße gab, gab es des weiteren nur noch eine Reihe mehr schlecht als recht geordneter Durchgänge (*sentes, semitae*) und Gäßchen (*angiportus*). Um diese Straßen nun, deren breiteste bis zu acht, deren engste kaum drei Meter breit waren, zu durchlüften, gab es zur Kaiserzeit insgesamt elf Foren*, zahlreiche kleinere und größere Plätze (*areae, campi*) und Kreuzungen (*compita*), die mit ihren Statuen, Säulen, Brunnen*, Tempeln* und Portiken* der Lust der Römer am Spazierengehen und Flanieren sehr entgegenkamen; darüber hinaus besaß Rom noch zahlreiche Park- und Gartenanlagen, die sehr weitläufig und annehmlich waren (▶ Gärten).

Auf den Straßen herrschte reges Treiben und so starker Verkehr, daß der Stau bereits ein Thema der Satiriker wurde. Diese entstanden, obwohl es untersagt war, am Tage mit Fahrzeugen* in die Stadt einzufahren. Doch nächtens waren die Straßen mangels Beleuchtung* so unsicher, daß man nur in Begleitung von Sklaven*, die Fackeln trugen und im Falle übler Begegnungen einschritten, das Haus verließ.

Striegel

Ein klingenloses, gekrümmtes Messer aus Metall oder Knochen, mit dem man die Haut abschaben konnte. Im Prinzip diente der *strigilis* dazu, das Öl auf den Körpern der Wettkämpfer zu verteilen, damit sie von ihrem Gegner nicht so leicht festgehalten werden konnten. Doch schon bald nutzten alle Römer derartige Striegel: die Männer nach ihren sportlichen Aktivitäten, die Frauen zum Entfernen von Salben.

Stuhl

Bei den Römern waren Stühle weit weniger in Gebrauch als bei uns heute; dafür machte man vielfältigen Gebrauch vom Bett*. Dennoch gab es mehrere Arten von Sitzgelegenheiten, so etwa die *cathedra*, ein leicht geneigter Lehnstuhl, der in der Regel den Frauen vorbehalten war und nahezu unserem heutigen Stuhl ähnelt; die *sella* war ein leichter, lehnenloser Tragstuhl, der zuweilen auch klappbar war; die *sella curulis*, die den kurulischen Magistraten* vorbehalten war, war aus Elfenbein und hatte sich überkreuzende Beine. Das *subsellium* war eine Bank, die man bei Gericht* oder an Schauspielstätten antraf; das *solium* war ein regelrechter Sessel mit Arm- und Rückenlehnen und Stuhl des Hausherrn, des Patrons*, der auf ihm sitzend seine Klientel* empfing, sowie der Götter*.

Alle diese Sitzgelegenheiten besaßen in der Regel keine Polsterung, wurden aber mit Kissen und Tüchern bedeckt. Wie bei den Tischen* oder Betten waren es insbesondere die Beine, die die Aufmerksamkeit der Tischler erforderten.

Stunde

Die römische Stunde (*hora*) ist nicht der 24. Teil eines 24stündigen Tages, sondern einmal der 12. Teil der Tages, einmal der 12. Teil der Nacht. Es gab zwar 12 Tages- und 12 Nachtstunden, doch war die Stunde keine festgefügte, sondern eine variable Einheit, die anhängig vom Sonnenauf- und ihrem Untergang war. Die Tagesstunde ist nur bei der Tagundnachtgleichen ebenso lang wie die Nachtstunde.

In der Regel waren die Römer bei Zeitangaben weit weniger genau, als man dies heute ist, obschon sie auch bereits über Uhren verfügten. Sie bezeichneten lieber die Zeitabschnitte mit weniger genauen Begriffen, wie etwa *mane* (morgens), *ante meridiem* (vormittags, d.h. vor der siebten Stunde) oder *post meridiem* (nachmittags). In den Feldlagern wurden die Nächte in vier Nachtwachen zu je drei Stunden aufgeteilt.

Süßigkeiten

Die Römer hatten eine Schwäche für Käsekuchen. Oft waren diese Kuchen aus den Blättern von Gewürzpflanzen oder -bäumen gebacken und mit Honig, gesalzenen Mohnsamen oder Sesam gefüllt.

Zu den beliebtesten Süßspeisen gehörten Krapfen, Sahnetörtchen und crêpeähnliche Fladen. Als Beispiel sei hier ein Rezept angeführt, das aus dem Kochbuch des Apicius stammt, eines Zeitgenossen von Augustus* und Tiberius*: „Stampfe Pfeffer, Pinienkerne, Honig, Raute und *passum*: koche dies in Milch und angerührtem Mehl (*tracta*). Wenn die Masse breiig zu werden beginnt, rühre einige Eier darunter und lasse sie wieder aufkochen. Übergieße mit Honig, bestreue mit Pfeffer und serviere."

Die Herstellung der Kuchen und Süßspeisen war Sache der Konditoren (*pistores dulciarii*).

Sueton

Der aus einer Ritterfamilie stammende C. Suetonius Tranquillus (um 75–160 n.Chr.) war ein Freund Plinius* des Jüngeren und wurde Sekretär *ab epistulis* in der kaiserlichen Kanzlei* unter Hadrian*. In Mißgunst geraten setzte Sueton die enzyklopädistische Tradition Varros* und des älteren Plinius fort. Doch haben sich von seinem gelehrten Werk nur Bruchstücke erhalten. Doch immerhin besitzt man von ihm das Werk über *Die Leben der zwölf Caesaren*, die eine Informationsquelle ersten Ranges für die Periode von Caesar* bis Domitian darstellen und noch heute für die Historiker unschätzbaren Wert haben.

Sulla

Der aus einer unspektakulären und verarmten Patrizierfamilie stammende L. Cornelius Sulla (138–78 v.Chr.) wurde 107 v.Chr. unter Marius* Quästor* und gelangte durch die Festnahme Jugurthas* zu einigem Ansehen. Der von ihm unterdrückte Bürgerkrieg* brachte ihm höchsten Ruhm. So wurde er 88 zum Konsul* gewählt. Trotz des Widerstandes der *populares**, die über antisenatorische Gesetze* hatten abstimmen lassen, übertrug ihm der Senat* den Oberbefehl im Krieg gegen Mithridates (88). Nachdem er Marius gezwungen hatte, aus Rom zu fliehen, begab sich Sulla in den Osten und errang nach drei Kriegsjahren den Sieg. Als er 83 nach Rom zurückkehrte, befand sich die Stadt in den Händen der Anhänger von Marius, doch ein Sieg direkt vor den Toren Roms verschaffte ihm 82 seine Macht zurück.

Nachdem er zum Diktator* ernannt worden war, ging er daran, Verfassungsreformen durchzuführen. Er vergrößerte die Zahl der Senatoren von 300 auf 600, erhöhte ebenso die Zahl der Magistrate*, änderte den *cursus honorum**, setzte das Mindestalter für das Konsulat auf 42 Jahre fest, minderte die Befugnisse der Tribunen*, Konsuln* und Prätoren* und übertrug den Senatoren richterliche Vollmachten.

An all diesen Reformen klebte Blut: 40 Senatoren und 1600 Ritter, die auf den Proskriptionslisten standen, wurden ermordet. Dennoch gab sich Sulla den Schein eines Monarchen und ließ sich *Felix* (Glücklich, von den Göttern begünstigt) nennen. Er dankte 79 ab und ging als ein grausamer und zynischer Mensch in die Geschichte ein.

suovetaurilia

Das Opfer* eines Schweins (*sus*), eines Schafes (*brebis*) und eines Stieres (*taurus*) bei bestimmten Reinigungszeremonien.

Tablinum
Ein größerer Empfangsraum, der auf das *atrium** hinausgeht und auf der Höhe der Eingangstür liegt. Eine Öffnung in der hinteren Wand würde, sofern vorhanden, eine Verbindung zum Garten* oder zum Peristyl* herstellen. Im *tablinum* hielt sich der Hausherr auf, um seine Geschäfte zu erledigen und seine Klientel* zu empfangen.

Tacitus
Der wahrscheinlich aus der Gallia* Transalpina stammende Tacitus (55–120 n. Chr.) hat die Senatorenlaufbahn eingeschlagen und war im Jahre 97 Konsul*. Etwa um diese Zeit begann er, sich denn auch der Geschichtsschreibung zu widmen. Seine ersten Werke sind zwei kleinere Monographien, *Das Leben des Agricola,* eine Lobrede* auf seinen verstorbenen Schwiegervater, sowie die *Germania,* eine volkskundliche und geographische Abhandlung über die Völker jenseits des Rheins.

Seine beiden großen historischen Schriften sind die *Historien,* die um 110 entstanden und die Ereignisse vom Tode Neros* bis zu Domitian berichten, sowie die *Annalen,* die vom Tode des Augustus* bis Nero reichen. Für ihre Abfassung hat sich Tacitus gründlich informiert und mündliche Zeugnisse ebenso herangezogen wie die Archive* des Senats* oder die offiziellen Nachrichten* Roms. Mit treffender psychologischer Schärfe, doch nicht ganz frei von Pessimismus, analysierte er Gefühle und Personen. Als Anhänger der Stoa* glaubte er an ein dem Menschen innewohnendes Schicksal*. Seine Sprache ist kraftvoll und dicht, voller Anspielungen und Bilder. In jeder Hinsicht zeichnet er mehr ein dramatisches als im strengen Sinne historisches Bild der Kaiserzeit.

In seinem *Dialog über die Redner,* der um 105 entstand und viele Probleme bietet und bot, hinterfragt Tacitus die Ursachen für den Niedergang der Beredsamkeit, die für ihn mit dem Verlust der Freiheit unter den Kaisern* einhergeht. Dieses Werk erklärt wohl auch, warum sich Tacitus von der Rhetorik und der Politik abwandte, Gebieten, in denen er zuvor brillierte, um sich der Geschichtsschreibung zuzuwenden, die ihm wohl die einzige Möglichkeit zu sein schien, diese beiden Bereiche miteinander in Einklang zu bringen.

Tafeln
Kleine mit weichem Wachs überzogene Holzplättchen, die rundherum einen Rand aufwiesen. Solche *cerae* oder *pugillares* genannten Tafeln benutzten die Römer für ihre Notizen, Briefe oder Entwürfe. Mit dem Federhalter schrieb man auf ihnen. Üblicherweise waren diese Tafeln aus Holz, seltener aus Blei oder Schiefer. Man konnte zwei oder mehrere von ihnen zu Diptychen oder Triptychen verbinden. Mit dem Begriff *codex* bezeichnete man dann eine Ansammlung zahlreicher miteinander verbundener solcher Tafeln. Hieraus entwickelte sich dann später das Buch*.

Tanz
Der Tanz (*saltatio*) als gesellschaftliches Vergnügen wie heute wurde mißtrauisch beäugt. In der Erziehung* jedenfalls wurde er völlig vernachlässigt, und die Männer hielten sich von ihm fern. Der Beruf des Tänzers oder der Tänzerin war nie sehr angesehen, selbst

als Tanzvorführungen zu den Eckpfeilern einer luxuriösen und eleganten Lebensweise gehörten. Man tanzte singend und wurde dabei instrumental begleitet. Doch gab es auch rituelle Tänze, die bei bestimmten religiösen Anlässen in Anwesenheit der Gläubigen aufgeführt wurden. Man kennt etwa den Tanz der Salier*, der im März mit feierlichem Takt aufgeführt wurde und aus einer Folge von Sprüngen und Schritten um den Altar* des Mars bestand, wobei Stab und Schild getragen und gegeneinander geschlagen wurden.

Tempel

Der Tempel (*templum*) ist ein für den Götterkult vorgesehenes Gebäude, das sich auf einem *templum** erhebt, dann geweiht und übergeben wird. Hierin können allerdings auch verschiedene Versammlungen*, etwa Ratssitzungen des Senats, abgehalten werden. Die Architektur* der römischen Tempel zeigt sowohl griechischen als auch etruskischen Einfluß. In der Regel sind sie nach der West-Ost-Achse ausgerichtet und meist rechtwinklig. Der Kern des Tempels ist die Halle (*cella*), in der sich das Bild des Gottes erhebt, zu dessen Ehren der Tempel errichtet wurde. Licht fiel nur durch die Eingangstür. Die der kapitolinischen Trias, Jupiter, Juno und Minerva, geweihten Tempel besaßen eine dreifache *cella* (▶ Kapitol). Zu den Bauformen der Tempel siehe die Zeichnung.

Die Opfer* fanden nicht im Tempel selbst statt, sondern vor dem Treppenaufgang zum *pronaos*, wo sich ein Altar* befand. Es kommt gelegentlich vor, daß die Tempel von einem Umgang (*peribolus*) umschlossen sind, an den sich noch eine Portika* anschließt. Zwar sind die meisten Tempel rechtwinklig, doch errichteten die Römer auch Rundtempel mit und ohne *cella*, so etwa den Rundtempel auf dem römischen *forum boarium*, den man fälschlicherweise öfters als Vestatempel bezeichnet. Beiseite lassen muß man hierbei allerdings die Tempel fremder Kulte*, z.B. der Kybele, des Mithras oder der Isis, deren Formen variierten.

templum

Der vom griechischen Wort *témnein* (schneiden) abgeleitete Begriff bezeich-

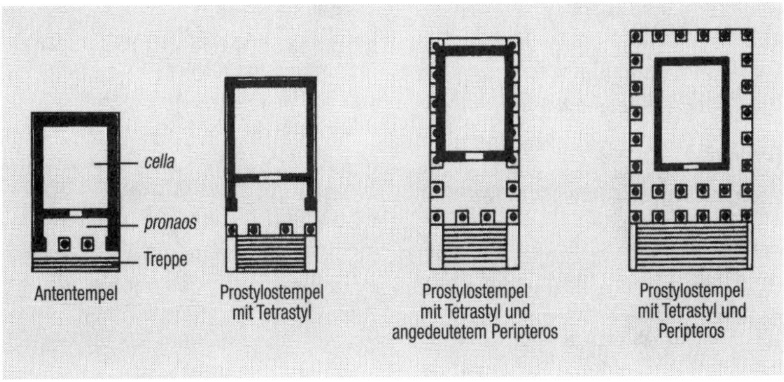

net einen runden oder rechtwinkligen Raum, den ein Augur* mit seinem *lituus* in der Luft oder auf dem Boden abgegrenzt hat und in dem er die göttlichen Zeichen beobachtet. Diese Auspizien* fanden vor jeder bedeutenden Unternehmung statt, so waren sie etwa vor der Gründung einer Stadt*, der Errichtung eines öffentlichen oder kultischen Gebäudes oder der Anlage eines Feldlagers unabdingbar. Diese Zeremonie hieß *inauguratio**, und jedes Gebäude erhebt sich somit zwingend innerhalb eines *templum*. Bei einer städtischen Anlage begrenzt das *pomerium** das *templum*. Falls das Gebäude selbst ein *templum* (Tempel*) sein sollte, mußte es geweiht und übergeben werden.

▶ Weihe, Widmung

Teppich

Die Kunst der Teppichherstellung stammt aus Asien und war über die hellenistische Welt auch zu den Römern gekommen. Über das Aussehen der Teppiche (*tapetum*) weiß man nur wenig. Die Römer benutzten sie zur Komfortverbesserung als Decken auf Betten* und Stühlen*. So sind es denn auch dieselben Worte, mit denen man Wandbehänge*, Teppiche und Decken bezeichnete. Bodenteppiche scheint es in Konkurrenz zu den Mosaiken* gegeben zu haben.

Terenz

Der zweifellos in Karthago* geborene P. Terentius Afer (um 190–159 v. Chr.) war der Sklave* eines Senators*, der ihn ausbilden und später frei ließ. Er gehörte zum Literaturzirkel* der Scipionen, und seine Theaterstücke spiegeln wahrscheinlich einige der dort diskutierten Probleme wider. Von ihm sind sechs Komödien erhalten: *Das Mädchen von Andros, Der Eunuch, Die Schwiegermutter, Der Mann, der sich selbst bestraft, Phormio* und *Die Brüder*. Wie Plautus* ahmt auch Terenz die neue Komödie nach, doch interessiert er sich mehr als dieser für moralische Fragestellungen, so der Kindererziehung, und psychologische Analysen. Obschon das Komödienpersonal stereotyp war, verlieh er jeder Figur eine eigenständige Persönlichkeit, die er im Verlauf der Stücke herausarbeitete. Der allgemeine Tonfall seiner Theatralik ist ernst und wurde von der psychologischen Komödie sowie den Bürgerdramen späterer Zeit aufgegriffen, aber zu Terenz' Lebzeiten hatten seine Stücke weniger Erfolg als die des Plautus. Berühmt geworden ist sein Vers „Ich bin ein Mensch, und nichts Menschliches ist mir fremd", der zum Leitwort des römischen Humanismus (*humanitas*) wurde. Am Ende der Republik* und zur Kaiserzeit war er der meistgelesene dramatische Autor. Über seine große Nachwirkung bei Autoren des 18. Jhs. zu berichten, ist hier nicht der rechte Ort.

Tertullian

Der in Karthago* um 160 n. Chr. geborene C. Septimius Florens Tertullianus war der erste christliche Autor lateinischer Sprache. Er hatte eine gute juristische und rhetorische Ausbildung. Seine Bekehrung zum Christentum* datiert man etwa um das Jahr 195, weiß aber nichts genaues über die Hintergründe. Angezogen vom Montanismus, einer häretischen Sekte, deren strenge Askese ihn anzog, brach er um 207 mit der Kirche. Mehr für die Tat als zur Besinnung begabt, schrieb er ein Werk, das in seiner Gesamtheit eine gewaltige Kampfschrift ist: Er wendet sich gegen die Heiden, gegen die Häretiker, gegen die Juden und gegen die Christen, die er für zu träge und unvollkommen hält. Sein polemischer Stil ließ ihn oftmals ausfällig werden, und häufig findet man aggressive Ausdrücke, die vor keinem Mittel zurückschrecken, um seine Gegner zu besiegen; sein Werk ist von Sophismen, Einwänden, Karikaturen und Invektiven durchzogen. Die Geisteshaltung Tertullians ist allerdings differenzierter, wendiger und viel uniformer, als sie sich bei der ersten Lektüre darstellt. Von ihm haben sich 31 Abhandlungen erhalten. Sein Hauptwerk ist das 197 verfaßte *Apologeticum*, eine an den Statthalter* der Provinzen* des Römischen Reiches gerichtete Verteidigung des Christentums.

tessera

Die mit dem Wort *tessera* bezeichneten Gegenstände waren Würfel oder Plättchen mit äußerst vielfältigen Formen, Materialien und Zwecken. Es handelte sich um Spielsteine, Eintrittskarten fürs Theater*, Getreidegutscheine, Anerkennungsplaketten für die Gladiatoren*, Erkennungszeichen, Gastgeschenke oder Gütezeichen.

Testament

Um ein Testament (*testamentum*) aufsetzen zu können, mußte man ursprünglich Bürger* und *sui iuris* sein, d.h. keiner *patria potestas** mehr unterliegen. In der Folgezeit scheint es, daß der Besitz des *ius commercii* genügte. Man konnte jeden beliebigen als Erben einsetzen, doch mußte der Erbe bestimmte rechtliche Voraussetzungen erfüllen; so schränkte zwar ein Gesetz* von 169 v.Chr. die Möglichkeit ein, an Frauen zu vererben, doch wurde dieses Gesetz in der Praxis nicht beachtet.

Es gab mehrere Gestaltungsmöglichkeiten für das Testament: *calatis comitiis*, d.h. man legte es vor der Kuriarversammlung nieder; *per aes et libram* (für Eisen und Waage), d.h. durch regelrechte Vermögensübertragung; *in procinctu* (auf dem Schlachtfeld), d.h. man erklärte seinen Willen vor dem Militär*. Doch waren alle diese Formen mehr oder weniger überholt, und man nutzte statt ihrer andere, die aus dem prätorianischen Recht* hervorgegangen waren und darin bestanden, daß man schriftlich oder mündlich vor Zeugen seinen letzten Willen bekundete, die dies mit ihrer Unterschrift bestätigten.

In der Kaiserzeit kam die Sitte auf, einen Teil seines Vermögens dem Kaiser* zu vermachen. Häufiger erscheint dann auch die Figur des Erbschleichers (*captator testamenti*) und wurde somit auch eine Figur vornehmlich der satirischen Literatur.

Tetrarchie

Ein Herrschafts- und Verwaltungssystem, das durch Diokletian* 293 für das Kaiserreich eingeführt wurde. Der Begriff stammt aus einer Zusammensetzung der griechischen Worte für 'vier' (*tétra*) und 'Anführer' (*archós*).

Das Reich wurde von zwei *Augusti**, Diokletian in Nikomedia und Maximinianus in Mailand, sowie zwei Caesaren*, Galerius im pannonischen Sirmium und Constantius in Trier, regiert. Dennoch gab es innerhalb der vier eine Hierarchie, denn Diokletian stand über seinen Kollegen, und jeder Caesar mußte einem Augustus Folge leisten. Diokletian glaubte, auf diese Weise die Schwierigkeiten in Verwaltung und Rechtsprechung lösen zu können, die in einem Kaiserreich, das für einen einzigen Kaiser und eine einzige Verwaltung zu groß geworden war, entstanden. Die Tetrarchie schien ihm den Bestand, die Effizienz und die Einheit der kaiserlichen Macht zu gewährleisten. Doch überlebte dieses System nicht einmal seinen Urheber, denn nach der Abdankung Diokletians im Jahre 305 sank es rasch darnieder und hatte Anarchie und Bürgerkriege* zur Folge, eine Situation, die sich erst 312 durch den Sieg Konstantins* beruhigte.

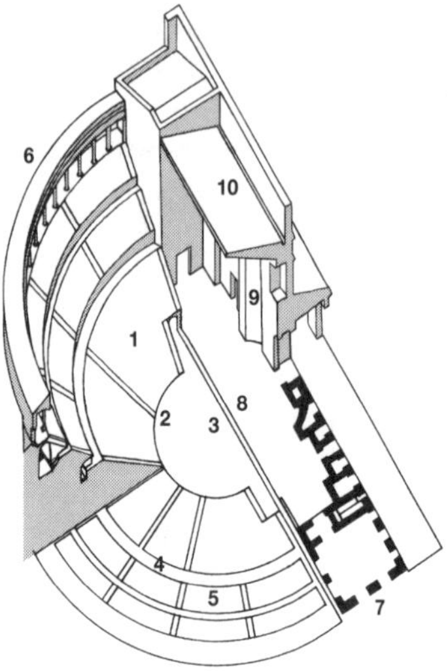

Schnitt durch das Theater von Orange
1 Ränge (*cavea*); 2 Zugangstreppen; 3 *orchestra*; 4 Ringmauern (*praecinctiones*); 5 Blöcke (*maeniana*); 6 Portikus; 7 Seiteneingang; 8 Bühne; 9 Kulisse; 10 Vordach zur besseren Stimmwiedergabe

Theater

Das erste aus Stein errichtete Theater (*theatrum*) Roms geht auf Pompeius* (55 v. Chr.) zurück. Bis zu diesem Zeitpunkt hatte man sich mit Holzkonstruktionen begnügt, die oftmals gleich nach Beendigung der Aufführungen abgebaut wurden.

Das römische Theater unterscheidet sich vom griechischen durch seine halbkreisförmige Anlage sowie durch die nicht notwendigerweise gegebene Anlehnung an einen Hügel.

Die Menge nahm Platz auf den im Halbkreis angelegten treppenartigen Stufen (*cavea*), zu deren Füßen sich die ebenfalls halbkreisförmige *orchestra* befand, die den hochgestellten Persönlichkeiten vorbehalten war. Vor der *orchestra* befand sich die Bühne (*proscaenium, pulpitium*), hinter der sich die Kulisse (*scaena, frons scaenae*) erhob, die zumeist die Fassade eines Palastes mit drei bis fünf Eingängen dargestellte, reich geschmückt war und dauerhaft dort stand. Die Kulissenmauer hatte dieselbe Höhe wie der höchste Rang der *cavea,* wodurch ein überdachtes Theater leicht vorstellbar wurde. Die Römer versahen aber dennoch nur die kleineren Theater oder die für Konzerte und öffentliche Rezitationen vorgesehenen Odeia mit einem Dach. Bei den Theatern im eigentlichen Sinne begnügte man sich damit, die Zuschauer mittels ausrollbarer Segel vor der Witterung zu schützen. Der Mauerfirst der Kulisse war ein wenig vorgeneigt, um die Stimmwiedergabe zu verbessern. Dahinter sowie darunter befanden sich die Maschinenräume (*postscaenium, hyposcaenium*). Es ist bekannt, daß schon die Römer den Bühnenvorhang kannten, doch im

Gegensatz zu heute fiel er zu Beginn der Aufführung und wurde an deren Ende wieder aufgezogen, denn die Hebe- und Senkvorrichtung dafür befand sich innerhalb der Mauer vor der Bühne.

Den Theaterstücken* (Tragödien, Komödien, Mimus und Atellane) war großer Erfolg beschieden, und zahlreiche Überreste römischer Theater finden sich in allen Provinzen*. Manche von ihnen sind noch heute in Gebrauch, so ist etwa das aus augusteischer Zeit stammende Theater im französischen Orange der besterhaltene Theaterbau der Antike.

Theaterstücke

Anläßlich der *ludi Romani* des Jahres 240 v.Chr. wurde das erste römische Theaterstück (*ludus scaenicus*) des Livius Andronicus* aufgeführt. Später gab es dann bei den verschiedensten Spielen* Theaterstücke im Programm. Doch war bei den Römern die Freude am Theater* schon weitaus älter. Der Überlieferung zufolge sollen schon 364 *ludi scaenici* stattgefunden haben, um die Pest abwenden zu helfen: Diese von den Etruskern* veranstalteten Aufführungen bestanden aus Tänzen*, Gesängen und pantomimischen Darbietungen. Den Römern aber war der Sinn eher nach einer Mischform, woraus mit der *satura* eine theatralische Frühform entstand. Zahlreiche Ereignisse der werdenden römischen Kultur sowie bestimmte römische Wesenszüge trugen schon seit ihrem Ursprung theatralische Züge: farbenfrohe religiöse Hochfeste, Prozessionen bei Triumphen* oder um den Zirkus*, Begräbnisfeierlichkeiten, lustige Einlagen bei Hochzeiten*, die Neigung zur Satire und Karikatur wie auch die Freude am Wortspiel und an Beschimpfungen.

All diese Strömungen suchten ihren Ausdruck in der Komödie, deren bedeutendste Exponenten Plautus* und Terenz* waren. Man unterscheidet zwei Arten von Komödien: die mit griechischen Themen, die man *palliatae* nannte, da die Schauspieler* das *pallium* und nicht die längere Toga* trugen, sowie die mit römischen Inhalten, die *togatae* oder gelegentlich auch *tabernariae* oder *trabeatae* hießen, abhängig davon, ob sie in handwerklichem oder in ritterlichem Milieu spielten.

Eine ähnliche Unterscheidung gab es auch für die Tragödien, wobei hier die *palliatae* griechischen, die *praetextae* römischen Sujets sind. Die Römer ahmten die großen griechischen Tragiker, vielleicht auch manche aus hellenistischer Zeit, nach. Von den Tragödien republikanischer Zeit sind nurmehr Fragmente erhalten: Der bedeutendste Autor dieser Zeit war Accius (170–85 v.Chr.), von dem etwa vierzig *palliatae* und zwei *praetextae* namentlich bekannt sind. Nach ihm waren die Zeiten für die Tragödie, die eine beliebte und lebhafte Gattung war, weniger günstig. Zur Zeit des Augustus* trug man Tragödien bloß noch in öffentlichen Rezitationen vor, und die Geschichte der Tragödie als Theaterstück endet mit Seneca*.

Ab der Mitte des 2. Jhs. v.Chr. vernachlässigte man immer mehr das literarische Theater zugunsten der Schauspiele, in denen sich der Erfindungsreichtum und die parodistische Neigung der Schauspieler* frei entfalten konnten und der literarischen Qualität nur wenig Wert beigemessen wurde. So setzte etwa die aus Campanien stammende Atellane stereotype Figuren ein wie Maccus, den Vielfraß, Dossenus, den Buckligen, oder Pappus, den senilen Alten. Ein einfaches Gerüst nur ermöglichte alle Arten spaßiger Improvisationskunst.

Des weiteren gab es den Mimus, eine im Grunde parodistische Mischung aus Tanz und Dialogen, wobei der 'Mimik' eine große Bedeutung zukam, da die Schauspieler beim Mimus keinerlei Masken* trugen. Es war die einzige Gattung, die Frauen als Schauspielerinnen zuließ. Obschon der textlichen Grundlage nur wenig Bedeutung zukam, bemühten sich dennoch gegen Ende der Republik* vergeblich einige Autoren, den Mimus auf die Ebene einer Literaturgattung zu erheben. Aus dem Mimus ging die Pantomime hervor, die man stumm und mit Masken aufführte: Die Schauspieler mußten ihre Gefühle durch ihren Körperausdruck, durch ihre Kopfhaltung und vor allem mit Hilfe der Hände vermitteln. Diese Kunstform war während der gesamten Kaiserzeit sehr beliebt.

Theodosius

Der von 347 bis 395 n. Chr. lebende Flavius Theodosius war von 379 bis zu seinem Tode der letzte Kaiser*, der über die Gesamtheit des Römischen Reiches geherrscht hatte. Nach seinem Tode teilten seine Söhne Honorius und Arcadius die römische Welt in ein ost- und ein weströmisches Reich. Unter Theodosius' Herrschaft wurde das Christentum* Staatsreligion, die Tempel* wurden geschlossen oder beschlagnahmt, heidnische Kulte* verboten und es entstand eine Zusammenarbeit zwischen Kirche und Kaiser. Seine öffentliche Buße, die er im Jahre 390 bei dem damaligen Bischof von Mailand, dem hl. Ambrosius, wegen des Massakers an der Bevölkerung von Thessalonike ablegte, wurde sehr berühmt. In mehrfacher Hinsicht kündigen sich bereits in Theodosius die mittelalterlichen Herrscherpersönlichkeiten an.

Thermen

Als Thermen (*thermae*) bezeichnet man öffentliche oder private Badeeinrichtungen. Thermen bestehen aus vier wesentlichen Abteilungen: einem Umkleideraum (*apodyterium*), einem *frigidarium*, in dem man Kaltbäder vornimmt, einem *tepidarium*, in dem man lauwarme Bäder vollzog, sowie einem Warmbad (*caldarium*). Normalerweise schritt man von einer Abteilung zur nächsten, konnte aber auch in Räume wechseln, die für Massagen, gymnastische Übungen oder zum Einreiben mit Salben und Ölen vorgesehen waren. Die Säle waren oft mit luxuriösen Mosaiken* und Marmorböden ausgeschmückt.

Manche Thermen waren in zwei Bereiche unterteilt, einen für die Männer, einen für die Frauen. In jedem Fall aber gab es unterschiedliche Öffnungszeiten für die beiden Geschlechter.

Die Heizungsanlagen (*hypocaustum*) befanden sich unter der Erde, und ein perfektes System von Leitungen und Kanälen gestattete, Wasser und Luft wunschgemäß zu temperieren.

Die Thermen aber waren nicht nur Badeanlagen im strengen Sinne, sondern ebenso Begegnungsplätze, an denen sich Freunde und Geschäftspartner trafen. Die aufwendigsten Thermenanlagen waren mit Spazierwegen,

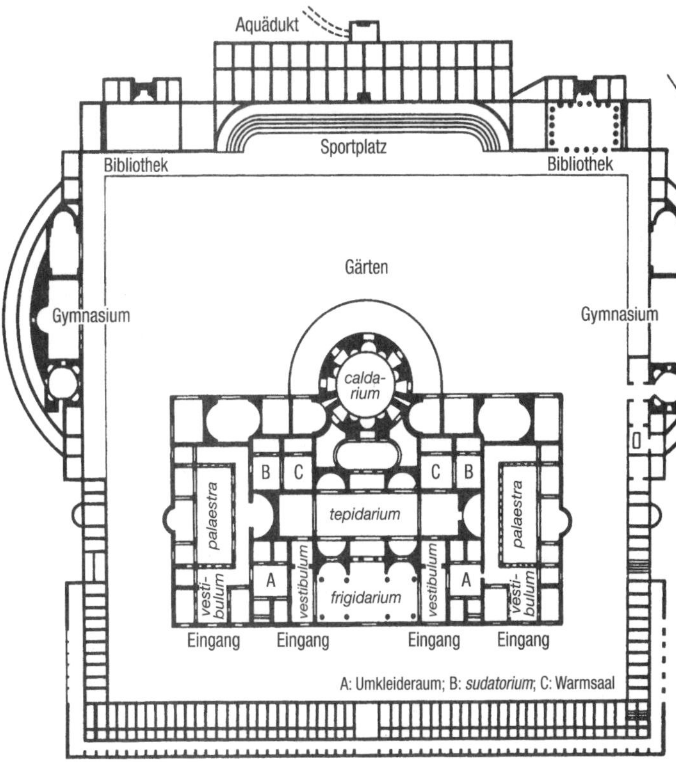

Grundriß der Caracalla-Thermen

Bibliotheken*, Schwimmbädern und Schänken ausgestattet. Hygiene und gesellschaftliches Leben gingen hier Hand in Hand. Man begab sich nachmittags zu den Thermen, die bis zum Einbruch der Nacht geöffnet waren. Die berühmtesten Anlagen in Rom sind die Caracalla-Thermen.

Wenn auch in den Städten die Häuser* oftmals nur über ein Badezimmer (*balnea*) verfügten, so besaßen die Landvillen oftmals regelrechte Thermenanlagen.

Tiberius

Tib. Claudius Nero (42 v.–37 n.Chr.) war der Sohn des Tib. Claudius Nero und der Livia*, die im Jahre 38 Octavian* heiratete. Er begann schon in recht jungen Jahren eine politische und militärische Laufbahn.

Im Jahre 26 war er Militärtribun* in Spanien und erfüllt in der Folgezeit Missionen in Armenien, Gallien*, den Alpen, Pannonien und Dalmatien, wobei er seine Fähigkeiten demonstrierte. Im Jahre 12 zwang ihn Augustus* seine

Tochter Julia*, die Witwe des Agrippa*, zur Frau zu nehmen. Im Jahre 7 v. Chr. erhielt er zum zweiten Mal das Konsulat. Im Jahr darauf wurde ihm die tribunizische Gewalt für fünf Jahre zugesprochen. Doch Tiberius ging freiwillig, müde und entmutigt von familiären und politischen Intrigen, nach Rhodos ins Exil. Augustus adoptierte ihn 4 n. Chr. und nötigte ihn, seinerseits Germanicus* zu adoptieren. Als Augustus dann im Jahre 14 n. Chr. starb, erkannte der Senat* Tiberius all die Vollmachten zu, die Augustus auf sich vereint hatte.

Doch unter Vortäuschung ernsthafter republikanischer Absichten gab er dem Senat manche seiner Vorrechte wieder zurück.

Während der ersten zwölf Jahre seiner Herrschaft (14–23) blühte das Reich unter seiner Leitung auf, doch ab 23 übte der Prätorianerpräfekt* Sejanus zunehmend Einfluß auf ihn aus. Verbittert und krank zog sich Tiberius 26 nach Capri zurück und ließ Sejanus freie Hand. Das Ende seiner Herrschaft ist düster: Im Jahre 31 ließ er zwar Sejanus hinrichten, dennoch dauerte das Regiment des Schreckens an, und mit Erleichterung nahmen die Römer die Nachricht vom Tod ihres Kaisers* auf.

Tibull

Der in der Nähe Roms geborene und aus einer Ritterfamilie stammende Albius Tibullus (um 50–19 v. Chr.) begann eine politische Laufbahn im Fahrwasser Messalas, des Konsuls* von 31, der ähnlich wie Maecenas*, aber viel unabhängiger als dieser, um sich einen Literaturzirkel* versammelt hatte.

Wegen einer Krankheit widmete sich Tibull ab 29 nur noch der Poesie und schrieb seine Liebesgedichte an Delia, Glycera und Nemesis. Er verstand es wie Vergil*, doch mit weit weniger Zwang, eine friedliche Atmosphäre und die Anmut des Landlebens zu genießen. An die Sammlung der von Tibull verfaßten *Elegien* sind als drittes Buch traditionellerweise Stücke des Lygdamus, der vielleicht Ovids* Bruder war, und Stücke der Sulpicia, der Nichte Messalas, angefügt.

Tierarzt

Die Tiermedizin entwickelte sich in hellenistischer und römischer Zeit erheblich weiter. Zu den nennenswerten Autoren gehören Epicharm (2. Jh. v. Chr.), Paxamos (1. Jh. v. Chr.) sowie die Enzyklopädisten Varro* und Plinius der Ältere, Vergil*, Columella (1. Jh. n. Chr.) sowie in späterer Zeit noch Palladius (4. Jh. n. Chr.). Doch gaben sich diese Autoren meist damit zufrieden, die Erscheinungsformen der Krankheiten mehr oder weniger genau zu dokumentieren und nur gelegentlich die angewandten Heilmittel mitzuteilen. Eine regelrechte Ursachenerforschung betrieben sie nicht.

Das am intensivsten betriebene Gebiet war das der Hippiatrik, der Pferdeheilkunst. In diesem Bereich waren Pathologie und Heilkunde recht weit entwickelt.

Tiere

Die griechisch-römische Antike kannte alle unsere heutigen Haustiere mit Ausnahme des Truthahn, der erst im 16. Jh. aus Amerika zu uns kam. In der Regel gab es in den römischen Häusern zahlreiche Tiere, die man bei uns heute nicht mehr antrifft: Affen, Hühner (heilige Hühner), Tauben, Schlangen, Spatzen und selbstverständlich Hunde. In Käfigen gehaltene Vögel und Katzen scheinen selten gewesen zu sein. Die Kinder zogen Mäuse auf, die sie vor Miniaturwagen spannten, um die Wagenrennen im Zirkus* nachzuspielen.

Bei den Römern gab es zwar weder Tierkulte noch Totemismus, dennoch aber maß man manchen Tieren in der Weise einen heiligen Wesenszug bei, daß man sie als traditionelle Attribute, als Weggefährten oder bevorzugte Opfertiere einem Götterkult zurechnete. So wurde etwa der Adler mit Jupiter, die Taube mit Venus in Verbindung gebracht; man opferte dem Jupiter weiße Rinder, ein Mutterschwein der Ceres, ein Pferd dem Mars. Am Luperkalenfest liefen die Luperkalenpriester (Wolfspriester) nach der Opferung eines Ziegenbocks um den Altar auf dem Palatin herum und schlugen mit den Fellstücken des geopferten Bocks die Frauen, die schwanger werden wollten.

Tinte

Um auf Papyrus oder Pergament zu schreiben, benutzten die Römer eine Tinte (*atramentum*), die zumeist aus Gummi und Ruß hergestellt wurde. Rote Tinte benutzten sie zur Hervorhebung der Titel (*rubrica*). Auch sympathetische Tinte kannte man bereits in der Antike, die etwa aus frischer Milch bestand und die man mit Kohlenstaub bestreuen mußte, um sie sichtbar zu machen.

Tisch

Der Tisch (*mensa*) ist ein wesentliches Möbelstück im römischen Haus*. Er wird bei Mahlzeiten*, Opferhandlungen, Spielen* und vielem mehr benötigt. Sein Formenreichtum reicht von rund über rechteckig bis zu halbkreisförmig. Er hat einen oder mehrere Beine, ist hoch oder niedrig, aus Holz, Marmor, Bronze oder Stein. Die Tischplatte kann auch aus Edelholz oder einer Intarsienarbeit bestehen, doch häufig waren es die Beine, die üppig verziert wurden.

Tischlerhandwerk

Bei der Möbelherstellung war Holz von geringerer Bedeutung als heutzutage. Dies hat allerdings nicht dazu geführt, daß das Tischlerhandwerk nicht zu höchster Vollkommenheit gelangte. Für edles Mobiliar griff man auf Furniere und Intarsien zurück, wofür Thujaholz recht begehrt war. Die luxuriösesten Möbel wiesen Einlegearbeiten aus Schildplatt, Horn und Edelmetall auf. Das Werkzeug der Schreiner und Tischler (*lignarii*) war nahezu identisch mit dem noch heute verwendeten. Für den Zusammenbau der einzelnen Elemente benutzte man Nägel, Zapfen, Leim und Schwalbenschwänze.

Toga

Die Toga (*toga*) ist die römische Nationaltracht und symbolisiert die Würde des Bürgers*. Anfangs wurde sie gleichermaßen auch von Frauen getragen, doch bereits in klassischer Zeit galt es als schändlich, wenn eine Frau sie trug.

Ursprünglich war sie rechteckig, dann wurde sie halbkreisförmig zugeschnitten. Ihre Maße wandelten sich mit der Mode, doch konnte ihr Durchmesser durchaus sechs Meter erreichen. Sie auf elegante Art anzulegen, war eine langwierige und schwierige Tätigkeit, wenn auch etwa Quintilian* dem Redner* Ratschläge erteilt, wie er die Falten elegant handhaben solle.

Die Toga besteht aus dickerem, weißem Leinen. Die Auguren* aber trugen gelbe Togen, und zur Kaiserzeit breitete sich die Mode farbiger Togen aus. Die des Kaisers* war wie die der Götter* rot. Die *toga praetexta* war mit einem purpurnen Saum versehen und wurde von Knaben bis zum 16. Lebensjahr sowie von Magistraten* bei offiziellen Anlässen getragen. Bei den Triumphen* hatten die siegreichen Feldherrn das Recht, eine purpurne Toga mit goldenem Saum (*toga picta, palmata*) zu tragen.

Als Symbol der römischen Bürgerschaft war die Toga gleichermaßen ein Symbol des Friedens, denn bei den Feldzügen trugen die Soldaten* den Kriegsmantel (*sagum*). Da die Toga aber ein schweres und unhandliches Kleidungsstück war, zogen die Römer ihr vor allem seit dem 1. Jh. n.Chr. mehr und mehr leichtere Mäntel* vor.

Tor

Bei den Städten liegen die monumentalen Stadttore (*porta*) an den äußersten Enden des *cardo** und des *decumanus*. In der Regel gibt es vier von ihnen. Dies gilt allerdings nicht für Rom, denn die Servische Mauer war von 15 Toren durchbrochen, die spätere Aurelianische Mauer gar von 20. Die normalerweise turmbewehrten Tore wiesen eine bis vier Öffnungen auf.

Manche von ihnen, insbesondere die während der *pax Romana** errichteten, waren äußerst schmuckvoll. Später, als die Invasionen drohten, spielten sie eine wichtige Rolle bei der Stadtverteidigung, für die sie ursprünglich auch gedacht waren. Zuweilen fiel auch Triumphbögen* die Funktion von Toren zu, so etwa dem Trajansbogen in Timgad. Doch gewöhnlich besaßen solche Bögen keine Tore im eigentlichen Sinne.

Das bedeutendste Beispiel für ein römisches Stadttor in Deutschland ist die Porta Nigra in Trier, die später von den Christen* zur Kirche umgebaut wurde und heute wieder rekonstruiert zu sehen ist.

Totenklage

Hymne zu Ehren eines Verstorbenen, die von Klageweibern (*praeficae*) im Trauerzug beim Begräbnis* angestimmt wurde und *naenia* genannt wurde.

Trajan

Der in Spanien geborene und einer Familie* des Senatorenstandes entstammende M. Ulpius Trajanus (53–117 n.Chr.) erklomm regulär die verschiedenen Sprossen des *cursus honorum** und wurde im Jahre 91 Konsul*. Als Nerva 96 auf den Kaiserthron kam, adoptierte er Trajan, der ihm dann 98 nachfolgte. Während seiner Regierungszeit kämpfte Trajan 101 bis 107 gegen die Daker und 113 bis 117 gegen die Parther. Seine fortwährende Sorge bezog sich auf die Sicherung der Reichsgrenzen. In Folge seiner Siege vergrößerte sich das Reich um die Provinzen* Dakien, Arabien, Mesopotamien, Assyrien, Armenien und erreichte seine größte Ausdehnung. Stets mit der Leitung seiner Kriegszüge beschäftigt, weilte Trajan immer nur kurz in Rom, erwies sich aber dennoch als ein begnadeter Verwalter, der sich insbesondere um die Förderung der Landwirtschaft* und des Handels* in den Provinzen verdient machte. Man verdankt ihm zahlreiche Bauwerke, z. B. das nach ihm benannte Forum* und Häfen* in Ostia und Ancona. Als liberaler, gebildeter und die republikanischen Traditionen achtender Kaiser* verlieh man ihm im Jahre 114 den Titel *Optimus* (Bester).

Trankopfer

Ein unblutiges Opfer*, das insbesondere in den Zeremonien des häuslichen Kultes* eine bedeutende Rolle spielt; das Trankopfer (*libatio*) kann neben Flüssigkeiten, so z. B. Milch* oder Wein*, auch aus Früchten*, Obst und anderen Lebensmitteln bestehen.

Trasimenischer See

Ein See in Etrurien östlich von Perugia, bei dem der Konsul* Flaminius von Hannibal* geschlagen wurde. Dieser griff Rücken und Flanken der römischen Truppen an, die zwischen den Hügeln, die den See im Norden umgeben, sowie dem See selbst festgekeilt waren. Flaminius wurde getötet, das römische Militär* regelrecht abgeschlachtet, doch Hannibal entließ die Italer ohne Lösegeld, da er sich auf diese Weise mit ihnen zu versöhnen suchte.

Tribun

Militärtribun. Zur Zeit der Republik* unterstand jede Legion* sechs Militärtribunen (*tribunus militaris*), die reihum den Oberbefehl führten. Anfangs wurden sie von den Konsuln* ausgewählt, doch seit Ende des 3. Jhs. durch die Tributarkomitien* gewählt. Die jungen Männer begannen mit diesem Amt den *cursus honorum**.

Zur Kaiserzeit unterstehen sie nicht mehr direkt dem Oberbefehlshaber des Militärs*, sondern dem Legaten* der Legion. Sie werden aus dem Senatorenstand gewählt.

Warum man das Amt des Militärtribunen mit konsularischer Gewalt, das es von 444 bis 367 v. Chr. gab, eingerichtet hatte, ist nicht bekannt.

Volkstribun. Das Amt des Volkstribunen (*tribunus plebis*) wurde 491 v. Chr. als Repräsentanz des Plebs* geschaffen. Erst gab es zwei, später fünf und schließlich zehn Volkstribune, die von der Volksversammlung*, später vielleicht von den Tributarkomitien, gewählt wurden. Im Prinzip hatten nur Plebejer Zugang zu diesem Amt.

Die Tribunen waren unantastbar (*potestas sacro sancta*). Wer Hand an sie legte, wurde verflucht. Beauftragt mit der Wahrung der Interessen des Volkes hatten die Tribunen das Recht, Volksversammlungen* einzuberufen und ihnen vorzusitzen; des weiteren hatten sie das Recht auf Widerspruch*, konnten für das Volk gültige Verordnungen erlassen und, wenn es ihnen beliebte, unter ihren Schutz nehmen. Doch waren diese Rechte nicht außerhalb Roms und seines Einzugsbereiches gültig. In der Folgezeit glichen sich die Machtbefugnisse der Tribunen denen der Magistrate* an: das Recht, den Senat* einzuberufen und ihm vorzusitzen, das Recht auf Auspizien*, das Recht der *obnuntiatio**, das Recht auf Zwangsmaßnahmen gegenüber allem und jedem. Allmählich wurde aus dem ursprünglichen Plebejeramt eine Magistratur. Sulla* schränkte die Rechte zwar ein, doch wurden sie später wieder erteilt.

Zur Kaiserzeit besaßen die Volkstribunen praktisch keine Machtbefugnisse mehr, denn der Kaiser* eignete sich die tribunizische Gewalt (*tribunicia potestas*) an und ließ sie sich jedes Jahr erneut bestätigen. In Verbindung mit dem *imperium** verhalf sie ihm zur absoluten Macht.

Tribus

Schon seit der Gründung Roms* war das Volk in drei Tribus (*tribus*) geteilt: Ramnes, Luceres und Tities. Man weiß nicht, ob diese Dreiteilung ethnische Gründe hatte, ob also die Ramnes Latiner*, die Luceres Etrusker* und die Tities Sabiner* waren; ob sie auf eine territoriale Gliederung aus etruskischer Zeit zurückgeht, bei der die Ramnes etwa den Palatin, die Luceres den Coelius und die Tities den Esquilin bewohnten; oder ob es sich gar um eine indoeuropäische Dreiteilung in der Gestalt handelt, daß die Ramnes die Priester, die Luceres die Krieger und die Tities die Bauern waren. Sicher aber ist, daß es sich bei den Bezeichnungen um etruskische Worte handelt. Doch deswegen darf man diese Dreiteilung nicht zwingend auf die Etruskerkönige zurückführen.

Diese drei Tribus waren ihrerseits in 30 Kurien* unterteilt, eine Zahl, die niemals geändert wurde. Servius Tullius schreibt man eine Reform zu, die vielleicht sogar wirklich auf ihn zurückgeht, nach der vier Tribus, die mit den vier Bezirken (*regiones*) Roms übereinstimmen sollten, eingerichtet werden sollten: Suburana, Esquilina, Palatina und Collina. Später wurden diesen städtischen Tribus siebzehn ländliche Tribus hinzugefügt, in welche die Umgebung aufgeteilt wurde. Die Zahl der ländlichen Tribus wurde nach und nach durch die Eroberungen vergrößert und erreichte schließlich 241 v. Chr. mit der Zahl 31 ihren Abschluß. Seitdem wurden die neuen Bürger* automatisch in eine dieser Tribus eingeschrieben, die nicht mehr mit der geographischen Situation übereinstimmten, sondern zu persönlichen geworden waren. Denn die Einteilung wurde nun durch die Zensoren* vollzogen und spielte eine wichtige politische Rolle, da hierdurch das Aussehen der Tributarkomitien* bestimmt wurde, für die die 31 Tribus den äußeren Rahmen bildeten.

Tribut

Beim Tribut (*tributum*) handelt es sich um eine außergewöhnliche, direkte Steuer*, die nur bei außerordentlichen Ausgaben den römischen Bürgern* auferlegt wurde. Nach dem Makedonischen Krieg (168 v. Chr.) wurde dieses System abgeschafft.

Eine vergleichbare Steuer aber wurde von den Verbündeten erhoben. Sobald diese aber das römische Bürgerrecht* erlangten, d. h. im Verlaufe des 1. Jhs. v. Chr., wurden in ganz Italien* keine Tributleistungen mehr gefordert.

Tributarkomitien

Die Ursprünge und Gründe für diese Versammlung*, in der Patrizier und Plebejer*, aufgeteilt nach Tribus*, zusammenkamen, sind nicht gänzlich geklärt. Sicher ist, daß die *comitia tributa* aus der Versammlung des Volkes (*concilia plebis*) wohl Mitte des 5. Jhs. entstanden, sicher aber zu Beginn des 3. Jhs. bestanden. Darüber hinaus waren die *comitia tributa* stets unabhängig von den *concilia plebis*, deren Funktionsweisen sie übernahmen: Sie wurden durch Konsuln* und Prätoren* einberufen, die ihnen auch vorsaßen. Die Zuständigkeiten der Tributarkomitien sind politischer (Wahl der unteren Magistrate* wie Quästoren* und kurulische Ädile*, denen man noch die Volkstribunen* und Volksädilen in einer Zeit hinzurechnen muß, in der die Volksversammlung zu Tributarkomitien wurde), gesetzgeberischer (Abstimmung* über Gesetze* – die einfache Art der Einberufung und der Sitzungskontrolle machte ab dem 3. Jh. aus den Tributarkomitien eigentliche gesetzgeberische Versammlungen) sowie juristischer Natur (das Recht, über bestimmte Straffälle zu urteilen).

Die Struktur der Tributarkomitien, die im Prinzip auf dem Wohnsitz beruhte, gewährleistete eine wirkliche demokratische Vertretung. In der Realität verlor der Unterschied der vier städtischen und der 31 ländlichen Tribus recht bald seinen territorialen Charakter, und die Vermögenseinteilung, welche die Zensoren* innerhalb der Tribus vornahmen, gewährleistete die Vorherrschaft der reichen oder begüterten Schichten in den ländlichen Tribus, denn im Gegensatz zur armen, in den vier städtischen Tribus eingeschriebenen Bevölkerung verfügten die 31 ländlichen Tribus auch über 31 Stimmen.

triclinium

Ein Bett* mit drei Plätzen, das es gestattet, die Mahlzeiten* liegend einzunehmen.

In den ersten Zeiten aßen lediglich die Männer im Liegen, die Frauen im Sitzen. Doch schwand diese Differenzierung. Üblicherweise stellte man drei *triclinia* um einen Tisch* (*mensa*). Der Ehrenplatz war der vom Tisch aus gesehen rechts auf dem mittleren Bett (*locus imus in lecto medio*). Gegen Ende der Republik* verdrängte ein halbkreisförmiges Bett, das *sigma*, so benannt nach dem griechischen Buchstaben, die drei *triclinia*.

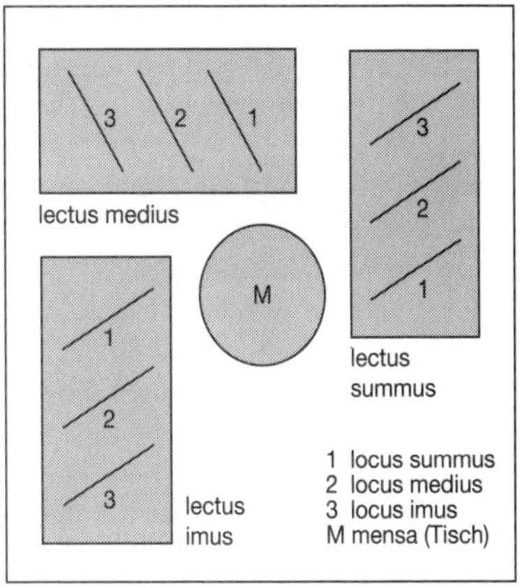

Plan eines *triclinum*. Der Ehrenplatz scheint der *locus imus* (3) auf dem *lectus medius* gewesen zu sein. Der Platz des Hausherrn war der *locus summus* (1) auf dem *lectus imus*.

Selbstredend bezeichnete man als *triclinium* auch den Speisesaal. Überall, wo sie konnten, legten die Römer mehrere Speisesäle an und verwendeten sie je nach Jahreszeit. Das schönste *triclinium* war das, das auf das Peristyl* hinausging.

Triumph

Eine feierliche Ehrung, die man einem siegreichen Feldherrn zugesteht und die von Volksfesten begleitet wird.

Ein Zug bildet sich auf dem Marsfeld, betritt die Stadt über das *forum* boarium*, zieht weiter am *circus maximus* vorbei, umrundet den Palatin, beschreitet die *via Sacra* und steigt hinauf zum Kapitol*. An der Spitze des Zuges gehen die Senatoren und Magistrate*, Musiker, dahinter werden die von den Feinden erbeuteten Gegenstände, Statuen und Bilder der eroberten Länder und Städte getragen und gehen die Gefangenen. Dann folgt gleich nach den Liktoren* der Sieger, auf seinem Wagen stehend und mit Lorbeer bekränzt, trägt er das Zepter* und ist mit der Tunika* und der goldgesäumten Toga* bekleidet. Hinter ihm schließt sich dann das Gefolge seiner Soldaten* an.

Auf dem Kapitol bringt der Triumphator dann dem Jupiter ein Dankopfer dar. Die gesamte Wegstrecke umtanzen Schauspieler* den Wagen des Siegers, verspotten die Menge, und die Soldaten stimmen witzige Lieder über ihren ruhmreichen Anführer an. Diese Späße, die *carmina triumphalia*, die denen der *pompa circensis** ähneln, hatten einen religiösen und moralischen Hintersinn, der darin lag, den Triumphator vor den Kräften des Bösen zu schützen und ihn vor Übermut (*hybris*) zu bewahren. Mit einem Gelage endete dieser Festakt, der sich auch über mehrere Tage erstrecken konnte, bei dem der Triumphator, wenn schon nicht Jupiter gleichgestellt, so doch über die Menschen erhoben worden war.

Ein siegreicher Feldherr mußte allerdings ganz präzisen Anforderungen genügen, um eines Triumphes würdig zu sein: Er mußte ein höherer Magistrat sein, unter seinen eigenen Auspizien* gekämpft haben, einen gerechten Krieg geführt haben, das Staatsgebiet vergrößert und mindestens 5000 Feinde getötet haben. Waren diese Bedingungen nicht alle erfüllt, stand ihm das Recht auf eine Ovation* oder nur auf ein Dankfest* zu, oder er nahm es auf sich, einen albanischen Triumph zu feiern. Nur der Senat* konnte die Ehre eines Triumphes zuerkennen. Unter den Größen der Republik* erlangten diese Ehre die beiden Scipionen*, Aemilius Paullus*, Marius*, Sulla*, Pompeius* und Caesar*.

Zur Kaiserzeit stand das Recht zu einem Triumph nur dem Kaiser* selbst als oberstem Kriegsherrn zu, doch gestand er denen, die wirklich gesiegt hatten, die Triumphzeichen* zu.

Ein albanischer Triumph, der von der Ehre her unterhalb der Ovation anzusetzen ist, wurde nicht vom Senat beschlossen, sondern konnte von einem siegreichen Feldherrn auf eigene Kosten begangen werden. Der Zug führte nicht zum Kapitol, sondern auf den Albanerberg, um dort dem Jupiter Latialis, dem Jupiter von Latium, ein Opfer* darzubringen.

Triumphbogen

Ein monumentales Tor (*arcus*), das in der Regel ein oder drei gewölbte Öffnungen hat, mit Säulen und Reliefs umgeben ist und auf dem obenauf Statuen stehen, die jedoch heute meist verloren sind. Die Herkunft der Triumphbögen ist nicht hellenistisch, sondern urrömisch, denn sie entstammen den *fornices*, Bögen, die aus zwei durch ein Gewölbe verbundenen Türmen mit einer sich darüber befindenden Attika bestanden, aber keine Säulen und bescheidene Dimensionen aufwiesen. Ihr ursprünglicher Sinn ist wahrscheinlich religiösen Charakters, denn nach einem Feldzug mußte das Militär* durch eine heilige Pforte schreiten und ihren potentiellen Zerstörer niederlegen. In späterer Zeit wurde dann der Triumphbogen zu einer Demonstration der Überlegenheit des Siegers über den Rest der Menschheit. Zur Kaiserzeit feierten diese Bögen weniger den Sieg an sich als vielmehr den Kaiser* als einzigen und ewigen Sieger. Doch manche Bögen, insbesondere die in den Provinzen*, galten dem Gedenken historischer Ereignisse von lokaler Bedeutung. Zu den berühmtesten Triumphbögen zählen die beiden Titusbögen, der des Septimus Severus und des Konstantin* in Rom sowie der von Orange in Frankreich.

Triumphsäule

Eine Säule (*colonna*) zu Ehren einer Person oder eines ruhmreichen Ereignisses war eine besondere Auszeichnung und sollte das Andenken bewahren. Während der Kaiserzeit errichtete man Kaisersäulen, von denen die berühmteste die des Trajan* ist, ein Werk des Architekten Apollodoros von Damaskus. Sie ist gleichermaßen Sieges- wie Grabmal. Denn ihre Basis enthält die sterblichen Überreste des Kaisers*, und auf dem Schaft der Säule, der aus 17 Trommeln aus Carraramarmor besteht, ist ein langes, spiralförmiges Reliefband gemeißelt, das die Feldzüge Trajans gegen die Daker (107 n.Chr.) bildlich nacherzählt. Die Höhe dieses Monumentes beträgt etwa 40 Meter. Heutzutage findet sich auf der Spitze eine Statue des hl. Petrus, die im 16.Jh. die des Trajan ersetzte.

Triumphzeichen

Als Belohnung wurden zur Kaiserzeit üblicherweise denen, die große Siege errungen hatten und die keinen Triumph* halten durften, da dieser dem Kaiser* vorbehalten war, Triumphzeichen (*insignia triumphalia*) zuerkannt. Diese Zeichen bestehen insbesondere aus dem Gewand des Triumphators, der purpurnen Toga* mit goldenem Saum, sowie der Krone* aus Lorbeer.

Triumvirat

Das erste Triumvirat war eine illegale politische Allianz, die Pompeius*, Caesar* und Crassus* im Jahre 60 v.Chr. geschlossen hatten, denn diese drei Männer wollten ihren gesamten Einfluß dazu nutzen, ihren Ehrgeiz zu befriedigen und ihrerseits die herrschende Anarchie zu beherrschen. Diese Übereinkunft wurde 56 v.Chr. in Lucca erneuert.

Das zweite Triumvirat von 43 v.Chr. bestand aus Octavian*, Antonius* und Lepidus, doch dieses Mal handelte es sich um einen offiziellen Titel mit einem offiziellen Auftrag (*tresviri reipublicae constituendae*). Es wurde im Jahre 37 für weitere fünf Jahre erneuert, erfüllte aber seinen Auftrag nicht, da die Mitglieder zu rasch miteinander in Streit gerieten.

Trophäe

In Rom verstand man unter *tropaeum* gemeinhin ein Denkmal, das an einen Sieg erinnern sollte. Ursprünglich war dies kaum mehr als ein Pfahl oder ein Baum, an den man die Beute hing. Gegen Ende der Republik* und zur Kaiserzeit war es aus Stein oder gar Marmor und ähnelte oft eher einem Mausoleum*, da es mit Statuen und Skulpturen geschmückt war, die die siegreiche Armee, die besiegten Soldaten und die Beute darstellen. Oft war es auch ein Tempel*, der den Gottheiten geweiht ist, die durch die Übertragung ihrer Macht den Sieg erst ermöglichten. Eine der bedeutendsten Trophäen ist die von La Turbie bei Nizza, die zwischen 7 und 6 v.Chr. zu Ehren des Augustus* anläßlich der Befriedung der Alpenvölker errichtet wurde. Die Trophäe wurde zu einem Schmuckstück: Waffen* und Fahnen im Überfluß um Brustwehr und Helm finden sich häufig sowohl in der Kunst der klassischen Zeit wie auch in der Renaissance.

Tür

Die Eingangstür einer *domus* ist in der Regel von der Straße* abgesetzt, so daß der Raum zwischen Tür (*ianua*) und Straße ein Vestibül bildet, eine Art Korridor, der einen Warteraum außerhalb der eigentlichen Wohnung abgibt und in dem sich die Klientel* vor ihrem Empfang aufhalten konnte.

Die Eingangstüren sind üblicherweise zweiflügelig (*fores*), aus Holz und öffnen sich nach innen, wobei sie sich um Angeln (*cardines*) drehen, die im Boden und im Sturz befestigt sind. Das Zusperren erfolgte mittels eines doppelten Türschlosses, durch Riegel oder Balken. Bat man um Einlaß, bediente man sich des außen angebrachten Türklopfers, der zuweilen reich verziert war. Die Schwelle (*limen*) zu überschreiten, war eine religiöse Handlung, über sie zu stolpern, war ein schlechtes Vorzeichen*. Im Haus selbst gab es in der Regel keine Türen zwischen den einzelnen Räumen, sondern Wandbehänge*. Im Falle großer Mauerdurchbrüche dienten Paravents mit abgesetzten Flügeln (*valvae*) als Raumteiler.

Tunika

Kleidungsstück, das aus zwei zusammengenähten Stoffstücken besteht und Öffnungen für Kopf und Arme aufweist. Gegen Ende des 2. Jhs. n.Chr. gibt es dann auch Tuniken mit Ärmeln (*tunica dalmatica*). Mit einem Gürtel wurde die Tunika an der Taille geschnürt und ließ sie wie eine Bluse wirken. Der recht einfache Zuschnitt war für Männer wie Frauen gleich. Dennoch war die Frauentunika weiter und länger, denn sie reichte bis zu den Fersen hinab (*tunica talaris*), während die der Männer nur bis zu den Waden ging. Doch vermischten sich diese geringfügigen Unterschiede.

Für die Frauen war die Tunika einzig und allein ein Unterkleid, über das sie die *stola** trugen.

Die Männer trugen die Tunika auch allein, im Familienumfeld oder auf dem Lande. Wenn sie sich aber angemessen kleiden sollten, trugen sie die *toga**. Es gab, grob gesehen, zwei Arten der Männertunika: Die Tunika mit zwei vertikalen Purpurstreifen, davon eine mit breiten Streifen (*tunica lato clavo*), die von den Senatoren getragen wurde, und eine mit schmalen Streifen (*angustus clavus*), die von Römern aus dem Ritterstand* getragen wurde; andererseits gab es die bestickte Tunika (*tunica palmata*), die nur ausnahmsweise, etwa bei einem Triumph*, getragen wurde.

Die einfachen Leute wie auch die Sklaven* gingen gewöhnlich in der Tunika. Je nach Jahreszeit konnte man auch zwei oder mehr Tuniken übereinander tragen.

Unterricht ▶ Erziehung

urbs

Dieses wahrscheinlich aus dem Etruskischen stammende Wort bedeutet soviel wie 'Stadt' und bezeichnet bis ins 4. Jh. n. Chr. in der Regel Rom, die Hauptstadt des Reiches. Doch genauer bezeichnet *urbs* den Teil der Stadt, der sich innerhalb der Mauern befindet. Denn Rom umfaßte die durch Servius Tullius in vier, durch Augustus* in vierzehn Bezirke aufgeteilte *urbs* ebenso wie die Vorstädte (*continentia*), die in einer Zone von 1000 Schritt rund um die *urbs* lagen. Einige Zahlen mögen einen Eindruck von der Bedeutung der *urbs* für das Reich vermitteln: Die *urbs* selbst umfaßte 1800, die Gesamtstadt Rom 25 000 Hektar; ihre Bevölkerung belief sich auf etwa 1,2 Mio. Personen; es gab etwa hundert Tempel*, dreißig Bibliotheken*, ein Dutzend Basiliken*, zehn Thermen*, drei Theater*, zwei Amphitheater*, zwei Zirkusse*, ungefähr vierzig Triumphbögen*, fünfzehn Foren*, fünfundzwanzig Portiken*, drei Märkte*, neun Tiberbrücken* usw. Die Stadtverwaltung von Rom wurde lange Zeit mit der Staatsregierung verwechselt, und dies sogar noch zur Kaiserzeit.

Urnen ▶ Graburnen

Varro

Der im Sabinerland geborene M. Terentius Varro (116–27 v.Chr.) beschritt eine politische Laufbahn und kämpfte mit Pompeius* bei Pharsalos*, was ihm Caesar* aber nie übelgenommen hat. Er hinterließ ein gelehrtes, enzyklopädisches Werk, das vielfältige Themen behandelte, z.B. Grammatik, Landwirtschaft, Biographien und Humor. Seine *Altertümer*, die nicht erhalten geblieben sind, bildeten eine wichtige Informationsquelle für alle Schriftsteller der Antike.

Verbannung

Zur Zeit der Republik* hatte jeder Bürger* oder Fremde*, der mit der Todesstrafe zu rechnen hatte, die Möglichkeit, sich durch freiwillige Verbannung der Urteilsvollstreckung zu entziehen. Seine Güter allerdings wurden konfisziert und er oblag der 'Versagung von Feuer und Wasser'* (*interdictio aquae et ignis*). Im 1. Jh. v.Chr. wurde die Verbannung an sich zur Strafe* erhoben. In der Kaiserzeit hatte der Verurteilte kein Anrecht mehr darauf, seinen zukünftigen Wohnort frei zu bestimmen.

Neben der Verbannung gab es in der Kaiserzeit noch die Deportation und die Relegation. Die *relegatio* konnte auf Zeit oder auf Dauer ausgesprochen werden, zog aber nicht die Konfiskation der Güter sowie den Verlust der politischen und juristischen Rechte nach sich. Schwerer als die *relegatio* wog die *deportatio*: Sie zog den Einzug der Güter und den Verlust aller Rechte nach sich. Deportation und Relegation waren üblicherweise den *honestiores** vorbehalten, denn für dieselben Straftaten wurden die unteren Schichten* mit Zwangsarbeit oder dem Tod bestraft.

Verbündete

Nach der Niederlage des latinischen Bundes schloß Rom Bündnisse mit einigen eroberten Städten. Diese waren nicht immer gleichlautend, sondern enthielten unterschiedliche Klauseln und Bestimmungen. Die begünstigteren Städte, so etwa Neapel, Praeneste und die größeren Städte Umbriens und Etruriens, hatten mit Rom einen *foedus aequum* geschlossen, Camerinum in Umbrien und Heraklea in Lukanien gar einen *aequissimum*. Diese Städte behielten ihre Verwaltungseinrichtungen, ihre Sprache, ihre Gerichtsbarkeit sowie das Münzprägerecht bei. Ihre Einwohner erhielten das unvollständige Bürgerrecht*, d.h. sie blieben ohne Stimmrecht. Die Städte, und es waren ihrer bedeutend mehr, mit denen Rom einen *foedus iniquum* eingegangen war, befanden sich in einer schlechteren Situation: Sie verloren praktisch ihre Unabhängigkeit, obschon eine autonome Verwaltung noch weiterhin bestand. Ihre Bewohner konnten nicht so einfach das volle Bürgerrecht erlangen. Alle Verbündeten (*civitates foederatae*) hatten Truppenkontingente zu stellen, die nicht in der Legion* dienten, sondern die *socii Italici* bildeten (▶ Bundesgenossenkrieg).

Nahe an die rechtliche Stellung der verbündeten Städte kommt die der freigesprochenen Städte (*civitates liberatae*) heran: Sie hatten keinerlei Finanzverpflichtungen zu erfüllen, mußten aber auf ihrem Territorium römische Garnisonen oder Magistrate*, insbesondere die der *curatores**, dulden. Doch war Rom stets berechtigt, diese Gegebenheiten zu modifizieren. Flaminius gestand 196 v.Chr. diese Rechtsstellung den griechischen Städten zu. Die Rechtsstellung der verbündeten Städte in Italien* sowie in den Provinzen* ist durchaus vergleichbar.

Vercingetorix

Der Anführer der Averner, der im Jahre 52 v. Chr. einen gewaltigen Aufstand gegen Caesar* ins Leben rief. Er widerstand ihm siegreich bei der Belagerung von Gergovia, mußte sich dann aber nach Alesia, wo ihn sein Kontrahent blockierte, zurückziehen. Er wurde gefangengenommen und nach Rom gebracht; dort wurde er während des Triumphzuges Caesars im Jahre 46 v. Chr. hingerichtet.

Vergil

Der in Mantua 70 v. Chr. geborene P. Vergilius Maro stammte aus kleinbürgerlichem Milieu und wurde in Cremona, Mailand und Rom (54) ausgebildet. Er war allerdings viel zu scheu, um die Laufbahn eines Redners* einschlagen zu können, und bevorzugte die Gesellschaft von Philosophen* und Dichtern. Eine unter seinem Namen als *Appendix Vergiliana* (Anhang zu Vergil) kursierende Sammlung, von der manche Stücke vielleicht sogar wirklich von ihm stammen, gestattet eine Vorstellung von der Dichtung zu bekommen, die Vergil verzauberte und der er wohl auch nachgegangen ist (Epigramme, Gedichte nach alexandrinischem Muster). Um 48 v. Chr. begab sich Vergil nach Neapel zum epikureischen Philosophen Siron und entsagt eine Zeit der Dichtkunst.

Nach dem Tode seines Lehrers kehrt er 44 in seine Heimat zurück und besucht den Literaturzirkel* um Asinius Pollio*, den Statthalter* der Provinz* Gallia* Cisalpina. Etwa um diese Zeit begann er mit der Abfassung seiner *Hirtengedichte* (*Bucolica*) (44–39), die in der Tradition des Syrakusaners Theokrit (3. Jh.) stehen und Hirten zeigen, die spontane Verse zu einem von ihnen gewählten Thema im Wechselgesang singen. Die tiefere Bedeutung der Sammlung ist nicht auf den ersten Blick zu entdecken. Eine große innere Zufriedenheit beherrscht die Szenerie: Die Hirten besingen die Rückkehr des goldenen Zeitalters und huldigen einem jungen Gott, in dem man Octavian* erkennt.

Doch im Jahre 38 verfinsterte sich die politische Lage, und Vergil war darüber sehr betrübt. Er begann ein größeres Werk, die *Georgica*, ein Gedicht in vier Gesängen, deren erster allgemeine Vorschriften, der zweite Wein- und Obstbau, der dritte Viehzucht* und der vierte die Bienenzucht* behandelt. Vergil ließ sich hierzu von Hesiod und Arat inspirieren und wetteiferte mit Lukan*, als er das Schauspiel der Natur und die Menschen bei der Arbeit beschrieb, denn für ihn konnte der Mensch sein Glück am Busen der Natur finden.

Nachdem die *Georgica* um das Jahr 29 fertiggestellt waren, erweiterte Vergil das Gebiet seiner dichterischen Tätigkeit und begann die *Aeneis*, ein episches Gedicht in zwölf Gesängen, das sich im ersten Teil auf die *Odyssee*, im zweiten auf die *Ilias* bezieht und das Heldenlied des römischen Volkes vom Untergang Trojas bis zur Schlacht von Actium* darstellt. Es ist das Gedicht der Größe Roms, die von der Vorsehung bis zur Erfüllung seines Schicksals* reicht.

Vergil starb 19 v. Chr. während einer

Reise nach Griechenland, als seine *Aeneis* noch nicht vollendet war. Augustus* widersetzte sich dem letzten Willen des Autors, der das Werk, da er es für noch unvollkommen hielt, verbrannt wissen wollte.

Vergöttlichung

Eine besondere, römische Form der Vergöttlichung ist die Apotheose, d.h. daß auf eine Entscheidung des Senates* hin ein Kaiser* nach seinem Tode den Göttern* gleichgestellt wird. Das Verfahren ist genauestens geregelt. Am Ende des mehrtägigen Zeremoniells wird der Kaiser zum Gott (*divus*) erklärt. Seine kultische Verehrung wird durch Priester* und Flaminen* gewährleistet (▶ Kaiserkult). Manchmal erhielten neben dem Kaiser auch Angehörige seiner Familie* ebenfalls die Apotheose durch Verleihung der Titel *divus* oder *diva*, so etwa Livia, die Gemahlin des Augustus, der Vater Trajans* oder Faustina*, die Frau Marc Aurels*. Prinzipiell sollten nur 'gute' Kaiser vergöttlicht werden, doch mit Nerva wurde die Apotheose seit dem Ende des 1. Jhs. n.Chr. praktisch zur Regel.

ver sacrum

Ein italischer Mythos, nach dem man im Falle einer Katastrophe dem Mars all das weihte, was im folgenden Frühling an Pflanzen, Tieren und Menschen geboren werden sollte.

In der gesamten Geschichte der römischen Republik* gab es lediglich im Jahre 217, nach der Schlacht am Trasimenischen See*, einen *ver sacrum*, der 195 und 194 ausgeführt wurde. Dieser beschränkte sich auf einige Schafe und Schweine.

Versagung von Feuer und Wasser

Die *interdictio aquae et ignis* traf jeden, der mit dem bürgerlichen Tod bestraft worden war. Es handelt sich dabei um eine Art religiöser Ausgrenzung, welche die Verbannung* des Verurteilten und die Einziehung seines Habs und Guts voraussetzte.

Versammlung ▶ Volksversammlung

Versmaß

Das einzige wirklich lateinische Versmaß ist der Saturnier, benannt nach Saturnus, dem ersten mythischen König* von Latium. Da sich aber nur einige hundert Saturnier erhalten haben, ist es schwierig, ihren Aufbau genau zu studieren. Als Grundlage diente die Unterscheidung in lange und kurze Silben, doch spielten auch die Aufteilung des Verses in zwei Teile, die Alliteration und die Silbenzahl jeden Wortes eine Rolle. Dieses Versmaß indo-europäischen Ursprungs benutzte Livius Andronicus* für seine *Odyssee* und Naevius* für seinen *Punischen Krieg*.

Alle übrigen Versmaße wurden von den Griechen übernommen und den Gegebenheiten der lateinischen Sprache angepaßt. Ennius* hat als erster den Saturnier für sein Epos *Annalen* beiseite gelegt und auf den daktylischen Hexameter, den epischen Vers Homers, zurückgegriffen. Doch wurde der Hexameter auch in anderen Dichtgattungen verwendet, so etwa von Lucilius*, Lukrez*, Catull*, Vergil* und Ovid*. Der daktylische Hexameter besteht aus sechs Versfüßen und dem Gegensatz von einer langen und zwei kurzen Silben. Der Ersatz der zwei Kürzen durch eine Länge ist überall, außer im fünften Fuß, möglich. Verbunden mit dem Pentameter bildet er das elegische Distichon, das Properz*, Ovid* und Tibull* benutzten.

Die römischen Komödien und Tragödien haben seit ihren Anfängen einen jambischen Trochäus benutzt, bei dem entweder der Jambus oder der Trochäus die Grundlage war.

Catull und die Neoteriker griffen ebenso wie Horaz* in seinen *Oden* auf das äolische Versmaß zurück, das von den Dichtern des äolischen Dialektes, Alkaios und Sappho, meisterlich verwendet wurde. Hierbei handelt es sich um ein sehr kompliziertes Versmaß, das die Kombination unterschiedlicher Strophen gestattet.

Verwalter

Das Amt des Verwalters (*curator*) gab es schon in republikanischer Zeit. Diese *curatores* sollten in den Tribus* etwa das Personenstandsregister führen und bestimmte Steuern* erheben. Doch in der Kaiserzeit wurden Großverwaltungen geschaffen, die sich rasend schnell entwickelten. Meist wurden mit diesen Aufgaben Angehörige des Senatorenstandes betraut und versahen dann Funktionen, die anderenfalls verschiedenen Magistraten* zugeordnet waren: Unterhaltung des Straßennetzes (*curatores viarum*), der Wasserleitungen* (*curatores aquarum*), des Tibers und der Kanalisation* (*curatores alvei Tiberis et riparum et cloacarum*) sowie Rechnungsprüfer der Finanzen (*curatores reipublicae*).

Verwaltungsgerichtsbarkeit

Hierbei handelt es sich um Streitfälle zwischen Staat und Privatpersonen, die von Beamten* oder Verwaltungsangestellten, die das öffentliche Interesse vertreten, angestrengt werden; diese besitzen in ihrem Amtsbereich die entsprechende Befugnis. Zu Zeiten der Republik* war das wichtigste Amt das des Zensors*.

Vestalin

Eine Priesterin* des Kultes* der Göttin Vesta; das Kollegium der Vestalinnen gilt als sehr alt und soll schon zu Beginn des Königtums* bestanden haben. Es bestand zuerst aus vier, dann sechs und schließlich sieben Priesterinnen. An ihrer Spitze stand die große Vestalin (*virgo Vestalis maxima*). Zuerst entstammten sie alle mehr oder weniger dem Patriziat. Es war Aufgabe des *pontifex* maximus*, sie auszuwählen, wenn sie noch recht jung, zwischen sechs und zehn Jahren, waren und ihre Eltern noch lebten. Ihre Priesterschaft dauerte 30 Jahre: Zehn Jahre Ausbildung, zehn Jahre Ausübung und zehn Jahre Unterricht. Die Disziplin, der sie unterworfen waren, war äußerst streng, fast asketisch. Sollten sie ihr Keuschheitsgelübde gebrochen haben, wurden sie lebendig begraben. Ihre Hauptaufgabe bestand in der Aufsicht über das Heilige Feuer Roms, das im Tempel* der Vesta auf dem Forum* loderte und Symbol für die Lebendigkeit der Stadt war. Ihre übrigen Aufgaben bestanden in der Aufsicht über die Penaten* des Volks von Rom und über geheimnisvolle Gegenstände, die niemand betrachten durfte und die das Fortbestehen des Menschengeschlechtes gewährleisten sollten. Nach Beendigung ihrer Priesterzeit konnten sie weiterhin Vestalinnen bleiben oder in das Zivilleben zurückkehren.

Eine besondere Tracht, die aus einem großen weißen Tuch und Stirnbinden bestand, machte sie den Römern auffällig; sie hatten das Recht auf Liktoren*. Sie erfreuten sich großen Ansehens und verschiedener Vorrechte. Insbesondere konnten sie jeden Verurteilten, der bittfällig zu ihnen eilte, begnadigen. Sie wohnten im *atrium Vestae*, das nicht weitab vom Tempel der Göttin lag, gleich neben der *regia*, dem offiziellen Wohnsitz des *pontifex maximus*. Nur Frauen durften hier während der *Vestalia* im Juni eintreten.

Die heute noch sichtbaren Überreste des Vestalinnenhauses stammen aus der Zeit der Severerkaiser.

Veteran

Jeder Altgediente vom einfachen Soldaten bis zum Zenturio* kam in den Genuß eines Sonderurlaubs (*missio honesta*), nachdem er seine Militärdienstzeit absolviert hatte. Deren Dauer schwankte je nach Epoche und Einsatzbereich von 16 bis 30 Jahren. Der Tag der Entlassung wurde feierlich begangen. Den Veteranen standen einige Vorrechte zu. Gelegentlich wurden sie in Kolonien* angesiedelt.

Viehzucht

Die Bedeutung der Viehzucht für die Römer läßt sich allein schon daran ablesen, daß der erste römische König*, Romulus, ein Hirt war. Die Sabiner* waren Ackerbauern, die Etrusker* Handwerker und die Latiner* Viehzüchter gewesen. Somit bestand in Rom schon von Anbeginn an eine Mischwirtschaft, in der Landwirtschaft* und Viehzucht nebeneinander betrieben wurden. Doch immerhin stammt das Wort *pecunia*, mit dem man das Geld bezeichnete, direkt vom Wort für Vieh (*pecus*) ab.

Zuchttiere waren in erster Linie Rinder, die als Zugtiere für die landwirtschaftlichen Arbeiten oder der Milchversorgung dienten, dann Pferde als Reit-, Transport- und Militärtiere. Schafe wurden wegen ihrer Wolle und wegen ihrer Milch, Esel und Maultiere als Lasttiere gezüchtet. Zur Fleischerzeugung wurden im Grunde nur Schweine gehalten.

Die Geflügelzucht ist recht jung: Am Anfang zog man nur vereinzelt Hühner und Tauben. Die für die römische Welt so wichtige Fischzucht beginnt erst mit dem 2. Jh. v. Chr., als Großgrundbesitzer begannen, See- wie Süßwasserfische in gewaltigen Bassins zu halten. Die Austernzucht ist erst für das 1. Jh. v. Chr. zu belegen.

Vigintiseviri

Mit diesem Begriff bezeichnet man sechs Gremien, die sich insgesamt aus 26 Mitgliedern (*vigintiseviri*) zusammensetzen. Es handelt sich um niedere Bedienstete, die erst recht spät von den Tributarkomitien* feierlich in ihr Amt eingesetzt wurden. Diese Gremien umfaßten zehn Zivilrichter (*iudices decemviri litibus iudicandis*), vier den Prätoren* zugeordnete Präfekten (*quatuorviri iure dicundo*), drei Polizeikommissare, die Festnahmen, Folterungen, Hinrichtungen u.ä. vornehmen sollten (*tresviri capitales*), drei Kontrolleure für das Geldgewicht (*tresviri monetales*), vier den Ädilen* zugeteilte Baumeister für die Stadtstraßen (*quatuorviri viis in urbe purgandis*) und zwei Baumeister für die Straßen* bis eine Meile um Rom herum (*duoviri viis extra urbem purgandis*).

Es war nicht notwendig, eine dieser

kleinen Magistraturen* absolviert zu haben, um den *cursus honorum** einzuschlagen. Dennoch wurden sie in gewissem Sinne als eine Art Probezeit angesehen.

Zur Kaiserzeit wurden sie um vier Mitglieder reduziert und bildeten nach der Auflösung der vier Präfekte *iure dicundo* sowie der zwei Baumeister *extra urbem* das Vigintivirat (*vigintiviri*). Jegliche senatorische Laufbahn begann nun mit der Bekleidung einer dieser Magistraturen.

Villa

Als *villa* bezeichneten die Römer sowohl einen Bauernhof (*villa rustica*) als auch ein Herrenhaus (*villa urbana*).

Die *villa rustica* war für die Bearbeitung eines Landgutes ersonnen und umfaßte dementsprechend alle dazu nötigen Einrichtungen. Wenn der Landherr keine *villa urbana* besaß, wohnte er in den besten Zimmern.

Die *villa urbana* wurde an einem angenehmen Ort errichtet und war ein Gebäude, das Luxus und Prachtentfaltung verkörperte. Es gibt keinen schematischen Typus, doch entsprach ihre Aufteilung in der Regel, wenn auch großzügiger, der des normalen Hauses*. Oftmals ließ der Hausherr noch Gärten*, Parkanlagen, Sportstätten oder Schwimmbäder anlegen. Die reichsten Villen sind mit geradezu verschwenderischen Malereien und Mosaiken* ausgeschmückt. Zu den berühmtesten gehören die Villen Ciceros* und Plinius'* des Jüngeren.

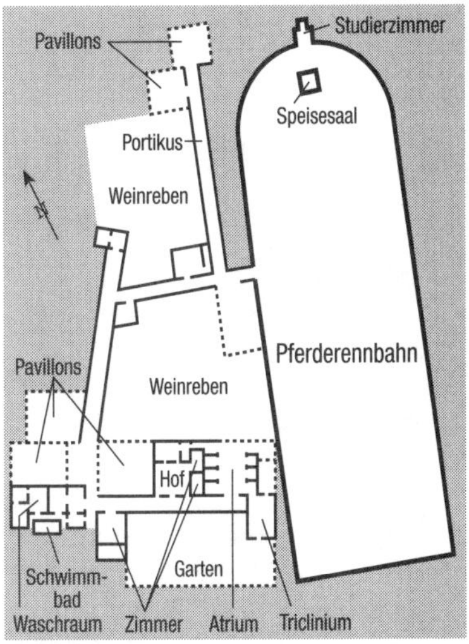

Grundriß einer Stadtvilla, hier der des jüngeren Plinius (Rekonstruktion von Winnefeld). „Mein Heim liegt am Fuße des Apennin, dem klimatisch gesündesten Bergzug ... Dort herrscht Frieden und Ruhe ..."

virtus

Dieser Begriff gehört wie *pietas** und *fides** zu den Ausdrücken, die am besten die ideale Moralvorstellung der Römer symbolisieren. *Virtus*, das seine Wurzeln im Wort *vir* (Mann, Held) hat, bezeichnet dementsprechend eine einem Manne würdige Haltung, und zwar im erhabensten Wortsinn (Mannhaftigkeit, Redlichkeit). Es ist auch der Mut, der den Tod und den Schmerz verachtet, sowie eine Haltung, die ihren Zweck erreicht.

Im Gegensatz zur weibischen Schwäche (*impotentia muliebris*) bedeutet *virtus* Selbstbeherrschung, moralische und geistige Ausgeglichenheit und Würde. Das Wort hat aber seinen Wortsinn allgemein auf Tugend ausgedehnt und konnte damit jegliche gute Eigenschaft bezeichnen. Es gehörte, insbesondere für die Stoa*, zum Wortschatz der Philosophen*.

Die *Virtus* wurde zwar vergöttlicht, doch stets als eine kriegerische Gottheit angesehen. Sie besaß in Rom mehrere Tempel*, und ihr Kult* war oft verbunden mit dem des *Honos* (Ehre).

Volkstribun ▶ Tribun

Volksversammlung

Als Folge des Auszuges der Plebejer* auf den Heiligen Berg oder den Aventin gestanden ihnen die Patrizier zu Beginn des 5. Jhs. v.Chr. eigene politische Institutionen zu, das Volkstribunat, den Ädilen* des Volkes sowie das Recht, sich in Versammlungen zusammenzufinden, die von einem Tribunen* einberufen wurden und bei denen dieser den Vorsitz führt. Die Plebejer verwandten als äußeren strukturellen Rahmen ihre Einteilung nach Tribus*. Auf ihren Versammlungen wählten sie ihre Magistrate*, die Tribune und Ädilen, und stimmten über Gesetze* ab, die ausschließlich sie betrafen, die Plebiszite (*plebis scita*). In späterer Zeit hat es den Anschein, als ob diese Plebiszite erst wie Gesetze betrachtet wurden, wenn sie auch vom Senat* (449) bestätigt waren, später (339), wenn sie seine vorherige Zustimmung hatten. Die *lex Hortensia* von 287 v.Chr. stellte die Plebiszite dann den allgemein gültigen Gesetzen gleich, die sowohl für Plebejer wie Patrizier galten; vielleicht aber waren sogar diese Gesetz-Plebiszite noch der Entscheidung oder zumindest der Zustimmung des Senates unterworfen. Seit dieser Zeit (287) aber ist es äußerst schwierig, die Beziehungen zwischen Volksversammlung und Tributarkomitien* auseinanderzuhalten. Denn man weiß nicht, ob die *concilia plebis* weiterhin wie in der Vergangenheit verliefen und ihren Charakter als für die Patrizier verbotene Versammlung bewahrten, mit dem Unterschied, daß nunmehr ihre Plebiszite zu Gesetzen wurden, oder ob sie zu Tributarkomitien wurden, die auch den Patriziern offenstanden und von Konsuln*, Prätoren* oder Tribunen einberufen wurden und politische, gesetzgeberische und richterliche Gewalt besaßen. Manchen Autoren zufolge soll eine Umwandlung der *concilia plebis* in *comitia tributa* schon 449 stattgefunden haben.

Vorzeichen

Bei den Vorzeichen, welche die Götter* den Menschen sandten, um sie zu ihren Unternehmungen zu ermutigen oder ihnen davon abzuraten, unterscheidet man zwischen dem *omen**, einem Vorzeichen, das sich dem Gehör darbietet, und dem *auspicium**, welches man sehen kann.

Im Angesicht des Vorzeichens entschieden die Römer über ihre Handlungen, denn die Vorzeichen deuteten auf die Zukunft, vermochten sie aber nicht festzulegen. Somit konnte man ihnen wortwörtlich folgen, sie umdeuten oder gar unbeachtet lassen. Sie manifestieren eine charakteristische religiöse Einstellung der Römer, nämlich stets zu versuchen, einerseits den Göttern und den Sitten Achtung entgegenzubringen, andererseits ihre praktische Umsetzbarkeit zu beachten. Die Grenze dieser Ambivalenz zeigt sich deutlich bei den heiligen Hühnern (*pulli*), die man in Käfigen hielt, um an ihrem Appetit erkennen zu können, ob die Götter einem Unternehmen günstig gestimmt waren oder es verwarfen.

Daneben gab es noch das Vorzeichen des *prodigium*, ein außergewöhnliches

Zeichen, mit dem die Götter ihren Unmut und den Bruch des Götterfriedens anzeigen. Jedes den Naturgesetzen widersprechende Phänomen, Sonnen- und Mondfinsternisse, Steinregen, Erdbeben oder Geburtsmißbildungen, riefen schreckliche Ereignisse hervor. Um die Götter zu beruhigen, mußte man das Vorzeichen beschwören (*procuratio prodigiorum*). Das Verfahren dieser *procuratio* verlief nach einem streng geregelten Verfahren: In Fällen minderer Bedeutung betraute der Senat* mit der Reinigungszeremonie die Konsuln* oder die *pontifices**; waren die *prodigia* bedeutender, griff man auf die *quindecemviri** und die Haruspices* zurück, die eine Unterdrückung des *prodigium* in die Wege leiteten, so durch Begraben des Blitzes oder Ertränken des mißgebildeten Kindes oder Tieres, und eine Reinigung* vornahmen.

Doch nach dem Zweiten Punischen Krieg* und den Krisensituationen, die er heraufbeschwor, verschwand, auch unter dem wachsenden Einfluß des Hellenismus, die Unterscheidung der Vorzeichen.

Waffen ▶ Bewaffnung

Wagenrennen

Die beliebtesten Spiele* waren die im Zirkus* (*ludi circenses*). Zur sportlichen Begeisterung kam noch die Wettleidenschaft hinzu. Meist schirrte man vor die Wagen in Griechenland, Afrika und vor allem in Spanien erworbene Pferde. Wegen der Freude am Außergewöhnlichen spannte man gelegentlich auch Kamele, Elefanten oder Tiger an. Traditionellerweise bestand ein Rennen aus sieben Runden. Vier Mannschaften (Rot, Blau, Grün und Weiß), die ein gewaltiges Personal von Kutschern, Trainern, Tierärzten*, Stallknechten und Sattlern hinter sich hatten, das die *domini factionum* (Champions) unterstützte, die einzeln oder paarweise gegeneinander antraten. Der Beruf des *dominus factionum* war äußerst einträglich. Die besten Wagenlenker genossen ein sehr hohes Ansehen. Um den Enthusiasmus der Zuschauer, die bei den Wetten gewonnen hatten, zu dämpfen und die Verbitterung der anderen zu mildern, verteilte man in der Kaiserzeit Trostkärtchen, die ihrem Inhaber das Recht auf eine kleinere Geldsumme zuerkannten.

Wahlen

Diese beziehen sich nur auf die Zeit der Republik*, denn im Königtum* scheint das Volk den König eher bestätigt denn gewählt zu haben. Während der Kaiserzeit kann man nicht von regulären Wahlen sprechen, da das Abstimmungsergebnis den Versammlungen* vom Kaiser* praktisch diktiert wurde.

In republikanischer Zeit aber waren Wahlen für das politische Leben der Bürger*, die sich bei diesen aufstellen ließen oder ihre Kandidaten unterstützten, von immenser Bedeutung. Zudem ist bekannt, daß die Römer sich eine herausragende Karriere außerhalb der Politik nicht vorstellen konnten. Jeder Kandidat für ein Magistratsamt mußte seine Kandidatur durch eine öffentliche Erklärung (*professio*) auf dem Forum* anzeigen, danach mußte ihn der Magistrat*, der den Komitien* vorstand, in die Kandidatenliste aufnehmen. Üblicherweise wurde diese Erklärung an dem Tag abgegeben, an dem auch die Einberufung der Komitien erfolgte, also drei *nundinae** (27 Tage) vorher. Diese Zeitspanne diente dem Wahlkampf: Der Kandidat erhielt die weiße Toga* (*toga candida*, daher leitet sich auch die Bezeichnung *candidatus* ab) und bemühte sich selbst sowie durch Fürsprache seiner Klientel*, die Bürger zu bewegen, ihm ihre Stimme zu geben. Die Wahlkampfreden wurden von Wahlgeschenken, Geldverteilungen und Gelagen begleitet, obschon die Gesetze* Bestechungen verboten. Auch der Aspekt der Gewalt darf nicht außer acht gelassen werden. Zumindest am Ende der Republik waren die Wahlkämpfe häufig äußerst stürmisch.

Wenn der Wahltag gekommen war, der im 1. Jh. v. Chr. im Juli oder August lag, bestätigten die den Komitien vorsitzenden Magistrate (Konsuln*, Prätoren* oder Tribune*) die Gesetzmäßigkeit der Kandidaturen. Es stand ihnen auch das Recht zu, eine Kandidatur vor oder auch nach einer Abstimmung*, ja die ganze Wahl zu annullieren.

Vom Augenblick ihrer Wahl bis zum Tag ihres Amtsantritts, der seit dem 2. Jh. v. Chr. auf den 1. Januar fiel, nannte man die neuen Magistrate *designati* (designiert), und praktisch standen ihnen bereits die ihrer künftigen Würde zufallenden Befugnisse zu, insbesondere konnten sie bereits ihre Magistratsverordnungen* verkünden. Bei seinem Amtsantritt mußte der neue Magistrat durch die Götter* mittels Auspizien* bestätigt werden. Die Magistrate, denen das *imperium** zukam, mußten von den Kuriarkomitien* bestätigt werden, doch war dies eigentlich bloße Formalität. Mit einem feierlichen Umzug zum Tempel* des Jupiter Capitolinus endete die Amtseinführung, in deren Verlauf die Magistrate schwören mußten, die Gesetze zu achten.

Wandbehang
Wandbehänge (*vela*) waren bei den Römern weit verbreitet und dienten oft auch als Zwischentüren. Man verzierte mit ihnen Stühle*, Betten* und Wände. Mit lebhaften Farben und reichem Schmuck versehen galten sie als Luxussymbol.

Wasser
Die Römer nutzten Wasser als naturbelassenes Getränk*, kannten aber auch bereits Mineralwasser. Sie tranken es kalt, eventuell durch Schnee oder Eis gekühlt, aber auch warm. Darüber hinaus wurde es zum Mischen des Weins* benutzt.

Wasserleitung
Zweifellos hat es schon vor den Römern Wasserleitungen (*aquaeductus*) gegeben, doch waren diese es, die die hoch aufragenden Konstruktionen weithin verbreiteten. Doch sie bevorzugten gewöhnlich solche Leitungen, die knapp über oder gar unter dem Erdboden verliefen. Die Gewölbe- und Fülltechnik gestattete Oberbaukonstruktionen, die sich über die Gegebenheiten des Geländes hinwegsetzen konnten, die Länge der Linienführung verkürzten und die für den Abfluß günstigste Neigung zu wählen erlaubten, denn die römischen Ingenieure griffen nur ungern auf Hebeanlagen zurück, um das Wasser vor Verunreinigungen und Fliegen zu schützen.

Der älteste römische Aquädukt ist die *aqua Appia*, erbaut von Appius* Claudius Caecus 312 v. Chr. mit einer Länge von 16,5 km, die aber nur etwa hundert Meter weit oberhalb der Erde verläuft. Drei weitere Aquädukte wurden zur Zeit der Republik* errichtet, von denen die *aqua Marcia* mit ihren 91 km Länge das Wasser aus dem Sabinerland heranführt. Im 1. Jh. n. Chr. erbaute man sechs weitere Aquädukte, um Rom mit Wasser zu versorgen, so daß gegen Ende dieses 1. Jhs. n. Chr. die verschiedenen Wasserleitungen für die gut eine Million Einwohner 992 200 m^3 Wasser heranleiteten. Die Römer verbrauchten folglich zwischen 600 und 900 Liter Wasser pro Einwohner. Zur Kaiserzeit beschäftigten die 'Wasserwerke' ein beachtliches Personal, und das Amt des Wasserwartes (*curator** *aquarum*) war eines der höchsten.

Weihe
Ein religiöser Akt der Weihe ist die *consecratio*, bei der die *pontifices** aus einem profanen einen heiligen Gegenstand machen. In der Hauptsache handelt es sich um eine Eigentumsübertragung zugunsten der Götter*. Städte, Ortschaften und religiöse Gebäude wie Tempel*, Heiligtümer* oder heilige Haine wurden auch nach ihrer *inaugu-*

*ratio** geweiht. Die umgekehrte Prozedur ist die Verweltlichung (*profanatio*), die geweihte Gegenstände weltlicher Nutzung zuführt. Die Zeremonie der *consecratio* ist zu unterscheiden von der *dedicatio**, von dieser aber nicht zu trennen.

Angewandt auf Personen erhält die *consecratio* eine dreifache Bedeutung, wobei es sich übrigens auch um eine zivil- wie sakralrechtliche Strafe* handeln kann, da das betreffende Individuum ebenso wie seine Güter für verdammt (*sacer*) erklärt wird. Diese *consecratio capitis* oder *bonorum* zieht die Todesstrafe oder die Verbannung* nach sich. Zur Kaiserzeit konnte *consecratio* auch die Vergöttlichung* der Kaiser, die sich selbst zu Göttern (*divi*) erklärten, meinen.

Der andere Fall der Weihe ist die *devotio*, bei der sich eine Person an die unterirdischen Götter wendet, um ihren Unmut zu besänftigen und die erschütterte Ordnung wiederherzustellen.

Dieser Opfertypus ist magischen Ursprungs, und man findet ihn in historischer Zeit etwa bei Militärführern, z.B. bei P. Decius Mus im Jahre 295 v.Chr.

Wein

Die Römer stellten mehrere Sorten Wein (*vinum*) her, z.B. Strohwein (*passum*), Honigwein (*mulsum*) und künstliche Weine aus Wermut, Rosen, Veilchen oder auch Pfeffer, die zuweilen als Aperitif, häufiger aber als Medikamente dienten. Daneben gab es Obstweine, etwa aus Quitten oder Granatäpfeln. Schließlich noch *posca*, eine aus Weinessig, Wasser und geschlagenen Eiern bestehende Limonade, die oft von Soldaten getrunken wurde.

Den Wein tranken die Römer vorzugsweise kühl, manchmal auch mit Wasser vermengt. Sein Preis war nicht sehr hoch. Zu den bedeutendsten Lagen gehörten vor allem die Gegenden von Capua, Pompeji, Messina und insbesondere Falerna. Der Wein wurde in Amphoren (*amphorae*) gelagert, auf denen ein Etikett (*pittacium*) über die Herkunft, den Jahrgang sowie den Namen* des Herstellers informierte. Am Tisch goß man den Wein meist durch einen Filter, damit er klarer wurde.

Oft hat man sich gefragt, warum der Weingenuß den Römerinnen untersagt war, doch scheint sich dieses Verbot nur auf vergorene Weine bezogen zu haben.

Weissagung

Die Weissagung (*divinatio*), oder auch die Mantik, ist die Kunst, die Gedanken der Götter* in Erfahrung zu bringen, und basiert auf dem Glauben, daß die Gottheit in manchen besonderen Umständen auf die eine oder andere Art mit den Menschen in Kontakt tritt. Doch bereitete den Römern die weissagerische Interpretation weniger Freude als den Griechen oder den Etruskern*, denn angesichts der göttlichen Zeichen waren sie immer darauf bedacht, ihre Handlungsfreiheit zu wahren, indem sie daran glaubten, daß ein angekündigtes Ereignis noch nicht als endgültig beschlossen galt. Somit waren die Römer dann frei in der Entscheidung, Vorhersagen zu akzeptieren, nicht zu beachten oder umzuinterpretieren. Die *divinatio* erfreute sich in der Stoa* großer Beliebtheit, da sie für die Stoiker weit vom Aberglauben* entfernt war, die sie als Bestandteil der göttlichen Weltorganisation und Ausdruck universeller Sympathie verstanden. Der Glaube an die Vorsehung und die Mantik waren eng miteinander verwoben und widersprachen keinesfalls der individuellen Freiheit.

Der göttliche Wille konnte sich äußerlich, etwa durch Vorzeichen* oder der *divinatio* aus Feuer und Wasser, oder intuitiv und direkt, etwa durch Träume oder im Rausch, dem Menschen zeigen.

In Rom wurde die offizielle *divinatio* von den Auguren*, dem Magistrat* und den Haruspices* durchgeführt. Auch die Astrologen, und hier vor allem die Chaldäer (*Chaldaei*), gerieten oft mit dem Senat* oder dem Kaisern* aneinander, was aber manche von ihnen nicht hinderte, sich gelegentlich des Dienstes eines Astrologen zu bedienen.

Werbung

So wie auch heute versuchten damals bereits die Händler, die Aufmerksamkeit des Laufpublikums durch Werbemittel zu erregen. Gemälde oder Skulpturen sollten ihre Dienstleistungen darstellen, gelegentlich dienten dazu auch Bodenmosaike vor ihren Läden.

Widerspruch

Das Recht, das ein Magistrat* besitzt, um sich der Abstimmung* für einen Senatsbeschluß* zu widersetzen, wenn ein Gesetzesvorschlag den Komitien* unterliegt, wenn ein Erlaß von einem anderen Magistraten stammt oder wenn sich ein Bürger* verletzt fühlt und um Widerspruch (*intercessio*, Dazwischentreten) nachsucht. Um das Widerspruchsrecht ausüben zu können, mußte der Magistrat von gleichem oder untergeordnetem Rang sein zu dem, gegen den er Widerspruch einlegte. Allein den Tribunen* stand es zu, ohne diese Einschränkung widersprechen zu können. In der Kaiserzeit oblag dieses Recht dem Kaiser*, denn er besaß die tribunizische Gewalt.

Im Privatrecht versteht man unter *intercessio* die Rechtshandlung, durch die jemand sich mit einem anderen gesamtschuldnerisch verhält, indem er dem Gläubiger gegenüber bürgt oder an des anderen Stelle die Schuld begleicht.

Widmung

Eine von der Weihe* zu unterscheidende Handlung innerlicher Verbundenheit. Sie ist mal ein religiöser Akt, mal eine von einem Magistraten* bestätigte zivilrechtliche Handlung. Denn ein Pontifex* konnte das Eigentum an irgendwelchen Gegenständen auf die Götter* übertragen, wenn zuvor ein Magistrat diese von den Menschen an die Götter abgetreten hatte. Mit anderen Worten: Der Pontifex weihte (*consecrat*) das, was der Magistrat den Gottheiten übergab und damit widmete (*dedicat*). In der Praxis genügte es, wenn Magistrat und Pontifex bei der entsprechenden Zeremonie beide zugegen waren. Die wichtigste Widmung, nämlich die von Tempeln*, stand den höheren Magistraten, Konsuln*, Prätoren* und Zensoren*, sowie einem besonderen Ausschuß (*cura*) aus zwei Mitgliedern (*duoviri aedi dedicandae*) zu. Anläßlich der Widmung fanden auch Spiele* und Festlichkeiten statt.

Wissenschaften

Der römische Beitrag zum wissenschaftlichen Fortschritt ist, grob gesagt, zu vernachlässigen. Die Ausübung wissenschaftlicher Tätigkeiten wurde lediglich durch Spezialisten betrieben und nahm nur ganz wenig Raum im Unterricht* ein. Zweifellos steckt auch eine Ursache in der römischen Geisteshaltung, die an der Forschung nur wenig Interesse zeigte. Auch muß man bedenken, daß selbst in hellenistischer Zeit der Wissenschaftsunterricht nicht sehr entwickelt war. Andererseits war in der gesamten Antike alles, was auch nur im weitesten Sinne mit Physik im Zusammenhang stand, etwa Astronomie, Meteorologie oder die Betrachtung natürlicher Phänomene, mehr oder weniger ein Bereich der Philosophie*. Da sich aber in dieser Zeit die Philosophen eher moralischen Fragestellungen zuwandten, konnten physikalische Kenntnisse nur schemenhaft erworben werden. Man darf sich also nicht über die Teilnahmslosigkeit der Römer an wissenschaftlichen Erkenntnissen wundern, da die historischen Umstände nicht dementsprechend waren.

Auf der anderen Seite aber erblickt man Lukrez*, Manilius* und Seneca*, die sich griechisches Wissen in dem Sinne aneigneten, daß es zur Lösung moralischer oder metaphysischer Fragestellungen beitragen konnte. Plinius der Ältere schrieb mit seiner Naturgeschichte (*Historia naturalis*) eine umfassende Enzyklopädie und bezeugt damit eine wissenschaftliche Neugier.

Man kann sich aber dennoch eine Vorstellung vom wissenschaftlichen Rüstzeug eines gebildeten Römers machen: Er besaß hinreichend Grundkenntnisse in Arithmetik, Geometrie, Astronomie und vor allem in den Naturwissenschaften, dennoch strebten in seiner Gesellschaft die Besten in die politischen Laufbahnen.

Der Beitrag der Römer zum technischen Fortschritt ist allerdings bedeutsam: Ihre Ingenieure haben die Methoden der Landvermessung* ebenso perfektioniert wie die der Baukunst (man denke nur an Straßen*, Brücken oder Gewölbe), der Glasherstellung und der Metallverarbeitung.

Wohnverhältnisse

Hierbei muß man Villen*, Privathäuser (*domus*) von einfachen und reichen Leuten, Miethäuser (*insula**) und deren einzelne Wohnungen (*cenacula*) unterscheiden. Die *villa* etwa ist ein Landhaus oder ein Bauernhof.

Wie in jeder Stadt erfolgt in Rom die Unterteilung eher nach Vierteln: In der Kaiserzeit waren die Verwaltungsviertel der Palatin, das Kapitol, das Forum und das Marsfeld; die Nobelviertel lagen auf dem Pincio, dem Quirinal, dem Esquilin, dem Caelius und dem Aventin; die gemeinen Viertel befanden sich im Velabrum, in Trastevere, Argiletum und rund um das *forum boarium*.

Zur Zeit Konstantins*, in der ersten Hälfte des 4. Jhs. n.Chr., zählte Rom mehr als 46000 *insulae*, aber kaum mehr als 2000 *domus*.

Zahlen
Für die Zahlen, die kleiner als eins sind, griffen die Römer auf das Duodezimalsystem zurück, wobei es sich dann aber weniger um Brüche als um konkrete Zahlen handelt, denn sie sagten nicht $^{1}/_{12}$, $^{1}/_{4}$ oder $^{1}/_{2}$, sondern *unica, quadrans* oder *semis.* Die Rechenoperationen mit Vielfachen der einfachen Zahlen waren recht einfach, doch die mit den Duodezimalzahlen war außerordentlich komplex (▶ Kalkulation).

Tabelle der römischen Zahlzeichen

1	I
2	II
3	III
4	IV
5	V
6	VI
7	VII
8	VIII
9	VIIII oder IX
10	X
11	XI
12	XII
usw.	
19	XVIIII oder XIX
20	XX
40	XL
50	L
100	C
200	CC
500	D
600	DC
900	DCCCC oder CM
1000	C(I) oder M oder $\overline{\text{I}}$
2000	C(I)C(I) oder MM oder $\overline{\text{II}}$
5000	(I) oder $\overline{\text{V}}$
10000	CC(I) oder $\overline{\text{X}}$
20000	XXM oder $\overline{\text{XX}}$
50000	LM oder $\overline{\text{L}}$
100000	CM oder $\overline{\text{C}}$
1000000	$\lvert\overline{\text{X}}\rvert$
5000000	$\lvert\overline{\text{L}}\rvert$
100000000	$\lvert\overline{\text{M}}\rvert$

Zahnarzt
Die Römer besaßen keinen besonderen Ausdruck für diese Spezialisten, sondern ordneten sie unter die Bezeichnung 'Ärzte' (*medici*) mit ein. Ihr Einfallsreichtum und ihre Geschicklichkeit war schon in ältesten Zeiten recht groß, wie das Zwölftafelgesetz* 450 v. Chr. belegt, das Grabbeigaben untersagte, davon aber die Verstorbenen mit Goldbrücken ausnahm (*cui auro dentes iuncti erunt*). Die Zahnärzte verstanden sich auch schon auf die Behandlung von Karies oder Alveolarabzessen. Ihre prothetischen Techniken bereiten heute noch Erstaunen.

Zama
Eine Stadt, etwa hundert Kilometer südwestlich von Karthago*, bei der Scipio Africanus* Hannibal* besiegte, der hier am 29. Oktober 202 etwa 20000 Mann verlor. Mit dieser Schlacht endete der Zweite Punische Krieg*. Der im Jahre 201 unterzeichnete Friedensvertrag war für Karthago sehr hart.

Zeitmessung
Neben der Himmelsbeobachtung mit all seinen Zufallserscheinungen verfügten die Römer zur Zeitmessung über zwei Arten von Uhren: Sonnen- und hydraulische Uhren.

Die Sonnenuhren (*solaria*) bestanden aus einem Metallstab (*gnomon*), dessen Schatten auf eine nach Stunden geteilte Skala fiel. Auf dem Marsfeld hatte Augustus* eine gigantische Sonnenuhr errichten lassen, bei der ein Obelisk die Aufgabe des *gnomon* wahrnahm. Es gab auch Taschensonnenuhren von nur wenigen Zentimetern Durchmesser, doch waren sie nur für einen bestimmten Breitengrad brauchbar.

Die Wasseruhren, von denen es zweierlei Typen gab, kennt man lediglich aus antiken Beschreibungen. Die einen nannte man wie die griechischen Klepsydra (*clepsydra*). Diese waren unseren Sanduhren vergleichbar, denn sie zeigten eine bestimmte Zeitspanne an. Der andere Typus war der der Wasseruhr (*horologia ex aqua*), die aus einer durchsichtigen und mit einer Maßeinteilung versehenen Vase bestand, die sich in bestimmtem Rhythmus entweder füllte oder leerte. Anhand der Skala konnte man die Stunde* ablesen.

Diese beiden Uhrtypen wurden in Rom erst im 3. bzw. 2. Jh. v. Chr. eingeführt. Die Ungenauigkeit dieser Instrumente war geradezu sprichwörtlich, und man kennt den Scherz Senecas*: „Es ist einfacher, zwei Philosophen als zwei Uhren in Einklang zu bringen." Der Gebrauch genauer Zeitangaben war in der gesamten Antike nicht sehr beliebt, doch waren die Römer in diesem Punkt durchaus strenger und genauer als die Griechen, zumindest zur Kaiserzeit, in der es geregelte Öffnungszeiten gab.

Zensor

Das Zensorenamt (*censor*) ist eine Magistratur, die 443 v. Chr. eingerichtet wurde, um die Konsuln* von der Schätzung der Bürger* und der Bewertung ihres Vermögens zu entlasten. Es gab zwei Zensoren, die alle fünf Jahre von den Zenturiarkomitien* gewählt wurden. Ihre Amtszeit betrug lediglich 18 Monate, und der Tod eines von ihnen zog die Absetzung des anderen nach sich. Sie waren unantastbar, niemandem gegenüber verantwortlich und nicht wiederwählbar. Ihre Aufgabe erstreckte sich auf drei Bereiche: Zum einen sollten sie das Vermögen der Bewohner schätzen, sie in das Verzeichnis einer *tribus** eintragen und den Schichten* und Zenturien* zuteilen. Zum anderen hatten sie das Verzeichnis der Senatoren und Ritter* zu führen und schließlich sollten sie die Staatseinnahmen und -ausgaben protokollieren. Ihr Amt gab ihnen das Recht und die Möglichkeit, als Sittenpolizei zu fungieren und Streitfragen zwischen dem Staat und Privatleuten zu lösen. Gegen Ende der Republik* verloren die Zensoren praktisch alle ihre Amtsaufgaben, und zur Kaiserzeit wurden damit die Verwalter* (*curatores*) betraut. Dennoch nahmen verschiedene Kaiser* auch den Titel des Zensors an. Zwei Zensoren wurden besonders berühmt: Appius* Claudius Caecus und Cato* Censorius.

Zenturiarkomitien

Eine durch die Zenturien* einberufene Volksversammlung*. Da es sich hierbei um eine militärische Organisationsstruktur handelte, konnte sie sich nicht innerhalb des *pomerium**, sondern mußte sich auf dem Marsfeld versammeln.

Die Zenturiarkomitien (*comitia centuriata*) hatten politische (Wahl der höheren Magistratsämter*), gesetzgeberische (Abstimmung* über die Gesetzesvorschläge der Konsuln* – doch verloren sie diese Zuständigkeit an die Tributarkomitien*), militärische (Teilnahme an Beschlußfassungen über Krieg sowie Friedensverträge) und richterliche Zuständigkeiten (Strafgerichtsbarkeit, Berufungsinstanz bei Mord, Verbannung* und Geißelung).

Zenturie

Die Überlieferung schreibt Servius Tullius die Einteilung der Bürger* in fünf Klassen zu, von denen jede eine bestimmte Anzahl Zenturien (*centuria*) umfaßte, wobei diese Aufteilung nach dem Vermögen erfolgte. Man glaubt, daß diese Organisationsstruktur, durch welche die Plebejer* in die Stadt integriert wurden, zweifellos zu dem Zweck erfolgte, diese dem Militärdienst zu unterwerfen. Ferner nimmt man an, daß diese Aufteilung als äußerer Rahmen für die Zenturiarkomitien* diente und aus dem 5. oder 4. Jh. v.Chr. stammt, doch selbst wenn man das spätere Datum ansetzt, bereitet diese Struktur zahlreiche Probleme. Diese Aufteilung erlaubte es den 18 Ritterzenturien und der ersten Klasse*, in den Zenturiarkomitien die Mehrheit zu bilden. So fand im Verlauf des 3. Jhs. v.Chr. eine Reform statt, die das System der Aufteilung auf *tribus** und das der Aufteilung auf Zenturien miteinander kombinierte und andererseits die Zahl der Zenturien der ersten Klasse auf 70 reduzierte, ohne die Gesamtzahl der Zenturien von 193 zu ändern. Dadurch stellten die 18 Ritterzenturien mit den 70 Zenturien der ersten Klasse nicht mehr die Mehrheit dar, doch blieb ihre Vormachtstellung allein schon durch das Vermögen beibehalten.

Weitere Reformen folgten, doch ist man über deren genaue Ziele schlecht informiert. Man stellt lediglich fest, daß die ersten und reichsten Schichten die zahlenmäßig schwächsten darstellten, so daß die Zenturien keinesfalls dieselbe Anzahl Bürger umfaßten. Jede Zenturie war darüber hinaus in *seniores* und *iuniores*, Personen mit mehr oder weniger als 46 Lebensjahren, geteilt.

Einteilung der Zenturien und Klassen

Ritterzenturien	18	
1. Klasse	80	(100000 As)
2. Klasse	20	(75000 As)
3. Klasse	20	(50000 As)
4. Klasse	20	(25000 As)
5. Klasse	30	(11000 As)
Klassenlos		
Arbeiter	2	
Musiker	2	
capitae censi (Unvermögende)	1	
	193 Zenturien	

Zenturio

Ein Unteroffizier, der über etwa 100 Mann (*centuria*) befahl. Unter den *centuriones* derselben Legion* gab es eine Hierarchie. Die Zenturionen wurden von den Militärtribunen* ernannt. Ihr Abzeichen war die Weinrebe.

Zepter

Das Zepter (*sceptrum*) gehört zu den Insignien der Götter*, hier vor allem zu Jupiter. Es stand aber auch den Königen*, Konsuln* und Kaisern* als Attribut zu. Oft bestand es aus einem Elfenbeinstab, dessen Spitze mit einem Adler geziert ist.

Zippus

Steinpfeiler, der als Grenzstein dient oder den man als Grabstele benutzt, um den Ort anzuzeigen, an dem jemand begraben liegt.

Zirkus

Üblicherweise hat der Zirkus (*circus*) eine längliche rechteckige Form, bei der die kurzen Seiten zwei unsymmetrische

Kurven bilden. Inmitten der Arena, die einen großen Teil der Länge ausmacht, befindet sich die *spina* (Dorn), ein Erdwall oder eine Mauer mit einer Wendemarke an jedem Ende. Um diese *spina* herum mußten die Wagen fahren. Die Ränge erhoben sich rund um die Arena. Man veranstaltete im Zirkus insbesondere Wagenrennen, aber auch Jagden* und andere aufwendige Schauspiele*, z.B. Paraden, Prozessionen oder Triumphumzüge. Der älteste und größte Zirkus in Rom ist der *circus maximus*, der im Murciatal liegt, zwischen Aventin und Palatin, und dessen ersten Anlagen noch aus der Königszeit datieren. In der Kaiserzeit bot er annähernd 400000 Zuschauern Platz.

Weitere wichtige Zirkusse sind der des Flaminius vom 3. Jh. v.Chr. auf dem Marsfeld, der des Caligula auf dem heutigen Gelände des Vatikan sowie der des Maxentius bei der dritten Meilensäule der *via Appia*. Außerhalb Roms gab es Zirkusse nur in den Provinzen*, denn Augustus* hatte Wagenrennen in Italien* verboten. Dieses Verbot wurde nie aufgehoben.

Zivilgerichtsbarkeit

Bei den Klagen betreffend die Durchsetzung eines Rechtes wurde der Prozeß in zwei voneinander zu unterscheidende Phasen geteilt: Die erste fand vor einem Beamten* statt, der das Ersuchen prüfte (*in iure*), die zweite vor einem Richter, der die Erörterung entschied (*in iudicio*).

Bei den *actiones legis**-Prozessen verlief der *in iure*-Teil folgendermaßen: Vor den pflichtgemäß anwesenden Parteien regelt der Beamte (der Prätor*) das Verfahren, benennt die anzuwendenen juristischen Vorschriften, bestätigt die Erfüllung der Riten und stimmt der Benennung eines Richters zu. Seine Rolle ist in der formelhaften, rituellen Wendung *do, dico, addico* zusammengefaßt: „Ich gebe" (eine Formulierung und einen Richter), „ich erkläre" (das Recht, d.h. die vorläufige Zuweisung des Streitobjekts an eine der beiden Parteien), „ich bestätige" (den Willen der Parteien).

Der *in iudicio*-Teil ist die eigentliche Gerichtsphase: Sie verläuft vor einem vom Magistrat* bestimmten Richter (einem Senator oder Ritter*); die Sitzung findet öffentlich statt (auf dem *forum** oder in einer Basilika*). Falls eine Partei nicht anwesend ist, verliert sie automatisch den Prozeß. Die Unterstützung durch Rechtsanwälte* ist zugelassen. Der Richter verkündet sein Urteil am selben Tag oder erst einige Tage später. Die obsiegende Partei muß die andere wegen der Erledigung des Richtspruches belangen, indem sie eine der beiden *actiones legis* anwendet, in denen die gewaltsamen Aktionen archaischer Individualverfolgung nachgeahmt werden.

Bei den *actiones per formulas** ist der Ablauf dieser beiden Phasen anders: In der ersten müssen beide Parteien beim Magistrat vorstellig werden, dürfen sich aber vertreten lassen. Symbolhafte Gesten und rituelle Formulierungen sind nicht gestattet. Moderiert vom Magistrat erklären sich die Parteien im Zwiegespräch. Hiernach erkennt der Magistrat dem Antragsteller formell die Klage an oder auch nicht; dadurch ist seine Rolle viel bedeutsamer als bei dem soeben erwähnten Prozeßverfahren. Nimmt der Magistrat die Klage an, sind die Benennung des Richters und die Abfassung der Klage die vertragliche Basis, auf der sich die Parteien bereit erklären, den Richtspruch anzunehmen. In der *in iudicio*-Phase werden die Parteien von Rechtsanwälten unterstützt. Auch der Richter kann sich von Juristen* unterstützen lassen.

Bei beiden Verfahren (*actiones legis, actiones per formulas*) wurde gelegentlich ein einzelner Richter durch eine Jury (*recuperatores*) ersetzt; insbesondere geschah dies bei Streitigkeiten zwischen Bürgern* und Fremden*.

Neben diesen beiden normalen Verfahren gab es auch noch spezielle Prozeßarten (*cognitiones extraordinariae*), die durch den Wegfall der beiden Instanzen gekennzeichnet sind: Der Magistrat selbst entscheidet den Streitfall. In der Republik* wurde dieses ungewöhnliche Verfahren nur in ganz bestimmten Fällen angewandt, doch zur Kaiserzeit (2. Jh. n. Chr.) wurde es allmählich zur Regel, wobei die Rolle des beamteten Richters einem Angestellten zufiel.

Schließlich gab es noch zur Schlichtung von Privatstreitigkeiten permanente Gerichtshöfe, z. B. den der *centumviri*, der aus 105 Mitgliedern bestand, so daß jede *tribus** mit dreien vertreten war. Dieser hatte Entscheidungsgewalt in bezug auf Erb- und Eigentumsfragen. Die *decemviri*, ein Zehn-Männer-Gremium, das von den Tribunen* benannt, später gewählt wurde, entschied über die persönlichen Freiheiten.

Zoo

Die Römer besaßen Tiergehege (*vivaria*) und zoologische Gärten, in denen sie die Tiere, die sie für die Jagden* in den Amphitheatern* oder für Dressurvorführungen brauchten, aufzogen und trainierten. Die schönsten derartigen Anlagen, die man übrigens auch besichtigen konnte, stammen aus der Kaiserzeit. So etwa der Zoo des Augustus*, der 3500 Tiere (Tiger, Löwen, Geparde, Rhinozerosse, Elefanten usw.) gezählt haben soll, oder der des Elagabal (Kaiser* von 218 bis 222) und insbesondere der Gordians I. (Kaiser 238). Die Ergebnisse, die von den Dompteuren (*mansuetarii*) erzielt wurden, scheinen beachtlich gewesen zu sein.

Zunft

Die Bildung von neun Berufsgenossenschaften (*collegia opificum*) schreibt man Numa zu: Flötenspieler, Goldschmiede, Bauarbeiter, Maler, Schuster, Gerber, Kupferschmiede, Töpfer sowie, in einer einzigen Zunft (*collegium*) zusammengefaßt, alle übrigen Berufe. Doch bildeten sich noch weitere Vereinigungen, und auch die Händler gründeten verschiedene *collegia*.

Die Aufgabe der Zünfte war in erster Linie religiöser Natur und bestand in der kultischen Verehrung einer Gottheit, dem Schutzpatron der Zunft. Daneben kümmerten sie sich darum, daß die Mitglieder ein Begräbnis* und ein Grab erhielten. In zweiter Linie gab es auch soziale Aufgaben, z. B. Unterstützung, gegenseitige Hilfeleistung oder Pensionen. Da diese Zünfte gelegentlich eine politische wie ökonomische Macht darstellten, wurden sie von Caesar* wie auch den Kaisern* überwacht. In der späten Kaiserzeit wurden manche von ihnen, die für lebenswichtig gehalten wurden wie die Weizentransporteure, die Bäkker und die Metzger, einer besonders strengen Gerichtsbarkeit unterworfen, die über die Ausübung dieser Berufe wachte.

Zwölftafelgesetz
Die *lex XII tabularum* stellt die erste schriftliche Gesetzgebung der Römer dar. Der Überlieferung zufolge stammt sie aus der Mitte des 5. Jhs. v. Chr. (451–449). Bis zu diesem Zeitpunkt existierte lediglich ein Gewohnheitsrecht, das praktisch nur den Patriziern bekannt war. Um dieser die Plebejer* benachteiligenden Situation ein Ende zu setzen, hatte der Tribun* Terentilius Harsa ein Zehnmännerkollegium (*decemviri legibus scribundis*) mit dem Auftrag benennen lassen, einen Rechtstext herzustellen, der allen bekanntzugeben und auf dem Forum* anzubringen sei. Wir besitzen heute zwar nicht mehr die Originaltafeln, die beim Galliersturm 390 verbrannten, doch können wir uns dank der Erwähnungen antiker Autoren sehr genaue Vorstellungen darüber machen. Trotzdem bieten sie uns einen jüngeren und vielleicht nach dem Brand von 390 veränderten Text.

Dieses Gesetz* umfaßte nicht nur die unterschiedlichsten Rechtsvorschriften aus dem Privat-, Straf-, Sakral- und Verfahrensrecht, sondern auch einige Grundsätze, z. B. das Verbot von Privilegien. Es bestätigte die Gleichheit von Plebejern und Patriziern vor dem Gesetz, selbst wenn dies erst sehr viel später, unter dem Zensor* Appius Claudius (312–308) geschah, als die Verfahrensformalitäten offengelegt wurden (die Tage der Fasten*, *actiones legis** etc.). Andererseits machte es das Recht durch die Gesetze zu einem objektiven und allgemein bekannten.

Das Zwölftafelgesetz blieb dennoch unvollständig und bewahrte nicht den Urtext. Die Anzahl der Vorschriften war sehr hoch; aus diesem Grund mußte es zu bestimmten Zeiten durch existierendes Gewohnheitsrecht ergänzt werden. Dennoch lernten es die Römer zu Recht auch noch in klassischer Zeit auswendig, und es war weithin im Kaiserreich verbreitet: Die Römer betrachteten es gerechtfertigterweise als die Grundlage ihres gesamten Rechtssystems. Der erste Kommentar dazu datiert vom Anfang des 2. Jhs. v. Chr. (Sextus Aelius Paetus, Konsul* 198).

Bibliographie

Allgemeines

Cancik, H., Schneider, H. (Hrsg.): Der Neue Pauly. Enzyklopädie der Antike. Herausgegeben unter Mitarbeit von 700 Wissenschaftlern aus 25 Ländern, Stuttgart 1996 ff.

Ziegler, K., Sontheimer, W., Gärtner H. (Hrsg.): Der Kleine Pauly. Lexikon der Antike. Auf der Grundlage von Paulys Realencyclopädie der classischen Altertumswissenschaften bearbeitet unter Mitwirkung zahlreicher Fachgelehrter, München 1979 (5 Bde.).

Geschichte

Bayer, E.: Griechische Geschichte, Stuttgart 1968.

Bellen, H.: Grundzüge der römischen Geschichte, Darmstadt 1995.

Bleicken, J.: Die athenische Demokratie, Paderborn ^{2}1994.

Clauss, M.: Sparta. Eine Einführung in seine Geschichte und Zivilisation, München 1983.

Demandt, A.: Antike Staatsformen. Eine vergleichende Verfassungsgeschichte der Alten Welt, Berlin 1995.

Fuhrmann, M.: Rom in der Spätantike. Porträt einer Epoche, München/Zürich 1994.

Grant, M.: Die Geschichte Roms. Von den Etruskern bis zum Untergang des Römischen Reiches, Bergisch Gladbach 1978.

Habicht, Chr.: Athen. Die Geschichte der Stadt in hellenistischer Zeit, München 1995.

Huß, W. (Hrsg.): Karthago, Darmstadt 1992.

Kolb, F.: Rom. Die Geschichte der Stadt in der Antike, München 1995.

Literatur/Philosophie

Buchwald, W., Hohlweg, A., Prinz, O. (Hrsg.): Tusculum-Lexikon griechischer und lateinischer Autoren des Altertums und des Mittelalters, Düsseldorf/Zürich ^{3}1982.

Dihle, A.: Die griechische und lateinische Literatur der Kaiserzeit, München 1989.

Graf, F.: Einleitung in die lateinische Philologie, Stuttgart/Leipzig 1997.

Lesky, A.: Geschichte der griechischen Literatur, Bern/München ^{3}1971.

Nesselrath, H.-G.: Einleitung in die griechische Philologie, Stuttgart/Leipzig 1997.

Steinbauer, D.: Neues Handbuch des Etruskischen, St. Katharinen 1999 (= Subsidia Classica 1).

Übersetzungen lateinischer und griechischer Autoren finden sich in der 'Tusculum-Reihe' des Artemis & Winkler-Verlages.

Über deutsche Übersetzungen allgemein informiert:

Hilgers, R.: Bibliographie der deutschen Übersetzungen griechischer Autoren, St. Katharinen 2000 (= Subsidia Classica).

Hilgers, R. u. a.: Bibliographie der deutschen Übersetzungen lateinischer Autoren. St. Katharinen [geplant für 2000] (= Subsidia Classica).

Kunst/Archäologie

Andreae, B.: Römische Kunst, Freiburg 1973.

Borbein, A. H.: Das alte Griechenland. Geschichte und Kultur der Hellenen, München 1995.

Boardman, J.: Griechische Plastik, Mainz 1981–1998 (3 Bde.).

Cerulli Irelli, G. (Hrsg.): Pompejanische Wandmalereien, Stuttgart/Zürich 1990.
Coarelli, F.: Rom. Ein archäologischer Führer, Freiburg 1975.
Hitzl, K.: Bibliographie zur archäologischen Denkmälerkunde, St. Katharinen 1999 (= Subsidia Classica 2).
Lang, F.: Klassische Archäologie. Eine Einführung, Heidelberg 1999.
MacDonald, W. L.: The Architecture of the Roman Empire, New Haven/London 1986 (2 Bde.).
Müller-Wiener, W.: Griechische Baukunst in der Antike, München 1988.
Schmitt, H. H. und Vogt, E. (Hrsg.): Kleines Lexikon des Hellenismus, Wiesbaden ²1993.
Simon, E.: Die griechischen Vasen, München 1976.

Mythologie

Bremmer, J. N.: Götter, Mythen und Heiligtümer im antiken Griechenland, Darmstadt 1996.
Hederich, B.: Gründliches mythologisches Lexikon, Darmstadt 1967 [Reprint der Ausgabe 1770].
Hunger, H.: Lexikon der griechischen und römischen Mythologie, Wien ⁵1959.

Glauben, Geschichte, Kultur

Gerd B. Achenbach
Das kleine Buch der inneren Ruhe
Band 4972
Eine Auswahl inspirierender, tiefgründiger Texte aus der reichen Tradition philosophischer Lebenspraxis zeigt, dass es möglich ist, innezuhalten und sein inneres Gleichgewicht zu bewahren.

Arno Borst
Die Katharer
Mit einem Nachwort von Alexander Patschovsky
Band 5079
„Wen das Mittelalter interessiert, aber auch jeder, der wissen will, wie Europa geworden ist, wird das Buch mit Vergnügen lesen" (FAZ).

Andreas Beck
Der Untergang der Templer
Größter Justizmord des Mittelalters?
Band 4914
Eine tragische Geschichte von Korruption, Machtkalkül und politischer Justiz.

Udo Becker
Lexikon der Symbole
Mit über 900 Abbildungen
Band 4870
In ca. 1800 Stichwörtern vermittelt dieses enzyklopädische Standardwerk wichtige Erkenntnisse über die Symbole von Farben, Zahlen und Figuren und erläutert den Symbolcharakter von Misch- und Fabelwesen.

Dieter A. Binder
Die Freimaurer
Ursprung, Rituale und Ziele einer diskreten Gesellschaft
Band 4874
Der Grazer Historiker deckt sachlich und vorurteilsfrei Ursprung, Geschichte und Wirkung dieses klassischen Männerbundes auf. Das reich illustrierte Standardwerk. Mit ausführlichem Begriffslexikon.

Christopher Brooke
Die Klöster
Geist, Kultur, Geschichte
Band 4970

Die Spiritualität der Klöster entdecken viele Menschen im 21. Jahrhundert neu. Informationen und Inspiration zu Geschichte, Regeln und kulturellem Einfluss der Klöster.

Franz-Josef Brüggemeier/Wolfgang Schenkluhn (Hg.)
Die Welt im Jahr 1000
Mit über 200 farbigen Abbildungen
336 Seiten, gebunden mit Schutzumschlag
ISBN 3-451-27090-0

Der faszinierende Bildband über die Welt vor tausend Jahren. Unser kulturelles Erbe in globaler Zusammenschau.

Franz-Josef Brüggemeier und Gerhard Hoffmann (Hg.)
Menschen im Jahr 1000
Ein Lesebuch
Band 5514

Eine Epoche, reich an vielfältiger Kultur, gewinnt ein lebendiges, menschliches Gesicht, ergänzt um faszinierende Berichte, Dokumente, Augenzeugendarstellungen und poetischen Texten.

Emma Brunner-Traut
Die Kopten
Leben und Lehre der frühen Christen in Ägypten.
Band 4815

Entstehung, Entwicklung, wichtige Texte und Lebensbeschreibungen

Emma Brunner-Traut (Hg.)
Die Stifter der großen Weltreligionen
Echnaton, Zarathustra, Mose, Jesus, Mani, Muhammad, Buddha, Konfuzius, Lao-tze
Band 4669

Ausgewiesene Kenner spüren in diesem Buch neun Stifterpersönlichkeiten nach. Solide Informationen in einem neu bearbeiteten Standardwerk.

HERDER spektrum

Alexander Demandt
Hände in Unschuld
Pontius Pilatus in der Geschichte
Band 4990

Pontius Pilatus – Schlüsselfigur am Kreuzweg der Geschichte. Wer war dieser Mann wirklich? Was ist historisch gesichert, was bloße Legende? Ein packendes Porträt.

Peter Dinzelbacher
Die letzten Dinge
Himmel, Hölle, Fegefeuer im Mittelalter
Band 4715

Ein Buch über kollektive Vorstellungen, Schrecken und Hoffnungen, die heute noch gegenwärtig sind in Kunstwerken und Kirchen.

Mircea Eliade
Geschichte der religiösen Ideen
5 Bände in Kassette
Band 4200

„Eine gewaltige geistige Unternehmung, fesselnd und allgemeinverständlich aufbereitet" (Süddeutsche Zeitung).

Martin Forward
Jesus – Eine Biografie
Band 4779

Jesus – eine der wichtigsten Figuren der Weltgeschichte. Ein prägnantes, populär geschriebenes Buch.

Herder Lexikon
Griechische und römische Mythologie
Götter, Helden, Ereignisse, Schauplätze

Als Nachschlagewerk eine Quelle für zuverlässige Information zur Mythologie der Antike.

Band 5218

HERDER spektrum

Hans Maier
Die christliche Zeitrechnung
Band 4933

„Eine kompakte Darstellung, die eine Wissenslücke füllt."
(Wiener Zeitung)

Hans Maier
Welt ohne Christentum – was wäre anders?
Band 4945

Vor nahezu 2000 Jahren kam das Christentum in die Welt.
Es hat die Gesellschaften des Abendlands geprägt. Welche Rolle wird es in Zukunft spielen?

Johann Maier
Judentum von A bis Z
Glauben, Geschichte, Kultur
Band 5169

Alles Wissenswerte über Geschichte, Vorstellungen und die unterschiedlichen Erscheinungsformen der jüdischen Religion heute.

Georges Minois
Hölle – Kleine Kulturgeschichte der Unterwelt
Band 4778

Was kommt nach diesem Leben? Eine spannende Reise in die Unterweltvorstellungen alter Religionen und Kulturen.

Claude Mossé
Der Prozess des Sokrates
Hintermänner, Motive, Auswirkungen
Band 4777

Der dramatische Prozess um Sokrates endet mit dem Todesurteil.
Das Geschehen um einen Menschen, dessen Person ausgelöscht wurde, dessen Ideen aber nicht aufzuhalten waren.

Corinna Mühlstedt
Die christlichen Ursymbole
Wie sie entstanden, was sie bedeuten, was sie uns heute sagen
Band 4682

Das umfassende Sachbuch zu den zentralen Bildvorstellungen der christlichen Tradition. Mit zahlreichen Abbildungen.

Georg Picht
Das richtige Maß finden
Der Weg der Menschen ins 21. Jahrhundert
Vorwort von Carl Friedrich von Weizsäcker
Band 5122

Der Mensch ist nicht länger Maß aller Dinge: Das 20. Jahrhundert hat dies gezeigt. Die scharfsichtige Analyse und klaren Perspektiven eines ökologischen Vordenkers.

Jonathan Riley-Smith
Die Kreuzzüge
Kriege im Namen Gottes
Band 4755

Die Kreuzzüge gehören zu den dunkelsten Kapiteln der christlichen Geschichte. Wie kam es dazu? Was waren die treibenden Ideen und tragenden Kräfte?

Lutz Röhrich
Lexikon der sprichwörtlichen Redensarten
Band 4800

„Ich habe selten ein solches Buch gelesen, das mir von Anfang an soviel Spaß gemacht hat und aus dem ich zugleich soviel gelernt habe." (Südwestrundfunk)

Hans Sedlmayr
Die Entstehung der Kathedrale
Band 4181

„Ein Buch von gleicher materialer Weite und gleicher Tiefe wird nicht wieder geschrieben werden können" (Das Münster). Mit zahlreichen s/w Abbildungen.

HERDER spektrum

Hartmut Stegemann
Die Essener, Qumran, Johannes der Täufer und Jesus
Ein Sachbuch
Band 4128
Das Geheimnis der Höhlen von Qumran und einer der einflußreichsten religiösen Vereinigungen zur Zeit Jesu.

Karl-Wolfgang Tröger
Die Gnosis
Heilslehre und Ketzerglaube
Band 4953
Grundzüge, Geschichte und Weiterwirken der gnostischen Weltanschauung.

Margo Westrheim
Kalender der Welt
Eine Reise durch Zeiten und Kulturen
Band 4780
Erstaunliche Fakten – von Stonehenge bis zu den Azteken, von den Navajos bis zu unserer modernen Zeitrechnung. Mit einem Überblick, wie die „heiligen" Zeiten in den verschiedenen Kulturen gefeiert werden.

Albert Wucher
Die Päpste
Ihre Geschichte von den Anfängen bis zur Gegenwart
Band 5050
Spannend erzählte Historie von Macht und Ohnmacht, Weisheit und Irrtum – in den Schwankungen der Zeiten, der Linie, der Taktik.

Jörg Zink
Jesus
Meister der Spiritualität
Band 5065
Sein Leben, sein Sterben und der Glaube an sein Weiterleben haben Weltgeschichte gemacht und das Leben vieler Menschen radikal verändert.

Meisterdenker – Menschen und Ideen, die die Welt verändert haben

Michael Bordt
Platon
Band 4761

Eine prägnante Einführung in Platons Ideen, in Hintergründe und Konsequenzen seines Denkens und eine kleine Einleitung ins Philosophieren überhaupt.

Thomas Buchheim
Aristoteles
Band 4764

Niemand hat unser heutiges wissenschaftliches Denken so sehr geprägt wie Aristoteles.

Wilhelm Geerlings
Augustinus
Band 4765

Augustinus gilt vielen als der „erste moderne Mensch".
Seine Grundgedanken werden im Zusammenhang seiner bewegten Biographie deutlich.

Anthony Kenny
Thomas von Aquin
Band 4744

Thomas von Aquin hat die Stellung des Menschen in der Schöpfung neu bestimmt und Antike und Christentum in einer einzigartigen Synthese zusammengedacht.

C. C. W. Taylor
Sokrates
Band 4743

Ohne Sokrates hätte sich das westliche Denken anders entwickelt. Aufgrund seiner moralischen und intellektuellen Integrität gilt er bis heute als Idealtypus des philosophischen Lebens.